DAS REISETAGEBUCH EII
PHILOSOPHEN

GRAF HERMANN KEYSERLING
DAS REISETAGEBUCH EINES PHILOSOPHEN

*Der kürzeste Weg zu sich selbst
führt um die Welt herum.*

ZWEITER BAND

FÜNFTE AUFLAGE
MIT DEM BILDNIS DES VERFASSERS

1 9 2 1

OTTO REICHL VERLAG, DARMSTADT

GEDRUCKT IN DER SPAMERSCHEN BUCHDRUCKEREI
ZU LEIPZIG

(RECAP)

6175
.75
.375
.11

v.2

IV.

NACH DEM FERNEN OSTEN

IM MEERBUSEN VON BENGALEN

Nachdem ich Monate lang nur den Geist berücksichtigt hatte, griff der Körper, der diesen Zustand nicht mehr ertragen konnte, zum äußersten Mittel, um seine Rechte geltend zu machen: ich erkrankte schwer; die letzten Wochen in Indien habe ich auf dem Krankenlager zugebracht. In ihrer Art war es keine uninteressante Zeit. Es ist ein eigenes Bewußtsein, sich weniger als handelnde Person, denn als Schauplatz zu fühlen: als das Gebiet, auf dem Mikroben ihre Schlachten schlagen. Und dann erlebt man zu Zeiten physischer Schwäche psychische Umlagerungen, die mir als Abwechselung nicht unwillkommen sind. Während des Krankseins treten Züge meines Wesens hervor, die gewöhnlich verborgen bleiben; der weibliche Aspekt gewinnt die Oberhand, wodurch die Welt in einem anderen, persönlich-freundlicheren Licht erscheint. Während solcher Zeiten bin ich ohne Willen, ohne Wünsche, und gedenke meiner gewohnten, oft so gewaltsam sich äußernden Bestrebungen mit jener leise lächelnden Sympathie, mit der die Frau dem unverständigen Ehrgeiz des Mannes zusieht.

Nun bin ich Rekonvaleszent, und diesen Zustand genieße ich immer intensiv. Sonst spüre ich meinen Körper als ein Fremdes, dem Geist als unveräußerbare Materie Gegebenes, ohne inneren Zusammenhang mit mir selbst. Jetzt verhält sich der Geist ganz passiv, während die regenerierenden physischen Kräfte desto emsiger walten; und das im Körper zentrierte Bewußtsein hat das beglückende Gefühl andauernder Produktivität.

So beschaffen ist wohl das Glücksgefühl des kleinen Kindes. Der Erwachsene kennt Zustände ähnlichen Behagens nur während körperlicher Schwäche, und in desto geringerem Grade, je mehr er Geistesmensch ist. Das theoretisch-normale psycho-physische Gleichgewicht, wo der Mittelpunkt des Bewußtseins zwischen Physis und Psyche mitteninne sitzt, so daß beide im gleichen Maß und Sinne wirklich erscheinen, ist unsereinem kein normales und kann es nicht sein. Mögen Körper- und Geistesleben noch so verschiedenen Dimensionen angehören — es ist *eine* Energie, die in beiden Sphären verausgabt wird, und wo sie in einer höchsten Anforderungen genügen soll, muß die andere entsprechend vernachlässigt werden. Es scheint ja, als wüßten die Engländer die Leistungen auf beiden Gebieten zu vereinen, sie, die immer Sportsleute sowohl als Geistesarbeiter sind. In Wahrheit beweisen gerade sie die Unmöglichkeit solcher Vereinigung. Ihr geistiges Niveau ist, was die Tiefe betrifft, fast ausnahmslos niedriger als das der Deutschen, eben weil ihre Kalokagathia der Psyche einen Teil ihrer möglichen Kraft nimmt.

Ja, es tut wohl, einmal rein körperlich zu existieren, nichts zu tun, sondern mit sich geschehen zu lassen. Solche Perioden bedeuten auch die natürliche Reaktion gegenüber Zeiten gesteigerter Geistigkeit. Die Yogis behaupten zwar, man dürfe nie ausspannen: ein einziger Tag, während dessen das Ziel aus dem Auge verloren wird, bringe einen auf einen überwunden-gewähnten Standpunkt zurück. Sicher haben sie recht damit, sofern endgültiges Hinüberschwenken in andere Welten beabsichtigt ward. Wer hingegen seine normalen Fähigkeiten nicht überwinden, sondern pflegen und steigern will, hat allen Grund, sich vor allzuviel Yoga in acht zu nehmen: denn die Vergewaltigung des Naturprozesses kann dauernde Lähmung zur Folge haben. Die Inder wären nicht so unproduktiv, wenn sie schlechtere Yogis wären, denn an Begabung fehlt es ihnen nicht; das ständige Fixieren des Geistes nimmt diesem seine Eigenbeweglichkeit; er arbeitet nicht mehr von selbst. Produzieren besteht aber eben darin, daß der im stillen geschäftige Geist sich von Zeit zu Zeit seiner Geschöpfe nach außen zu entladet. Deshalb darf der, welcher hienieden etwas leisten will, die Natur nie vergewaltigen — deren normaler Weg verläuft aber nicht geradeaus, sondern in Spiralenform. Das Alternieren verschiedener Bewußtseinslagen, der rhythmische Wechsel der Interessen ist im gleichen Sinne notwendig und heilsam, wie der Wechsel von Wachen und Schlaf. Ich habe es längst verlernt, unter Depressionsperioden zu leiden und mich über Zeiten der Verdummung zu entsetzen: ich weiß, daß zeitweilige Verdummung recht eigentlich die Vorbedingung künftiger Erleuchtung ist.

RANGOON

Wie gut diese Welt kontrapunktiert ist! — Wer ermüdet ein Land verläßt, meint jedesmal, nun sei er nicht mehr aufnahmefähig; und wird er alsdann in ein anderes hineinversetzt, so überrascht ihn die willkommene Erfahrung, daß er noch gerade so empfänglich ist wie früher — denn zu den neuen Eindrücken bedarf es anderer Organe, als er ehedem zu verwenden Gelegenheit hatte. So bedeutet Birma das fast mathematisch genaue Komplement zu Indien deshalb, weil hier alles für und durch die Sinne lebt.

Indien ist schön, strichweise großartig; allein kein typischer
Brahmane würde sich Théophile Gautier anschließen dürfen
in dessen Bekenntnis: *je suis de ceux, pour lesquels le monde
visible existe*; ihm ist das Sichtbare Mâyâ, Schein, oder zum
mindesten nicht sehenswert. Der ungeheure Zug ins Übersinnliche, der ihn beseelt, hat ihm die Natur zum Schattenspiel verbleicht. Er weiß wenig oder nichts vom eigenen
Geist der Berge, nichts vom Urwald, nichts vom Meer;
er weiß allenfalls von Gärten zur Stunde der schwülen
Träume. Und wo die Natur so übermächtig wirkt, daß
er sich ihrem Eindruck nicht entziehen kann, dort trans-
poniert er ihren Sinn ins Transzendente hinüber, wodurch
der Eigen-Sinn der Erscheinung wiederum verflüchtigt
wird. Solche Einstellung ist normalen Menschen nicht
gemäß; sie rächt sich bei allen, die für das Übersinnliche
nicht ausdrücklich geschaffen sind (welche letztere ein
Götterrecht haben, über das Sinnliche hinwegzusehen), insofern sie stumpfer nicht nur erscheinen, sondern sind, als
sonst unbegabtere Menschen; da sie das Sinnliche nicht
sehen wollen und dem Übersinnlichen nicht gewachsen sind,
so nehmen sie gar nichts wahr. Auf den nun, der sich diese
Einstellung zeitweilig angeeignet hatte, wirkt sie auf die Dauer
wie ein Alp. Nicht allzu empfängliche Gemüter mögen von
Indiens psychischer Atmosphäre unbeeindruckt bleiben: auf
sie wirkt die Landschaft unmittelbar ein, sie sehen die Dinge
vor sich, als ob Jahrtausende des Grübelns die Welt nicht
transfiguriert hätten. Ich habe die Gegenwart der Geister
ohne Unterlaß gespürt. Auch ich vermochte die Natur in
Indien nur als Mâyâ zu schauen; mir war, als sündigte ich,
wenn ich sie irgendeinmal beim Worte nahm. So empfinde
ich es wie eine Erlösung, daß ich mich heute in einer Welt
befinde, welche ganz für und durch die Sinne lebt.

Dies ist in Birma in außerordentlichem Maße der Fall.
Mehr als in Frankreich und Italien, ja mehr als im alten
Griechenland, dessen Luft ja noch heute über den Trümmern
weht. In Europa ist der Geist als Intellekt zu mächtig. Die
Hellenen haben immerdar von ewiger Schönheit geträumt,
und seither ist alle westliche Kunst im Zeichen des Ideals
verblieben — sei es auch nur in dem Sinn, daß roheste Natur
als Ideal verherrlicht wird. So ist die französische Sinnlichkeit im Grunde Metaphysik, denn sie ruht ganz auf geistigen
Voraussetzungen: man nehme dem Franzosen seine Einbildungskraft, und seine Erotik verflöge. In Birma fehlt jeder
geistige Hintergrund. Der Buddhismus, der solchen hätte
schaffen können, hat tatsächlich nur einen neutralen Rahmen
aufgebaut, innerhalb welches die Sinne unbefangen sich
selbst leben.

Der Grundton Birmas ruht auf der Birmanerin, dem un-
bewußt-selbstbewußten Mädchen. Ihre Anmut beherrscht
das Volksleben, ihre Farben trägt die Natur, sie ist der gute
Genius der Kunst. Wenn ich die mutwilligen Kurven an
Tempeln und Pagoden betrachte, die zierlichen Holzschnitze-
reien, die glitzernden Säulen, so schweifen meine Gedanken
unwillkürlich zu den Mädchen zurück, die sich scherzend
unter ihnen bewegen: die Bewegtheit der Kunstformen
Birmas ist eines Geists mit der Gangart der Landestöchter,
der Glasschmuck spiegelt ihr Lächeln, die Chromatik ihre
eigensten Farben. Ja, die furchtbaren Drachen und Schlangen
auf den Firsten und Fahnenstangen scheinen keine ernstere
Absicht als die zu hegen, die übermütigen Kinder hie und da
inmitten ihrer Spiele zu erschrecken. In dieser Welt regiert
das Mädchen souverän. Verständnis für sie belebt als Grundzug die freundlichen Greisenangesichter; und die Mönche
scheinen nur deshalb so streng und würdig dreinzuschauen,

auf daß die Jugend des Lebens Ernst nicht ganz vergesse
— wie es denn gerade die Mädchen sind, die drauf bestehen,
daß jeder Junge einmal, wenn auch auf noch so kurze Zeit,
(wie in Deutschland Soldat), ein richtiger Mönch gewesen ist.

Bis die Nacht hereinbrach, bin ich auf dem Platz vor der
Schwee-Dagon-Pagode gesessen. Ich sah die Strahlen der
Sonne auf dem Gold der Dächer langsam abklingen; ich sah
die Mädchen, Blumen in der Hand, ihre Abendandacht ver-
richten und die Alten, behäbig schmauchend, dem Treiben
der Jungen zuschauen. Vor mir spielen zwei Bettler auf
dschunkenartigem, hölzernem Klavizymbel seltsame Weisen.
Um mich schlängelten sich neugierige Krähen; bunte Hähne
bekundeten durch heraldische Stellungen ihr unbeirrbares
Stilgefühl. Und gelegentlich erschien ein halbverhungerter
Hund, so scheußlich, so unwahrscheinlich häßlich an Gestalt
und Ausdruck, daß ich unwillkürlich mit den hölzernen
Drachen über mir verständnisinnige Blicke wechselte.

Wie es Nacht ward, fuhr ich zur Stadt zurück. Ein Bir-
manerhaus öffnete mir gastfrei die Tür. Und während die
runzelige Mutter gemütlich schnarchte, rauchte und scherzte
ich mit ihren vier Töchtern, ausgelassenen Kindern von
bezwingender Lieblichkeit. Ihnen war meine Zunge un-
verständlich, ich kannte die ihre nicht. Doch verständigten
wir uns gut in der allgemein-menschlichen Sprache des
Frohsinns, deren Symbolik jedem eingeboren ist.

Wie soll man es umgehen, bei einiger künstlerischen
Veranlagung, Land und Leute von Birma zu idealisieren? Was man hier sieht und erlebt, ruft einem wieder und
wieder den Mythos vom Goldenen Zeitalter ins Bewußtsein.
Damals gab es keine Sorgen noch Bedürfnisse; alle Menschen

hatten sich lieb, waren unbekannt mit Krieg und Hader;
das Leben floß selig dahin wie das von Kindern im Spiegel
des Erwachsenen-Bewußtseins. Gerade so scheint das Bir-
manerleben dahinzufließen.

Dieser Zustand ist das Verdienst des Buddhismus. Dessen
ungeheure Gestaltungskraft in tropischer Umwelt tritt in
Birma noch eindrucksvoller als auf Ceylon an den Tag, weil
hier die Kirche weit mehr Bedeutung besitzt als dort und
die etwaigen Vorzüge des Bildes dem Rahmen gegenüber
kaum in Betracht kommen. Der Birmaner steht als Mensch
in keiner Hinsicht hoch; weder ist er tief, noch begabt, noch
von echter Herzensgüte. Diese Tugenden sind bei Kindern
niemals ausgebildet. Sogar die Mönche, so würdig sie sich
ausnehmen, können als durch den Buddhismus innerlich
Geformte kaum betrachtet werden, wie so manche unter
den Bhikshus von Ceylon: sie sind von außen her geformt,
gleichwie der Durchschnitt katholischer Mönche. Die
Weisheit katholischer Ordensregeln ist groß, aber sie erweist
ihre Wirksamkeit nur unter besonderen, abnorm zu nennenden
Bedingungen. Der buddhistische Kanon in seiner grandiosen
Einfachheit ist eine Form, die fast jedem Tropenbewohner
gemäß ist und ihn notwendig zur Vollendung führt.

Wie dürftig und kindisch sind die Vorstellungen, die das
Birmanerbewußtsein mit der Religion verknüpft! Religion
bedeutet ihm einerseits eine Lebensroutine, eine angestammte
Form psychophysischer Hygiene, und dann ein leichtes und
billiges Mittel, sich für das Jenseits oder das nächste Erden-
dasein zu versorgen. Es genügt, eine Pagode zu bauen, einen
Brunnen oder ein Rathaus zu stiften, den Armen das Überflüssige zu geben und an den religiösen Feiern, die unseren
lustigsten Kirmessen gleichen, teilzunehmen, um so viel
„Verdienst" aufzuhäufen, daß die Zukunft gesichert erscheint.

Das ist eben der Typus der Religiosität, der im Volk Süd-
Italiens und Spaniens vorherrscht, — vielleicht der niederste
von allen denkbaren. Aber mit dieser Feststellung ist das
Problem doch nicht erledigt. Darf man von oberflächlichen
Kinderseelen eine tiefere Religiosität erwarten? Nein; dazu
sind sie nicht selbständig genug. Ihnen kann Religion nur
ein äußerer Rahmen sein, dessen Wert sich darnach ermißt,
bis zu welchem Grade er sie bildet. Dies nun hat der Buddhismus in Birma in so hohem Grade vermocht, daß unter
diesen unverantwortlichen Kindern tatsächlich ein dem
Goldenen Zeitalter vergleichbarer Zustand herrscht; unter
Voraussetzung ihrer gegebenen Naturanlage könnten sie
nicht mehr sein und nicht besser, als sie dank dem Buddhismus geworden sind. Und dieses liegt gewiß nicht an
der äußeren Form an und für sich, sondern an der immanenten
Tiefe des Buddhismus. Dessen Gestalt ist der unmittelbare
Ausdruck seines Gehaltes, und weil dieser von wunderbarer
Wahrheit ist, hat jene auch dort, wo ihr Sinn nicht verstanden wird, Wunder gewirkt. Es ist eben nicht unbedingt
notwendig in Fragen des praktischen Lebens, daß einer sich
der Weisheit der Regeln, die er befolgt, bewußt sei; sind sie
weise, so beweisen sie ihre magische Kraft auch wo sie un-
verstanden bleiben. Im uralten Glauben an Zauberformeln
steckt mehr Wahrheit als unsere Zeit wahrhaben will: Worten
und Satzungen wohnen Tugenden inne, die sich auch demjenigen mitteilen, dessen Geist nur den Buchstaben faßt.

Die Gestade des Iraouaddy sind von mehr Denkmälern
der Frömmigkeit bestanden, als die des Ganges. Pagode auf
Pagode schmückt die Höhen, Kloster auf Kloster, von blühenden Bäumen überschattet, von grünenden Gärten umringt,
belebt die Sandflächen. Aber der Iraouaddy ist kein heiliger
Strom; er ist ohne tiefere Symbolik, ohne andere als quanti-

tative Größe. Und der Ernst birmanischer Pilger wirkt
nicht ernsthafter, als der von Schulkindern, die ohne Rücksicht auf etwaige Ermüdung alle möglichen Freuden eines
Sonntagsausfluges bis zur Neige auskosten wollen.

PENANG

Die Vegetation der malayischen Halbinsel beeindruckt
mich, als sähe ich ihresgleichen zum erstenmal. Voll
Entzücken betrachte ich die naive Selbstsicherheit der Schöß-
linge, die kluge Geschmeidigkeit der Schlingpflanzen, das
sanftausdauernde Werben der Blätter um einen Platz am
Licht — jenes wundersame tropische Vegetieren, das in der
Stille den Eindruck größerer Bewegtheit macht, als die Unrast einer Menschenmenge. Wohl fehlen, dank der über-
starken Belichtung, die Farben- und Formnuancen, von dem
die Schönheit eines Waldes im Norden abhängen würde;
nur mit Mühe gelingt es, aus dem Grün eine Einzelgestalt
herauszulösen. Aber gerade deshalb lebt das Ganze desto
mehr; im Ganzen geht alles Einzeldasein auf. Wie tausend
Bächlein zusammen einen Strom ergeben, so spürt man in
den Tropen die Natur als unteilbare grandiose Lebenseinheit.
Diese Flora ist unwahrscheinlich reich, üppiger noch als die
von Ceylon. Und schöner ist sie insofern, als hier hochragende
Stämme wieder und wieder das Wirrsal des Dschungels
durchsetzen, so daß das zügellose Wuchern der Gewächse
als Füllung einer klaren Umrißzeichnung wirkt. Zumal das
lichte Grau der abgestorbenen Baumriesen hilft dem Auge
das Grün übersehen. Hier hat der Tod gleichsam die Takt-
striche eingezeichnet in eine sonst allzu verwobene Partitur.
  Welch wundersamen Zauber besitzt die Pflanzenwelt!
Die stille, wie unvermeidliche Vollendung, das selbstverständ-

lich-harmonische Zusammenbestehen, die bewußtlose Schönheit der Gewächse, ja ihr problemloses Dasein als solches,
welches trotzdem das Lebensproblem vollkommen löst, wirkt
auf mich allemal wie die Versicherung, daß auch ich meinem
Ziele nicht mehr fern bin. Ich selber wurzele ja tief im
Pflanzenleben, so kann ich es verstehen; es ist der beharrende
Unterbau meiner Bewegtheit. Und je mehr ich mir dessen
bewußt bin, desto geborgener fühle ich mich. Hier nun hüllen
mich die freundlichen Gewächse beinahe stürmisch in ihre
Wesensluft ein. Sie reden mir zu, daß ich die Gewißheit
schon habe, nach der ich blind kämpfend noch immer suche,
daß ich ja schon am Ziele bin, daß alles zum besten steht.
— Wie sollte gerade der tätige Mann an der Pflanze nicht
seine liebste Ergänzung finden? Fürst Bismarck weilte
nirgends so gern, wie im friedvollen Sachsenwald. Man
redet von trotzigen Eichen, hehren Fichten: solche Be-
zeichnungen sind nicht gegenständlich. Das für uns Wesentliche an der Pflanze ist gerade, daß kein Wort noch Begriff
aus dem tätigen Mannesleben auf sie übertragen werden
kann. Aber dem Frauenleben ist sie vergleichbar oder genauer gesagt: das Leben der Frau hat mit dem der Pflanze
Ähnlichkeit; es ist ein gleiches Motiv, das den kämpfenden
Mann zur stillen Frau und zur gleichmütigen Pflanze zieht.
In beiden tritt die Modalität des Lebens zutage, die von
vornherein am Ziele ist; die ist es, nach der seine rastlose
Seele sich sehnt. So haben wir Männer denn auch, solange
wir zu bestimmen hatten, das Vegetative bei der Frau ak-
zentuiert. Des aktiven energisch-tätigen Weibes bedürfen
wir nicht.

    Dieser Planet muß wonnig gewesen sein dazumal, als die
Pflanzenwelt auf ihm noch dominierte. War es nötig, daß
das Leben überhaupt den schweren Gang tätigen Werdens

antrat? Dem Sinne nach weiter als die Rose wird kein Übermensch jemals gelangen. Wozu die beschwerliche Spirale? Diese Frage, die ich so oft verstimmt gestellt, wenn ich von der Spitze eines endlich erstiegenen Turms auf die verflachte Landschaft niederschaute, ich stelle sie heute voll Wehmut. Ich weiß es: der Aufstieg ist unser Schicksal; ich selber würde verzweifeln, wenn ich rasten sollte. Aber wenn ich an die Aussicht zurückdenke, die sich auf den frühesten Stufen vor mir entrollte, an die Freuden, die mir das Leben damals bot, dann bedauere ich es doch, daß ich habe aufsteigen müssen.

SINGAPORE

Die Pflanzenwelt bestimmt so sehr den Charakter der malayischen Natur, daß ich für anderes kein Auge habe; immer wieder fängt mein Blick sich in den Gewächsen.

Seit Ceylon habe ich mich in diese Lebensform nicht mehr versenkt, so ist mein Interesse an ihr wie neu. Wieder erkenne ich's: wer die Pflanze vollkommen verstünde, dem verschlösse das Leben kein Geheimnis mehr. Und sie gibt sich einem so freundlich hin. Niemand könnte aufrichtiger sein als sie, wahrhaftiger, echter; sie allein vielleicht von allen Wesen der Welt stellt sich ganz so dar, wie sie ist. Wie wenige Menschen tun dies, es sei denn für Augenblicke! Sie mögen noch so wahr sein wollen — immer wieder tritt Unwesentliches, Zufälliges in des Bildes Vordergrund, und der Zusammenhang, welcher das Wesen ausmacht, erscheint verrückt. Noch von den höheren Tieren gilt dies, während die Pflanzen, die seligen, reinen, Verstimmungen nie unterworfen sind und immerdar den Grund ihres Wesens spiegeln. Auch phänomenologisch bieten sie nicht weniger als be-

weglichere Wesen: die Mannigfaltigkeit ihrer Formen, ist
so groß, daß nur eine göttliche Phantasie sie zu bereichern
wüßte. Wahrscheinlich hat der Aufschluß der psychischen
Sphäre, die dem Menschen gegenüber dem Tier so viel
Spielraum hinzugewonnen hat, zu keinerlei Neubildungen
geführt, deren Geist die Pflanzen auf ihrer Ebene nicht auch
verwirklicht hätten. Die Flora bezeichnet, auf bestimmt-
belegener Fläche, nicht nur einen vollständigen Ausdruck
des Geistes, sondern überdies bei weitem den vollkommensten,
den dieser bisher gefunden hat. Vom Standpunkt der Vollendung her betrachtet, und mit einer beliebigen Blume verglichen, wirken die höchsten Menschen als Mißgeburten.
So stellt die Flora nicht nur, sie beantwortet sämtliche
Probleme, die der Menschengeist aufwerfen mag. Die Betrachtung der Gewächse hat mir heute wieder einmal den
empirischen Sinn der Freiheit zum Bewußtsein gebracht.
Was heißt man eine freie Tat? Ein spontanes Geschehen
nach streng vorgezeichnetem Gesetz. Mit 'wunderbarer
Plastizität werden die Elementarbegriffe obiger Definition
vom Pflanzenleben illustriert. Etwas Nicht-Mechanischeres
als das Aufschießen eines Triebes in den Tropen kenne ich
nicht; wenn etwas spontan genannt werden darf, dann ist
es solch triumphierender Anstieg. Dennoch treten die Gesetze der Natur nirgends eindeutiger in die Erscheinung
als hier. Ich betrachte eines jener bizarren Riesenblätter,
die wie in mutwilliger Absicht verkehrt am Stengel hängen:
wie gespannt ist diese Gestalt, wie vibrierend von innerem
Leben! Und doch ist ihre Anlage ohne weiteres mathe-
matisch-physikalisch zu verstehen, wäre von einem Techniker
vielleicht zu entwerfen gewesen. — Sind wir praktisch überhaupt in irgendeinem andern Sinne frei als die Pflanzen?
Schwerlich. Was dem empirischen Freiheitsbegriff zur

Grundlage dient, ist die Möglichkeit der Willkür. Nun ist aber der Willkürhafte in Wahrheit der Gebundenste; mag er die Welt noch so tyrannisch regieren, er ist Sklave seiner selbst, seiner Leidenschaften, der Elemente seiner Seele, nur durch das eine von der Pflanze unterschieden, daß seine Natur als solche beweglich-flüssiger ist. Auch wer sich selbst beherrscht, ist noch nicht wahrhaft frei, sondern erst der von s i c h freie, welchen Selbstsucht in keiner Form beschränkt; dies aber bedeutet, in der Sprache der Mystik ausgedrückt, wer vollkommen gehorsam ist gegenüber Gott, oder wissenschaftlicher gefaßt, wessen persönlicher Wille eins ist mit der überpersönlichen Macht, die ihm den Platz anwies in der Erscheinungswelt — und dies will wiederum sagen: wer gleich der Lilie mit sich geschehen läßt. Pflanze und Mensch sind beide im l e t z t e n frei; das heißt, das Leben, das sie beseelt, ist wesentlich Freiheit. Das empirische Geschehen aber hat in beiden Fällen den gleichen Sinn; es ist ein gesetzmäßiges Sichauswirken. Ob dieses vermittels unbewußter Triebe, blinder Instinkte, persönlichen Wollens, der bewußten Einwilligung oder der Initiative in dem geschieht, was seinen Zielen nach über die Person hinausweist, bedingt keinen Wesensunterschied; das Treiben der Pflanze, die Willkür, das Opfer des Menschen bedeuten gleiches. Könnte jene die Frage der Freiheit stellen, sie beantwortete sie nicht anders als wir.

Den Sinn des Unsterblichkeitsinstinkts hätte ich mit geringerer Mühe ergründet, wenn ich, anstatt mein Selbstgefühl zu analysieren, tief ins Grüne hineingeblickt hätte. Alle Unsterblichkeitsvorstellungen sind Wucherungen des Wurzelbewußtseins, daß die Person das letzte nicht ist, daß der Sinn des Lebens tiefer liegt. Diese Wahrheit wird einem von der Flora *ad oculos* vordemonstriert. Die Pflanzen wissen

nichts vom Individuum, wissen nur ausnahmsweise vom
Sterben. Der Akzent jedes, auch des speziellsten Einzel-
daseins ruht auf dem, was den Tod überdauert.

Und die Schönheit? Angesichts der Gewächse springt
einem ihr Sinn in die Augen. Jede Erscheinung wirkt schön,
in der die vorhandenen Möglichkeiten vollendeten Ausdruck
fanden; deshalb sind Pflanzen immer schön, wo nichts
Äußerliches ihr Wachstum beeinträchtigt hat. Überdies
aber tragen sie ein Festgewand, wenn die Zeit der Verewi-
gung kommt; dann prangen sie in herrlichstem Blüten-
schmuck. Gelehrte haben dies aus Nützlichkeitserwägungen
zu erklären versucht: wie blind ist der Verstand! Die Schönheit ist überall Selbstzweck; sie ist der äußerste Ausdruck
des Möglichen. Die ganze Schöpfung wird schön zur Zeit
der Liebe, weil dann unendliche, überindividuelle Möglichkeiten für eine Weile im Individuellen in die Erscheinung
treten, weil der Geist der Ewigkeit dann das Sterbliche verklärt. Beim Menschen bringt er die Seele zum Blühen;
deren Herrlichkeit verschönt, solange die Blüte währt, das
unscheinbarste Antlitz. Bei den Pflanzen, die in der Leib-
lichkeit aufgehen, treibt der Geist leibliche Blüten hervor.

Auch über das dunkelste, tragischste Problem gibt einem
die Anschauung der Pflanzenwelt Aufschluß: die Einseitigkeit
jeder Entwicklungsrichtung. Ein Wesen ist entweder eine
Monade oder ein Element; als Monade ist es dem Tode geweiht, als Element zwar unsterblich, aber unpersönlich. Ein
Baum ist vollendet im Blühen oder als Früchteträger, als
Hochstamm oder als Schattenspender, schnellwüchsig oder
fest im Holz. Alles auf einmal kann er nicht sein. Das
Äußerste, was seinem Streben offen steht, ist, in der Folge
seiner Lebensperioden nacheinander viele Vollendungsmöglichkeiten zu erfüllen: erst schnell zu wachsen, sich dann

zu festigen; erst der Blüte, dann der Frucht zu leben; erst
aufzuschießen, dann sich auszubreiten. Aber wenige sind
innerlich so reich, daß sie in mehr als einem Sinn vollkommen
werden können.

HONGKONG

Die Landschaft von Hongkong gemahnt an die Riviera;
ich bin aus den Tropen heraus. Die Spannung der
Atmosphäre hat nachgelassen, die Sonnenstrahlen drücken
nicht mehr, alle Übergänge sind sanfter geworden. Sonnen-
unter- und -aufgänge in den Tropen enttäuschen den, der
ihnen mit hoher Erwartung entgegensah: einer zitternden
feurigen Blase gleich steigt sie des Morgens vom Horizonte
auf — und es wird Licht; wie ein schwerer Tropfen flüssigen
Metalls fällt sie des Abends ins Meer zurück — und es wird
Nacht, keine Farbensymphonien vor- noch nachher, es sei
denn, daß dichte Wolkengebilde die Lichtbrechungsver-
hältnisse gemäßigter Zonen künstlich hergestellt hätten. An
starken Kontrastwirkungen können diese mit den Tropen
wohl nicht wetteifern; aber deren Möglichkeiten sind nicht
reich, und starke Kontraste verschlingen alle Nuancen. So
ist mir diesen Abend, wo ich vom Pik auf die Fläche des
chinesischen Meers hinausblicke, als seien neue Kräfte in
mir geboren: ich fasse Feinheiten und Abstufungen in Farben
und Formen auf, die mir vor wenigen Tagen ganz entgingen.
Und hierzu leitet die Natur des Fernen Ostens wie keine
andere an: in ihr sind die Linien von einer Reinheit, und die
Übergänge von einer Reinlichkeit, wie sie bei uns nur künst-
lerisches Abstraktionsvermögen schafft; diese Natur hat
schon Gott stilisiert. Viele der reizvollsten Eigentümlichkeiten chinesischer Malerei sind in jener schon vorgebildet.

Wie ich zuerst auf die abendliche See hinausblickte, da schien sie mir von langen weißen Nebelstreifen überlagert. Wie erstaunte ich, als ich bald darauf über diesen Inseln schwimmen sah! Kein unmittelbares Sehen hätte mich lehren können, daß die Inseln nicht im Himmel lagen; dieser Natur gegenüber bedarf es einer gleichen Phantasie, um den perspektivischen Zusammenhang zu erfassen, wie gegenüber ostasiatischen Gemälden.

Schon sehe ich's: in China werde ich mich zum Augenmenschen umwandeln müssen; hier strotzt alle Erscheinung von Sinn. Mir ahnt eine Synthese von Wesen und Schein, wie sie mir noch niemals begegnet ist.

v.

CHINA

CANTON

Leider trete ich meinen Aufenthalt in China unter ungünstigen Verhältnissen an: das Land steht in voller
Revolution. Solche Perioden heißt man wohl „große Zeiten",
und manche zehren ihr Lebelang davon, daß sie „dabei gewesen sind": den Tieferblickenden dünken Epochen gewaltsamer politischer Umwälzung als die uninteressantesten von
allen nur möglichen. Angesichts außerordentlicher äußerer
Ereignisse geraten die Allermeisten nämlich außer Gleichgewicht; sie leben an der Oberfläche, die ihrerseits keine normale und für das Wesen nicht symbolisch ist; ihr Eigentliches tritt gar nicht zutage. Was bedeuten die Gewalttaten
der Terreurperiode oder der Juli-Revolution in bezug auf
die friedlichen *bourgeois* von Paris, die sie verübten? Nichts.
Diese waren bloße Schauspieler eines Massenimpulses. Allerdings gibt es Ausnahmenaturen, echte Sturmvögel, die nur
zu solchen Epochen ganz sie selbst sein können, und sie sind
dann hochinteressant; aber Sturmvögel sind seltener als man
denkt; bei der Mehrzahl hat das Betragen in Ausnahme-
situationen nicht die mindeste symbolische Bedeutung. Fast
jeder Gentleman beweist Mut im Augenblick der Gefahr,
fast jede Mutter, wenn ihre Kinder bedroht sind, und speziell
in Deutschland bewährt sich beinahe jeder angesichts der
typischen Fährnisse, denen er von Berufs wegen ausgesetzt
ist: der Kapitän beim Sinken seines Schiffs, der General in

der Schlacht, der Bürgermeister, wenn eine Seuche seine
Stadt befällt usw. Nur sind diese Leute als Helden nicht mehr
sie selbst als sonst, sondern weniger oder gar nicht: sie handeln
nicht als Individuen, sondern als Repräsentanten; und sehr
oft, nur zu oft hat dieses typische Handeln den Sinn eines
Sichverkriechens vor dem eigentlichen Selbst, wie die Rhe-
torik des Delinquenten auf dem Schafott. Wenn Napoleon
bloß auf das Verhalten seiner Generäle *in extremis* Wert
legte, so lag das daran, daß in seinem Fall alle Entscheidung
in extremis fiel und die Menschen an sich ihm gleichgültig
waren; wäre ihm um deren eigentliches Sein zu tun gewesen,
er hätte anders geurteilt. Freilich äußert sich dieses nicht
notwendig im Rahmen ihres täglichen Daseins, wie Maeter-
linck wahrhaben will, denn der paßt nicht notwendig zum
Menschen; nur der entsprechende Rahmen kommt in
Frage, dieser aber kann, *par définition*, kein Ausnahmezustand sein. Zumal in China, dem Land des ewigen Friedens
und der Ordnung! Diese Revolution kann ich überhaupt
nicht ernst nehmen, und wenn ich nicht sehr irre, so tut dies
auch kein wurzelechter Chinese in dem Sinn, wie diese dem
Europäer selbstverständlich dünkt; ich habe den Eindruck,
daß er sie so ansieht, wie Revolutionen überall angesehen
werden sollten: als eine Krise des Organismus. Über gewisse
Entwicklungsstadien kommt der Körper nicht ohne Gewaltsamkeit hinweg: er erkrankt, er fiebert, kocht auf; in diesem
Sinn sind Revolutionen mitunter unvermeidlich (wenn auch
kaum die Hälfte derer, welche die neuere Geschichte ver-
zeichnet, diesen Charakter tragen dürfte); speziell die französische entsprach ohne Zweifel einer inneren Notwendigkeit,
so wenig erfreulich ihre Folgen im allgemeinen, zumal für
Frankreich, sich erwiesen haben, denn auf andere Weise
waren die nicht mehr lebensfähigen, aber gerade dank ihrer

Erstarrtheit starken Formen und Institutionen des *ancien régime* nicht zu brechen. Immerhin bedeutet eine noch so unvermeidliche Kinderkrankheit keine Heldentat. Ich kann schwer ein Lächeln unterdrücken, wenn ich „die Taten des Volks" verherrlichen höre. Dieses *ridicule* wird China sich nicht geben. Es wird Sun Yat-Sen auch nicht lange als Helden verehren, wie dies in Europa sicher geschähe, sondern ihm wohl vielleicht dankbar sein dafür, was er angestiftet, ihn im übrigen aber nicht anders beurteilen, als was er ist: als gutartigen, wenn auch nicht harmlosen Ideologen.

Nicht nur im Sinne der Zeit, auch in dem des Raumes stellt sich mein Anfang in China weniger günstig dar, als ich erhofft hatte: in Canton drängt sich einem die Außenseite des Lebens so übermächtig auf, daß es psychisch unmöglich erscheint, durch sie hindurchzusehen. Nun ist das öffentliche Leben als solches ganz uninteressant, weil dessen Formen Ausdruck nicht der Seele, sondern der objektiven Notwendigkeiten oder Opportunitäten des Zusammenlebens überhaupt sind und daher nicht nur von Volk zu Volk, sondern sogar vom Menschen zum Tiere zu dem Sinne nach kaum variieren. Man hat viel über das Fremdartige der chinesischen Institutionen geschrieben: ich finde sie den europäischen nur zu ähnlich; so anders sie de facto sein mögen, so wenig weichen sie in der Bedeutung von ihnen ab. In dieser Geschäfts- und Großstadt, die berühmt ist wegen ihrer Außerordentlichkeit, habe ich kaum überhaupt das Bewußtsein, mich in fremder Umgebung zu befinden. Was könnte (um die Gegenprobe zu machen) ein chinesischer Metaphysiker in Berlin oder Frankfurt lernen? Vom Geist, der dort freilich ein anderer ist als hier, würde er im Großstadtgetriebe wenig spüren. Er würde etwas weniger Fleiß und Arbeit, sehr viel mehr Unruhe feststellen und wahr-

scheinlich zum Ergebnis gelangen, daß wir Europäer Menschen seien ganz gleicher Art, nur von niedrigerem Kulturniveau.

Um nicht leer auszugehen, schalte ich den Metaphysiker
fürs erste aus und stelle den reinen Beobachter ein. An Geschäftigkeit übertrifft Canton wohl alles, was ich gesehen;
Tagediebe scheint es überhaupt keine zu geben. Und das
Unheimliche dabei ist, daß alle diese Arbeitstiere heiter drein-
schauen. Ich beginne zu verstehen, warum die Chinesen dem
Europäer so leicht als Unmenschen vorkommen. Wer sie
mit Affen vergleicht, der bedenke, worin das spezifisch
Groteske des Affen besteht: dem Kontrast zwischen einem
menschlichklugen Auge und einem tierischen Gesicht, weswegen jedes extrem intelligente und zugleich lebhafte Auge
der Physiognomie etwas Affenartiges gibt, sogar im Fall
eines Mannes wie Kant. Die Cantonesen wirken nicht tierisch,
sondern unmenschlich, weil man fühlt, daß hinter diesem für
unsere Begriffe menschenunwürdigen Dasein nicht rohe
Natur, sondern Bildung steckt. Diese Heiterkeit ist ein
Kulturprodukt.... Woher das über die Maßen Unsym-
pathische dieser Stadt? es will mir wahrhaftig nicht gelingen,
reine Eindrücke zu gewinnen. Am Schmutz und Gestank
kann es nicht liegen, gegen welchen in China nicht mehr
einzuwenden ist als in Italien: er gehört zum spezifischen
Charakter und sogar zum spezifischen Charme; die an sich
recht peinlichen Ausdünstungen von Benares habe ich auf
die Dauer beinahe lieb gehabt. Am spezifisch Chinesischen
kann es noch weniger liegen, denn dieses scheint im Gegenteil
sympathisch zu sein. Wahrscheinlich liegt es an der extrem-
kommerziellen Atmosphäre. Noch nie habe ich längere Zeit
unter Geschäftsleuten kleinen Stils geweilt, ohne eine Stö-
rung meines Gleichgewichts davonzutragen. Aber auch

diese Erwägung entscheidet die Frage nicht ... Endlich hab' ich's: was mich in Canton so widerwärtig berührt, ist das Seelenlosmaschinelle des Lebens. Die Menschen schaffen hier im tiefsten Sinne zweck- und ziellos; ihnen fehlt das vollkommen, was die Idealität des Geschäftsmanns ausmacht: das Handeln unter großen Gesichtspunkten; gleich Ameisen rackern sie sich ab. Und wenn Ameisen, die sicher nur Ameisen sind, hochintelligente Gesichter tragen und dabei unzweifelhaft gebildet sind, so wirkt das beängstigend.

Es kann nicht wahr sein, daß in Canton das Herz Chinas schlägt, wie so häufig behauptet wird. Canton ist nicht mehr typisch für dieses Reich, wie Marseille oder Neapel für Europa. Aber soweit typisch ist es wahrscheinlich doch, und vielleicht ist es gut, daß mir diese Seite Chinas ganz zuerst in so aufdringlicher Form entgegengetreten ist, da ich sie sonst über dem vielen Schönen, das mir bevorsteht, übersehen hätte. Sicher steht der Chinese der Ameise näher als irgendein Mensch; sicher steht er gerade in diesem Sinne unter uns. Aber eben hier wurzelt seine unverständliche Superiorität: die ungeheure soziale Bildung der niedersten Volksschichten. Es gibt keine Arbeiterin unter Ameisen, die an Gebildetheit in ihrer Sphäre dem größten Grand-Seigneur nicht gleichkäme.

Nun wäre ich doch so weit eingelebt, daß die negativen Empfindungen, welche Canton nach wie vor in mir auslöst, mich bei der geistigen Betrachtung kaum mehr stören. Wie schön ist trotz allem diese Stadt! Alles Dekorative ist von einer Vollendung, wie ich es nirgends bisher gesehen. Die Goldschmiede-, die Holz- und Elfenbeinschnitzkunst — was immer zum Kunstgewerbe gehört —

steht auf unglaublich hoher Stufe; der erbärmlichste Hand-
werker hier scheint im höchsten Sinn Geschmack zu besitzen.
Und wenn ich dann sehe, was für nüchterne trockene Gesellen diese wunderbaren Kleinkünstler sind, dann bin ich
jedesmal dekonzertiert. Offenbar bedeutet diese ganze Kultur in bezug auf den Einzelnen gar nichts mehr; alle Vollendung beruht auf Routine. Unwillkürlich denke ich an die
fernen Zeiten zurück, wo die erstarrte Form noch von Leben vibrierte... Dann aber frage ich mich, ob schöne
Formen je geherrscht haben, bevor sie sich von ihrem Sinne
losgelöst hatten? Florenz wird damals, als Lionardo und
Michelangelo in ihm schufen, nicht entfernt so schön gewesen sein wie zur Zeit ihres Niedergangs; zur Epoche, da
die Form entstand, war sie eben noch nicht vorhanden.
So ist das China von heute vermutlich sehenswerter als
das der Tang-Dynastie...

Die Chinesen, die einstmals gewaltige Schöpfer waren,
haben ihre Erfindungsfähigkeit offenbar eingebüßt. Um so
bedeutsamer ist es, daß sie nicht entartet erscheinen — in der
Sphäre der Kunst nicht mehr als in der des Lebens —, wie
dies zu Zeiten der Stagnation im Westen fast immer geschah;
bei ihnen scheint vielmehr das Befolgen der Tradition dem
Erfinden biologisch äquivalent. Alles Ungestaltete ist in
China schon auskristallisiert, womit das Ende der Neuschöpfung, für eine Weile wenigstens, erreicht ist. Wenn aber
das Gleiche mit unverminderter Kraft immer wieder von
neuem entsteht, dann ist das alles eher als Sterilität: es ist
der Weg der Natur, welche auch durch ungeheure Zeiträume am gleichen festhält, ehe sie sich zu Neuerungen ent-
schließt. Man muß die Kultur der Chinesen offenbar nach
geologischen Epochen beurteilen, um ihr gerecht zu werden.
So wird auch ihre Neuerungsfeindlichkeit zu deuten sein:

sie sind sicher nicht wesentlich neuerungsfeindlich, denn im Lauf der Geschichte hat China keine geringeren Wandlungen als Europa durchgemacht; nur hat es sich weniger dabei beeilt. Und im allgemeinen ist es kein gutes, sondern ein schlechtes Zeichen, wenn einer zu viel Eile beweist. Wohl kann es bedeuten, daß er sein Ziel so hoch gesteckt hat, daß er keine Minute verlieren darf, wenn er es überhaupt erreichen will; meist aber bedeutet es nur, daß er sein Ende vorausahnt. . . .

Immer mehr beeindruckt mich die unerhörte Formen- und Farbenschönheit der Straßen Cantons; höchste Sinnenkultur spricht aus aller Gestaltung; kaum ein Nutzgegenstand, kaum eine Arabeske, die in der Idee nicht künstlerisch wertvoll wäre, so oft die Ausführung versagt. Nach Sonnenuntergang aber wirkt die Stadt wie eine Feerie, wie eine ungeheure Symphonie in Schwarz und Gold. Überall heben sich vom schwarzen Grunde der Nacht schöngeformte Lichtkörper ab, allenthalben leuchten feurige Ideogramme. An diesen könnte ich mich nimmer satt sehen. Sie sind dermaßen schön in der Form, daß chinesische Straßen allein dank ihren Reklame- und Ladenschildern das Auge entzücken. Wie sollte hier Schreiben und Malen nicht gleich geachtet werden? Schon der Idee nach steckt in den Hieroglyphen höchste Kunst; und um sie so darzustellen, wie dies immer verlangt wird und häufig geschieht, bedarf es der Hand eines echten Künstlers. Für eine schöne Handschrift wird von Kennern oft ebensoviel bezahlt wie für ein Meisterwerk der Malerei.

Ich gehe schwerlich fehl, wenn ich das hohe Kulturniveau der Chinesen, was die sichtbare Form betrifft, zum sehr

großen Teil auf das Dasein ihres Schriftsystems zurückführe.
Nicht nur leben sie alle von klein auf in einer Umgebung, die
den Formensinn ausbilden muß — es bedeutet eine Lebens-
notwendigkeit für sie, auf die Form genau acht zu geben.
Eine chinesische Sprache im vokalen Sinn gibt es nicht; in
jeder Region wird ein besonderer Dialekt gesprochen, der
eine vom andern oft nicht weniger verschieden, als es das
Englische vom Deutschen ist. Nun benutzen aber alle Chinesen gleiche Schriftzeichen und können sich vermittelst
ihrer noch dort verständigen, wo sie mündlich übereinander
hinwegreden würden: wie sollte da die Buchstabenschrift
nicht gründlich studiert werden? Ist dieses nun geschehen,
dann ergeben sich weitere Vorteile von selbst. Die wesentliche Schönheit der Ideogramme bildet unwillkürlich den
Geschmack, desto mehr, als es für ungezogen gilt, nicht
kalligraphisch schön zu schreiben, und die Notwendigkeit,
eine große Anzahl solcher, deren Kennzeichen oft in win-
ziger Einzelheit besteht, augenblicklich voneinander zu unterscheiden, schärft Auge und Blick. Die Unfähigkeit gebildeter
Chinesen, etwas Häßliches hervorzubringen, und der unerreicht hohe Formensinn, welchen die Masse in China besitzt, sind ohne Zweifel die unmittelbare Folge der Herrschaft dieses Schriftsystems.

Aber dessen Vorzüge sind mit den aufgezählten nicht erschöpft; ich bewundere es vor allem um seiner geistigen
Bedeutung willen. Ein Gedanke kann innerhalb seiner meist
nur symbolisch ausgedrückt werden, nicht gegenständlich,
oder an und für sich; es wird ein Beziehungssymbol hinge-
malt, aus dessen Zusammenhang mit an- oder nebenstehenden
sich der Sinn des Gemeinten ergibt. Unter solchen Umständen ist es erstens unmöglich, zu lesen ohne dabei zu
denken; hierher rührt das überraschende Kombinations-

vermögen noch so niedriggestellter Chinesen, die aber des Lesens und Schreibens noch mächtig sind. Dann aber läßt sich vermittelst der Ideogramme viel mehr sagen als mit artikulierteren Ausdrucksmitteln. Nur Leute, die nie einen tiefen Gedanken gefaßt haben, behaupten, was man meint, das wisse man unter allen Umständen zu bestimmen; die Sprache gibt es nicht, die dies Wunder ermöglichte; jede Epoche hat ihre spezifischen Schranken, aus welchen kein Genius ausbrechen kann, außerdem aber jede besondere Sprache an und für sich. Und daß je eine erfunden werden sollte, in welcher sich alles wird gegenständlich aussprechen lassen, erscheint desto unwahrscheinlicher, als die Entwicklungstendenz aller der Expliziertheit und damit der Verarmung zustrebt; im Französischen läßt sich nicht ebensoviel sagen wie im Deutschen, im modernen Englisch nicht so viel als in dem des elisabethanischen Zeitalters. So viel gilt schon davon, was sich, prinzipiell gesprochen, explizieren läßt: was aber von dem, was über alle möglichen Ausdrucksformen hinausgeht und doch das Wirklichste vom Wirklichen ist — den Objekten des metaphysischen Sinnens und des innerlichstreligiösen Erlebens? die sind in unseren Sprachen schlechterdings nicht darstellbar. Aber sie sind es in der chinesischen Schrift. Es ist möglich, Beziehungssymbole auf die Weise nebeneinanderzustellen, daß sie das Unendliche sowohl einschließen als qualifizieren, wie ein offener Winkel den unendlichen Raum definiert. Wo ein „Wissender" diese Zeichen vor sich sieht, weiß er sofort, was gemeint ist, und erfährt, wo er es nicht vordem wußte, mehr, als die längste Auseinandersetzung ihn lehren könnte. Ein Beispiel. Der ganze Konfuzianismus ist in drei (im Zusammenhang zu lesenden) Symbolen darstellbar, wovon das erste sich konzentrieren, sich anstrengen bedeutet, das zweite Mittel-

29*

punkt und das dritte Harmonie nach außen zu. Damit ist wirklich alles ausgesprochen, was in den vier Büchern enthalten ist, außerdem aber das, was dem Konfuzianismus in der Idee zugrunde liegt, dessen Begründer aber wahrscheinlich gar nicht gewußt hat. Was, in der Tat, vermöchte ein Sterblicher mehr, als sich vollkommen zu verinnerlichen durch äußerste Anspannung seiner Seelenkräfte, und die erreichte Verinnerlichung in der Harmonie der äußeren Erscheinung auszuprägen? Das ist nicht nur die Essenz des Konfuzianismus, das ist mehr, als Konfuzius je geahnt hat, das höchste Ideal menschlichen Strebens überhaupt. O, wenn ich nur chinesisch zu schreiben verstünde! gern gäbe ich dann alle anderen Ausdrucksmittel preis. Nachdem alle Worte verweht sind, werden selige Geister in Fragmenten chinesischer Graphik noch die Wahrheit von Angesicht schauen. . . .

Die chinesische Ausdrucksweise ist nicht gegenständlich, sondern suggestiv, setzt also einen sympathetischen Hörer oder Leser voraus, wie die uneigentliche Ausdrucksweise von Frauen. Dies ist in vielen Hinsichten ein Übelstand: nicht allein, daß es praktische Abmachungen erschwert — ohne Zweifel ist es weniger, anzudeuten, als deutlich auszusprechen, was man meint; unsere auf suggestive Wirkungen hinzielenden Dichter und Schriftsteller stehen denn auch nicht über, sondern unter den expliziten, so Stéphane Mallarmé unter Beaudelaire. Besonders äußert sich dieser Übelstand in der Philosophie, deren eigentliche Aufgabe es ist, das deutlich zu machen, was alle vielleicht undeutlich ahnen. Dementsprechend sind wissenschaftliche Erkenntnisse in der chinesischen Schrift nur unvollkommen darstellbar. Dennoch wäre es verfehlt, dieser die Vorwürfe zu machen, welche

die weibliche Ausdrucksweise Mallarmés verdient, denn die
Ideogramme sind ein Ausdrucksmittel anderer Art als die
Worte oder unsere Schrift: sie sind mathematischen Formeln
vergleichbar. Solche mag der unzulänglich nennen, welcher
töricht genug ist, zu verlangen, daß sie jedes bestimmte Ergebnis, dessen Gesetz sie bestimmen, an sich definierten: in
Wahrheit sind sie genauer, als irgendeine sprachliche Fassung
sein könnte, und umfassen überdies sehr viel mehr. Eben
das gilt, sofern man sie zu lesen versteht, von den chinesischen
Formulierungen. Allerdings bestimmen sie nicht unmittelbar, aber sie definieren das Mögliche so scharf, daß sich aus
dem Zusammenhang mit anderen Möglichkeiten das Wirkliche eindeutig ergibt. So steht die chinesische Schriftsprache
für viele Zwecke nicht unter, sondern über der unseren, eben
weil sie, gleich der Mathematik, Verhältnisse unmittelbar
zum Ausdruck bringen kann, die aller sprachlichen Fassung
entrinnen. Welcher „Sinn" steht denn vereinzelt da? Tausend Ober- und Untertöne klingen mit, die wir abtöten
müssen, wenn wir klar sein wollen; die chinesische Schrift
bleibt eindeutig, obgleich sie keinen Oberton dämpft. Dabei
nimmt sie den Wirklichen nichts von dessen Farbigkeit, wie
dies das Verhängnis mathematischer Formeln ist. Alle Aussprüche chinesischer Weisen sind ausgezeichnet durch einen
gewissen Zug zur Paradoxie. Dies ist insofern wohl selbstverständlich, als alle Wahrheit dem Nichtwissenden paradox
erscheinen muß und zumal abliegende nur in starker Kontra-
punktierung darzustellen sind — aber es ist doch zugleich
höchst merkwürdig wegen der Art der Paradoxie: sie ist
humoristisch gefärbt; ich wüßte keinen Ausspruch chinesischer Weisheit, über den ich in gewissen Stimmungen nicht
herzlich lachen könnte. Woran liegt das? Wenn ich von der
Nationalanlage absehe oder diese auf allgemeine Prinzipien

zurückführe, so finde ich, daß in jenen Aussprüchen die Farbe freundlichen Lebens auf den Kosmos übertragen scheint. Humor ist ein überaus Tiefes; Humor hat der, welcher einen tieferfaßten Gegensatz vom Standpunkt eines wohlwollend-sereneren Gemütes zum Ausdruck zu bringen weiß. So faßt die chinesische Hieroglyphenschrift den ganzen Kosmos ein, und damit wird aus der *mécanique céleste* ein Epigramm.

Solange China sein Schriftsystem behält, besteht keine Gefahr, daß in einer Hinsicht zum mindesten der Sinn durch den Buchstaben ertötet wird: denn hier schafft die Bedeutung erst den Tatbestand. Ich glaube auch nicht, daß es je durch ein modernes verdrängt werden wird, wenn auch zu erwarten steht, daß China sich, gleich Japan, zu geschäftlichen Zwecken nebenbei ein handlicheres anlegen wird. Jedenfalls wäre es Torheit, zu glauben, daß die Ersetzung der chinesischen Schrift durch die unsere einen Fortschritt bezeichnen würde, denn was man Fortschritt heißt, ist nicht Sieg des Geistes über die Materie, sondern dessen Gegenteil. Was könnte wohl einen größeren Triumph der Materie bedeuten, als daß der Geist gezwungen wird, sich ganz ihr anzupassen?

Heute war ich auf dem Platz, auf dem noch vor kurzem fast täglich Hinrichtungen stattfanden von grauen-erregender Grausamkeit. Damit ist es auf einmal vorbei: die Folter ist abgeschafft worden, und aller Wahrscheinlichkeit nach für immer. Diese Neuerung — für modern-europäische Begriffe ein Ereignis von ungeheurer Bedeutung — scheint beschlossen und eingeführt worden zu sein wie eine beliebige Steuerreform: ein Kommissionsmitglied hatte ausgerechnet, daß sich Menschlichkeit unter den gegebenen Verhältnissen besser rentiert. Niemand in China scheint an

dieser Änderung des Justizverfahrens etwas Besonderes zu
sehen, auch die am nächsten Beteiligten, die Delinquenten,
nicht. Nur die Zunft der Henker soll murren, da deren Fein-
arbeiter nunmehr in eine mißliche Lage geraten sind.

Während ich auf dem Schauplatz so vieler Qualen weilte,
beschäftigten sich meine Gedanken naturgemäß mit dem
Sinne der Grausamkeit beim Töten, was mich zum Schluß
führte, daß diese in der Idee recht gut begründet ist; nicht
schlechter jedenfalls als das Raffinement beim Liebesgenuß.
In beiden Fällen handelt es sich nicht um ein unmittelbares
Steigern des Empfindens, sondern ein mittelbares; durch die
Vorstellungen, die mit ihm verknüpft werden. Wo nun das
Sterben die Menschen, wie überall im Osten, an sich nicht
schreckt, dort liegt es nahe, es möglichst eindrucksvoll zu
inszenieren, damit das Gericht seine abschreckende Wirkung
nicht ganz verfehlt. Unter allen Umständen liegt der Sinn
des Tötens unter Qualen nicht in dem, der es erleidet, sondern in dem, welcher ihm zuschaut oder es erleiden könnte
— der es also nur vorstellt — begründet, wie denn der noch
so furchtbar Gemarterte aller Wahrscheinlichkeit nach auch
nicht annähernd so furchtbar leidet, wie der mitleidsvolle
Zuschauer wähnt. Bei jenem nämlich tötet die absolute
Größe des Schmerzes bald alles Vorstellungsvermögen und
damit die Fähigkeit, die Empfindung eines Augenblicks mit
der vergangenen und zu gewärtigenden zu verknüpfen; ist
dieses aber geschehen, wird das Bewußtsein nur von der
Gegenwart erfüllt, dann dürfte die schlimmste Tortur kaum
schlimmer empfunden werden, als die Behandlung eines
kranken Zahns durch einen rohen Arzt. Ich habe viel in der
Sphäre der Schmerzempfindungen zu experimentieren Gelegenheit gehabt, und dabei gefunden, daß an sich kaum er-
trägliche Schmerzen durch Umzentrierung des Bewußt-

seins — also durch Ablenkung der Aufmerksamkeit als solcher, oder durch Ausschaltung steigernder Einbildungen — ohne weiteres auf die Hälfte reduziert werden können; wozu sich der weitere mildernde Umstand gesellt, daß sich der Mensch auch an Schmerzen gewöhnt und solche über ein gewisses Maß hinaus zu empfinden außerstande ist: wo er nicht abfällt, dort stumpft er ab. Diese Erwägung wird durch alle Erfahrungen bestätigt, die bei Foltern gemacht worden sind. Erstens leiden rohe Menschen weniger als feinorganisierte, eben weil ihre Vorstellungsfähigkeit geringer ist; dann bekunden speziell gemarterte Chinesen ungeheure Gelassenheit, weil sie in der Tortur nichts Schreckliches sehen; endlich haben unstreitig feinfühlige Naturen im Mittelalter die Folter erstaunlich gut vertragen. Wenn diese sonach im Delinquenten ihren Sinn haben sollte und nicht in dem, der ihr zusieht oder an sie denkt, dann hätte ihre Erfindung und Einführung auf einem Mißverständnisse beruht.

Dieses dient zur Erklärung des Umstandes, daß sonst hochgebildete Nationen so lange an grausamen Hinrichtungsarten festgehalten haben; wo die Theorie, daß Strafe vor allem abschrecken soll, überhaupt gilt — und wo gälte sie nicht? — erscheint Tortur im Prinzip als gerechtfertigt, und es hängt mehr von Zweckmäßigkeits- als von Menschlichkeitsgründen ab, ob und wann sie abgeschafft wird. Deswegen besteht zwischen uns, die vor über hundert Jahren diesen Schritt unternahmen, und den Chinesen, die erst in der vergangenen Woche unserem Beispiel folgten, wahrscheinlich kein großer innerer Unterschied, welche Erwägung deren Verhalten zu dieser Reform, auf das ich zu Beginn dieser Betrachtung hinwies, einen guten Teil seines paradoxalen Charakters nimmt. Auch in Europa sind mehr die Systeme als die Menschen humanisiert. Die Fortschrittsgläubigen wissen zwischen diesen zwei Faktoren nicht so reinlich zu scheiden, als geboten wäre: vom System auf den Menschen, der ihm gemäß handelt, ist nur in seltenen Fällen zu schließen erlaubt. Ein Richter, der im Mittelalter die Anwendung außerordentlicher Tortur verordnete, braucht kein schlechterer Mensch zu sein, als ein menschlicher zu unserer Zeit, während umgekehrt des letzteren Humanität nicht das mindeste in bezug auf sein Wesen zu bedeuten braucht; sogar Henker sind nicht selten gutmütig. Was er gewohnt ist, das findet der Durchschnittsmensch fast immer billig; der Mann, der zuerst auf die Unmenschlichkeit der Folter hingewiesen hat, braucht nicht notwendig ein Engel gewesen zu sein, aber sicher war es ein Original. Marc Aurel hatte gar nichts dagegen, an grausamen Zirkuskämpfen teil- zunehmen, im modernen Sinne human empfand noch Luther nicht; die heilige Theresa, eine der herrlichsten Seelen, die jemals gelebt, fand am Justizverfahren Philipps II. nichts auszusetzen und sah nur Edelmut am Werk in jenem Ver- nichtungskriege gegen die Azteken, den wir heute zum schändlichsten zählen, was Menschen verübt. — Eines ist aber wohl richtig: allen Asiaten, und unter diesen an erster Stelle den Chinesen, fehlt es auffallend an der Fähigkeit des Mitgefühls. Schon Buddhas „Mitleid" war nicht Mitgefühl in unserem Sinne; es enthielt keinen Ansporn zum Helfen; kein heutiger Inder, soweit er nicht westlichen Geistes ist, scheint jene Phantasie des Herzens zu besitzen, die ein un- tätiges Mitansehen fremden Leidens zur Qual macht; und kein Chinese vor allem ist im christlichen Sinne sympathie- fähig. Handelt es sich hier um physiologische Differenzen? Wohl nur insofern, als das Selbstbewußtsein im Orient we- niger als bei uns seinen Mittelpunkt im Individuum hat, weswegen individuelles Leiden verhältnismäßig gleichgültig

erscheint; der Hauptsache nach ist der Unterschied psychisch
begründet. Er beruht darauf, daß die Erkenntnis der Solidarität alles Leben, die sie als solche in hohem Grad besitzen,
weniger als bei uns das Empfinden ergriffen hat, daß das
tat twam asi, in keinen Geboten, Gesetzen und Einrichtungen
verkörpert, die unwillkürlichen Impulse ihrer Seele weniger
bestimmt. Von Natur sind alle Menschen teilnahmslos
gegenüber allem, was ihre Person nicht angeht, liegt zumal
Männern Grausamkeit näher als Menschlichkeit. Jene beruht
auf dem animalischen Urinstinkt der Schadenfreude, welche
ihrerseits die erste abgeleitete Funktion der Zustimmung
zum Daseinskampfe ist. Jedes Wesen lebt objektiv auf Kosten
anderer; schon auf der Bewußtseinsstufe des Hundes bedingt
dies subjektiv ein Gefühl der Lebenssteigerung, wo es anderen
schlechter ergeht als einem selbst; von hier bis zur absicht-
lichen Peinigung ist der Weg nicht weit. Deshalb ereignen
sich Greuel auch seitens humaner Völker regelmäßig, so
oft, wie im Kriege das Tier in ihnen die Oberhand gewinnt.
Wird der Hang zum Grausamsein je überwunden werden?
Ich wage keine Prognose. Von allen Europäern ist allein der
Engländer schon häufig so weit, daß er seinen natürlichen
Abscheu davor empfindet, andere leiden zu machen oder zu
sehen — doch auch er nur, wo die Umstände seinen Nerven
günstig sind; im tropischen Afrika verroht auch er. Im allgemeinen scheint der Hang zur Grausamkeit unter uns mehr
verdrängt als ausgewachsen. Aber einmal mag es doch dahin
kommen, daß das Menschenbewußtsein sich von dem Plan,
auf dem ein Wesen auf Kosten anderer lebt, endgültig auf
den höheren umzentriert, wo eines Leid allen widerfährt, wo
eines Gewinn allen zugute kommt. Dann, aber erst dann,
wird die Bestie niedergerungen sein.

In den meisten Tempeln haben die Soldaten die Götterbilder zerschlagen, und die Masse sieht hierin kein Sakrileg.
Vom Standpunkte der Kirche her betrachtet, sind die Chinesen freilich irreligiös; als ausgesprochene Verstandesmenschen
verhalten sie sich skeptisch zu allen Jenseitsmythen. Die
Grundstimmung der meisten Gebildeten theologischen
Fragen gegenüber ist die des Konfuzius, daß es überflüssig
und schädlich sei, sich mit transzendenten Problemen abzugeben; der Sinn der Welt träte im Natürlichen und Greifbaren ganz zutage. Daß nun die Chinesen im tieferen Sinne
irreligiös wären, ist sicher nicht wahr, und hierauf werde ich
später wohl zurückzukommen haben. Aber soviel scheint
gewiß, daß ihnen der Gottesdienst nichts Religiöses bedeutet;
was hier zutage tritt, ist nichts als Aberglaube und Magie.
Mich wunderte es nun, daß auch die Gebildeten in diesem
Land, in dem die öffentliche Meinung *in ecclestasticis* so frei
ist, sich bis zu einem gewissen, keineswegs geringen Grade
an den Tempelriten und religiösen Verrichtungen beteiligen,
und ich bemühte mich, hinter den Sinn der Tatsache zu
kommen. Da stellte sich denn ein gar Merkwürdiges heraus:
ihnen bedeuten die Tempel ungefähr das, wie bei uns Kultur-
bureaus und Wirtschaftsberatungsstellen, und die Priester
soviel wie Ingenieure. Diese sind die Fachleute, welche den
Verkehr mit der Geisterwelt zu regeln haben.

Diese Idee finde ich nun nicht oberflächlich, sondern tief,
wenn auch ein wenig grotesk gefaßt, wie es in China für unsere
Begriffe so häufig vorkommt. Auch den Indern sind die
Götter nicht transzendente Wesen im Sinn des Christengotts,
sondern Naturerscheinungen höherer Art, und die Riten dazu
da, zu diesen gute Beziehungen zu unterhalten. Aber der
Inder ist so kirchlich-religiös, daß er den Göttern unwillkürlich mehr zugesteht, als seiner strikten Vorstellung von ihnen

entspricht; daher wirkt selbst der Kāli-Kultus nicht wesentlich verschieden von einem christlichen Gottesdienst. Die Chinesen hiergegen, praktisch und nüchtern, haben aus den Prämissen sämtliche Folgerungen gezogen, die überhaupt aus ihnen zu ziehen waren: wenn es Dämonen gibt und wenn es möglich ist, ihre unwillkommene Wirksamkeit in eine willkommene umzusetzen, dann muß dies selbstredend geschehen; es muß Institutionen und Leute geben, welche dies wichtige Geschäft berufsmäßig betreiben. Das soll denn der Sinn der Kirche sein.

Es ist nicht zu glauben, wie beschäftigt die Techniker sind, welche die Dämonen zu besänftigen haben. China strotzt buchstäblich von Geistern, so sehr, daß die Bequemlichkeit des Lebens ernstlich unter den Störungen leidet, welche die unaufhörliche Rücksichtnahme auf sie bedingt. Weder kann man begraben, noch heiraten, wann es einem beliebt, noch dort, wo man möchte, noch immer den Menschen, den man mag: alles hängt von Inkommensurabilien ab. Ein Missionar nun, den ich sprach, hat einen hohen Beamten einst befragt, in der Absicht, ihm seinen Glauben an Geister zu nehmen, woher es denn komme, daß in Europa keine umgingen? Er erhielt darauf die Antwort: wenn niemand in Europa an Geister glaubt, dann gibt es dort selbstverständlich keine; er persönlich wäre auch sehr dafür, daß sie aus China gleichfalls wichen; nur sei dies leider kaum zu erwarten, da der Glaube an sie zu allgemein ist, um baldigst auszusterben. Er meinte, in China seien sie objektiv wirklich, weil die Menschen stark an sie glaubten. Und in der Tat scheint es also zu sein: was immer als Einwirkung von Geistern gedeutet werden kann, als Besessenheit, Verzaubertsein usw., kommt in China häufiger vor als irgendwo sonst. — Wie feinsinnig war jener Mandarin! Er war es nicht minder als jener Brahmane, der

auf die Frage, wozu das Gebet zu den Göttern nütze, da
diese doch auch Naturerscheinungen seien, unwesenhaft und
vergänglich, die Antwort erteilt: Gebete sind nützlich, auf
daß die Götter gekräftigt würden. Gleichviel wollte er
sagen, ob sie objektiv oder bloß subjektive Wirklichkeiten
darstellen, jedenfalls wird durch gläubiges Gebet ein Lei-
tungsdraht geschaffen, durch welchen die Vorstellung auf
den Betenden zurückwirken kann. — Nein, ich kann in dem,
was fast alle europäischen Residenten und Reisenden am
Chinesen tadeln, kein Zeichen der Oberflächlichkeit sehen,
im Gegenteil. Die Chinesen sehen jedenfalls tiefer in den
Sinn der Dinge hinein als die französischen Fortschrittler,
deren Christenverfolgung nur als Insipidität bezeichnet
werden kann; der chinesische Aberglaube ist tiefsinniger als
der moderne Unglaube. Aber freilich ließen sich aus dieser
Tiefe der Einsicht bessere und förderlichere Konsequenzen
ziehen, als die Chinesen bisher verstanden haben.

Goethe schreibt einmal von der bedeutenden Förderung,
die er durch ein einziges geistreiches Wort erfahren
hätte. Mir ist heute ähnliches begegnet: das zufällige Be-
kanntwerden mit einer scheinbar gleichgültigen Tatsache hat
mich im Verständnis des Chinesentums ein gutes Stück Weges
vorwärts gebracht.

Was mich mehr und mehr beunruhigte, war die Impassi-
bilität dieses Volkes, seine unheimliche Gleichmütigkeit. Die
Ruhe der Inder wundert mich nicht, auch nicht die der vor-
nehmen Türken: jenen fehlt es an Vitalität und Energie,
und diese sind phlegmatischen Temperamentes. Aber die
Chinesen sind gar nicht phlegmatisch, so ruhig sie sich gebärden, und sie sind bis an die Fingerspitzen vital. Wie kann

da ihre Masse einen so serenen Eindruck geben? — Nun höre ich von unbändigen Wutausbrüchen, die gewaltsamer sein sollen als alles, was von skandinavischen Berserkern berichtet wird. Von Zeit zu Zeit komme es vor, daß einer in Wut gerät, und dies dann so nachhaltig, daß es Tage währe, bis er seinen Gleichmut wiedergewinnt; unterdessen sei er wütend, wie Stiere wütend sind, ganz unabhängig vom Gegenstand. Die Chinesen erklärten dies Phänomen durch Stauung des Wutstoffes, *Ch'i*; viele Krankheiten würden auf sie zurückgeführt, und die europäischen Ärzte bestätigten, daß die Theorie in ihren allgemeinen Umrissen richtig ist: wirklich beruhten viele Störungen im Chinesenorganismus, darunter solche, welche tödlich verlaufen, auf verhaltener Wut.

Jetzt ist mir die Seelenruhe der Masse kein unerklärliches Rätsel mehr. Allen ist bekannt, daß die Giganten der Tat, wie Cäsar, Napoleon, Mohammed, Alexander, Peter der Große, sogar Bismarck mehr oder weniger periodisch auftretenden Nervenkrisen unterworfen waren, die den Charakter bald von Epilepsie, bald von Wutausbrüchen, bald von Kollapsen oder Weinkrämpfen trugen, doch von jeher als „Abreaktionen" richtig beurteilt worden sind. Naturen von vulkanischer Energie, die sich dauernd zusammennehmen müssen, bedürfen in bestimmten Intervallen des Öffnens eines Sicherheitsventils, wenn sie nicht platzen sollen; aus diesen strömt dann der Dampf desto gewaltsamer aus, je verdichteter er war. Was von den Helden der Tat gilt, besteht innerhalb gewisser Grenzen bei den Chinesen als Volk zu Recht. Sie sind einerseits außerordentlich lebendig, andrerseits von allen Völkern das, welches die größte Selbstbeherrschung übt. Daher war a priori zu erwarten, wenn anders die Natur noch Natur sein soll, daß gelegentliche Wutaus-

brüche.zum Nationalcharakter der Chinesen gehören müssen,
und zwar Wutausbrüche viel gewaltsamerer Art, als solche
den Völkern Südeuropas eignen, die sich gewohnheitsmäßig
gehen lassen. Nun verhält es sich tatsächlich so, wie der Verstand postuliert; also fühle ich mich geistig beruhigt. Der
Ch'i sollte nur eingehender von Psychologen studiert werden.
Heute steht die Wechselwirkung zwischen Körper und Geist
im Mittelpunkt des Interesses: nirgends wäre dieser besser
zu studieren als im fernen Osten, der es in der Selbstzucht
bisher am weitesten gebracht hat, und wo deren notwendige
Grenzen — die Grenzen, welche die Natur der Bildung
setzt — daher am deutlichsten zutage treten. Vor allem
möchte ich, daß die folgende Hypothese an den Tatsachen
geprüft würde: die Chinesen besitzen, wenn ich nicht sehr
irre, von allen Menschen die größte physische Vitalität.
Weder als Individuen noch als Nation scheinen sie zu erschöpfen; sie überstehen Krankheiten, an denen jeder andere
stürbe, vertragen ein Übermaß von Arbeit (auch geistiger
Arbeit), ohne an den Nerven Schaden zu nehmen, und die
schlimmsten Ausschweifungen schaden ihnen unverhältnismäßig wenig. Die Nation wiederum scheint weder durch
Überkultur, noch durch Inzucht, noch durch das Opium
oder die Syphilis — kurz, durch alles, was andere Völker zugrunde richtet — in erheblichem Grade deterioriert. Die
einzige allgemeine Entartungserscheinung, die sich bei den
gebildeten Klassen feststellen läßt, ist wachsende Philostrosi-
tät — und die wird in Europa, aus guten Gründen, überhaupt
nicht als Pathologisches beurteilt. Sollte nun diese wunderbare physische Vitalität nicht die Folge psychischer Kultur
sein? Es steht fest, daß der Gebildete im Kriege Strapazen
besser aushält als der Ungebildete, daß der Mutige schwerer
erkrankt und Schaden nimmt als der Furchtsame, daß die

Nerven des Mannes von Selbstzucht besser standhalten als
die dessen, der sich gehen läßt, kurz daß man sich durch
psychisches Verhalten gegen physische Gefahren feien kann;
und die Tendenz ganzer Schulen unserer Zeit geht dahin,
durch Kultur der Seele den Körper zu kräftigen. Sollte
die ererbte Lebenskraft der Chinesen nicht hierher stammen?
Diese haben, durch äußere Verhältnisse dazu gezwungen,
durch ein weises Moralsystem hierin bestärkt, Jahrtausende
entlang Selbstbeherrschung geübt; sollte damit das nicht zum
Erbgut geworden sein, was unter uns nur Bevorzugte sich
persönlich erringen? — Freilich darf nicht vergessen werden,
daß in China die natürliche Auslese wie nirgend anderswo
bei der Rassenbildung mitgewirkt hat und allein schon vieles
erklärt; schwache Naturen sind in China kaum lebensfähig.

MACAU

Aus dem geschäftigen Lärm Cantons bin ich nach der
idyllischesten, friedlichsten Stätte geflüchtet, die es in
Ostasien gibt: nach dem entzückend gelegenen Macau, woselbst Camoeñs die Luisiaden vollendet hat. Wie sehr mich
die Atmosphäre Chinas schon besitzt! Wie selbstverständlich
drückt sich die Reaktion gegen die City in meiner Seele dahin
aus, daß mir quietistische Gedanken *à la* Lautse und Dschuang
Tse kommen; denn sicher bedeutet die extreme Form, in
welcher der Quietismus sich bei diesen äußert, eine Reaktion
gegen die extreme Gesellig- und Geschäftigkeit, welche China
schon zu ihrer Zeit ausgezeichnet hat. Wenn ich hier in ihren
Schriften lese, dann ist mir, als lauschte ich dem Echo meiner
selbst. Die gleichen Stimmungen in indischer oder europäischer Färbung würden mich als fremd, ja als taktlos berühren.

Was ist es, das der chinesischen Mystik ihren besonderen Charakter gibt? — Gewiß nicht ihr Sinn, ihr Gehalt; in dieser Hinsicht stimmt sie mit der Weisheit aller Völker und Zeiten überein. Es ist einerseits die Ausdrucksweise. Über diese brauche ich mich nicht weiter auszulassen, da sie eine unmittelbare Funktion des chinesischen Schriftsystems ist. Wie dieses überhaupt, so drückt auch die taoistische Philosophie weniger bestimmte Gedanken als deren äußersten Sinn aus. Da nun dieser Sinn allein der Unsterblichkeit teilhaftig ist, während die begrifflichen Verkörperungen sämtlich, früh oder spät, dahinwelken müssen, so bedingt dieser Umstand allerdings eine absolute Überlegenheit der chinesischen Fassungen letzter Erkenntnisse: sie allein, wie sie dastehen, werden fortleben; was in allen übrigen Literaturen nur von einigen wenigen Urworten gilt, gilt prinzipiell von allen Ausdrücken chinesischer Weisheit. Aber um diese objektiven Dinge ist es mir heute nicht zu tun: ich bin zu müde nach Canton, zu erholungsbedürftig. Und dann ist Macau auch viel zu schön, als daß ich mich mit abstrakten Fragen gern befaßte. Wenn ich heute an Laotse denke, so sehe ich nicht den Verkünder ewiger Wahrheiten vor mir, sondern den gemütlichen alten Herrn mit dem *twinkle in his eye*, mit dem unversiegbaren Humor, der gewinnenden Bonhomie; und wenn ich über die Eigenart seiner Weisheit nachsinne, so meine ich die konkrete Eigenart, das spezifisch Chinesische an ihr. Diese äußert sich nun hauptsächlich im Grundton der Vor- und Umsicht, der in allen, auch den sublimsten Sätzen chinesischer Weisheit mitklingt. Nur keine Unannehmlichkeiten haben; alles fein vorausberechnen, vorausorganisieren; lieber sein Licht unter den Scheffel stellen, als durch sein Leuchten unliebsame Aufmerksamkeit auf sich ziehen; lieber schwach erscheinen als stark; unter allen Um-

ständen nachgeben. — Das ist ebenso typisch chinesisch, wie
die Sehnsucht nach Frieden um jeden Preis es für den Inder
ist und tätiger Optimismus für den Abendländer. Eigentlich
kann mir diese Farbe nicht sympathisch sein. Aber seit ich
in Canton gewesen, verstehe ich sie so gut, daß ich beinahe
bereit wäre, sie für den Augenblick selber zu bekennen. Wie
soll einer stolz und frei nach Art der griechischen Weisen,
oder seren-detachiert im Sinn eines Rishi werden, wenn es
buchstäblich unmöglich ist, die Masse von sich fernzuhalten?
Innerhalb dieser bleibt dem Weisen nichts übrig, als schlau
zu sein, wenn er ein halbwegs erträgliches Leben führen will.
Der Okzidentale trägt in solchen Fällen am häufigsten die
Maske des Charlatans, weil unser Pöbel in seiner Vorliebe für
das Neue und Ungewöhnliche dem Exzentrik gern gestattet,
was er dem Weisen nie verzeihen würde, so daß es sich für
diesen als beste Politik erweist, seine Weisheit als Narrheit
passieren zu lassen. In China, wo das Außerordentliche unter
allen Umständen verurteilt wird, bleibt dem Bedeutenden
nichts anderes übrig, als jeden Anstoß überhaupt zu vermeiden, was freilich nur auf Kosten des Stolzes gelingt. Daher
das Extreme der Kultur- und Gemeinschaftsfeindschaft der
wenigen, denen es dennoch glückte, sich aus der Masse
zurückzuziehen: es wäre unmenschlich, wenn sie auch diese
letzte Spur von Ressentiment überwunden hätten. Wie
vieles in China erklärt sich durch die Übervölkerung! Und
wie lehrreich sind für uns Weiße, die wir ja gleichfalls, früh
oder spät, zu einer kompakten Masse heranwachsen werden,
die Wirkungen, die sie auf das Chinesentemperament gehabt!
Ihr verdankt es ohne Zweifel seine ungeheure moralische
Kultur, in der es noch heute die ganze übrige Menschheit
übertrifft. Es ist nicht möglich, bei so dichtem Beieinander-
leben, wie dies in China die Regel ist, als Ungebildeter zu ge-

deihen; da bedeutet ein Rüpel kaum weniger Schlimmes, als ein gemeingefährlicher Verbrecher unter uns. Aber andrerseits die Nachteile! Wie soll ein Original sich entwickeln inmitten so ungeheurer Massensuggestion? Wie soll es sich vor allem zur Geltung bringen? Schon bei uns ist es keineswegs notwendig, daß das Genie seine Bestimmung erfüllt; in China kann solches nur dank einem unerhört günstigen Zufall geschehen. Mag einer noch soviel Talent haben in einem kleinen entlegenen Dorf — wie soll er sich emporarbeiten, wenn so viel Millionen im Wege stehen? Da bedeutet Resignation von Hause aus allerdings das einzig Ersprießliche ...

Unverhältnismäßig besser gefallen die Chinesen mir hier als in Canton. Selbstverständlich übervorteilen mich die Händler gleich erfolgreich hier wie dort, aber darauf kommt es nicht an: in der Chinesenstadt Macaus herrscht die Atmosphäre, die einen im Stil Kung Fu-Tses so heimlich anmutet: die eines heiter-bürgerlichen Daseins von außerordentlichem Formensinn. Wie wenig verschlägt es doch, was die Leute nachweislich tun! Christus verkehrte am liebsten mit Zöllnern und Sündern. Wahrscheinlich ist es ganz bedeutungslos, was tatsächlich in der Welt geschieht. Das unausgesetzte Gonggerassel in chinesischen Theatern wirkt auf die Dauer wie lautlose Stille: also ist es an sich wohl einerlei, ob man in der Wüste oder in der Großstadt lebt. Die Pariser Luft bleibt anregend, wie töricht das Gebaren seiner Einwohner auch sei, diejenige St. Petersburgs verdürftigt, man verkehre, mit wem immer man wolle. Die psychische Atmosphäre einer Stadt ist die Resultante so vieler Komponenten, daß es auf den einzelnen nicht ankommt; gerade weil dieser so

viele sind, gibt jene unweigerlich das richtige Durchschnitts-
bild. Hier nun fällt mir heute vor allem eines auf, was ich
mit gleicher Deutlichkeit noch nirgends gespürt habe, so
vertraut mir die Theorie der Sache sei: wie wenig notwendig
das Tun mit dem Sein ursprünglich zusammenhängt.

Das ist eine der Grundanschauungen der Inder. Aber wie
in so vielen Fällen, erscheint auch hier ein in Indien tiefer
Erkanntes und Verstandenes in China besser in Leben umgesetzt; und dann ist es in China auch leichter aufzufassen,
weil uns die Chinesen, was immer man sage, der Kultur nach
sehr viel näher stehen, weswegen das Unterschiedliche leichter
richtig zu beurteilen ist. Bei uns Europäern, die wir ganz
nach außen zu leben, wird das Sein vom Handeln notwendig
beeinflußt, weshalb unter uns in der Regel nur die menschlich
angenehm sind, die einen edlen Beruf ausüben. In Europa
steht der Regierende menschlich am höchsten, da er zur Aufgabe hat, im großen selbstlos zu wirken; der Künstler, der
gewöhnlich an schiefe Ideale glaubt, ist unerfreulich im Verkehr, und der Geschäftsmann widerwärtig überall, wo große
Gesichtspunkte ihn nicht *malgré lui* aus seinem beruflichen
Banditentum hinausdrängen. Im Osten besteht allgemein
kein notwendiger Zusammenhang zwischen beruflichem
Handeln und Sein, und dies spüre ich hier deutlicher denn je.
Ich habe die Händler aufmerksam beobachtet, die mir mit
soviel Geschick mein Geld aus der Tasche lockten: man mag
noch soviel von der Liebenswürdigkeit als zur kaufmännischen
Technik gehörig abschreiben — ich bin überzeugt, daß viele
dieser Krämer ihr Geschäft nur ausübten, aber nicht waren;
es könnten hochstehende Menschen gewesen sein.

Der Deutsche versteht diesen Zusammenhang nur schwer.
Hier muß er vom Russen lernen, dem einzigen Europäer, der
ein ursprüngliches und unmittelbares Verhältnis zur Seele

seines Nächsten hat. Warum sollte ein Mensch denn schlecht
sein, der einen noch so sehr belügt und betrügt? Freilich
hat man Schutzmaßnahmen zu ergreifen; man lasse sich
nicht betrügen, und wo der andere einem allzu überlegen ist,
dort belange man ihn gerichtlich, auf daß die Obrigkeit ihn
unschädlich mache. Aber Roheit ist es, eines Menschen Wesen nach seinem Tun zu beurteilen. Wer ist denn so weit,
daß sein Tun seine Seele vollkommen spiegelte? Noch habe
ich keinen gesehen. Und wo Sein und Handeln sich nicht
decken, ist der, welcher lügt und betrügt, weil die Sitte dies
gestattet, dem anderen, der sich aus konventionellen Gründen
rechtschaffen benimmt, genau und in allen Stücken gleichwertig. Für den Wissenden besteht kein Unterschied zwischen einer „Stütze der Gesellschaft" und einem unredlichen
Makler, sofern beide nicht sind, was sie tun — allenfalls steht
der letztere von beiden höher, insofern er keine Ideale hat
und diesen daher nicht untreu sein kann. — Ich weiß, es ist
nicht ungefährlich, solches auszusprechen; um so mehr, als
tugendhaftes Handeln auf die Dauer die Seele doch beeinflußt und umgekehrt; die Inder wären weiter als sie sind,
wenn sie zwischen Sein und Handeln nicht so scharfsichtig
und reinlich unterschieden. Doch das sind praktisch-politische
Erwägungen, die mich im Augenblick nichts angehen.

Laotse sagt:
　　　Wer sein Licht erkennt
　　　Und dennoch im Dunkel weilt,
　　　Der ist das Vorbild der Welt.
　　Das Vorbild.... Ich weiß nicht, ob Richard Wilhelms
Übersetzung hier genau ist, aber es sollte mich nicht wunder-
nehmen. Hier, an dieser Stelle, ist die Kluft, die unsere Welt-

anschauung (der es als Sünde gilt, sein Licht unter den Scheffel zu stellen), von der taoistischen scheidet, besonders deutlich zu übersehen.

Hieße es nicht „Vorbild", sondern „Spiegel", dann wäre
der Ausspruch einwandfrei. Unbewußtes Schaffen ohne Absicht, Vorwärtsschreiten ohne Weiterwollen, Sich-Bescheiden
im Rahmen des Gegebenen — dies ist in der Tat der Weg der
Natur; und der Mann, der bewußt in ihre Spuren tritt, darf
wohl als ihr Spiegel bezeichnet werden. Aber als ihr Vor -
bild? Lediglich dann, wenn nichts Höheres denkbar erscheint, als der Weg der Natur. Dieses ist in der Tat die
Voraussetzung der gesamten chinesischen Weisheit. Während wir oberhalb der Natur ein Reich der Freiheit anerkennen, während wir es als unsere Aufgabe betrachten, den
Geist der Freiheit der Naturbestimmtheit einzubilden, wodurch sich das natürliche statische Gleichgewicht nicht als
Ideal, sondern als Zu-Überwindendes darstellt und das Schaffen gegenüber dem Befolgen, das Überwinden gegenüber
den Sich-Fügen, allgemein das Wollen gegenüber dem Nicht-
wollen als der höhere Wert erscheint, haben die Chinesen
gerade umgekehrt geurteilt. So kommt es im äußersten zur
Paradoxie, daß der Erleuchtete es als seine Aufgabe betrachtet, sein Licht unter den Scheffel zu stellen.

Der taoistischen Weisheit wird daraufhin wieder und
wieder der Vorwurf eines unfruchtbaren Quietismus gemacht,
nicht zum mindesten von seiten der Konfuzianer, die doch
im letzten eines Geistes sind mit ihr. Ohne Zweifel versagt
sie bei der bewußten Gestaltung dieses Lebens, wie denn
auch schöpferische Arbeit ihren Grundsätzen zuwider ist.
Nun ist aber doch nicht zu leugnen, daß in den Werken
der taoistischen Klassiker die vielleicht tiefsten Aussprüche
zur Lebensweisheit enthalten sind, die wir überhaupt be-

sitzen, und dies zwar gerade vom Standpunkte unseres Ideals, des Ideals der schöpferischen Autonomie. Wie ist das möglich? Es ist möglich deshalb, weil das Tao, der Sinn (wie Wilhelm unübertrefflich übersetzt) im Naturschaffen bisher vollkommener zum Ausdruck kommt, als im freiesten Walten der Freiheit; so daß ein Leben, welches durchaus das Walten der Naturgewalten spiegelte, nicht umhin kann, zur Vollendung zu führen.

Der Himmel ist ewig und die Erde dauernd.

Die Ursache der ewigen Dauer von Himmel und Erde ist,
Daß sie nicht sich selber leben.

Darum können sie dauernd Leben geben.

Also auch der Berufene:

Er setzt sein Selbst hintan,
Und sein Selbst kommt voran.
Er entäußert sich seines Selbst,
Und sein Selbst bleibt erhalten.
Ist es nicht also:
Weil er nichts Eigenes will,
Darum wird sein Eigenes vollendet?

Dieser herrliche Ausspruch Laotses ist wahr trotz der mythischen Verknüpfung, die der Weise zwischen Himmel und Mensch statuiert, weil er hier das Naturschaffen dem tiefsten Sinne nach versteht, und dem Sinne nach zwischen vegetativem und göttlichem Leben kein Unterschied besteht. So verstanden, hat der Ruf: zurück zur Natur! den Menschen immer vorwärtsgebracht. Sogar wo er falsch verstanden wird, wie dies von seiten Rousseaus und auch einiger späterer Taoisten geschah, richtet es selten nur Unheil an, weil eben die Natur in ihrer Sphäre vollkommen ist und daher sogar ein oberflächliches Kopieren ihrer, ein Zurückgehen auf ihre Zustände als solche, den begriffsgefangenen Menschen seinem

lebendigen Mittelpunkte näherbringt. Soviel vom Sinn der
taoistischen Weisheit. Über die einzigartige Bedeutung
ihres Ausdrucks habe ich mich schon ausgesprochen: von
allen Formeln des Metaphysisch-Wirklichen, die bisher gefunden wurden, dürften die chinesischen allein unsterblich
sein. Was nun den Menschentypus betrifft, den sie gestaltet, so kommt ihm jene Zwitterstellung zu, die auch für
den Künstler charakteristisch ist: im Höchstfall gehört er
zum Höchsten, was Menschenart darstellen kann; in allen
anderen Verkörperungen, außer der höchsten, erscheint er
anderen Typen unterlegen. So groß ein Laotse gewesen
sein mag — der durchschnittliche Taoist war wohl immer ein
minderwertiger Geselle.

Wenigstens müssen wir ihn also beurteilen, die wir die Bestimmung des Menschen darin sehen, über das bloß Natürliche hinauszugehen. Wenn auch wir einen Laotse als einen
Größten verehren, so liegt das daran, daß dieser große Mann
die Erscheinung überhaupt durchdrungen hatte und also
sowohl über die Bestimmtheit der Natur als die Bestimmung
des Menschen hinausgegangen war. Ich deutete vorhin an,
daß auch die Konfuzianer den Taoisten als niederen Typus
beurteilen, während uns der Gegensatz zwischen konfuziani-
scher und taoistischer Weisheit gar nicht so groß erscheinen
will: das ist das Chinesische an beiden Schulen. Hiermit wäre
ich denn bei dem Punkte wieder angelangt, bei dem ich
gestern abgebrochen hatte. Diese Weisheit ist eben doch
chinesische Weisheit, und insofern nicht übernational und
schwer von unsereinem ganz zu würdigen. Wenn ich daher
sage, der durchschnittliche Taoist sei ein minderwertiger
Geselle, so verleihe ich mit diesem peremptorischen Urteil
möglicherweise nur meiner Europäerbeschränktheit Ausdruck.

Zur Zeit der Siesta unterhalte ich mich damit, im Liao-tschai-tschi-i, den „seltsamen Geschichten aus dem Studierzimmer Zuflucht" des Pu Sung-ling, des „Letzten der Unsterblichen" Chinas, zu lesen. Die Qualität des Humors, die in diesem Werk zutage tritt, ist exquisit; wirkliche oder mögliche Vorgänge erscheinen vollkommen kühl und sachlich, ja mit einer gewissen Trockenheit dargestellt, ohne jede bemerkbare Absicht, aber die Erzählungen sind so geführt, daß sie nicht umhin können, komisch zu wirken. An innerem Wert ist wohl Gogols Humor dem chinesischen gleich, aber wozu in der europäischen Literatur, seit den Griechen wenigstens, kein Gegenstück zu finden sein dürfte, ist die literarische Meisterschaft, dank welcher es gelingt, aus der reinen Form heraus, fast ohne sachliche Effekte zu Hilfe zu rufen, humoristische Wirkungen zu erzielen. Auf den ersten Blick scheint ja das Komische in allzu strenger Form nicht darstellbar. China beweist die Irrtümlichkeit dieser Meinung.

Meinen Eindruck gewinne ich aus einer vermutlich schlechten Übersetzung: wie hoch muß das Original doch stehen, wenn die Übertragung ihm sein Wesen nicht hat nehmen können! Ich vermag jetzt schon ganz gut zu verstehen, weswegen gebildete Chinesen, welche der europäischen Sprachen mächtig sind, nur die altgriechische Literatur als echte Kunst und der chinesischen beinahe gleichwertig gelten lassen wollen: die Hellenen allein sind streng und reich zugleich in ihrer Ausdrucksweise gewesen. Die Strenge der lateinisch-romanischen Form — der einzigen, welcher man im Westen seit Griechenland das Prädikat der Strenge zuerkennen kann — schließt aus: die Form muß einschließen, einschmelzen, verdichten, den möglichen Gehalt nicht verstümmeln, sondern steigern, wenn ihre Strenge einen höchsten Wert bedeuten soll. Freilich haben die chinesischen

Meister in gewisser Hinsicht unter günstigeren Bedingungen gearbeitet als alle anderen: sie konnten streng in der Form sein, ohne endliche Grenzen zu statuieren. Dies verdanken sie ihrem wunderbaren Schriftsystem. In China kann, wie schon bemerkt, mit drei Hieroglyphen buchstäblich ebensoviel und mehr gesagt werden, als in unseren Sprachen auf vielen langen Seiten — unsere Meister der Präzision haben alle viel verschweigen müssen; die chinesischen Künstler hatten sämtliche Vorteile auf ihrer Seite, die in der Wissenschaft der reine Mathematiker vor dem Physiker voraus hat. Und der Nachteil, der diesem System für unsere Begriffe innewohnt, nämlich daß die Gedichte hauptsächlich für das Auge existieren, und nicht gut gehört, nicht gut vorgelesen werden können, kommt für den Chinesen ersichtlich nicht in Frage, dem diese Konvention Gewohnheitssache ist. Aber was nützt es, von leichteren oder schwereren Bedingungen zu reden? Der Mensch schafft sich die Bedingungen, die er verdient. Chinas Suprematie in der Form steht unter allen Umständen außer Frage.

Zur Nachtzeit kehre ich gelegentlich in einer der berühmten „Spielhöllen" ein und ergötze mich am Fan-Tan. Etwas Stilleres, Friedlicheres als solche Hölle gibt es kaum. Ernst und sachlich schauen Spieler meistens drein, aber solch heiteren Gleichmut, wie in Macau, habe ich noch nirgends beobachtet. Das Spiel an sich ist unendlich geistlos; der Spieler kann im günstigsten Falle nur ganz wenig, die Bank muß unter allen Umständen viel gewinnen. Der Chinese aber geht, nachdem er seinen Tagesverdienst verspielt hat, gelassen und friedlich dreinschauend heim. Allenfalls wiegt er sich, wenn er gar zuviel verloren, zum Trost in süße Opiumträume ein.

Während ich dem Treiben zuschaute, kam mir die Stelle der Bhagavat-Gîta in den Sinn, woselbst Krishna von sich (als Gott, als Içvara) sagt: Ich bin das Spielen des Spielers. In der Tat bedeutet Sinn für Hasard, was immer sonst gegen ihn einzuwenden sei, das Vorhandensein von Vitalität. Das selbsttätige Setzen des reinen Zufalls als einziger Bedingung des Erlebens bedeutet, vom Atman her geschehen, prinzipiell das gleiche, wie das Gewachsensein den Wechselfällen des Lebens gegenüber. Denn Leben ist ja nichts anderes als die Fähigkeit, einen inneren Gleichgewichtszustand im Wandel der äußeren Umstände zu behaupten. Daß die meisten Spieler nun, in intimem Widerspruch zu sich selbst, nach Systemen ausblicken, gehört zum Kontrapunkt des lebendigen Geschehens: wir tun immer zugleich das, was den Sinn unseres eigentlichen Wollens aufhebt. — Woher kommt es nun aber, daß der Typus des Spielers — gleichviel was sein Einsatz sei — als hoher doch nicht bewertet werden kann? Es kommt daher, daß, wer im Korrelationsverhältnis von Leben und Außenwelt die Zufallseite betont, damit das Sinnlose über den Sinn stellt; der dankt als freies, verantwortliches Wesen recht eigentlich ab. Der Spieler ist der Antipode des Helden: während dieser sein Leben tief bedeutsam weiß und es opfert, weil er noch Höheres anerkennt, setzt jener es aufs Spiel, weil es ihn gleichgültig dünkt.

TSINGTAU

Ich beginne der Revolution Dank zu wissen: dank ihr sind eine große Anzahl bedeutender Chinesen, darunter mehrere Ex-Generalgouverneure und Ex-Vizekönige, im kleinen Tsingtau beisammen, wohin sie vor den Westlingen geflüchtet sind. Richard Wilhelm vermittelt zwischen ihnen und mir; so beginne ich Einblick zu gewinnen in die höchsten Möglichkeiten chinesischen Menschentums.

Meine Erwartungen werden weit übertroffen; diese Herren
stehen, was immer sie als Menschen sein mögen, als Typen
außerordentlich hoch; zumal ihre Überlegenheit beeindruckt mich. Nicht allein, daß sie ihr äußeres Schicksal
dominieren, das im Augenblick so traurig ist: sie stehen
über ihren Gedanken, ihren Handlungen, ihrer Person überhaupt; und zwar nicht im Sinne des Yogi, der sich über die
Erscheinung hinausgeschwungen hat, sondern in dem
schwierigeren des Weltweisen, der inmitten des Getriebes,
an dem er teilnimmt, seine innere Freiheit bewahrt. In
Indien hatten mich die Menschen enttäuscht; sie sind weniger
als ihre Literatur. Ihr Höchstes und Tiefstes hat in abstrakter Erkenntnis Ausdruck gefunden, und die lebendigen
Inder sind in der Mehrzahl nicht Verkörperer, sondern
Schauspieler ihres Strebens nach dem Ideal; so lernt man
wenig zu durch den Verkehr mit ihnen. Die lebendigen
Chinesen nun sind unzweifelhaft mehr als ihre Weisheit, ja
fast möchte ich behaupten: sie sind mehr als ihre klassische
Literatur. Mir beginnt der Sinn des Konfuzianismus aufzugehen. Kung Fu-Tse erschien mir bisher als rationalistischer
Moralist, und die hohe Wertschätzung zumal, deren sich
Mencius erfreut, befremdet mich einigermaßen, da ich dessen
Weltanschauung wohl als überaus vernünftig, nicht aber als
tief beurteilen konnte. Nun erkenne ich, daß die konfuzianische Philosophie ganz anders verstanden werden muß,
als die indische und auch die deutsche: sie ist als Philosophie
gar kein eigentlicher, selbständiger Ausdruck, sondern das
abstrahierte Schema einer gelebten oder zu lebenden Wirklichkeit; man muß Kung Fu-Tses Wort als Fleisch verstehen
oder als Hinweis auf vorhandenes Fleisch. Dann freilich
nimmt diese Lehre sich ganz anders aus, erscheint sie durch
Abgründe geschieden von der Moralphilosophie unseres

18. Jahrhunderts, welcher sie äußerlich so ähnlich sieht; dann
freilich hat es wenig zu bedeuten, daß die Gedanken als solche
nicht tief sein mögen: ich glaube nicht, daß Gott tiefe Gedanken denkt, denn er ist die Tiefe selbst; wo das Tiefe im
konkreten Dasein vollkommen zum Ausdruck kommt, dort
ist Tiefsinn wohl überflüssig. Das nun ist es, was mir bei den
großen Herren auffällt, mit denen ich zu Tsingtau verkehre:
sie leben den Konfuzianismus; was ich bisher als theore-
tisches Postulat auffaßte, ist ihnen die Form ihrer Existenz.
Allen diesen Staatsmännern erscheint es selbstverständlich,
daß der Staatsorganismus auf moralischer Basis ruht, daß das
Politische der äußere Ausdruck des Ethischen ist und die
Gerechtigkeit der normale Ausfluß des Wohlwollens; und
es erscheint ihnen selbstverständlich in einem ganz anderen
Sinn, als dem Christen der Wahrheitsgehalt der Seligprei-
sungen: nicht als ein Sein-Sollendes, das jedoch selten geschieht, sondern als ein Notwendig-Geschehendes. Dies bedingt einen grundsätzlichen Unterschied. Woran man nicht
zweifelt, das vollbringt man auch. Ich weiß nicht, wie gute
Regenten die Gouverneure, mit denen ich umgehe, tatsächlich gewesen sind: sicher regierten sie in konfuzianischem
Geist, das heißt von moralischer Grundlage aus. Was denn
notwendig auch ihre Unzulänglichkeit verklärt hat.

Zum ersten Male sehe ich mich einem Menschentypus
gegenüber, dessen Tiefstes Moralität ist. Den gibt es im
Okzident nicht. Vielleicht bewähren sich unsere Beamten
seit 100 Jahren besser als die chinesischen (denn älter ist die
Integrität des Funktionärs als typische Erscheinung sogar
in Deutschland nicht), sicher ist der Geist, aus dem sie es
tun, dem der Chinesen nicht gleichwertig, die in praxi noch
so sehr versagen. Unsere politische Kultur ist äußerlich bedingt; sie ist das Ergebnis eines Systems, das den Einzelnen

zum Gut-Handeln zwingt, ist unabhängig von der Seele entstanden, besteht unabhängig von der Seele weiter fort. Die
des Chinesen beruht auf Ausbildung des Innerlichen. Und
wenn man nun bedenkt, daß das große chinesische Reich
schon Jahrtausende entlang kaum schlechter regiert worden
ist als das moderne Europa, und dieses ohne die Vermittlung
eines Mechanismus, der die Menschen automatisch in Ordnung hielte, einzig dank der moralischen Qualifiziertheit
seiner Bürger, so muß man zugeben, daß das durchschnittliche Niveau moralischer Bildung beim chinesischen Literaten
außerordentlich hoch sein muß. Außerordentlich hoch ist
es jedenfalls bei denen, mit welchen ich in Berührung gekommen bin. Und aus ihren noch so höflichen Äußerungen
über den Westen klingt denn auch allemal Befremden darüber heraus, daß ein Gleiches dort so wenig der Fall sei.
Sie halten uns für moralische Barbaren. Unsere Systeme
seien freilich bewunderungswert, allein die Menschen, deren
Grundgesinnung ... Ich fürchte, die Herren haben recht.
Wir Westländer sind mit dem Verstand dem Leben vorausgeeilt. Unser moralisches Höherstehen, auf das wir uns so
viel zugute tun, bedeutet bisher wenig mehr als das Funktionieren im Rahmen eines klüger erdachten Systems; weil
dem so ist, rebellieren wir neuerdings sogar gegen das Moralische überhaupt. Welche extreme Erscheinungen des westlichen Gesellschaftslebens haben ihren tiefsten Grund nicht
darin, daß das Äußere nicht im Innern wurzelt? Der Tol-
stoismus, der Anarchismus einerseits, und andrerseits der
Nationalismus und der Rassenfanatismus — es sind alles Bewegungen, die dem Künstlichen ein Natürliches substituieren
wollen. Wir sind unseren Systemen unterlegen. Die Chinesen
stehen über den ihren. Das ist der Erfolg der Erziehung im
Geist des Konfuzius.

Es gibt mir viel zu denken, daß das Leben so einfacher
Grundsätze, wie die konfuzianischen, den Menschen so überlegen machen kann. Unter europäischen Fanatikern des
Moralischen ist mir noch nie ein Vollmensch begegnet. Aber
die Ursache dieses Unterschiedes liegt nicht fern: uns haben
die Grundsätze der Moral immer ein von außen her Ge-
botenes bedeutet, sei es, daß Gott sie uns aufoktroyiert
hätte, oder die Obrigkeit, oder eine der Natur entgegen-
stehende absolute praktische Vernunft; dem Konfuzianismus gelten sie als die Richtlinien, nach denen ein gebildeter
Mensch naturnotwendig handelt. Es läge in der Natur
der Dinge, daß Vater und Sohn, Mann und Weib, Freund
und Freund, Fürst und Untertan sich gegenseitig Treue
und Wohlwollen erweisen; bilde der Mensch das Natürliche
aus, so ergäbe Moralität sich von selbst. Auf vollendete
Ausbildung der Menschennatur ist also der Akzent verlegt.
Nun: gegen solchen kategorischen Imperativ empfindet keiner
ein inneres Widerstreben; gebildet will jedermann sein. So
nimmt er sich bereitwilligst die Mühe, die der europäische
Jüngling sich, seit der Geist der Antike erstarb, kaum je
mehr nimmt: er versenkt sich in den Sinn des Moralischen.
Tut er dieses nun ernstlich und ausdauernd, so offenbart
sich ihm irgend einmal auch die Richtigkeit der konfuzianischen Theorie: es ist eine Frage des Unterscheidungsvermö-
gens, das durch Schulung geschärft werden kann, ob einer dem
Guten oder dem Schlechten zuneigt. Fortan ist kein Schwanken
mehr möglich; die moralische Natur ist geweckt. — Wie sehr
kommt es bei der Erziehung auf den Ansatz und die Technik an!
Die Chinesen haben nicht annähernd so viel über das Moralische nachgedacht als wir; sie haben auch nie in der Moral
ein so Hoch-Ideales gesehen wie unsere (zumal protestantischen) Ethiker. Aber praktisch haben sie viel mehr erreicht.

Freilich sind die Herren konservativ: welcher politisch Gebildete wäre es nicht? Wer historischen Sinn hat, wer da weiß, daß nur organisches Wachstum aufwärts führt, ist nie im radikalen Sinne „fortschrittlich". Im eigentlichen Verstande des Worts ist nur er es freilich, denn nur er empfindet Ehrfurcht vor der Erscheinung, die der Radikale unbedenklich überall einem abstrakten Prinzipe aufopfert. Ist es nicht höchst bezeichnend, daß die Arbeiter Belgiens und Frankreichs die Idee der „Menschenrechte" bereits verworfen haben und nur mehr ihren organisierten (technisch „bewußten") Klassengenossen Berechtigung zum Dasein zuerkennen?

Die Würdenträger, die ich meine, sind nun freilich nicht nur konservativ, sondern ausgesprochen reaktionär. Aber wie sollte ein Konfuzianer alten Schlages einer Neuerung gewogen sein? — Wenn wirklich die von Kung kodifizierte traditionell-chinesische Staatsform allein mit der Weltordnung in vollem Einklang steht, dann bedeutet Neuerungsstreben Wahnwitz; dann kann das Volk nichts Weiseres unternehmen, als die alten Normen strengstens zu befolgen; dann hat das, was wir „Stillstand" nennen, den gleichen Sinn, wie das ewige Sich-Verjüngen der Natur, das ja auch in unwandelbarem Rahmen vor sich geht; dann bedeutet Ausmerzen des Häretischen recht eigentlich dasselbe, wie das des Untauglichen im Kampfe ums Dasein ...

Nun läßt sich gegen die Staatsform, die das Tao verlangen soll, verschiedenerlei erinnern; noch Gewichtigeres gegen die Grundvoraussetzung des statischen (unwandelbaren) Charakters der Weltordnung, die alle Neuerung als widersinnig erscheinen läßt. Die Welt ist tatsächlich im Werden; keine fertigen Ideale liegen ihr zugrunde, sondern die Ideale entstehen neu auf jedem neuen Stadium. Deshalb schließt die

Idee einer absolut besten Staatsform schon als solche ein
Mißverständnis ein: solange die Welt im Werden verharrt,
d. h. solange sie existiert, ist „bestmögliche Staatsform"
ein Unbegriff; jedes konkrete Ideal kann nur gelten für einen
bestimmten Ort und eine bestimmte Zeit. Aber gerade der,
welcher diesen Zusammenhang versteht, wird der chinesischen Weltanschauung die größte Bewunderung zollen.
Nicht allein, daß der universalistische Grundgedanke, nach
welchem Naturgeschehen und Menschenleben ein lückenlos
verknüpftes System bilden, als Theorie grandios ist; nicht
allein, daß die Konsequenz, mit der jede einzelne Erscheinung
auf ihn zurückgeführt wird, ein vielleicht einzigartiges Beispiel des Ernstmeinens und Ernstnehmens darstellt — so
wie die Chinesen die letzten Jahrtausende über waren,
hätten sie eine bessere Weltanschauung nicht bekennen
können; die chinesische hat, wie keine andere vielleicht auf
dieser Welt, den *pragmatic test* bestanden. China ist das
einzige Reich, welches je für eine längere Periode die „soziale
Frage" gelöst hätte; das einzige, in dem die Masse der Bewohner je glücklich war; mithin das einzige, welches das
absolute sozial-politische Ideal der Erscheinungswelt je eingebildet hätte. Sintemalen nun die Chinesen von heute
ihren fernen Vorfahren zum Verwechseln ähnlich sehen —
wie sollte da ein Gebildeter nicht Reaktionär sein?

Auch ich empfinde hier als Reaktionär. Um so mehr,
als ich vielen Grund zur Befürchtung sehe, daß das, was
China bis heute bewunderns- und ehrwürdig machte, mit
der alten Ordnung verloren gehen wird. Freilich sind die
Chinesen kein Volk von Denkern; ihr bewußtes Denken
scheint sich andauernder an der Oberfläche zu bewegen als
das irgendeines Kulturvolks von vergleichbarer Begabung.
Allein mehr als tiefe Gedanken denken ist wohl der Tiefe

entsprechend leben, und das haben die Chinesen bis heute in unvergleichlichem Grade getan; ihr traditionelles Gemeinschaftsdasein hat den gleichen Sinn, wie bei den Indern ihre sublime Philosophie; ihr Leben war ein unmittelbarer Ausdruck des Tao. Wie vollkommen haben sie von je das Problem des Glückes gelöst! Jeder Kuli lebt die ewige Wahrheit, die unsere Größten tauben Ohren gepredigt haben, daß Glück Sache des inneren Verhaltens ist und von den äußeren Umständen als solchen nicht abhängt. Die Theorie des unbeeinflußbaren Weltverlaufs ist freilich falsch; daß wir nicht dem Grundsatze Mong Tses entsprechend handeln: „besser als gute Ackergeräte anschaffen, ist abwarten, bis daß die Witterung günstig wird", hat uns zu Beherrschern der Natur gemacht. Aber wie teuer haben wir diesen Erfolg bezahlt! Seitdem wir wissen, daß die Außenwelt verwandelbar ist, haben wir samt allen anderen auch das Problem des Glücks in sie hineinverlegt, was uns, bis daß wir einmal umkehren, zu aussichtslosem Elend verdammt. Und so weiter. Jeder Chinese, so oberflächlich er denken, so unzweckmäßig er handeln mochte, lebte bisher eine tiefe Philosophie; er rechnete mit der Außenwelt als einem wirklich Äußeren, suchte das Eigentliche in einer anderen Dimension. In Europa tun dies meist nur Frauen, die dort weitaus die tieferen Lebensphilosophen sind. Die Frau ist denn auch typischerweise konservativ. In der Tat: wenn das Eigentliche von äußeren Verhältnissen keinesfalls in Mitleidenschaft gezogen wird, dann erscheint es leicht zweckmäßiger, in einer unveränderlichen Umwelt zu leben, der man ein für alle Male angepaßt ist, als sich immer wieder neu anpassen zu müssen, ohne dadurch ein besseres Gesamtergebnis zu erzielen.

Ist nicht alles Dauerhafte reaktionär? Die Natur als solche ist es; nicht allein, daß sie von zielstrebigem Fortschreiten

nichts weiß — überall schlägt sie, wo sie von außen her
verwandelt ward, kaum sich selbst überlassen, zum Ursprünglichen zurück, und dieses, dieses allein erscheint unsterblich.
Vielleicht liegt hier die Lösung des Problems, weswegen
die asiatischen Völker im allgemeinen langlebiger sind als
die europäischen: entweder es herrscht in ihnen das Physiologische, oder aber das Geistige hat sich, dank konservativer
Gesinnung, so innig jenem vermählt, daß es zur zweiten
Natur geworden ist.

Wie vollendet ist die Courtoisie des gebildeten Chinesen!
Es ist ein ästhetischer Genuß, mit ihm umzugehen,
trotz der ungewöhnlichen technischen Schwierigkeiten, die
der chinesische Höflichkeitskodex dem Ausländer bereitet.
Die Etikette bedingt eben *per se* eine Erleichterung des
Verkehrs: zwischen inkongruenten Elementen stellt sie eine
Gleichung her, welche jedesmal aufgeht; sie setzt den Sünder
der Gottheit, den Bettler dem König gleich, führt Fremde
auf ebener Bahn gegenseitiger Verständigung zu. Ich hatte
mich, bevor ich unter Chinesen kam, mit den Grundvor-
schriften ihres Komments vertraut gemacht; nun befolge
ich ihn, so gut·ich kann, und finde zu meiner Freude, daß
es geht.
   Im vornehmen Chinesen erscheint jene verfeinertste Form
der Vollendung erreicht, woselbst Liebenswürdigkeit im
Rahmen der strengbefolgten Sitte die Persönlichkeit zum
ihr gemäßen Ausdruck bringt. Wie selten begegnet sie einem
im modernen Europa! Nur bei wenigen französischen Grand-
Seigneurs habe ich Gleichwertiges beobachtet, und das waren
nachgeborene Söhne des 18. Jahrhunderts; wer heute gute
Manieren hat, ist meist konventionell und entsprechend

oberflächlich. Um in der objektiven Form den persönlichsten Inhalt zu realisieren, muß man gebildeter sein, als die Erziehung im heutigen Europa ermöglicht. In China ermöglicht sie es noch, weswegen die Großen dieses Landes auf einer höheren Kulturstufe stehen als die unsrigen. Denn die typische Form ist vollkommener individueller Ausprägung nicht hinderlich, im Gegenteil: die individuelle schließt solche meist aus. Je mehr eine Kunst sich vollendet, desto klassischer wird sie, welches heißt: desto mehr wird das Zufällig-Individuelle zum Allgemeingültigen sublimiert. Das gleiche gilt vom Menschen. Je mehr er sich verinnerlicht, vertieft, potenziert, desto mehr tritt das Persönliche in den Hintergrund, desto mehr allgemeinmenschlich erscheint sein Wesen. So sind alle wahrhaft großen Menschen mehr Typen als Individuen gewesen. Tolstoi ist mehr Russe als Person, Voltaire mehr Franzose als er selbst; und jene ganz gewaltigen, die alle ständischen und nationalen Schranken sprengen, sind deshalb nicht weniger, sondern in noch weiterem Sinne typisch: es sind Menschen schlechthin, nach einem der ganz allgemeinen Schemen stilisiert: des Heiligen, des Täters, des Denkers. So hat sich Christus den „Menschensohn" genannt, und Buddha den „Vollendeten". — In eben dem Sinn hat sich die Courtoisie, die Befolgung der allgemeinsten Norm, die den ersprießlichen Verkehr der Menschen untereinander regelt, überall und zu allen Zeiten als bestmögliches Ausdrucksmittel einer höchstgebildeten Persönlichkeit bewährt.

Woher kommt es, daß dieses Höchste bei gebildeten Chinesen in der Regel, nicht nur ausnahmsweise, erreicht erscheint, während bei uns die vollendeten Grand-Seigneurs sogar im 17. Jahrhundert selten waren? Das ist das Werk zweier Schriften, die seit über zweitausend Jahren alle Er-

ziehung im Reich der Mitte inspiriert haben: des Buches
von der Ehrfurcht, des Hiau ging, und des eigentlichen
Katechismus der chinesischen Zivilisation, des Buchs der
Riten. Ersteres baut die gesamte Moral (die nach hiesigen
Begriffen alles Leben überhaupt in sich beschließt) auf dem
Prinzip der Ehrfurcht auf. Gleich Goethe, sieht auch die
chinesische Weisheit in dieser, „die niemand mit auf die
Welt bringt, das, worauf alles ankommt, damit der Mensch
nach allen Seiten zu ein Mensch sei"; gleich ihm stellt auch
sie sie dreifach vor: als Ehrfurcht vor dem, was über uns,
was unter uns und was uns gleich ist; ja, ihr gilt Ehrfurcht
vor allem, was da ist, geradezu als Grundlage aller Tugend
und aller Weisheit. Und das ist sie wirklich: nur dem, was
man vollkommen ernst nimmt, wird man gerecht. Deshalb
ist Höflichkeit kein wesentlich Äußerliches, sondern der
elementarste Ausdruck von Sittlichkeit: während Tugend
und Güte nicht von jedem billig verlangt werden können,
kann es doch das formelle Geltenlassen fremder Persönlichkeit[1]). Dies gibt denn der Courtoisie ihren tiefen Sinn. Diesen
Sinn nun hat das zweitgenannte Werk, das Buch der Riten,
das ihn seinerseits voraussetzt, zu einer wunderbaren theoretischen Lehre ausgestaltet. Es behauptet: der Mensch k a n n
nur innerlich vollendet werden, wenn er sich nach außen
zu vollkommen gibt, k a n n nur dann sein Persönlichstes
entsprechend ausprägen, wenn er die Normen befolgt, die
sich im Laufe der Geschichte als die für den Chinesen typischen
bewährt haben. Wie grenzenlos fördernd muß es sein, von
Kind auf solches gelehrt zu werden! Durch den Umstand,
daß als selbstverständlich gilt, daß die Form den Gehalt
symbolisiert, das Äußerliche das Innere zum Ausdruck bringt,

---

[1]) Dieses Verhältnis hat von allen Denkern Europas Wladimir Ssolowioff
am tiefsten erfaßt.

wird diese Gleichung tatsächlich hergestellt; beim Begabten
durch schöpferisches Verständnis, beim Durchschnitt im
Sinn des preußischen Soldatendrills. Diesem Ergebnis kommen weitere Umstände zugute: der Chinese hat einen
ursprünglichen Sinn für Etikette, weshalb das Befolgen der
Sitte nur selten dem Widerstreben begegnet, das dem europäischen Jüngling von heute eignet; ferner ist Rücksichtnahme eine Lebensfrage dort, wo die Gemeinschaft den Einzelnen so allseitig bindet, daß er in keiner Hinsicht als sein
eigener Herr gelten kann und mithin dort sogar „objektiv"
handeln muß, wo nach unseren Begriffen nur Subjektivität
in Frage käme. Aber gleichviel, welche empirischen Verhältnisse mitwirken mögen: durch noch so äußerliche Umstände wird jedenfalls zuwege gebracht, daß der gebildete
Einzelne in China verinnerlichter erscheint, als irgendwo
sonst.

Die wunderbare Courtoisie, an der ich mich dieser Tage
erfreue, ist die Blüte des Konfuzianismus, wie die Durchbildung des moralischen Menschen seine Wurzel bezeichnet.
Ist sie nicht großartig, diese Weltanschauung, die alle Tiefe
an die Oberfläche zu bringen weiß? die eine notwendige
Gleichung zwischen moralischer und formaler Bildung her-
stellt, zwischen Anmut und Würde nicht allein, sondern
zwischen Anmut und Ernst, Anmut und Weisheit? — Freilich tritt diese vorausgesetzte Gleichung nur beim Hoch-
gebildeten wirklich in die Erscheinung; in der Masse dominiert hier, wie überall, wo die Kultur ähnliche Höhe erreicht,
Äußerlichkeit. Von allen europäischen Völkern ist das französische das gesellschaftlich gebildetste, und auch bei dem
führt die Form mehr und mehr ein vom Gehalte unab-
hängiges Dasein; wie in China Manieren herrschen, die in
keinem Verhältnis stehen zur ethischen Qualität, so kann

ein dummer Franzose geistreich erscheinen, bloß weil die
Sprache gar so geistreich ist. Was ist nun vorzuziehen,
eine vollkommene äußere Zivilisation, die an sich besteht
und das Individuum nicht notwendig beeinflußt, oder vollendete Aufrichtigkeit der Subjekte, welche so, wie die Menschen
heute sind, einen barbarischen allgemeinen Zustand zur Folge
hat? Diese Frage wird man verschieden beantworten, je
nachdem, ob man katholischen oder protestantischen Geistes
ist. Der katholisch Gesinnte wird darauf den Nachdruck
legen, daß die Befolgung der objektiv-besten Norm, und
geschähe sie noch so äußerlich, auf die Dauer den inneren
Menschen beeinflußt, so daß es nicht als Unglück gelten
kann, wenn er zeitweilig unaufrichtig erscheint, da er auf
diesem Wege zu einem höheren Zustand hinauferzogen werde;
und wird dem Protestanten entgegengehalten, daß allzu
großer Nachdruck auf augenblickliche Aufrichtigkeit den
Menschen für den Augenblick wohl frei macht, ihm aber
recht eigentlich seine Zukunft nimmt; wer sich nicht durch
das, was über ihm steht und was ihm eben deshalb nicht
entsprechen kann, bestimmen lasse, gelangen nimmer über
sich selbst hinaus. — Der protestantisch Gesinnte hingegen
wird urteilen, daß Aufrichtigkeit das absolut Bessere ist,
gleichviel wie teuer man sie bezahlt, weil der Mensch nur
durch eigene Erfahrung wesentlich gefördert wird und selbst-
gewonnene Einsicht, so unvollkommen sie sei, unter allen
Umständen mehr Wert habe als noch so gutes Handeln
unter Autorität. Von einem Verzicht auf die Zukunft um
der Gegenwart willen könne aber deshalb keine Rede sein,
weil, wie der Erfolg beweist, die protestantischen Völker
gerade die fortschrittlichen sind. Die Katholiken stehen
noch heute eben da, wie vor Jahrhunderten, während die
Puritaner, vor 200 Jahren Barbaren, heute, wie jedermann

weiß, an der Spitze der Zivilisation marschieren. — Das
ist richtig. Ohne Zweifel bedeutet Kultur der Aufrichtigkeit die weiter ausschauende Politik, als Kultur der vollkommenen Form. Aber vom Standpunkt jeder gegebenen
Gegenwart gesehen, erscheint diese als die ersprießlichere.
Denn sie allein gibt ein Bild der erreichten Vollendung,
während jene sie nur für die Zukunft in Aussicht stellt.

Darf man die chinesische formale Kultur als vorbildlich
bezeichnen? — Wird sie dem Geiste nach verstanden,
unbedingt; von allen Menschen haben die Chinesen die
Oberfläche am vollkommensten durchgeistigt, die vollstän-
digste Verschmelzung von Sinn und Form zustande gebracht.
Immer wieder komme ich auf Konfuzius' Bild des Edlen
zurück, dessen Tiefsinn in seiner Anmut zutage trete: vollendeter könnte kein Halbgott sein. Meist schließen Tiefe
und Gefälligkeit sich aus, Urkraft und Grazie, Leichtigkeit
und Gründlichkeit; fast scheint es undenkbar, daß ein Mensch
die Vorzüge des Deutschen und des Franzosen in sich vereinen sollte. Der Chinese vereint sie im Höchstfall wirklich in sich. Und wenn er jenen der Tiefe nach vielleicht
nicht ganz erreicht, wenn er weniger beweglich ist als dieser,
weniger glitzernd, weniger fein; wenn seine Naturanlage
auch keine so reiche ist als wir sie häufig besitzen, so stellt
sein gebildetes Dasein nichtsdestoweniger eine Synthese des
Menschentums dar, wie sie gleich umfassend noch nirgends
verwirklicht ward.

Dem Geiste nach ist sie sicherlich vorbildlich; ich wenigstens wüßte keine vorzustellen, die des Nacheiferns würdiger
wäre. Nun aber frage ich mich: ist ihre Verwirklichung am
Ende an die chinesische Sonderart gebunden? Es könnte

sein. Die Welt ist darin wunderlich beschaffen, daß es oft
schlechterdings zufälliger Konstellationen bedarf, um einen
ewigen allgemeingültigen Sinn der Erscheinung einzuverleiben. Wie der Dichter durchaus nicht der „einzig wahre
Mensch" ist, wie Schiller wähnte, der Mensch mit dem
stärksten Erleben, der größten Leidenschaft, sondern der,
den eine zufällige Konjunktur von Talenten zum Sprach-
rohre dessen macht, was andere oft viel tiefer besitzen;
wie das „Genie" kein selbstbegründetes Sonderwesen ist,
sondern durch das Zusammentreffen bestimmter Anlagen
mit bestimmten historischen Gegebenheiten entsteht, von
denen keine für sich allein zur genialen Schöpfung geführt
hätte — so mag es wohl sein, daß die chinesische Vollendung,
die dem Sinne nach ein Absolut-Höchstes bezeichnet, auch
nur auf chinesisch darzustellen ist. Diese Darstellung aber
kann uns kein Vorbild sein. Es bedarf doch einer sehr besonderen Veranlagung, um im Befolgen streng vorgeschriebe-
ner Riten vollkommen ursprünglich zu sein, um im bewußten
Verbleiben innerhalb eines Lebensrahmens starrster Art
Ursprünglichkeit zu betätigen. Gar so fremd, wie es scheint,
ist diese Art uns wohl nicht: die Engländer sind nicht viel
anders. Auch sie tun meistens das gleiche, denken das gleiche,
wollen das gleiche und sind dabei doch originell; der Brite
äußert Gemeinplätze mit der gleichen Überzeugungskraft,
wie Galilei einst sein *eppur si muove;* dementsprechend ist
er auch von allen Europäern bei weitem der vollendetste
Mensch. Aber gerade wenn man die prinzipielle Ähnlichkeit zwischen Chinesen- und Britentum erkennt, wird man
starke Zweifel hegen, ob das absolute Vollendungsideal einer
allgemeinen Verwirklichung fähig sei. Man kann alles werden,
nur kein Engländer, wenn man als solcher nicht geboren
ward; dieses Sosein ist strengstens bedingt, von tausend

Kleinigkeiten, Zufällen, Beschränkungen und Vorurteilen abhängig, mehr so als irgendein anderer Ausdruck europäischen
Menschentums; und nur, wo diese Vorbedingungen erfüllt
sind, treten die Vorzüge des Engländers zutage. Desgleichen
stand und fiel die individualistische Renaissancekultur mit
dem Vorherrschen außerordentlicher Individualitäten. —
Also mag es wohl sein, daß auch das Beispiel Chinas unnach-
ahmlich ist.

Ich für meinen Teil bedaure das nicht, denn ich glaube
nur schwach an das allgemeine und allseitige Fortschreiten
des Menschengeschlechts, glaube auch nicht, daß es wünschenswert wäre. Denn wohin führte es? zu fortschreitender Einförmigkeit. Es ist uns besser, daß unsere Ideale blitz-
artig hier und da, bald im Altertum, bald jetzt und bald
irgend einmal, bald in China, bald in Hellas und bald in
Deutschland, eine kurzlebige Verwirklichung erfahren, so
daß wir geistig immerdar auf der Ausschau bleiben, besser,
sage ich, als daß wir, in billigem Optimismus dahinschwelgend,
uns dem Zuge der Zeit überlassen, der uns mechanisch dem
Idealzustande zuführen soll.

Ich muß mich doch auch der Kehrseite der chinesischen
Formkultur zuwenden: der ungeheuerlichen Äußerlichkeit, die sie als Ganzes heute kennzeichnet.

Daß sie überhaupt äußerlich ist, versteht sich von selbst:
unmöglich kann vollendete Form wahrhaftiger Ausdruck
selbst einer höchstgebildeten Masse sein. Eine Masse mag
liebenswürdig, rücksichtsvoll, zuvorkommend und dennoch
aufrichtig sein, aber nicht aufrichtig und zugleich höfisch-
höflich; soviel Form zu füllen geht über ihre Kraft. Woher
aber der extreme Charakter der chinesischen Äußerlich-

keit? — Denn extrem ist er in der Tat. Der Durchschnitts-
chinese ist dessen, was sich schickt, dermaßen eingedenk,
daß er sich nur ausnahmsweise ohne Hintergedanken gibt;
nur wo er sich vollkommen sicher fühlt, ganz unbefangen
zeigt; er ist recht eigentlich, sein ganzes Leben entlang,
sein eigener Zeremonienmeister. Dementsprechend fühlt er
sich nur für das verantwortlich, was nach außen zu geschieht,
für das „Klappen" des Zeremonials; die Gesinnung ist nicht
von seinem Ressort, dünkt ihn belanglos. — Ein Lebendig-
Gewordenes ist als solches nie abzuleiten; das Eigentliche
entrinnt der Begründung. Immerhin kann es nicht schaden,
wenn ich die allgemeinen Ursachen, welche in Frage kommen,
in abstracto kurz zusammenfasse: der extreme Charakter
der chinesischen Äußerlichkeit rührt daher, daß ein Volk
von geringem Individualitätsbewußtsein, von außerordentlichem Formensinn und von ausgesprochen sozialer Veranlagung seit Jahrtausenden in zu vielen Exemplaren vorhanden war.

Man stelle sich vor, Abertausende von friedfertigen praktischen Menschen befänden sich in kleinstem Raum zu-
sammengepfercht, könnten nimmer aus ihm hinaus. Die
einzige Möglichkeit eines guten Auskommens läge da im strikten Befolgen dessen, was allen richtig dünkt. Im Verkehr
kommt es nie auf die Gesinnung an sich, sondern auf deren
Ausdruck an, nicht auf das Sein, sondern den Schein; in
einem Gemeinwesen, wie dem vorausgesetzten, wäre dies
in äußerstem Maße der Fall. Es gäbe überhaupt keinen
Spielraum für persönliche Velleitäten, nur ein Leben, das
streng der Norm entspräche, könnte gedeihen. Bestände
überdies ursprüngliche Neigung, das Unumgängliche zu tun,
so käme dies dem Prestige der Sitte weiter zugute, das auch
der Formensinn nur steigern kann. Auf diese Weise erschiene

das Gemeinschaftsleben bald ganz nach objektiven Normen
reguliert und eben damit veräußerlicht. — Der tatsächliche
Zustand der chinesischen Gesellschaft läßt sich, wie man
sieht, a priori konstruieren. Was beweist das? Wie naturgemäß er ist. Tatsächlich stehen denn auch wir den Chinesen
näher als wir glauben. Wir machen uns gern lustig über das
chinesische „Gesicht", die Sucht, vor allem den Schein zu
wahren; das Paradox, daß einer ohne Murren die Folgen
seines Unrechttuns trägt, sofern er nur fingieren kann, als
leide er unschuldig, oder als sei sein Leiden gar kein Leiden:
von uns gilt genau das gleiche. Auch bei uns kommt im
Gemeinschaftsleben alles auf den Ruf, die öffentliche Meinung, den Nimbus, den Mythos an; auch bei uns bedingt
das Gemeinschaftsleben allenthalben Veräußerlichung. Sobald Rücksicht auf andere überhaupt das Verhalten beeinflußt, muß die Aufrichtigkeit, die Treue gegen sich selbst
in den Hintergrund treten; sobald jene entscheidet, kommt
diese überhaupt nicht mehr in Frage. Mit dem Setzen
des Rücksichtnehmens als Wert wird die bloße Möglichkeit
einer Kongruenz von Sein und Tun, oder von Sein und
Schein, im Prinzipe aufgehoben. Man führe hiergegen nur
nicht die christliche Liebe an: gerade sie ist wesentlich
rücksichtslos; sie schert sich den Teufel um die Gefühle
des Nächsten; sie will ihm gut um des Guten willen. Nur
insofern wir schlechte Christen sind, nehmen wir Rücksicht
auf unsere Mitmenschen. — Die chinesische Gesellschaft
bringt also nur Typisches extrem, meinetwegen karikiert
zum Ausdruck; die Chinesen sind kein exzentrisches Volk,
sie sind nur die ausgeprägtesten und konsequentesten Menschen. Und in gewissem Sinn sind sie die aufrichtigsten.
Wir alle schauspielern ständig vor uns selbst; wir alle halten
uns, in bewußter Selbsttäuschung, für anders als wir wissen,

daß wir sind; wir alle sind es innerlich zufrieden, wenn,
dank noch so bedenklichen Transaktionen, die Apparancen
vor uns selber gewahrt bleiben. Nur vor anderen scheuen
wir den Schein. Die Selbstentwicklung der Idee, wie Hegel
sagen würde, hat das kurzweilige Ergebnis gezeigt, daß
wir uns anderen gegenüber gerader erweisen als vor uns
selbst; daß wir aus Unwahrhaftigkeit wahrhaft sind. Dem-
gegenüber wirkt die chinesische Art, vor anderen ebenso
zu spielen wie vor sich selbst, ohne Zweifel als die aufrich-
tigere. Man wähne nicht, ich scherze hier bloß; ich meine
es ganz ernst. Wer an die größere Aufrichtigkeit der Chinesen
nicht glauben sollte, der nehme einmal die Zeitungen zur
Hand, in denen sie ihre inneren Angelegenheiten besprechen:
nie ist mir so uneitle Betrachtungsart begegnet, nie so rück-
haltlose Sachlichkeit. Wo sie es aufrichtig meinen, dort
sind sie's auch, sonst nicht; wir tun so, als wären wir es
immer.

Auch das ist typisch, kein Beweis der Exzentrizität, daß
von den Chinesen dem Zeremonial eine Bedeutung zuerkannt
wird, die dem modernen Menschen ungeheuerlich vorkommt.
Allerdings kommt es in China mehr auf die Form als auf die
Sache an: aber diesem Verhältnis begegnen wir überall auf
einem bestimmten Entwicklungsstadium. Je mehr ein Volk
noch „Naturvolk" ist, also je einfacher, urwüchsiger es sich
nach der Theorie des 18. Jahrhunderts darstellen sollte,
desto mehr bedeutet ihm das Ritual. Im Laufe der Entwicklung subtilisiert sich dies Verhältnis zunächst; die Riten
werden verstrickter, verfeinerter; bis dann einmal der Punkt
erreicht erscheint, wo der einzelne sich gegen die von der
Gesamtheit geschaffenen Normen aufbäumt und die historische Form zuletzt zerbricht. Wir Europäer befinden uns
im letzten der skizzierten Stadien, die gebildeten Chinesen

hingegen auf dem vorletzten, dem, wo die objektive Norm ihre äußerste Gestaltetheit erreicht hat. Dieses stellen die Chinesen in klassischer Typik dar, klassischer noch als in Europa die Franzosen des 17. Jahrhunderts, deren Zustand der chinesische von gestern so auffallend gleicht; ihnen gilt die Form des Geschehens recht eigentlich als dessen Substanz. Psychologisch beruht diese Auffassung darauf, daß der Mensch den Gestaltungen, die er erfand, zunächst nicht gewachsen ist und sie dementsprechend überschätzt — im Fall der Riten genau wie in dem der Maschinen (die mechanistische Weltanschauung von heute ist der ritualistischen psychologisch äquivalent); er sieht in ihnen selbständige Wesenheiten, nicht bloß Organe oder Ausdrucksmittel seiner selbst. Biologisch aber hängt sie unmittelbar mit der Unindividualisiertheit des Menschen dieser Stufe zusammen. Wo die Klasse im Bewußtsein des einzelnen mehr bedeutet als dieser selbst, dort gehen die Normen, die für die Gemeinschaft gelten, der persönlichen Gleichung notwendig voran; dort hat striktes Befolgen der Sitte die gleiche metaphysische Bedeutung wie bei unsereinem die Aufrichtigkeit. Je nach der geistigen Befähigung und Kultur wird dies verschieden gedeutet: mystisch veranlagte Völker, gleich den Indern, sprechen den Riten magische Tugenden zu, phantasieärmere, wie die Franzosen, beruhigen sich bei der Sitte als letzter Instanz. Die Chinesen nun haben die tiefsinnigste Theorie ersonnen, die sich für dieses Verhältnis überhaupt erdenken ließe, und zwar tiefsinnig weniger im Sinn des Verständnisses als im bedeutsameren der Wirkung auf das Leben: sie haben gelehrt und den Glauben bekannt, daß das Befolgen der objektiven Norm den einzelnen notwendig seiner persönlichen Vollendung zuführt. Die Masse ist trotzdem äußerlich geblieben, aber dem höheren Durchschnitt war damit ein Weg gewiesen, der sicherer, wenn nicht schneller, zum Ziel führt als alle, welche wir gewandelt sind.

Die Bedeutung der Zeremonie in China ist eine typische, keine außerordentliche Erscheinung; sie ist typisch für eine Gesellschaft von geringer Individualisiertheit und gleichzeitig hoher Kultur. Der moderne Europäer findet es schwer, die Lebensformen einer solchen ernst zu nehmen. Aber wenn Gestaltungen überhaupt ernst zu nehmen sind, dann sind es diese auch. Für den Metaphysiker besteht kein Unterschied zwischen den Formen, welche die Natur in die Welt setzt, und denen der erfinderischen Phantasie. Als Erscheinungen sind beide gleich wirklich, dem Sinne nach sind beide eins. Und wenn auch er zuweilen nicht umhin kann, die *chinoiserie* ein wenig grotesk zu finden, als Karikatur allgemeiner Menschenart, so erscheint sie ihm gleichzeitig gesteigert zur Karikatur der Schöpfung überhaupt. Alle bestimmte Gestaltung kann als Vorurteil gelten; jegliche wirkt, von irgendeinem Standpunkte aus besehen, grotesk. Es ist eine Frage der Stimmung, der jeweiligen Laune, ob man über den Menschen als solchen, dieses seltsame Zwitterprodukt, oder die besonderen Zeremonien, die er bei der Begrüßung beobachtet, zu lächeln Lust verspürt.

DURCH SHANTUNG

Immer mehr packt mich, beeindruckt mich die Größe Chinas. Es ist ein Universum für sich, so wesentlich groß, wie kein anderes Reich, das ich je betreten habe, und schon verstehe ich gut, daß seine Bewohner die übrige Welt wenig ernst zu nehmen geneigt sind. Bisweilen fühle ich mich an Rußland gemahnt, jenes andere Riesenreich, das immerdar

groß erscheinen wird, was immer ihm widerfahren mag:
was ist dieses Gemeinsame, das mir durch alle Unterschiede
hindurch so stark ins Bewußtsein tritt? Ich weiß es nicht
recht; aber ich glaube, daß es die Großzügigkeit ist, welche
China im selben Sinne von allen Ländern des Ostens, wie
Rußland von denen des Westens unterscheidet. Es gibt
nichts Weiteres, Umfassenderes als die „braune Ebene",
und im engsten spiegelt sie sich wider; jeder wurzelechte
Russe ist wesentlich (wenn auch nicht immer tatsächlich)
eine weite, großzügige Natur. So ist auch die klare, scharf-
umrissene chinesische Landschaft einförmig, rhythmisch und
groß, und die Bewohner tragen ihren Stempel. Auch der
Chinese wirkt wesentlich weit, so trocken und philiströs er
häufig sei, denn der *chinoiserie* liegt eine gewaltige Einheit
zugrunde. Der überaus vielsagende Ausdruck *chinoiserie* ruft
zunächst ja die Vorstellung von Kleinlichem wach, wie denn
das Entsprechende in Birma, Siam und Japan tatsächlich
kleinlichen Charakter trägt. In China spürt man durch jede
Arabeske hindurch die Substanz einer mächtigen Volksseele.
Und deren Macht ist unheimlich werbend. Ich weiß es
gewiß: auf die Dauer würde sie von mir vollkommen Besitz
ergreifen, wie sie von so vielen schon Besitz ergriffen hat.

Die Substanzialität der Chinesen fällt desto stärker in die
Augen, weil das Äußerliche vielfach einen Charakter trägt,
den wir Europäer nur schwer in der Vorstellung mit Tiefe
zu vereinen wissen; das Zierliche, Graziöse, Verschnörkelte
kommt uns als solches oberflächlich vor. Der Chinese aber
ist tief, vielleicht der tiefste aller Menschen. Keiner wurzelt
so tief in der Naturordnung, ist so wesentlich-moralisch;
keinem bedeutet das Äußere so viel. Nur tiefe Menschen
sind fähig, die Form so ernstzunehmen.

Aber was der chinesischen Tiefe ihr einzigartiges Gewicht

verleiht, ist, daß sie fleischgewordene Tiefe ist; sie ist gleichsam spiritualisierte Schwerkraft. In den Meisterwerken der altchinesischen Kunst trägt der Geist einen so kräftigen Körper wie nirgends sonst. Wie gewaltig wirken altchinesische Buddhastatuen! Sie atmen das Kraftmaß, das ein Gott besitzen müßte, um auf Erden als Gott zu erscheinen. Etwas von dieser Kraft wohnt jedem Chinesen inne; China als Ganzes aber ist durch und durch von ihr beseelt.

Wer China würdigen will, muß unentwegt die Chinoiserie, die Größe des Reichs und die wurzelhafte Kraft seiner Bewohner auf einmal im Auge behalten. Die Courtoisie muß er mit der Größe der Natur zusammenschauen. Wie wenig hängt doch wesentliche Größe vom Zufall der Ausdrucksgelegenheiten ab! Diese Größe wird einzig vom Sein bestimmt. China ist groß geblieben, obschon es im Kriege meist geschlagen ward, obgleich es selten eine starke politische Einheit war, und wird groß bleiben, auch wenn es einmal aufgeteilt werden sollte.

Jetzt bin ich in Asien. Ich bin nicht mehr in dem Orient, der von Griechenland über Ägypten, Kleinasien und Persien bis nach Indien und Südchina reicht; ich bin in dem Asien, das in Rußland beginnt und alle Völker des weiten Binnenlandes zu einer großartigen Einheit verknüpft. Psychologisch ist der Russe dem Inder näher verwandt als dem Chinesen; in vielen Hinsichten schwingt die russische Seele unisono mit der altindischen, beide Völker stehen im gleichen Grundverhältnis zu Gott und Natur. Aber den Hintergrund hat der Russe mit dem Chinesen gemein. Der Hintergrund aller Asiaten ist die konkrete Unendlichkeit, die Unendlichkeit im Raum und in der Zeit. Den hat kein

Europäer, kein Inder. Vergleicht man einen bedeutenden
Deutschen mit einem ihm gleichwertigen Russen, so frappiert der weitere Hintergrund, von welchem dieser sich abhebt: das ist das Asiatische an ihm. Hinter dem Europäer
steht nie mehr als seine Geschichte, die ihm freilich, wo
sie groß und reich und bedeutsam ist, ein Relief verleiht,
wie kein anderer Mensch es besitzt. Aber dieser Hintergrund ist immerhin ein endlicher, und die klarsten Um-
risse ersetzen die Weite nicht. Hinter dem Orientalen steht
die Legende oder das Märchen: das ist insofern mehr, als
das Mögliche immer mehr als das Wirkliche ist, aber andrerseits doch weniger, da sich dran zweifeln läßt. Deshalb
hat der Orientale etwas Irreelles: er wirkt wie ein *quasi-
modogenitus*, der zugleich unendlich alt wäre. Der Hintergrund des Asiaten ist die unermeßliche Natur, das endlose
Weltgeschehen. So hat der Inder den Menschen wohl erschaut, aber seine Erkenntnis hat sich in Leben nicht umgesetzt; die Natur, die er so tief verstand, hat in concreto
für ihn kaum existiert. Wie sehr existiert sie für den Russen!
Keiner fühlt sich so eins mit ihr wie der einfache Mushik,
kein Künstler hat den Menschen so plastisch im Zusammenhang des Lebens dargestellt wie Leo Tolstoy. Die weiche,
zarte Seele des Slawen steht in unmittelbarer Sympathie
mit dem All, das ihm zum Hintergrunde dient. — Sympathievermögen in diesem Sinn besitzt der Chinese wohl
nicht, der nüchtern-trockene; dennoch hat er den gleichen
lebendigen Hintergrund. Bei ihm, dem sozialen Genie, tritt
der Weltsinn in der Ordnung des Lebens zutage. Wer sonst
ist darauf gekommen, die Zeremonien, die der Himmelssohn vollführt, den Ablauf der Jahreszeiten und das Gemeinschaftsleben in e i n e m Zusammenhang zu sehen? Wer hat
dieses auch nur annähernd so tief erfaßt? Auch dem Chinesen

erscheint es auf seine Art selbstverständlich, daß alles zusammenhängt. Der Asiate hat den Menschen der Natur nie
fremd gegenübergestellt, sondern als Teil ihrer betrachtet.
Wie ergreifend wirkt es in der Anna Karenina, daß der
Tod der Heldin in ihr nicht anders beurteilt und dargestellt
wird, als der des edlen Rennpferdes vorher! Wie großen
Stil verleiht ihr nichtanthropomorpher Charakter der chinesischen Kunst! Wohl ergibt es ein wunderschönes Bild,
wenn die Natur so auf die Fläche gebannt wird, wie ein
Homer und ein Goethe dies vermocht haben. Aber tiefsinniger ist wohl, zwischen Mensch und Natur nicht zu
scheiden, und beide von innen her als unauflösliche Einheit
zu verstehen.

TSI NAN FU

So eindrucksvolle Bilder der Ländlichkeit, wie auf der
Fahrt durch das Innere Chinas, haben sich noch nie
vor mir entrollt. Aller Boden ist in Kultur, sorgfältig ge-
düngt, sauber und sachgemäß beackert, bis zu den höchsten
Kuppen der Hügel hinan, die, den Pyramiden Ägyptens
gleich, in künstlichen Terrassen abfallen. Die Dörfer, aus
Lehm erbaut, von Lehmmauern umgürtet, wirken als Naturformen in dieser Landschaft: so wenig heben sie sich ab
vom bräunlichen Hintergrund. Überall sieht man die Bauern
bei der Arbeit, methodisch, bedächtig und heiter, überall
wird die weite Fläche von ihnen belebt; das Blau ihrer
Kittel gehört so notwendig zum Bild, wie das Grün der bestellten Felder und das grelle Gelb der ausgetrockneten
Strombetten. Der gelbe lebendige Mensch ist aus dieser
Ebene nicht hinauszudenken. Zugleich aber stellt diese
einen einzigen unermeßlich großen Friedhof dar. Kaum

eine Ackerparzelle, die nicht zahlreiche Grabhügel trüge; wieder und wieder muß sich der Pflug pietätvoll durch die Gedenksteine hindurchwinden. Einen solchen Eindruck der Wurzelechtheit, der Bodenständigkeit gibt keine andere Bauernschaft. Hier geht das ganze Leben und das ganze Sterben im angestammten Acker auf. Der Mensch gehört ihm, nicht er dem Menschen; unveräußerbar, läßt er seine Kinder nimmer los. Mag deren Zahl noch so sehr anwachsen, sie verbleiben auf ihm, durch immer emsigere Arbeit der Natur ihre kargen Gaben abtrotzend; und sind sie tot, dann kehren sie vertrauend in den Mutterschoß zurück. Dort aber leben sie für immer fort. Dem chinesischen Bauern, gleich dem vorhistorischen Griechen, gilt das scheinbar Tote für belebt. Die Scholle strahlt ihm den Geist seiner Vorfahren aus, sie sind es, die seine Mühe lohnen, die ihn für seine Versäumnis züchtigen. So ist ihm der angestammte Grund und Boden zugleich seine Geschichte, sein Gedächtnis, seine Erinnerung; er kann ihn ebensowenig verleugnen wie sich selbst; er ist selbst ja nur ein Teil seiner. — Was sind alle ländlichen Idyllen, von den Georgicae bis zu Hermann und Dorothea, neben dieser Epopöe?

Ich muß an die Verse Lautses denken:

Der Mensch hat die Erde zum Vorbild,
Die Erde hat den Himmel zum Vorbild,
Der Himmel hat den Sinn zum Vorbild,
Und der Sinn hat sich selber zum Vorbild.

Der chinesischen Weltanschauung nach bilden Himmel und Erde, Weltgeschehen und Menschenleben, Moralität und normaler Naturverlauf einen einzigen festen Zusammenhang. Der Himmel steht über der Erde und die Erde über dem Menschen. Der Bauer ist der Mensch, der ihr am strengsten unterworfen ist. Insofern aber bildet er das Fundament des ganzen Zusammenhangs. Tut er nicht genau seine Pflicht, dann geraten Staat sowohl als Himmel ins Wanken. Damit erhält er eine Würde, wie kein anderes Wesen der Welt. Würde erkennt ihm prinzipiell wohl jede politische Weltanschauung zu; überall wird das Höchste vom Untersten getragen, das Höchstdifferenzierte von der amorphen Masse; das liegt in der Natur der Dinge. Für Chinesen aber hat diese Würde einen besonderen, gar wundersamen Sinn: ihr Geist setzt einen lebendigen, nicht bloß einen mechanischen Zusammenhang zwischen sämtlichen Teilen der Welt, wodurch das Höchste im Untersten nicht allein begründet, sondern gespiegelt erscheint; der chinesische Bauer könnte sich, wofern er dächte, als Träger des Himmels fühlen. Wo sonst ist das dumpfe Dasein der Masse zum Spiegel bewußter Weisheit geweiht worden? wo sonst die triebhaft befolgte Lebensroutine zum Sinnbild gedankenvollster Harmonie? Das ist eine Organisierung des Lebens, die dem Sinne nach nie übertroffen ward. Und dieser große Sinn hat dann, wie immer, wo er wahrhaft groß ist, auch dort die Erscheinung durchdrungen, wo er kaum verstanden worden ist. Der Zusammenhang, den die Mythe postuliert, steht im Chinesenleben tatsächlich verwirklicht da. Die differenzierten Organe, zumal die Kaiser, haben wohl häufig versagt: der chinesische Bauer war von je und ist noch heute ganz wie er sein soll. Da sieht man, wie sehr es der Geist vermag, die Welt über sich hinauszuheben, wie blind jene Naturalisten sind, welche die Ideale verleugnen und abweisen, die sich nicht als der Natur ursprünglich gemäß erweisen lassen: ob sie ihr ursprünglich gemäß sind oder nicht — sie können es werden. Der Geist säet in die Materie seine Ideale ein, und wenn die Saat aufgekommen und reif geworden ist, erscheint das Weltall verwandelt.

In der Beherrschung der Natur sind wir Europäer China
weit voraus; das Leben als ihr bewußter Teil hat dort seinen
bisher höchsten Ausdruck gefunden. Und schließlich sind
wir Teile der Natur; ob als Herrscher ,oder als Beherrschte
— die Grundsynthese bleibt die gleiche. Dieser Grundsynthese ist der Chinese sich voll bewußt; wir sind es nicht;
insofern steht er über uns.

PEKING

Diese ersten Spätnachmittagsstunden in Peking habe ich
am Tempel des Himmels zugebracht. Einsam ragt der
gewaltige Marmoraltar, von wenigen düsteren Kiefern um-
standen, von der öden, weiten Sandfläche auf. Hier und da
krächzt eine Krähe; die Gegend ist wie menschenfremd.
Man spürt: hier greift die Geschichte nur an Wendepunkten
des Geschehens ein. Es ist ein überaus schlichter Bau, doch
von wunderbar edlen Proportionen; seine reine, durch-
geistigte Schönheit wirkt ergreifend inmitten der rauhen
Umgebung; vom physisch Gewaltigen, vom Lastenden zieht
sie den Geist unaufhaltsam himmelwärts. Allenthalben ist
dem schneeigen Gestein das Emblem des Drachen einge-
meißelt. Der Drache ist das Urbild der beginnenden Schöpfung, die erste ätherischste Gestalt, zu welcher der Sinn
sich verdichtet hat. Der Drache ist das Symbol des Flüssigen,
Durchdringenden, Allgegenwärtigen; des Ewig-Sich-Erneuen-
den, Immerdar-Sich-Wandelnden; das Symbol für das Grundprinzip der Seele und mithin der Unendlichkeit. Der Geist
des Drachen hat den Himmelstempel errichtet. Als ein
Sprungbrett, zum Himmel hinanzusteigen, nicht als Wahrzeichen irdischer Schwerkraft.

Ich war in der richtigen Stimmung hingelangt. Die Bilder

des Bauernlebens unterwegs hatten mich vorbereitet zum Verständnis dessen, der das äußerste menschliche Glied darstellt im kosmischen Zusammenhang. Der Kaiser auf dem Drachenthron ist als Kaiser mehr als ein Mensch: er ist das Band, welches Himmel und Erde vereinigt, wie der Bauer das Glied ist, das die Erde mit dem Menschen verknüpft. So trägt er die Verantwortung für die Natur. Ein wohlbefolgtes Ritual steht gut für die normale Folge der Jahreszeiten; bleibt der Regen, dessen der Landmann bedarf, zu lange aus, so muß der Kaiser reumütig Buße tun. Seine Macht und Stellung steht gut für den harmonischen Einklang der Schöpfung, sein Charakter für den seiner Minister, sein Betragen für das seiner Untertanen. So ist sein Selbstherrscherrecht zugleich allumfassende Verantwortung, die ihn strengstens einschränkt und bedingt. Er haftet nicht vor Gott allein, wie die europäischen Autokraten von einst, die den Menschen gegenüber willkürlich schalten durften, auch nicht vor den Menschen allein im modernen Sinn: er haftet im Sinn des Hauptmechanismus einer Uhr. Geht diese schlecht, so tritt die Schuld allemal an jenem in die Erscheinung, jedoch nicht so, daß die Uhr schlecht gehen und das Hauptrad versagen, aber sich sonst ganz wohl befinden mag: ist jene in Unordnung, dann leidet dieses an erster Stelle; es bleibt selbsttätig stehen oder zerbricht. So muß die Dynastie, die nicht zu regieren weiß, früher oder später weichen — sei es, daß sie selbsttätig ausstirbt oder vertrieben wird.

Welch wunderbare Konzeption! Wieviel höher steht sie als die des Gottesgnadentums, der Stellvertretung Gottes oder der Divinität schlechthin, wie die römischen Cäsaren sie sich zusprachen! Es ist die einzige, die das Problem des Zusammenbestehens absoluter Souveränität mit absoluter

praktischer Verantwortlichkeit befriedigend gelöst hätte.
Der Himmelssohn ist mächtiger als irgendein Fürst, denn
er steht sogar über der Natur. Aber andererseits erscheint
er so bedingt, wie nur irgendein verantwortlicher Minister
in einer modernen Demokratie, denn er bezeichnet nur ein
bestimmtes Organ eines allseitig zusammenhängenden Körpers und ist, um zu bestehen und zu wirken, auf alle anderen
Organe angewiesen. So muß sich der Selbstherrscher be-
raten lassen von den Weisesten der Nation, muß er den
Volkswillen berücksichtigen, unentwegt nach dem Guten
streben. Regiert er im Sinne der Selbstsucht, so schneidet
er sich eben damit seine eigene Daseinsmöglichkeit ab. Diese
wunderbare Auffassung des Berufs und der Stellung eines
Menschenbeherrschers ist die logische Konsequenz jener
Weltanschauung, die wie nichts anderes das Chinesentum
charakterisiert. Nach dieser Anschauung gehören die Gesetze der Moral und der Natur zu einem einzigen einheitlichen System. Es sind identische Normen, die das moralische
Verhalten regieren, die Folge der Jahreszeiten und den
Wechsel von Tag und Nacht; es ist ein einziger, allumfassen-
der Zusammenhang, der das Nichtmenschliche und das
Menschliche, das Organische und das Anorganische, das
Natürliche und das Sittliche zur harmonischen Einheit in
sich beschließt. Das Moralische aber ist das Primäre. Das
Tao ist moralisch qualifiziert. Moralität bedeutet recht
eigentlich Selbstverwirklichung. Darum läuft die Natur Ge-
fahr, aus dem Kosmos ins Chaos zurückzusinken, wenn die
Menschen ihre natürlichen Pflichten versäumen — der
Vater kein guter Vater, der Gatte kein guter Gatte, der
Fürst kein guter Fürst, der Untertan kein guter Untertan
ist — und die fünf himmlischen Tugenden (Gerechtigkeit,
Großmut, Höflichkeit, Einsicht und treue Pflichterfüllung)

nicht fleißig üben. So hat auch kein Kaiser das Recht, irgend etwas an der bestehenden Ordnung zu ändern, wenn sein moralischer Charakter ihn nicht hierzu qualifiziert. Andrerseits: ist sein Charakter, wie er sein soll, dann kommt alles von selbst ins Geleise. Im Tschon-Yong steht zu lesen: „Sobald der Kaiser seine Person in Ordnung gebracht hat, werden alle Pflichten gegen ihn erfüllt; sobald er den Weisen die schuldige Verehrung zollt, wird er unfehlbar richtig unterscheiden zwischen Irrtum und Wahrheit, Gut und Böse; sobald er seinen Eltern die ihnen schuldige Liebe erweist, werden alle Zwistigkeiten aufhören zwischen seinen Onkeln, seinen älteren und seinen jüngeren Brüdern; sobald er seine Minister nach ihrem Verdienste ehrt, werden die Staatsgeschäfte prosperieren; sobald er seine Unterbeamten richtig behandelt, werden die Literaten mit gebührendem Eifer ihre Funktionen bei den Zeremonien ausfüllen; sobald er sein Volk wie einen Sohn lieben wird, wird dieses Volk ihm nachzueifern streben; sobald er Gelehrte und Künstler an seinem Hofe versammelt hat, werden seine Reichtümer die richtige Verwendung finden; sobald er fremde Besucher freundlich empfängt, werden die Menschen von den vier Ecken der Welt in seinem Reiche zusammenströmen, um teil an dessen Segnungen zu haben." Das Moralische ist die Grundkraft der Welt; sobald es zur Geltung kommt, reguliert sich das übrige von selbst. Kant sprach von zwei Dingen, die sein Herz mit immer neuer Ehrfurcht erfüllten: dem bestirnten Himmel über ihm und dem moralischen Gesetze in ihm. Dem Chinesen ist der himmlische Kosmos selbst ein Ausdruck des moralischen Gesetzes.

Uns kommt es absurd vor, die Gesetze der Natur, welche notwendig erfüllt werden, wo etwas geschieht, und die moralischen Gebote, die erfüllt werden sollen, aber meistens

übertreten werden, auf einen Nenner zu bringen. Dem-
gegenüber ist zu erinnern, daß der Chinese, der diese Weltanschauung glaubt, keine Naturgesetze in unserem Sinne
kennt; er urteilt vom Standpunkte des Landwirtes, nach
dessen typischer Ansicht die Natur ja auch das Rechte
seltener tut als verfehlt; ihm ist das unbelebte Geschehen
nicht eindeutiger determiniert als das belebte, das nachweislich so oder auch anders verläuft, je nach dem Charakter
der Menschen. So ist es durchaus nicht irrationell, daß er
die Ordnung der Welt und die Ordnung unter den Menschen
auf eine gemeinsame Ursache zurückführt.

Das Moralische als Urkraft der Welt übt seinen Einfluß
unmittelbar aus, besonderen Handelns bedarf es nicht. Deshalb wird von den größten Kaisern Chinas berichtet, daß
sie — nicht regiert hätten. Kongfutse sagte: „Erhaben
war die Art, wie Schun und Yü den Erdkreis beherrschten,
ohne daß sie etwas dazu taten." Lautse:

Herrscht ein ganz Großer, so weiß das Volk nur eben,
Mindere werden geliebt und gelobt,   [daß er da ist.
Noch mindere werden gefürchtet,
Noch mindere werden mißachtet.
Vertraut man nicht genug,
So findet man kein Vertrauen.
Wie überlegt waren jene im Wählen ihrer Worte!
Die Werke wurden vollbracht, die Arbeit wurde getan,
Und die Leute im Volk dachten alle:
    „Wir sind selbständig."

Moralischer Wert ist alles, wessen der wahre Herrscher
zum Herrschen bedarf. Wirklich wird selbst das heutige
so zerrüttete China vom moralischen Prestige allein regiert
und der allgemeinen Ehrfurcht des Volkes vor dem, was
über ihm steht. Wie gering ist die Maschinerie! Die Man-

darine verfügen weder über Militär, noch über Polizei, um
ihre Befehle durchzusetzen, und doch wird ihnen bereitwilligst gehorcht. Es genügt das Prestige ihrer Würde, von
welcher vorausgesetzt wird, daß sie dem Wert entspricht,
daß sie das Dasein der Ehrfurcht vor dem, was unter ihnen
steht, garantiert. Wie wunderbar ist die Idee solcher Regierung! Sie ist die höchste, die sich überhaupt denken
läßt. Wäre ein Volk vollendet gebildet, so bedürfte es überhaupt keiner Institutionen, denn alles richtete sich von
selbst. Je gebildeter es ist, desto mehr kann es sich auf den
Wert des einzelnen verlassen, desto weniger bedarf es der
Maschinerie. In England sind die Richter echte Selbstherrscher; sie schaffen recht eigentlich das Gesetz; und dieses
System bewährt sich, weil eben die Menschen auf der Höhe
sind. In Deutschland kann man den Richtern noch keine
solche Machtbefugnis einräumen, dort bedarf es fest vor-
geschriebener Normen; in Rußland überdies der Kontrolle
jeder Anwendung und Ausdeutung. In China hat der Sinn
für das Moralische seine bisher größte Ausbildung gewonnen;
er ist wirklich der Grundzug dieser Nation. So sind dort,
in der Idee wenigstens, Verhältnisse möglich, die dem Abendländer übermenschlich vorkommen.

Gibt es gar keine Maschinerie, deren der Herrscher zum
Herrschen unbedingt bedarf? Doch; solche Formen sind
die Riten. Und hier mündet das wunderbar Tiefe, das
Ewig-Menschliche wieder einmal in der Chinoiserie. Es bedarf keiner Behörden, kaum der Gesetze; alles Leben organisiert sich von selbst. Aber wenn der Kaiser während des
großen Jahresopfers am Himmelsaltar einen Etikettefehler
beginge, dann würde die noch so gut geregelte Welt auf
einmal in Unordnung geraten.

Die Straßen von Peking sind nicht so schön und male-
risch wie diejenigen der Metropolen Süd- und Mittel-
chinas. Sie sind dafür großzügiger (was nicht allein im
Sinne physischer Breite gilt), und es weht in ihnen Steppen-
luft. Der Geist Dschengis-Khans, der großen Mandschu-
und Tatareneroberer, nicht derjenige des chinesischen Literaten, hat dieser Stadt ihren Charakter verliehen, so wirkt
sie gewaltig und herb. Peking ist vor allem eine Kaiserstadt:
dies läßt es Delhi und St. Petersburg ähnlicher erscheinen,
als dem nahen Tientsin und Tsi Nan Fu.

Diese riesenhaften Tore, diese wuchtigen Mauern, diese
hochragenden Paläste und Pagoden: ebensoviele Wahrzeichen
eines Herrschersitzes. Indem ich die weiten Strecken durchwandere, die hier Denkmal von Denkmal scheiden, und die
Größe des Geistes chinesischer Kaisermacht auf mich einwirken lasse, überkommt mich eine wachsend feindselige
Stimmung dem neuen republikanischen Staatswesen gegenüber. Wie wenig ist es hier am Platz! Wozu haben die
Chinesen es eingeführt? Freier werden sie durch dasselbe
nicht werden; so frei, wie sie waren, ist Amerika nicht.
Die Gemeinde, das soziale Atom von China, war in ihrer
Verwaltung völlig unabhängig. Sie wählte sich selbst ihre
Häupter, besorgte ihre Geschäfte selbst und zahlte regel-
mäßige Abgaben so gut wie gar nicht; die Summen jedoch,
welche die Mandarine von Zeit zu Zeit erpressen kamen,
waren verschwindend gering im Vergleich zu dem, was sie
in Zukunft wird regelmäßig aufbringen müssen. In das täg-
liche Leben der Bürger griff die alte Regierung überhaupt
nicht ein; sie verharrte in Nichtstun, bis daß Handeln unbedingt geboten schien. Dann erwies sie sich freilich oft
ungerecht, erpresserisch und grausam, aber das lag am jeweiligen Beamten, nicht am Prinzip, das als solches aus-

gezeichnet war. Ferner gab es im monarchischen China keine privilegierten Kasten, keine Aristokratie; seit Jahrtausenden stand jedem einzelnen der Weg zu den höchsten Ämtern offen. Nirgends auf der Welt ist die Regierung weniger drückend, ja merklich gewesen, nirgends haben der privaten Initiative weniger obrigkeitliche Schwierigkeiten im Wege gestanden. Daß der einzelne in China trotzdem weniger frei war als in unserer Welt, lag an der angestammten Gesellschaftsordnung, nicht am Regierungssystem, und sollte jene umgewandelt werden, so hätte dies genau so gut oder so schlecht unter dem alten Regime geschehen können. Wozu also die Revolution? — Nun, sie bedeutete gewiß eine Notwendigkeit, denn die Mandschus hatten abgewirtschaftet; sie waren bei dem Punkte angelangt, wo der Geist der chinesischen Verfassung einen Wechsel der Dynastie direkt verlangt. Bei einem System, dessen Brauchbarkeit ausschließlich von der Qualität seiner Vertreter garantiert wird, kann es nicht fehlen, daß es bald zu äußerst unliebsamen Zuständen kommt, wenn jene Qualität verdirbt. Denn ob es richtig sei oder nicht, daß ein guter Herrscher notwendig von guten Beamten bedient wird — sicher ist, daß bei der chinesischen Regierungsform ein schlechter Kaiser den Staatskarren unweigerlich verfährt, denn hier gibt es keine feste Maschinerie, welche persönlichen Umständen das Gegengewicht hielte. So mußte es zu einer Umwälzung kommen. Aber daß diese mehr bedeutet hat, als die üblichen Krisen im Organismus Chinas, daß sie den Sturz des ganzen Systems herbeigeführt, — das hat an äußeren Umständen gelegen, zumal dem ansteckenden Beispiele des Westens. Und es wird dem Chinesenvolk zweifelsohne zum Unheil gereichen, wenn nicht sein *common sense* und seine tiefe sozial-politische Kultur es davor bewahrt, dem Westen in dessen Fehlern nachzueifern.

Ich bin kein Feind der Idee einer Republik. Unbedingt gebe ich zu, daß, wo die Menschen vollkommen gebildet wären, sie die beste aller Staatsformen verkörperte. Auf dem Stadium jedoch, in welchem sich selbst die vorgeschrittensten Völker unserer Tage befinden, führt sie das Gegenteil von dem herbei, was sie bewirken soll: anstatt einer Herrschaft der Besten die der Inkompetenz; an Stelle der Befreiung Knechtung; und an Stelle der Hebung des Gesamtniveaus dessen Herabminderung.

Eine Herrschaft der Besten führt sie nicht herbei, weil der Ungebildete niemals geneigt ist, jemand als über sich stehend anzuerkennen. Er wählt am liebsten den zum Regenten, dem er sich gleich dünkt; wie denn die Amerikaner, mit erfrischender Aufrichtigkeit, offen zugeben, daß sie keine hervorragenden Vertreter in ihrem Kongresse wünschen, weil solche das Volk nicht repräsentieren würden. Nur der Hervorragende, der nicht bedeutender, sondern schlauer als seine Wähler ist, der Demagog, der Intrigant, der Arrivist hat Aussicht, beim republikanischen Regime ans Ruder zu kommen. So fehlt den Häuptern solcher Staatswesen gerade das, was die Kardinaltugend des Regierenden bedeutet: die Überlegenheit. Sie sind innerlich nie frei, haben nie den gelassenen Überblick, der den geborenen Herrscher kennzeichnet. Sie sind eben nicht unabhängig, müssen liebedienern vor ihren Wählern und vor der Presse. Und was schon von den Häuptern gilt, gilt natürlich in weit höherem Grade von den Gliedern. Robert de Jouvenel hat unlängst gezeigt,[1]) wie das Parlament im Frankreich von heute in keiner Weise das Volk vertritt, sondern vielmehr einen völlig selbständigen, parasitär in ihm lebenden Organismus darstellt,

---

[1]) In seinem ebenso scharfsinnigen wie witzigen Buch *La république des camarades* (Paris, Grasset).

dessen Teile absolut aufeinander angewiesen sind, daher in
erster Linie aufeinander Rücksicht nehmen müssen und nur
ausnahmsweise dazu kommen, überhaupt des Staatswohls
zu gedenken: prinzipiell gleiches gilt von allen Republiken,
und es ist nur eine Frage der Zeit, inwieweit das Prinzip
sich aktualisiert. Überlegenheit und Unabhängigkeit sind,
solange die Menschen bleiben, was sie heute sind, in Republiken nicht dauernd lebensfähig.

Ich sagte ferner: die republikanische Staatsform bedingt
nicht Befreiung, sondern Knechtung. Wohl hat ihre Einführung ihrerzeit überall die Befreiung von irgendeiner
Knechtschaft bedeutet, aber nur, um eine neue, schlimmere
herbeizuführen. Alle modernen Republikaner gehen von der
falschen Voraussetzung aus, daß die Menschen ursprünglich
gleich seien; so wird in den Bürgern solcher Gemeinwesen
der Sinn für Überlegenheit künstlich ausgerottet. Der
Weise hat nicht mehr Prestige als der Durchschnittsmensch,
der Vornehme nicht mehr als der Plebejer. Ein verantwortlicher Posten wird nicht dem verliehen, der von Natur aus
zu ihm berufen ist, sondern einem Beliebigen oder einem
Schlauen. So bieten die Persönlichkeiten für das Funktionieren des Staatskörpers keine Gewähr. Was also tun? Die
tote Maschinerie muß verstärkt werden; sie muß gut stehen
für alles, was sonst dem Menschenwert zu danken wäre.
Deshalb finden wir extreme Demokratien ausnahmslos durch
das Maschinenmäßige ihres Betriebes gekennzeichnet. Gestern
schrieb ich, die Bedeutung eines politischen Systems stehe
in direktem Verhältnis zur Unbildung der Regierten; während der englische Richter Gesetze schafft, darf der deutsche
sie nur anwenden. Dementsprechend erscheint in extremen
Demokratien, wo die Besten kaum zum Worte kommen,
die Maschinerie schier allmächtig. Das ist sie zumal in der

nordamerikanischen Republik. Dort besitzt der „Caucus" mehr Macht als irgendein asiatischer Despot. Und da die Maschine keine Seele hat, ist ihre Tyrannis schlimmer als die des härtesten Autokraten.

Der dritte Punkt ist das Sinken des Niveaus, welches die Republik mit Unvermeidlichkeit herbeiführt; er ergibt sich fast vollständig aus den bisher betrachteten. Indem die Inkompetenz der Kompetenz als gleich geachtet wird, der Sinn für Überlegenheit abstumpft und jeder nur dem ihm gleichen die Führerrolle zuerkennen mag, tritt die Überlegenheit tatsächlich zurück, und das Niveau gleicht sich nach unten zu aus; desto mehr, als die Beispiele eines höheren Daseins fortschreitend seltener werden und der Nachwuchs an ideal gesinnten Bürgern spärlicher wird. Das Aufkommen so großer Überlegenheit wie zu aristokratischen Epochen ist in demokratischen Gemeinwesen — und das sind heute alle Staaten, die monarchisch regierten inbegriffen — wohl überhaupt nicht möglich, denn wo auf die Masse überhaupt Rücksicht genommen wird, sind allzu große Einzelne nicht lebensfähig; aber in Monarchien sinkt das Niveau doch nie so tief herab wie in Republiken, wo jeder mitreden darf. Hier schafft die Masse allmächtig den Zeitgeist, und da er es ist, der sich jeder neuen Generation als erstes mitteilt, so kann es nicht fehlen, daß jede folgende trivialer als die vorhergehende wird. Noch ein schwerwiegendes Bedenken spricht gegen die Republik; es knüpft an an das Recht jedes einzelnen, in politicis mitzuentscheiden. Das Interesse für Politik hebt nur den, der sie als große ideale Aufgabe auffaßt, also den geborenen Herrscher, den berufenen Staatsmann, den ach! so seltenen Bürger von echtem Gemeinsinn; jeden anderen zieht es herab. Weshalb? Im kleinen ist jeder gemein; persönliches Interesse bestimmt sein Handeln. Als

Mitbeherrscher einer Republik wird er es im großen. Nun
sieht er persönliche Interessen überall und handelt entsprechend. Unter einem absoluten Regime lohnt es sich für
den Privatmann nicht, sich mit großer Politik zu befassen,
deswegen wuchert dort sein Eigennutz am wenigsten; in
einer noch so konstitutionellen Monarchie gibt es doch einige
Fragen, die ihn nicht angehen. In der Republik entscheidet
jeder bei allem mit.

China war frei und wird geknechtet werden, das Niveau
des Volkes wird sinken, und an die Stelle der Intelligenz wird
die Kanaille treten — es sei denn, daß China, glücklicher als
Europa und Amerika, die Gefahr im letzten Augenblick pariert.
Wie töricht ist es, von der Einführung der Republik eine
Hebung des Niveaus zu erhoffen! Gewiß: der Unterschied
zwischen dem eines Kuli und eines Mandarins ist unerhört,
und ersteres muß gehoben werden. Aber das wird gewiß
nicht dadurch gelingen, daß man jenen unverzüglich emanzipiert und den ihm Überlegenen überstimmen läßt. Und
selbst wenn die intellektuelle Bildung gewinnen sollte, die
moralische wird sicher verlieren. Nun ist aber moralische
Bildung die Hauptsache für jedes Volk, und von allen besaß
das chinesische davon am meisten. Wie überlegen erscheint
der Kuli hierin dem hochmütigen Fremden, welchen er
trägt und fährt! der hungernde Landmann dem Missionar,
der ihm zu predigen sich anmaßt! Wie überlegen vor allem
der Mandarin des alten Regime gegenüber den frechen
jungen Leuten, die heute an der Spitze des Reiches stehen!
Ich denke an die Tage zurück, die ich mit den vertriebenen
Großen in Tsingtau verlebte: da war kaum einer, der bei
all seinen möglichen Fehlern nicht als moralisch durchgebildet gelten konnte; der insofern nicht dazu berufen
schien, an führender Stelle zu stehen. Einst reich und

mächtig, waren sie nun heimatlos und arm; und trugen ihr
Schicksal doch mit lächelndem Gleichmut. Wohl habe ich
sie verzweifelt, ja in Tränen gesehen: aber das war von
Trauer über das Ende der großen chinesischen Kultur, das
sie herannahen sahen ...

Ein wahnsinniger Sandsturm wütet; in den Straßen stürmt
es. Die Mongolen peitschen ihre Maultierzüge vorwärts, um schneller das Obdach zu erreichen; die Chinesen
in den Rickshaws tragen Tücher vor den Augen, die sich
unter dem Druck des sandbeschwerten Windes wie schmutzige
Schminke den Gesichtern anschmiegen. Keine Möglichkeit,
irgend etwas zu besichtigen. Ich verbringe meine Zeit damit, die Geschichte Tsu-Hsis, der großen Kaiserin-Witwe,
zu lesen.

Diese Herrscherin, die, nach unseren Maßstäben bemessen,
auf grauenerregende Weise gewütet hat, welcher Menschen
nicht heiliger waren als Fliegen, die eine Hofdame einst
ohne Umstände ertränken ließ, weil ihr Eintreten sie beim
Malen gestört hatte — diese Herrscherin gilt ihrem Volke
als gutherziges, ja allzugutes Frauenzimmer; dieses Urteil
vernahm ich erst heute von einem Mandarin, welcher unter
ihr gedient hatte. Ohne Zweifel, sie war eine große Natur,
und solche sind niemals schlecht; sie hat das Beste gewollt,
ihre Herrscherpflichten nach bestem Gewissen erfüllt; die
großen Traditionen Altchinas waren in ihr in außerordentlichem Grade lebendig. Sie war eine hervorragende Regentin,
eine wunderbare Menschenkennerin, zugleich eine echte
Künstlerin und vollendet gebildet in der klassischen Literatur.
Aber dennoch: gut war sie nicht; sie war ein Drache, kein
Lamm. Daß sie unter dem Heiligenschein der Herzensgüte

fortlebt, ist sehr bedeutsam, denn sicher hat dies tiefere Gründe als jene typische Metamorphose in der Erinnerung, dank welcher sogar Napoleon zeitweilig als *prud'homme* und Gemütsmensch gepriesen ward.

Die Hauptursache dieses Verhältnisses ist wohl die psychologische Intuition, der Sinn für das Wesen eines Menschen, der alle Asiaten und vor allem die Chinesen auszeichnet. Von Indien ab habe ich es bewundern können, wie sicher der östliche Mensch jedermann instinktiv nach dem ihm entsprechenden Maßstabe mißt. Dies Können rührt seinerseits im allgemeinen (wenn ich von besonderen empirischen Bedingungen absehe) von seinem Glauben an den Typus her; denn auch wir waren bessere Psychologen, solange wir in erster Linie nicht nach den besonderen Bestandteilen, sondern dem Typus einer Seele ausschauten. Wer dies nämlich tut, muß synthetisch vorgehen, muß das Einzelne im Zusammenhange sehen, dem muß dieser den Elementen gegenüber das Primäre sein. So dünkt es den begabten Asiaten selbstverständlich, eines anderen Handlungen nicht an und für sich zu werten, sondern nach dem, was sie in bezug auf ihn bedeuten. Tsu Hsis Gesinnung nun war zweifellos edel. Sie mordete, entweder weil es ihr politisch notwendig schien, oder weil sie nichts Schlimmes darin sah (keinem Chinesen dünkt das vom Leben zum Tode Befördern als ein Außerordentliches), oder endlich, weil sie es nicht gelernt hatte, ihre Impulse niederzukämpfen. Für alle diese Umstände hatten ihre Untertanen volles Verständnis. Sie begriffen, daß Gewalttätigkeit bei Menschen in hoher und höchster Stellung nicht mehr zu bedeuten braucht, als ein ärgerliches Achselzucken beim kleinen Mann. Sie wußten ferner, wie schwer es ist, bei großer Machtfülle beherrscht zu bleiben, und stellten daher an ihre Kaiser geringere

33*

Anforderungen als an ihresgleichen. Die Chinesen sind aus
Erkenntnis tolerant, tolerant bis zur Charakterlosigkeit. Dies
erklärt, wie gerade dieses Volk, dessen Weltanschauung wie
keine andere moralisch orientiert ist, das keinen Menschen
zum Herrschen für juristisch berechtigt anerkennt, der nicht
auch moralisch dazu qualifiziert wäre, doch in praxi mehr
Mißwirtschaft duldet als irgendein anderes von ähnlichem
Kulturniveau. Die Chinesen glauben nicht, daß Menschen
vollkommen sein können; sie zweifeln an der Möglichkeit
fehlerfreien Funktionierens irgendeiner Institution, stehen
tief skeptisch zu aller Verbesserung. Sie setzen voraus, daß
hohe Beamte zur Gewalttätigkeit, niedere zur Schikane
neigen, und sind es zufrieden, wenn die Mißbräuche und
Übelstände ein gewisses — schweigend als unvermeidlich
anerkanntes — Maß nicht überschreiten. Es war sehr
charakteristisch, was ein hoher Beamter neulich den berüch-
tigten *Squeeze* betreffend zu mir bemerkte: man müsse
zwischen *pure Squeeze* und *dirty Squeeze* unterscheiden; dem,
der nur soviel erpreßt, als er zu anständigem Unterhalte
braucht (denn die offiziellen Gehälter reichten hierzu nicht
aus), sei überhaupt kein Vorwurf zu machen; nur der das
Maß Überschreitende handele übel. Die Chinesen finden
ihr noch so korruptes Regime erträglich, eben weil sie so
viel verstehen und vom Menschen nur wenig erwarten.
Sie setzen den Sinn überall über den Tatbestand. Deswegen erscheint ihnen auch ihr System, so schlecht es sich
bewährt, doch besser als das unsrige, dessen praktische Vorzüge sie nicht leugnen, weil es dem Sinne nach höhersteht.
Ihres ruht auf moralischer Grundlage, unseres nicht; diese
Erwägung entscheidet. Ob die Beamten tatsächlich moralisch
sind, tut wenig zur Sache, so erwünscht es wäre. Und
schließlich verlangen sie von der Regierung in letzter Instanz

nur eins: Autorität. Autorität schlechthin. Das ist die
logische Folge ihres Ideals des Nichtregierens. Jede Autorität
ist besser als keine, und eine schlecht sich bewährende besser
als eine gute, sofern sie dem Sinne nach besser begründet ist.

Der grenzenlose Respekt des Chinesen vor Ordnung und
Gesetz bedingt zugleich ein Sich-Schicken in gelegentliche
Unregelmäßigkeit. Es kann nicht geleugnet werden, daß
die Erfahrung für, nicht gegen die Zweckmäßigkeit seiner
Auffassung spricht. In diesem Riesenreich, in welchem noch
nie radikale Maßnahmen gegen bestehende Mißbräuche ergriffen worden sind, hat im großen mehr und dauerndere
Ordnung geherrscht als in allen energischer betriebenen
Staatswesen; in diesem Land ohne Polizei, mit Behörden
von zweifelhafter Integrität wird im ganzen weniger gestohlen,
gemordet, veruntreut, gestritten, gehadert als im so wohl-
organisierten Deutschen Reich. Nichtsdestoweniger muß ich
denen beistimmen, die gerade die Eigenschaften der Chinesen, die das Funktionieren dieses Staatskörpers gewährleisten, am unsympathischsten finden. Dem chinesischen
Mittelstande fehlt moralischer Mut, des Heroismus scheint
er völlig unfähig; seine Haut trägt er niemals zu Markt;
er lügt lieber, als daß er eine Wahrheit sagt, die ihm Un-
bequemlichkeiten verursachen könnte. Er ist das Prototyp
des Utilitariers. Ja er ist es mit Bewußtsein und Stolz.
Und das gilt nicht allein vom *bourgeois:* Lautse sagt von
den Meistern des Altertums:

> Zögernd, wie wer im Winter einen Fluß durchschreitet
> Vorsichtig, wie wer von allen Seiten Nachbarn fürchtet
> Zurückhaltend, wie Gäste,
> Einfach, wie unbearbeiteter Stoff,
> Weit waren sie, wie die Tiefe,
> Undurchsichtig waren sie, wie das Trübe.

Und weiter:

Ihre Art ist es, den Rückzug zu lieben.

Die sogenannten adligen Tugenden können dort nicht aufkommen, wo die Welt als unwandelbar gilt und Harmonie
à tout prix als Ideal. Wer einer statischen Weltanschauung
huldigt, geht für kein Ideal in den Tod, strebt die Welt
nicht umzuwandeln, trägt überall nur dem Gegebenen
Rechnung. Wer dergestalt denkt und handelt, ist gewiß
nicht adlig zu nennen. — Liegt nicht eine tiefe Ironie darin,
daß der Chinese gerade dank seinen unsympathischen Eigenschaften das höchste Beispiel sozialer Ordnung gegeben, die
größte soziale Bildung erreicht, die soziale Frage buchstäblich auf lange Zeit hinaus gelöst hat? Wird nicht der „Fortschritt" auch uns fortschreitend unedler machen, da doch
mit wachsender Ordnung und Lebenssicherheit auch da
Sicherheitsideal im Werte steigen muß?

Nein, das neue System als solches wird China nicht
regenerieren. Es ist gezeigt worden, wie sich der Zustand Frankreichs trotz aller Revolutionen und Regime-
änderungen seit den Tagen Ludwigs XIV. kaum gewandelt
hat, und die geschichtspsychologische Hauptthese Gustave
Le Bons: „les peuples sont gouvernés, non par leurs institu-
tions mais par leur caractère", spricht eine allgemeingültig-
grundlegende Wahrheit aus. Die Mißstände in China sind
nur aus dem Geist seiner Vollkommenheit heraus zu be-
seitigen; seiner eigenen spezifischen Vollkommenheit, nicht
der einer fremden Kultur. Wohl mag es unsere Maschinerie
herübernehmen, unsere Institutionen, unsere Werkzeuge,
unsere Methoden; auch China werden sie gute Dienste
leisten. Aber sicher nur dann, wenn es gelingt, sie zum

Geist der altchinesischen Kultur in innere Beziehung zu
setzen.

Immer deutlicher erkenne ich's: daß es in China der Reformen bedarf, liegt nicht am alten System als solchem,
sondern an dem, daß der alte Geist ihm entwichen ist. Gleichviel, ob ideale Zustände wie die, welche von den Zeiten
Yaos, Shuns und Yüs überliefert werden, je geherrscht haben
— schon Konfuzius und Mencius klagten über Dekadenz! —
China ist Jahrhunderte entlang seinem Ideale näher gewesen
als irgendein historisches Volk, und noch heute lebt in ihm
der Geist, der dies einstmals ermöglichte. Nur ist dieser
gar schwächlich geworden. Die am vornehmsten gesinnten
Chinesen sind überzüchtet; ihnen fehlt es an frischer, taten-
froher Kraft; sie jammern und klagen, wo sie handeln sollten.
Immerhin: welch ein Unterschied zwischen ihnen und den
Leuten, welche die Revolution ans Ruder gebracht hat!
Denen fehlt jede moralische Basis, die sind im tiefsten
Sinne wurzellos. Gleich den russischen Anarchisten und
Nihilisten haben sie keinen Sinn für das Historisch-Ge-
wordene, und werden daher wohl zerstören, aber nimmer-
mehr aufbauen können. Eine Wiedergeburt Chinas ist meiner
Überzeugung nach nur aus dem Geist des Konfuzianismus
heraus denkbar. Gott gebe, daß diesem die hierzu erforder-
liche Potenz noch innewohnt.

Leider ist der Geist des Konfuzianismus, der wie kein
anderer ein Bestehendes auf der Höhe erhält, zur Erneuerung
wenig geschickt. Gestern frühstückte ich mit einem alten
Priester, der durchglüht war von Begeisterung für seine
Religion, der in ihr das Heil für die gesamte Menschheit
sah und Chinas Niedergang ausschließlich auf den des Konfuzianismus zurückführte. Ich legte ihm nahe, er möge
doch auftreten und mit begeisterndem Wort das Volk auf-

rütteln aus seinem komatischen Schlaf. Er erwiderte, hierzu
sei er nicht berufen; das sei Sache des Kaisers und der höchsten
Obrigkeit; bei der Stellung, in die er hineingeboren sei, komme
nur treue Erfüllung der Pflichten gegen Eltern und Familie
für ihn in, Frage. Und wenn alle Söhne, fügte er hinzu,
ihren Vätern Pietät erwiesen, dann würde das übrige schon
von selbst in Ordnung kommen. Wieder jene trostlos-
statische Auffassung, nach der sich in der Welt wohl alles
im schönsten Gleichgewicht befindet, das beschleunigende
Moment jedoch unfaßbar scheint, das einen niederen Gleichgewichtszustand in einen höheren umwandeln könnte! Wie
soll man unter solchen Voraussetzungen die Welt erneuern?
Sie kann sich nur selbst regenerieren. Indem jeder seine
nächstliegenden Pflichten erfüllt, entsteht eine molekuläre
Umlagerung im Weltsystem, welche langsam zum höchsten
Gleichgewichtszustande hinleitet. Dieser Weg hat alle Vorzüge eines Wachstumsvorgangs; hat er zum Optimum geführt, dann ist dieses wohl sicherer gegründet, als auf irgendeine andere Art gelänge; daher die unerhört lange Dauer
der großen Zeiten in China, daher das heute noch wunderbar
feste Gefüge des chinesischen Staats. Aber ein solcher Prozeß
braucht ungeheuer viel Zeit; so viel Zeit, daß unter den
heutigen Umständen, wo alle Entwickelung dank dem Rekord,
den Europa aufgestellt, und den neuen Verhältnissen, die
sein Einfluß geschaffen hat, sehr schnell verlaufen muß,
wenn sie überhaupt zum Ziel führen soll, die bloße Möglichkeit seiner Vollendung fraglich ist. Was soll also geschehen? — Daß die Erneuerung trotz allem Angeführten
aus dem Geist des Konfuzianismus heraus erfolgen soll, scheint
mir gewiß; dieser Geist ist dem Volk so tief und innerlich
eingewurzelt, daß es einfach nicht glücken würde, ihn durch
einen anderen zu ersetzen. Überdies wäre es ein Verbrechen,

ihn ausrotten zu wollen, denn der Idee nach ist er der
höchste, der irgendeiner Gesellschaft je zugrunde gelegen
hat. Es läßt sich nichts Idealeres denken, als eine Gemeinschaft, deren äußere Ordnung durchaus durch die moralische
Bildung ihrer Glieder gewährleistet würde, wo es mecha-
nischer Mittel nicht bedürfte; das ist nicht allein das altchinesische, es ist das Menschheitsideal. Auch wir werden
dereinst, so Gott will, in diesem Sinn als Konfuzianer gelten
dürfen. Aber freilich müssen dem traditionellen Konfuzianismus neue, beschleunigende Motive einverleibt werden.

Dieses dürfte, bei einiger Einsicht seitens der Führer, nicht
undurchführbar sein. In den Augen des Volks steht Konfuzius so unermeßlich hoch, daß es sich jede fernere Ideali-
sierung seiner gefallen lassen wird. Es wird sogar höchlich
befriedigt sein, wenn ihm gezeigt wird, daß die neuen Ideen,
deren Wirkungskraft im Guten es auf die Dauer nicht wird
ableugnen können, in den heiligen Büchern vorgebildet liegen,
und das Neue bereitwillig aufnehmen, das auf das Alte
zurückgeführt werden kann. Es dürfte sonach die Aufgabe
der Führer Jungchinas sein, für alle Reformen, die sie in
Angriff nehmen, die Autorität Kongfutses anzurufen. Dank
dem aphoristischen Charakter seiner Aussprüche wird dieses
technisch leicht gelingen, sachliche Bedenken aber kommen
deshalb kaum in Frage, weil einerseits Konfuzius vertieft
werden wird dank der neuen Ausdeutung, die ihm so viel
indisch-christliche Weisheit zuführen wird, und andrerseits
das westlich Praktische, auf konfuzianische Grundsätze bezogen, eine moralische Grundlegung erfahren wird, die es
bisher nicht hatte. Natürlich würden sie sich mit solcher
Umdeutung eine Geschichtsfälschung zuschulden kommen
lassen: was tut's? welche fortschrittliche Zeit hätte keine
begangen, wo sie an alten Idealen festgehalten hat? Was

ist nicht aus dem Christentum alles geworden im Lauf der
Geschichte! Aus der Religion des Duldens eine solche des
rücksichtslosen Tuns; aus dem süßen Heiland und Erbarmer
das Urbild der modernen selbstgegründeten Persönlichkeit!
Jede Zeit hat ihr wirkliches Ideal mit dem überkommenen
in Einklang zu setzen versucht, und dies ist immer nur durch
Geschichtsfälschung gelungen. Alle Erneuerer, die den „wirklichen" Christus wiedererwecken wollen, von St. Johannes
bis zu den Propheten des *New Thought*, sind recht eigentlich
Geschichtsfälscher, da sie im Gegensatz zu ihrer Absicht
ihre eigenen Überzeugungen in das wehrlose Gewesene
hineindeuten. Und das ist kein Vorwurf, den ich ihnen
mache, im Gegenteil: man kann dem Menschen seine historischen Wurzeln nicht nehmen; wer in christlicher Atmosphäre geboren und erzogen ward, ist wesentlich Christ,
gleichviel woran er glaubt; von den Vorstellungen, die seine
Seele formten, kommt er nie los. Aber er deutet sie, wenn
er seine Persönlichkeit wahren will, selbständig aus, bringt
sie in Einklang mit seiner sonstigen Weltanschauung.

In diesem Sinne dürfte es wohl möglich sein, aus dem
Geist des Konfuzianismus heraus das chinesische Reich zu
reformieren. Nur muß diesem dazu, wie schon gesagt, ein
beschleunigendes Motiv eingebildet werden. Wird dies gelingen, wo doch nichts das Chinesentum wesentlicher kennzeichnet als seine ausgesprochen statische Gesinnung? Die
europäische Geschichte beweist, daß solche Metamorphose
vorkommt. Mir war von Anfang an die ausgesprochene
Ähnlichkeit des altkonfuzianischen mit dem altlutherischen
Menschentypus aufgefallen; sie erschienen mir recht eigentlich als eines Geistes Kinder. Wie ich über diesen Eindruck
nun nachdachte, da erwies er sich als wohlbegründet: die
beiden Weltanschauungen sind wirklich nahe verwandt.

Auch die lutherische ist wesentlich statisch, auch sie hypostasiert die gegebenen Klassen als metaphysisch begründet oder „gottgewollt"; auch ihr gilt Leiden höher denn Tun, Geduld mehr als Initiative, und das Hinausstreben über die angeborene Stellung als frevlerisch; auch sie ist eine Weltanschauung des Ausharrens. So hat sie auch ähnliche Vorzüge und ähnliche Gebrechen ins Leben gerufen. Ihre Vorzüge waren die Kultur des Familienlebens, des patriarchalischen Daseins überhaupt; ihre Nachteile der Hang zur Reaktion, die Unfähigkeit, das Leben neu zu gestalten, sich neuen Umständen anzupassen, die natürliche Erstarrung durch freie Initiative in Spannkraft umzuwandeln. Aber von Luther ist doch eine Richtung ausgegangen, welcher nichts von den Gebrechen des Luthertums anhaftet: der calvinistische Protestantismus. Das ist die Religion der Tat *par excellence*, die größte Anspornerin der Initiative, des Fortschritts, der selbstherrlichen Lebensgestaltung, welche es je gegeben. Kein Menschentypus der Welt ist an Effikazität dem reformiert-protestantischen vergleichbar. Heute steht dieser dem lutherischen wohl fremd gegenüber; gleichwohl ist er aus ihm hervorgegangen; und im letzten, im allerletzten sind beide heute noch eins. Es gibt doch einen allgemeinen Geist des Protestantismus, an welchem beide Konfessionen teilhaben. In Analogie mit dieser Entwickelung halte ich nicht für ausgeschlossen, daß der Geist des Konfuzianismus noch einmal eine Gestaltung aus sich hervorbringen wird, dank welcher der Chinese, ohne seine Geschichte verleugnet zu haben, nicht minder tatkräftig dastehen wird, wie der Amerikaner und der Schotte.

Die Ähnlichkeit zwischen dem konfuzianischen und dem protestantischen Menschen ist wirklich frappant. Die Nüchternheit, die Verständigkeit des Chinesen, seine Unplastizität, seine seelische Trockenheit finden sich in nur wenig veränderter Gestalt im protestantischen Europa und Amerika wieder. In beiden Fällen fußt die Weltanschauung auf einem seltsamen Gemisch von Autoritätenglauben und Selbstbestimmung; beide Typen sind ausgezeichnet durch auffallende seelische Undifferenziertheit und eine gleich auffallende Gestaltungskraft nach außen zu. Die Psyche des gebildeten Katholiken ist ja, so paradox dies dem „Aufgeklärten" klingen mag, viel reicher als die des Protestanten; die Erziehung durch ein System wie das katholische, das den vielfältigsten Regungen der Seele Rechnung trägt und allen Verständnis entgegenbringt, dessen Formen gehaltschaffend sind und umgekehrt Formensinn erzeugen, kann nicht umhin, die Seele zu entfalten; während der unkomplizierte und grobe dogmatische Unterbau des Protestantismus dem Menschen wohl einen starken moralischen Halt und einen einzigartigen Ansporn zur Betätigung gibt, aber sehr wenig Selbsterkenntnis und fast gar keine psychische Bildung. Der Chinese ist in eben dem Sinne dem Inder unterlegen, wie es der Protestant dem Katholiken ist. Es ist außerordentlich langweilig, mit Chinesen über psychologische und metaphysische Probleme zu verhandeln. Immer wieder kommen sie einem mit den konfuzianischen Grundprinzipien, wie Pastoren mit der augsburgischen Konfession; sie scheinen unfähig, sowohl psychische Tatsachen als solche ins Auge zu fassen, als den metaphysischen Sinn der Gestaltung als mögliches Problem zu erkennen; ihr Verständnis für das Religiöse gar ist minimal. Gleich der durchschnittlich-lutherischen bedeutet auch die durchschnittlich-chine-

sische Religiosität nicht mehr als das feste Glauben an bestimmte Offenbarungstatsachen und das feste Befolgen einer
bestimmten Lebensroutine; ein echtes religiöses Erleben
kennen sie nicht. Auch die konfuzianische Kirche (sofern
solche Bezeichnung statthaft ist) ist, gleich der lutherischen,
eines Sinnes mit der „Obrigkeit". Aber freilich: im gleichen
Sinne, wie die Protestanten den Katholiken, sind die Chinesen den Indern auch überlegen. Ich kenne wenig Roheres,
geistig Unbefriedigenderes, als die Glaubensvorstellungen des
Calvinismus; der Glaube des katholischen Köhlers steht geistig
höher, als der des gebildeten Puritaners; dennoch hat dieser
einen Menschentypus erschaffen, der an moralischem Wert alle
übrigen christlichen schlägt. Zum tätigen Leben kommt es eben
nicht auf umfassende Einsicht, sondern einen möglichst eindeutigen Character an, und einen solchen schafft eine simplistische Lehre am ehesten. So sind die Chinesen eben deshalb moralisch so fabelhaft gebildet, weil sie sich über das Moralische nur
wenig den Kopf zerbrechen und statt dessen die konfuzianischen Grundsätze, die freilich ewige Wahrheiten zum Ausdruck
bringen, von sich ganz haben Besitz ergreifen lassen. Solche Methode macht uninteressant, allerdings; aber sie macht tüchtig.

So viel zum Problem des Glaubens. Was nun das Postulat
der Selbstbestimmung angeht, so gilt auch das in China
nicht minder als bei uns. Nur scheint es mir in der konfuzianischen Welt auf einer höheren Stufe ins Leben ein-
zugreifen. Bei uns äußert sich das Bekenntnis zum Ideal
der Autonomie gar leicht dahin, daß der Mensch nichts
anerkennen will, was er nicht versteht, wemzufolge er die
Abstufungen in der Gesellschaft abweist und die Autorität
auch dessen nicht gelten läßt, welcher nachweislich kompe-
tenter ist als er. So günstig diese psychische Einstellung
der Ausbildung der Initiative sei, so nachteilig ist sie der

Kultur; wer keinem glaubt, außer sich selbst, entäußert sich aller der Bildungsmöglichkeiten, welche die Erfahrung anderer enthält; er verschließt sich ferner dadurch, daß er die Schranken durchbricht, die seinem Streben von der Natur her gesetzt sind (denn es kommt doch sehr selten vor, daß einer zu größeren Dingen berufen ist, als ihm der angeborene Lebensrahmen zu vollbringen gestattete), recht eigentlich das Tor zur Vollendung, denn Vollendung ist nur innerhalb gegebener Grenzen möglich. Deshalb steht der noch so abergläubische Katholik kulturell so häufig höher als der Aufgeklärte. In China nun bedeutet Selbstbestimmung immer nur Selbstbestimmung innerhalb eines gegebenen Rahmens. Der Chinese denkt für sich selbst, urteilt für sich selbst, tut, was ihm recht erscheint — aber nur innerhalb einer bestimmten Sphäre. Wer daraufhin an der Autonomie als Postulat des chinesischen Bewußtseins zweifeln sollte, der versuche es, chinesische Dienstboten so herumzukommandieren, wie dies mit europäischen üblich ist: er wird wenig Erfolg damit haben. Er wird entdecken, daß der chinesische Diener, bei allem Respekt, bei aller Dienstbeflissenheit und Treue, nur das tut, was er für richtig hält; er gehorcht nicht eigentlich in unserem Sinne: seine Stellung ist die eines Gehorchenden, aber innerhalb dieser ist er autonom; im einzelnen will er entscheiden können, was er zu tun und was er zu lassen hat. Gleiches gilt, mutatis mutandis, von allen Berufen. — Meiner Ansicht nach ist hiermit im Prinzip das bestdenkbare Gleichgewichtsverhältnis zwischen Auto- und Heteronomie erreicht. Gott allein frommt absolute Autonomie. Der Mensch darf sich nur innerhalb von Grenzen selbst bestimmen, wenn er an seiner Seele nicht Schaden nehmen will, welche Grenzen enger und immer enger werden von oben nach unten zu.

Man darf die Parallele zwischen Konfuzianismus und Protestantismus nur nicht zu weit durchführen wollen; vielleicht
bin ich schon zu weit gegangen darin; Ku Hung-Ming, mit
dem ich letzthin häufig zusammen bin, und der in Vergleichen dieser Art wie wenige ausschweift, mag mich an-
gesteckt haben. Zum Schluß denn noch einige Punkte, in
bezug auf welche Konfuzianismus und Protestantismus ganz
unvergleichbar erscheinen. Jenem fehlt das Pathos, das der
Glaube an einen allmächtigen persönlichen Gott dem Pro-
testantenleben verleiht. So heroisch Konfuzianer sein mögen
— ihr Heroismus hat nie den grandiosen Zug, der den streng-
gläubigen Protestanten und Muslim auszeichnet; es handelt
sich beim Konfuzianer auch im Höchstfall mehr um die
Hartnäckigkeit des Prinzipienreiters als die Opferfreude eines
großen Glaubens. Dieser Unterschied ist so groß, daß er
das ganze Bild verändern würde, wenn nicht jenes Pathos
den Protestanten unserer Tage ebenso fehlen würde wie
den Chinesen ... Der zweite radikale Unterschied zwischen
Konfuzianismus und Protestantismus geht auf den unkünstle-
rischen Charakter dieses zurück; der Protestantismus erkennt
keinen Zusammenhang an zwischen religiösem und künstlerischem Erleben, schafft keine notwendige Beziehung
zwischen Ausdrucksform und Gehalt. So hat der echte
Protestant in der Regel wenig Formensinn. Der Konfuzianer
besitzt solchen von allen Menschen vielleicht am meisten.
So fand ich mich mit dem Mandarin, der mich jüngst zu
den buddhistischen Klöstern begleitete und mich schier zur
Verzweiflung brachte durch sein Unverständnis für Probleme
der Religion, augenblicklich wieder, als ich mit ihm in seinem
Haus, bei nicht endenwollenden Tassen Tees, über das
Problem des Stils unterhandelte.

Nun lebe ich beinahe ganz als Chinese; die meisten Mahl-
zeiten nehme ich außerhalb des Gesandtschaftsviertels
ein. Schon die Abwechslung als solche tut gut; eine immerdar identische Lebensweise macht den physischen Organismus philiströs, nimmt dem Geiste die Beweglichkeit. Ich
bin überzeugt: wenn die Hindus nicht dreimal täglich ein
gleiches Reisgericht verzehrten, sie wären weniger stereotyp,
wenn die Abwechslung als solche kein Heilmittel wäre, so
viel verschiedenartige Kuren nützten nicht; und sicher hängt
es mit unserem Erfindungstriebe eng zusammen, daß wir
Europäer gleich keiner anderen Rasse der Erde nach Mannigfaltigkeit in der Nahrung Bedürfnis tragen. Was nun die
spezifische Diät einer Nation betrifft, so kann aus ihr deren
Eigenart allerdings nicht abgeleitet werden, wohl aber steht
sie in engem Zusammenhang mit ihr. Wer der Sinnlichkeit
entrinnen will, liebt Pflanzenkost, wer sie verfeinern will,
zieht animalische, gewürzte vor. Und so weiter. Was nun
im allgemeinen gilt, ist nicht minder im besonderen wahr.
Immer habe ich gefunden, daß es während des Studiums
eines Volkes ratsam ist, dessen Lebensweise nach Möglichkeit zu teilen. In China aber ist dies eine Lust.

Meine Freunde bringen mich in jene abgelegenen Fein-
schmeckerrestaurants, die für Peking ebenso charakteristisch
sind wie für Paris. Nur haben die Räume der hiesigen mehr
Stil. Es sind ganz kleine *cabinets particuliers*, meist mit
Aussicht auf die Berge der Umgegend, mit Bildern und
Sprüchen behangen; in dem Zimmer, wo wir gestern schmau-
sten, waren es Verse Li Tai-Pes. Dieses Gasthaus soll existieren seit den Tagen der Ming-Dynastie. Wie dem auch
sei: es herrscht eine Atmosphäre der Kultur darin, die auch
mich zum Feinschmecker verwandelte. Ernst lauschte ich
den Vorschlägen des maître d'hotel, der uns die Speisen

zusammenstellte, wie ein Dichter seine Worte, und unaufhaltsam steckte mich sein reiner Kochidealismus an. Weshalb soll der Gaumen geringer gelten, als Auge und Ohr?
Ein großer Koch ist im höchsten Sinne schöpferisch. Woher
weiß er, indem er ein neues Gericht erfindet, und an sich
wenig schmackhafte Ingredienzien in nie versuchten Verhältnissen zusammentut, daß sein Gemächt fremde Menschen
erfreuen wird? Woher weiß er, was jede Speise will? Woher
kommt ihm die Erkenntnis, daß dieses zu jenem nicht paßt,
wo er als Esser doch nur wenig Erfahrung hat? Wenn das
nicht Genialität ist, dann ist es nichts. Ein großer Koch
bekennt sich meist auch entschieden zur Theorie des *l'art
pour l'art*. Dies tat jedenfalls der alte Frédéric in der nun
kläglich gesunkenen *Tour d'Argent*. Er bediente keinen persönlich, der ihm nicht angelegentlichst empfohlen war, blickte
im ganzen auf seine Kunden herab, wie der Maler auf sein
Publikum, und empfing mich, als ich das erstemal bei ihm
einkehrte, mit der Bemerkung, er habe tags zuvor einem Besucher die Tür gewiesen, der zu einem gewissen Gericht
Burgunder zu bestellen gewagt hatte ... Und der Feinschmecker — ist nicht auch er im idealsten Sinne kunst-
verständig? Zweifelsohne überschätzt die Menschheit die
Bedeutung von Gesicht und Gehör. Ein Sinn ist so gut
wie ein anderer; es kommt darauf an, was man durch ihn
erreicht. Ich kann mir denken, daß sich durch Nase und
Mund eine vollkommene Weltanschauung gewinnen ließe,
die in ihrer Sprache dasselbe sagte wie die Mystik Meister
Ekkeharts. Uns Menschen ist dies versagt, weil auch beim
größten der Köche der Geschmackssinn nie der Hauptsinn
ist. Doch die Tiere, bei welchen letzteres gilt, denen die
Nase den Fernsinn bedeutet, wie den Hunden und Hirschen,
dürften dessen im Prinzip wohl fähig sein. Man mißver-

stehe die Lage der Dinge nicht: wenn bei uns der Gourmet
als Typus unter dem Denker steht, so liegt das nicht an
dem, daß er seinem Gaumen lebt, sondern daran, daß dieser
allzu beschränkte Erkenntnis vermittelt. Auch das Denken
führt nur ausnahmsweise zum Höchsten; ja die meisten
macht es oberflächlicher, materieller, als sie es ohnedem
geworden wären.

Überaus genußreiche Stunden habe ich in diesen Gasthäusern verbracht. Die chinesische Küche ist exquisit, vom
künstlerischen Standpunkte betrachtet der französischen
gleichwertig. Einmal wurde uns sechs Male hintereinander
Ente vorgesetzt, und die Zubereitung war so fein kontrapunktiert, daß es nicht als Wiederholung wirkte; während
ich als technisch höchste Leistung eine Speise bewundern
muß, die vorzüglich aus marinierten Quallen bestand. Wie
diese unsubstanziellen Geschöpfe fixiert werden konnten,
begreife ich nicht ... Freilich verwenden die Chinesen
Materialien, welche unsereiner nicht gewohnt ist. Aber
dies spricht nicht gegen sie: jede Gewohnheit ist Sache
der Konvention, und jedes Haften an Gewohntem Beschränktheit. So schäme ich mich des, daß ich anfangs vor
einem Gerichte Maden Grauen verspürte, das sich nachher
als überaus wohlschmeckend erwies.

Wenn ich nur nicht gar so viel zu trinken hätte! aber
nie errate ich die Scharaden, die mir beim Mahle
aufgegeben werden, und die Landessitte verlangt, daß der
also Versagende mal für mal den Becher Reisweins bis zur
Neige leert. Und dies währt Stunden hindurch. Gang folgt
auf Gang, Scharade auf Scharade, und nie werden die Herren
es müde, im Scharfsinn miteinander zu wetteifern. Da

schneidet unsereiner kläglich ab. Das Erraten chinesischer
Rätsel setzt einen Feinsinn voraus und eine Fähigkeit, aus
Andeutungen unmittelbar das Ganze herauszuhören, die
wohl keiner besitzt, dessen Kombinationsvermögen durch
andauernde Beschäftigung mit der chinesischen Schrift nicht
bis zur Unwahrscheinlichkeit durchgebildet ward. Denn
unwahrscheinlich ist es, was meine Gastfreunde wie spielend
leisten. Oft liegt die Lösung eines Rätsels im Bezug eines
hingeworfenen Worts auf eine unwichtige Stelle in den Klassikern: ohne weiteres wird sie gefunden, und meist von mehreren zugleich. Wer mit dem Stoff so zu spielen weiß, mag
noch sehr ein Schriftgelehrter sein — er ist gleichzeitig
ein lebendiger Geist. Ja, lebendig sind diese Herren, und
seien sie noch so würdige Glieder der Hanlin-Akademie.
Lustig blinken ihre ausdrucksvollen Augen, unermüdlich
scheinen sie beim Zechen, und ihr Lachen ist so ansteckend,
so werbend, daß ich mitlache, auch wo ich nicht weiß
warum.

Ein berühmter Doktor erzählt, wie er sich einstmals in
ein Singsangmädchen verliebt habe; zuletzt sei ihm das Leben
ohne sie unmöglich geworden; und wie seine würdige Gattin
bald darauf starb, habe er das Mädchen heimgeführt. Nun
sei sein Haus ein Paradies. Während er seinen ernsten
Studien obliege, werde er doch stets von zwitscherndem
Frohsinn umgeben, und der erst mache seinen Ernst ganz
produktiv. — Es leuchtet feucht in den Augen des alten
Herrn. Nein, gefühllos sind die Chinesen nicht.

Wie mag die Legende der chinesischen Gefühllosigkeit
nur aufgekommen sein? Nie habe ich lebhafter sprechen und
herzlicher lachen gehört. Der ungebildete Europäer beurteilt
den, welcher Herr seiner selbst ist, gleich als dürr und kalt;
was ja auch dem Engländer widerfährt. Die Wahrheit ist,

daß der Beherrschte seine Fähigkeiten potenziert, wie denn
das englische Gemütsleben nicht schwächer, sondern intensiver (wenngleich ärmer) ist als das des Deutschen. Wozu
das weitere tritt, daß nur der, wer sich wirklich besitzt,
sich auch wirklich hingeben kann. Die Chinesen, welche
nichts außer Gleichgewicht bringt, wissen eben deshalb
auszuspannen. Dann aber strömt ihre Laune über, und tausend Quellen sprudeln auf einmal hervor.

Die Chinesen empfinden nicht weniger tief und reich, nur
anders als wir. Wenn christliche Nächstenliebe ihnen·fehlt,
so besitzen sie dafür ein Zusammenhangsgefühl, wie wir es
nicht kennen; unsere Sympathie ersetzt Hochkultur der Ehrfurcht. Wenn sie sich gelegentlich hart, verschlagen und
grausam erweisen, so sind sie im ganzen doch viel zahmer
als wir Abendländer, zu denen sie sich — der Vergleich
stammt von Ku-Hung-Ming — nicht viel anders wie Haus-
zu Raubtieren verhalten. Wir kommen ihnen typischerweise herzlos, roh und grausam vor; von ihren Voraussetzungen aus haben sie wohl recht. Aber im gleichen Sinne
recht haben wir, wenn uns ihr Gemütsleben in mehreren
Hinsichten dürftig scheint. Liebe in unserem Sinn zum
Beispiel kennen sie sicher nicht. Ich gedenke des berühmten
Romans P'ing-Chan-Ling-Yen, in welchem kalligraphisches
Können recht eigentlich die Rolle eines Liebestrankes spielt,
jener „weidenbestandenen Straßen" (der Freudenviertel), in
deren Grenzen sich weitaus der größte Teil chinesischen
Liebeslebens abspielt: den meisten Chinesen bedeutet Liebe
ungefähr das, wie dem Menschen des europäischen Altertums. Noch dem heiligen Augustin waren die Stimmungen
unbekannt, die wir heute als für das Lieben wesentlich ansehen. Er wußte wohl vom Begehren, vom Genuß, von
der animalischen Freude an der Nähe; auch wohl vom

spezifischen geistigen Charme, von der anregenden Kraft, welche Frauen ausstrahlen. Aber von der Liebe eines bestimmten Weibes um seiner selbst willen hatte er keinen Begriff. Immerhin: wie viele unter uns sind des Liebens in diesem höchsten Sinne fähig? Das meiste von dem, wovon wir glauben, daß es uns hinaushebt über die übrige Menschheit, besitzen wir nur in der Idee ...

Meine chinesischen Freunde sind skandalisiert darüber, daß ich keine Absicht zum Heiraten bekunde: „Sie sind doch kein Wolf, kein reißendes Tier, daß Sie sich über die universale Ordnung hinwegzusetzen wagen!" Ich erwidere ihnen, daß ich längst geheiratet hätte, wenn ich als Chinese auf die Welt gekommen wäre, oder auch als Europäer in dem Fall, wenn das Problem sich bei uns vergleichbar stellte. Aber heute tut es das nicht. Was selbstverständliche Gattungsfunktion sein sollte, bedeutet uns ein individuelles Problem, und der, dem die Ehe kein solches sein kann, weil sein Bewußtsein in den Gattungsinstinkten nicht dauernd zentrierungsfähig ist, der heiratet dann nicht.

Allen Ernstes: die neue individualistische Auffassung des Eheproblems bedeutet ein Mißverständnis, steht dem Prinzip nach unter der asiatischen. Die Fortpflanzung ist Gattungsangelegenheit, sollte dergestalt geregelt werden, daß individuelle Velleitäten nicht entschieden. Das Problem stellte sich anders, wenn zwischen diesem und dem Besten der Gattung ein notwendiger Zusammenhang bestände; aber ein solcher liegt nur ausnahmsweise vor. Es ist leider nicht wahr, daß die Kinder der Liebe notwendig wertvolle Kinder wären — jedem Bastard, der Genie besessen hat, stehen tausend Minderwertige gegenüber; es ist leider nicht wahr, daß die Natur sich, wie Schopenhauer behauptet, der Neigung als Mittels bedient, um ihre höheren Zwecke zu erreichen — denn höhere Zwecke kennt sie nicht; ihr liegt gar nichts an der Veredelung des Menschengeschlechts. Wohl scheint Inkompatibilität der Gatten — und auch dieses ist nicht einwandfrei erwiesen — auf die Nachkommenschaft einen ungünstigen Einfluß auszuüben; sicher bürgt leidenschaftlichste Zuneigung nicht dafür, daß die Kinder gut geraten werden. Individuum und Gattung decken sich in diesem Zusammenhang nicht, sie stehen zueinander vielmehr in Polaritätsverhältnis: jenes steigert sich auf Kosten dieser, welche ihrerseits auf Kosten jenes gedeiht; dies ist der Sinn der wohlbekannten Tatsachen, daß große Männer selten Nachkommen hinterlassen und die Geschlechter am spätesten entarten, in denen der Typus den einzelnen beherrscht. Von dieser Erkenntnis aus sollte das Eheproblem in Angriff genommen und gelöst werden. In Asien geschieht dies noch. Nichts könnte weiser sein, als das Heiraten als selbstverständliche Pflicht hinzustellen, der sich keiner entziehen darf, bei deren Erfüllung der Wunsch des einzelnen nicht in Frage kommt, sondern ausschließlich das Wohl des Geschlechtes; denn auf diese Weise wird zweierlei auf einmal erreicht: erstens die sichere Fortdauer der Rasse unter günstigsten Verhältnissen; hier sieht die Familie immer klarer als der persönlich interessierte einzelne. Daß die Heiratsvermittler ein gutes Auge haben, geht unzweideutig aus der unerhörten Langlebigkeit der Familien im Osten hervor, und aus der Seltenheit des Phänomens der Dekadenz. Zweitens aber wird durch diese grundsätzliche Entscheidung des Eheproblems der Nichtberücksichtigung individueller Gefühle alles Odium von vornherein benommen. Wenn das Heiraten als selbstverständliches Stadium auf dem Lebenswege gilt,

dann spielt es im Bewußtsein des einzelnen kaum eine Rolle;
er stellt sich gar nicht die Frage, ob er „wirklich" ganz
glücklich sei, kann daher auch nicht ganz unglücklich werden,
und die typischen Vorteile des Ehelebens werden ihm auch
so zuteil: er hat ein Heim, entbehrt der Ruhelosigkeit dessen,
dessen Gattungstriebe unbefriedigt blieben, sein Bewußtsein wird weit an der Sorge um die Nachkommenschaft.
Diese typischen Vorteile sind für den einzelnen immer die
ausschlaggebenden, auch wenn er die Ehe unter rein individuellen Gesichtspunkten schloß. Wo sind also die Nachteile des asiatischen Systems? — Diese liegen freilich auf
der Hand: eine vollkommene Ehe im europäischen Sinn
kommt im fernen Osten kaum vor, jenes fortdauernde
Wachsen aneinander. Aber hier gilt es, großzügig denken:
sind solche Ehen etwa zahlreich unter uns? Ich habe nur
ganz wenige gesehen, desto häufiger aber bemerkt, daß das
Ideal der vollkommenen Ehe die Beteiligten herabgemindert
hat. Wenn Gatten sich einbilden, für einander geschaffen
zu sein, ohne daß sie es sind, dann wachsen sie nicht, sondern
verkümmern aneinander; ihr Bewußtsein idealisiert, was
nicht idealisiert werden dürfte, hausbackene Ideale bestimmen
die ganze Lebensführung, und aus dem Aar wird ein Täube-
rich. Deswegen steht der verheiratete Mann unter uns so
häufig niedriger als der ledige, ist sogar die Frau oft weniger
als das Mädchen, was doch widernatürlich scheint. Der
Chinese, dem der Ehestand kein Ideal, sondern das schlechterdings Selbstverständliche bedeutet, und der sich dabei, mit
dem ihm eigenen Sinn für die Naturordnung, meist als
vorzüglicher Vater und Gatte bewährt, wird durch das
Verheiratetsein niemals herabgemindert. Ich schrieb einmal:
„wer sich fortsetzt, verzichtet auf seine Person"; dies gilt
auch vom Chinesen; aber dieser gibt so wenig preis, als sich

preisgeben läßt. Da sein Eheleben ihn ein Selbstverständliches dünkt, so schlägt es sein Bewußtsein nicht in Bande. Wiewohl er der Gattung mehr Rechte zugesteht als wir, ist sein individuelles Bewußtsein von Gattungsmotiven freier.

Dieses wäre denn wohl der entscheidende Punkt, der gegen unsere Auffassung des Eheproblems anzuführen ist: indem wir einerseits eine Gattungsangelegenheit zur persönlichen hinaufheben, ziehen wir andererseits das emanzipierte persönliche Bewußtsein in das der Gattung wieder hinüber. Der Erfolg ist absolut negativ. Die Gattung erhält sich schlecht bei uns, degeneriert oder stirbt aus, und der einzelne ist dabei weniger frei als im Osten. Es ist doch ein arges Mißverständnis, in der so außerordentlich individualisierten modernen Erotik z. B. einen Beweis potenzierten Selbstbewußtseins zu sehen: hier erscheinen vielmehr generelle Triebe wie krampfhaft in die Sphäre des Selbstbewußtseins hinaufgehoben, welch letzteres seinen eigenen Charakter entsprechend verliert. Individualisiertheit in diesem Sinn ist kein Zeichen der Emanzipiertheit. Neulich kam mir ein französischer Roman in die Hände: ich kann kaum sagen, wie flach, gegen den Hintergrund des Orients betrachtet, die typisch-westliche Liebesanschauung wirkt. Die Liebe zu einem bestimmten Sinnenwesen der Sinn des Lebens ... Das ist ein arges Mißverständnis, selbst im Fall der geläutertesten, beweist Oberflächlichkeit sogar im Fall der tiefsten Neigung. „Nicht um des Gatten willen ist der Gatte lieb, sondern um des Selbstes willen", lehrt die Upanishad und sie, nicht die westliche Romantik ist im Recht. Freilich kann ein bestimmter Mensch einem anderen der Exponent des Höchsten sein — hierauf beruht die mögliche Göttlichkeit der Gattenliebe — aber diese an sich bleibt reine Gattungssache, die zur persönlichen zu machen nur auf Kosten der

Persönlichkeit gelingt. Übrigens wird, wer das Generelle individuell auffaßt, durch alle Erfahrung eines besseren belehrt. Die meisten geistig bedeutenden Männer klagen, daß sie von den Frauen als solche nicht gewürdigt werden, sondern nur als „Berühmte" schlechthin, oder als Produktive, als Potente, und ebenso klagen hochbegabte Mädchen, daß die Männer an ihnen nur das Typische schätzen. In der Geschlechtsliebe äußert sich eben die Gattung; eine persönliche Zuspitzung dieses Triebs bedeutet, metaphysisch betrachtet, ein Mißverständnis. Solche Zuspitzung kommt im Osten nur selten vor. Deshalb hat die Liebe dort selten so schöne Blüten getrieben, wie bei uns; nur wo ihr Sinn überschätzt wird, sprießen sie, und persönlich würde ich sie ungern missen. Aber ich bin zu ehrlich, um meine Vorliebe objektiv zu rechtfertigen: ich weiß vielmehr, daß die Stellung des östlichen Weisen, welcher der Gattung gewährt, was ihr gebührt, sein Selbstbewußtsein jedoch in anderen Sphären gründet, die höhere und förderlichere ist.

... Ich überlese, einen Tag später, das Geschriebene wieder: es ist freilich mehr in der Idee als praktisch richtig, denn darüber besteht kein Zweifel, daß unser Familienleben über dem chinesischen steht, wegen unseres tieferen Begriffs von Menschenrechten überhaupt und im besonderen der Würde der Frau. Aber ideell trifft es zu. Unsere nächste Aufgabe wäre, auf unserer höheren Individualiertheitsstufe die Grundbeziehung zwischen Generellem und Individuellem wieder herzustellen, welche im Orient besteht. Der Fortbestand der Art darf dem Caprice der Neigung nicht dauernd anheimgestellt werden, denn dies führte mit Unvermeidlichkeit zum Rassentod. Wohl sind die Zeiten dahin, wo Mann und Weib gleich Tieren durch fremden Willen einander

zugeführt werden konnten, aber sie müssen nun lernen, aus
freier Wahl zu tun, was vormals für sie getan wurde. Sie
müssen lernen, aus persönlichen Voraussetzungen heraus
Gattungsangelegenheiten als solche zu betreiben, sie müssen
verlernen, aus individuellen Neigungen, die sie sonst freilich
ausleben mögen, Konsequenzen zu ziehen, die das Überindividuelle schädigen könnten. Es ist ein allgemeiner Zustand denkbar, wo Mann und Weib so weit entwickelt wären,
daß sie unwillkürlich zwischen ihrem persönlichen und ihrem
Gattungs-Iche schieden und ebendeshalb zwischen beiden
vollkommenen Einklang herzustellen wüßten.

Heute endlich ist der Geist des chinesischen Klassizismus
über mich gekommen. — Zum Geist einer lebendig-
gewordenen Kultur gibt es keinen Zugang von außen her,
er ist eine Monade ohne Fenster; wen er nicht besessen
hat, der ergreift ihn nicht. Und er erscheint desto ausschließlicher, je mehr das Wort in ihm zu Fleisch geworden
ist. Den Protestantismus zu verstehen, gelingt zur Not
noch ohne Bekehrung; den Katholizismus versteht nur der,
welcher in gewissen Stimmungen zum mindesten katholisch
empfunden hat; im gleichen Sinn ist die französische Kultur
ein Abgeschlosseneres als die deutsche. Und nun gar die
chinesische! Wenn irgendeine scheinbar abstrakte Wesen-
heit den Anspruch auf konkrete Wirklichkeit erheben darf,
dann ist es der „Geist" dieser Kultur. Er ist etwas dermaßen Selbständiges, daß die Individuen, die er beseelt,
kaum mehr Individuen sind: sie wirken als bloße Repräsentanten. — Was ich als äußere Anschauung schon oft erfahren
hatte, das widerfuhr mir heute früh nun selbst, als ich in Begleitung eines Schriftgelehrten im Tempel Kung Fu Tses weilte.

Im Vorhofe dieses Tempels, den die Seelentafeln aller
Weisen des Landes zieren, sind seit der Yüan-Dynastie die
großen Staatsprüfungen abgehalten worden, und der Name
jedes, der sie mit Ehren überstand, steht auf steinerner
Tafel verewigt. Nebenan, in lauschiger Halle, sind die Werke
der neuen Klassiker dem dauerhaften Marmor eingeprägt.
Eben dort pflegte der Kaiser alljährlich seine eigenen Gedichte vorzulesen. Es weht eine Atmosphäre der Kultur
an dieser Stätte, wie ich sie gleich intensiv meines Wissens
nie eingeatmet habe. Unaufhaltsam drang sie durch meine
Poren ein. Und indem ich mich in die Seele des Literaten
hineinversetzte, der mir mit ehrfurchtbebender Stimme die
Denkmäler und Inschriften erläuterte und hie und da, mit
begeistert leuchtenden Augen, berühmte Stellen aus den
Klassikern vorlas, beschwor ich den Geist, nach dem ich
fahndete.

Welch einzigartiger Geist! Es ist, so unerwartet dies klinge,
der leibhaftige Geist der klassischen Philologie, und doch
kein blasses Schemen, sondern ein ganz substantielles Gebilde,
mit das dichteste, das mir in dieser Sphäre seit lange begegnet ist; seine Densität scheint mir erheblich größer, als
die des Literaten, der mir zum Mittler dient. Hier ist also
der Geist einer bestimmten literarischen Tradition tatsächlich zur Seele einer lebendigen Menschenklasse geworden.
Ich mag mich wenden wohin ich will, welche Saite ich immer
will meines Wesens zum Anklingen bringen: er läßt mich
nicht los. Alles erfahre ich als Ausdruck, Erläuterung, Ergänzung oder Illustration der klassischen Weisheit, und zwar
in der Form, welche diese stilistisch auszeichnet. Und seltsam: ich sollte mich beengt fühlen, tue es jedoch nicht;
mir ist, als seien meine Erfahrungsmöglichkeiten durchaus
nicht eingeschränkt; sie erscheinen nur wie anders gefärbt.

— Aber nein: natürlich bin ich eingeschränkt, nur kann ich es nicht mehr spüren; ich habe mein normales Bewußtsein gegen ein anderes eingetauscht; und sollte als Philosoph doch wissen, daß die Rose von ihrem Standpunkte zu übersehen außerstande ist, inwiefern sie unter dem Veilchen steht. Nur so viel kann ich unmittelbar erkennen, was der objektiven Kritik standhalten dürfte: ich bin ungeheuer viel eindeutiger als sonst; auf alle Eindrücke reagiere ich einem einheitlichen Plane gemäß, alle Einfälle entspringen einem identischen Quell, und beim Ausdruck zumal empfinde ich gar kein Zögern: wo ich sonst nach entsprechenden Formen mühsam suche, bilde ich mich jetzt instinktiv den überkommenen ein, und habe dabei das Bewußtsein, mich durchaus eigentlich, originell und persönlich auszudrücken.

Das ist ein sehr bedeutendes Erlebnis. Generell ist es mir nicht neu: der Geist des Katholizismus besitzt einen in eben dem Sinn. Auch er gibt dem Bewußtsein weniger neue Inhalte, als daß er eine neue Bewußtseinsform erschafft, auch er ist so alldurchdringend, daß er jede einzelne Seelenregung ergreift; auch er vermag es, alles Persönliche in objektive Formen hineinzuleiten, so daß ein noch so freier Geist sich durch die Dogmen nicht notwendig beengt fühlt und der Spontanste, Lebendigste nicht selten an der Observanz überkommener Riten sein persönlich-entsprechendes Ausdrucksmittel findet; auch er schafft recht eigentlich eine besondere Menschenart. Aber beim Katholizismus erscheint dies verständlicher, denn dessen Geist stellt einen hochentwickelten und so allseitig und fein differenzierten Organismus dar, daß er die Möglichkeiten des reichsten Individuums in sich begreift. Der des chinesischen Klassizismus hingegen ist arm zu nennen; der zugrunde liegenden Wurzelideen sind wenige, und der Stamm ist wenig verzweigt und undicht

ausgeschlagen. Wie kommt es, daß ich mich trotzdem nicht
arm fühle, daß der chinesische Literat, potentiell wenigstens,
ein Vollmensch ist? denn das ist der Puritaner nicht, das
Kind eines gleich armen Geistes, das ist auch nicht der
Buddhist, vom europäischen klassischen Philologen ganz zu
schweigen, der im übrigen zum gleichen Genus gehört, wie
der chinesische Literat. — Es liegt wiederum an dem, was
ich wieder und wieder als das Hauptmerkmal östlicher Weisheit erkenne: an der Konzentration, der sie ihren Ursprung
verdankt, und an der Konzentration, mit der sie studiert
wird. Die Lehre der chinesischen Weisen ist karg und ein-
silbig nicht, weil sie ausschließt, sondern weil sie verdichtet;
ihre Sätze stellen, so aufgefaßt, wie ein gebildeter Chinese
sie versteht, die Essenz aller nur möglichen Erscheinung
erschöpfend dar. Und dies gilt vom Ausdruck wie vom
Sinne. Je tiefer ein Verhältnis erfaßt wird, desto näher
gelangt man dem Schnittpunkt der Koordinaten, die zu
seiner Bestimmung dienen, desto weniger Begriffe kommen
in Frage. Bei unserer arithmetischen Ausdrucksweise (in der
wir notgedrungen auch die chinesische Weisheit darstellen)
tritt dies nicht immer deutlich an den Tag; bei der algebra-
ischen der Chinesen liegt es auf der Hand, so daß der klassische
Ausdruck als einzig-möglicher erscheint vom Standpunkte
jedes, welcher den Sinn erfaßt hat. Dieses aber ist ja das
Ziel und der Erfolg der spezifisch-chinesischen Schulbildung.
Uns klingt es grotesk, daß einer zehn bis zwanzig Jahre
beim Studium des Konfuzius allein verbringen soll: er studiert
eben nicht auf unsere Weise; er meditiert jeden einzelnen
Satz, bis daß der Sinn sein Innerstes durchdrungen hat,
und ist er dann am Ziel, so heißt das nicht, daß er den
Konfuzius in unserem Sinne begriffen, sondern daß der
Geist des großen Lehrers von ihm vollkommen Besitz er-

griffen hat, gleich wie eine große Leidenschaft vom Menschen
Besitz ergreift. Damit erhält denn das Philologische einen
neuen Sinn. Wenn der Geist einer Kultur als besessen
vorausgesetzt werden darf, dann kommt wirklich nichts
anderes in Frage, als alle Aufmerksamkeit dem Ausdruck
zuzuwenden, und wo dieser in der klassischen Literatur
vollendet vorliegt, ist philologisches Studium tatsächlich
das Tor zur Humanität. Unsere Philologen erkennen euro-
päisch-klassischen Studien die gleiche Bedeutung zu; auch
sie behaupten, der klassisch Gebildete, der des Lateinischen
und des Griechischen Mächtige, der Kenner des Cicero, sei
allen Aufgaben des Lebens gewachsen. Aber für Europa
ist das nicht mehr wahr. Der Geist Griechenlands und
Roms ist gar nicht unser Geist, sondern sein Vorfahr; und
so vollendet er war, anderen hilft er nicht zur Vollendung,
wie der chinesische dies tut, weil er nicht gleich tief wurzelt.
Dieser verkörpert den Sinn gleichsam an sich, jenseits aller
Erscheinungsform, jener in Gestalt eines bestimmten Phänomens, welches qualitativ verschieden ist von dem, das
unser Dasein abgrenzt. Deshalb kann der klassische Philolog
im heutigen Europa kein Vollmensch sein, ist dort klassische
Bildung nicht unumgänglich zur vollendeten Ausbildung
der Persönlichkeit und wenig nütze zur Meisterung des Lebens,
so wertvoll ihr Besitz sonst sei. In China macht sie den
Menschen vollendet und überdies zum praktischen Leben
geschickt. Mit Recht wurden bis zur großen Revolution alle
Staatsposten von Doktoren der Philologie besetzt, galt Bestehen der literarischen Staatsprüfungen als absoluter Be-
fähigungsnachweis. Der Chinese, der den Geist seiner
Klassiker innerlich aufgenommen hatte, war dem altchinesischen Leben in allen seinen Äußerungen im selben Sinn
gewachsen, wie in Amerika der, welcher bei sonst noch

so mittelmäßigen Kenntnissen vom Geist der Initiative durchaus besessen ist.

Aber freilich: dieser Geist ist ein erwachsener, fertiger Organismus; er kann sich fortpflanzen, betätigen — erneuern kann er sich nicht mehr; dem China, das nicht die Welt in sich beschließt, wird er nicht mehr zum Heile gereichen. Und dann ist er, bei allen seinen Vorzügen, allzusehr ein Geist der Philistrosität. Wenn der Philolog, der Schrift-gelehrte, der Literat von einer Nation als Idealtypus verehrt werden kann, dann müssen die Eigenheiten dieser Menschen-art irgendwie auch vom Wesen gelten. So ist es. Ich ver-senke mich in den Geist, der mich besitzt: ja, er ist un-beugsam, pedantisch, starr, altklug und schrullenhaft. Mein Bewußtsein ist das eines Schulmeisters, oder genauer, eines streberischen Musterschülers, welcher stolz auf sein An-geeignetes ist. Heute könnte ich nichts Leichtsinniges vor-nehmen, unmöglich mich verlieben, es sei denn in eine Muster-schülerin; nimmer wagte ich's, einen Gedanken zu ver-folgen, dessen Richtung nicht durch Autorität gewiesen wäre, der Sinn, unabhängig vom Wort, interessiert mich nicht. Und das schlimmste dabei ist, daß ich mir in dieser Gestalt sehr wohl gefalle, daß es mich gar nicht hinaus-drängt aus den Schranken meines Philistertums. — Ja, ja, die Tiefe, die sich einmal ausgeprägt hat, ist eben damit zur Oberfläche geworden. Eine kurze Zeit über erscheint diese dadurch vertieft, bald aber findet eine intime Um-wandlung statt, dank welcher sie wiederum verflacht; der Geist, der sich dem Buchstaben erst einbildete, löst sich nun auf in ihm. So ist die Bedeutung jedes Kulturwerts letzthin eine Frage der Zeit. Dem Chinesen, dem es ums Ewige zu tun ist, muß es drum näher als allen anderen Menschen liegen, alle Gestaltung überhaupt zu verleugnen.

Viele Stunden jedes Tages verbringe ich mit Ku Hung-Ming und dessen Freunden und Anhängern. Der Mann ist überaus geistreich und so feurigen Temperamentes, daß ich manches Mal an einen Romanen gemahnt werde. Heute setzte er des Langen und Breiten auseinander, wie unrecht die Europäer, und besonders die Sinologen täten, die chinesische Kulturentwickelung ganz für sich, ohne Vergleich mit der okzidentalischen, zu betrachten: denn tatsächlich seien beide nach einem identischen Schema abgelaufen. In beiden habe es ein gleichsinniges Altertum und Mittelalter gegeben, Renaissance und Aufklärung, Reformation und Gegenreformation, in beiden hätten Hebraismus und Hellenismus (um mit Matthew Arnold zu reden), Rationalismus und Mystizismus abwechselnd vorgeherrscht; ja, die Parallele ließe sich bis ins einzelne verfolgen: so hätte es z. B. auch in China einen Bayard gegeben. Ich kenne die chinesische Geschichte nicht genügend, um die Stichhaltigkeit der Vergleiche nachzuprüfen und habe Ku Hung-Ming, gleich den meisten seiner Landsleute, im Verdacht, einem etwas zu billigen, an den süditalienischen gemahnenden Intellektualismus zu huldigen. Aber so viel ist allerdings wahr: alle historischen Zustände sind durch besondere Umstände bedingte Sondererscheinungen der einheitlichen Naturformen des Menschenlebens, und da die möglichen Konstellationen von Umständen um einige wenige Typen herumschwanken, deren Folge einer Regel unterworfen scheint, so kann es nicht fehlen, daß alle Völker von vergleichbarer Anlage auch durch vergleichbare Stadien hindurchgehen. Nun sind Westeuropäer und Chinesen durchaus vergleichbar; sie gehören in einer wesentlichen Hinsicht einem identischen Grundtypus an, dem des Ausdrucksmenschen, zu dem die Inder z. B. und die Russen nicht gehören. Also kann es nicht fehlen, daß sich in der Geschichte Parallelen nachweisen lassen. Immerhin stehe ich dem Wert solcher Vergleiche recht skeptisch gegenüber.. Die Zeit mag einsinnig sein an sich selbst — sicher ist sie es nicht in bezug auf den Menschen; die Chinesen sind langatmig, wir kurzatmig, uns ist die Bewegtheit, jenen die Ruhe der Normalzustand: wie soll man da gegenständlich vergleichen? Wir brüsten uns unseres schnellen Fortschreitens: eben dank dem werden wir vielleicht auf immer Barbaren bleiben, da Vollendung nur innerhalb eines gegebenen Rahmens möglich ist und wir den unserigen fortwährend wechseln. Auch halte ich es noch nicht für ausgemacht, daß wir lange im gleichen Tempo fortschreiten werden: jede Lebensrichtung ist innerlich begrenzt, auch wir werden irgendeinmal am Ende sein, und wahrscheinlich früher als wir denken. Oft habe ich, zumal in Indien, das Urteil vernommen: da alle Kulturen, die wir nachweisen können, in relativer Höhe anheben — und das ist richtig — so müßte als Grundlage derselben eine außerordentlich lange Zeitspanne langsamen Aufsteigens vorausgesetzt werden. Mit nichten. Jedem geistigen Einfall sind seine sämtlichen Konsequenzen nicht nur in der Theorie, sondern de facto eingebildet; sie drängen ins Aktuelle hinaus, verkörpern sich, wo der Stoff es nur irgend erlaubt, so daß, sobald der Geist überhaupt in Bewegung gerät, der Prozeß mit großer Geschwindigkeit abläuft. Daher kommt es, daß, wo das Bewußtsein schlummert, Äonen vergehen mögen, bis irgend etwas Neues geschieht, sei es im Urzustand oder, wie in China, auf einer bestimmten einmal erreichten Kulturhöhe; wo es aber einmal erwacht ist, die Entwickelung ungeheuer schnell verläuft. Wie lange hat es gewährt vom Erwachen des Griechengeistes bis zu seiner Vollendung? Hundert Jahre. Wie lange von der Entdeckung des Gleitflugprinzips bis zu seiner vollendeten praktischen Anwendung? Keine zehn. Im gleichen Sinn mag es wohl sein, daß auch wir demnächst am Ende sein werden, Halt machend auf einer Entwickelungsstufe, die derjenigen Chinas nicht entfernt so weit voran sein wird, als wir erwarten. Denn im modernen Sinne fortschrittliche Menschen sind ja auch wir erst seit einem Jahrhundert.

Ku Hung-Ming läßt übrigens keine Gelegenheit verstreichen, wo er Laotse eins am Zeuge flicken kann. Seine Grundthese ist die, daß Konfuzius deshalb der sehr viel Größere sei, weil er den Sinn ebenso tief verstanden habe wie jener, sich aber nicht zurückgezogen habe aus der Welt, sondern in ihrer Meisterung seine Tiefe zum Ausdruck gebracht hätte. Wenn Konfuzius das wirklich gewesen wäre und geleistet hätte, was Ku von ihm behauptet, dann wäre er freilich der ungleich Größere. Allein das war er nicht. Es scheint den Naturnormen zu widersprechen, daß ein gleicher Mensch ganz in der Tiefe lebte und sich als mächtiger Gestalter der Oberfläche erwiese; zu jeder dieser Aufgaben bedarf es einer besonderen physiologischen Organisation, und ich wüßte von keinem beglaubigten Fall, wo ein Mensch beide in gleichem Maße besessen hätte. Kung Fu Tse und Lao Tse stellen die entgegengesetzten Pole möglicher Vollendung dar; jener die Vollendung in der Erscheinung, dieser die Vollendung im Sinn; jener diejenige im Gestalteten, dieser die im Ungestalteten; daher sind sie mit einem Maße nicht zu messen. Aber freilich muß Konfuzius den Chinesen größer erscheinen, weil sie als Nation extreme Praktiker sind und insofern zum Tiefen als solchen kein unmittelbares Verhältnis haben. Je mehr ich von den Chinesen sehe, desto mehr fällt mir auf, wie uninteressant ihre Gedanken sind. Das Denken ist eben nicht ihr Eigentliches: ihr Dasein ist der Ausdruck ihrer Tiefe. So ist auch Ku Hung-Ming als Mensch viel bedeutender denn als Schriftsteller und Denker.

Es ist doch wahr: der durchschnittliche Taoist steht tief unter dem durchschnittlichen Konfuzianer. Der Chinese, wie er sich heute darstellt, ist eben wesentlich (fast möchte ich sagen: physiologisch) Konfuzianer; verleugnet er den Geist, des Kind er ist, so übt er damit Untreue gegen sich selbst. Dies zeigt sich schon rein äußerlich an der Brüchigkeit der volkstümlichen taoistischen Theorie, selbst wo sie von allen magischen und fetischistischen Beimengungen frei erscheint. Heute setzte mir·ein angesehener Priester auseinander: das Tao sei zwar das Ungestaltete, aber immerhin sei der Sinn der Welt ihre prästabilierte Harmonie; so daß Versenkung nicht eigentlich zur Vereinigung mit dem schöpferischen Urgrund führt, sondern zum Unisono mit der objektiven Weltordnung. Auch dieser taoistische Priester war, ohne es zu wissen, Konfuzianer. Hat man sich einmal mit seinem tiefsten Selbst identifiziert, dann weiß man von keiner gegebenen Ordnung mehr; vom Atman her stellt sich das vermeintlich abgeschlossene Dasein als schöpferische Entwicklung dar, und das Schöpferische liegt jenseits aller Normen; für jeden Brahmanen verstünde sich dies von selbst. Dem Taoisten aber bleibt, trotz des Tiefsinns der taoistischen Lehre, die konfuzianische „Harmonie" seine Grundidee. Er weiß nur Objektiviertes zu fassen; als reines Subjekt erleben kann er nicht.

Nun scheint mir die spezifische Form des Taoismus überhaupt wenig geschickt, einen höheren Menschentypus zu gestalten; sie ist zu weit, zu vieldeutig dazu; insofern hat es

35*

nicht viel zu sagen, daß der taoistische Mönch unter dem
buddhistischen sowohl als dem christlichen steht. Aber daß
alle Chinesen, mit denen ich zu verkehren Gelegenheit habe,
die Taoisten mit inbegriffen, der wundersamen Lehre Laotses
so gar kein tieferes Verständnis entgegenbringen, läßt immerhin auf eine typische Schwäche des Subjektiven bei ihnen
schließen; ihnen fehlt es an metaphysischem Bewußtsein.
Das befremdet mich nicht. Bei allen Völkern, deren typisches
Streben auf Konkretion ging, war, in geringerem oder höherem
Grade, Gleiches der Fall; bei den Hellenen z. B. und den
Franzosen. Wessen Grundinstinkt die Tendenz zum Ausdruck ist, der wird sein Sein wie kein anderer objektivieren,
wird je nach seinen besonderen Anlagen der größte Künstler,
der edelste Mensch, das· vollkommenste politische Wesen
sein, aber verstehen wird er sich nicht tief; sobald er nachdenkt, gerät er außer sich und nimmt nur das Äußere wahr.
So kommt es, daß die Denker der Völker, welche die größten
Künstler hervorbringen, in der Regel Rationalisten sind.
Bei den Griechen trat dieses Verhältnis nicht eindeutig zutage, wegen des Dionysischen in ihnen, das gerade im Fall
ihrer Philosophen dem Apollinischen vielfach die Wage
hielt; bei den Chinesen äußert es sich in extremer Form,
weil eben die Chinesen extreme Ausdrucksmenschen sind.
Es gibt wohl keine innerlichere, tiefsinnigere Kunst als die
von China, aber nirgends wirkt das Denken trockener. Wie
unerträglich langweilig und dürr sind die Reden des Mencius!
Unwillkürlich zaubern sie einem das Bild des pedantischesten
aller Schulmeister vor Augen. In Wahrheit aber war Mencius gewiß ein gar feingebildeter Herr, von vollendeter
moralischer Kultur, von nuanciertestem Formensinn, bei
dem alles Äußerliche von innen her beseelt erschien. Nur
war ihm das Denken kein entsprechendes Ausdrucksmittel;

denkend konnte er sein Selbst nicht zur Darstellung
bringen.

Das Philosophieren ist den Chinesen gewissermaßen un-
natürlich, obschon sie von allen Menschen der Welt das
philosophischeste Leben führen; ihre Weisheit äußert sich
in dem, was sie lebend darstellen, nicht in den Gedanken,
die sie sich über das Dargestellte machen. Trotzdem haben
sie einige der tiefsten Denker hervorgebracht, von denen
wir wissen. Was mögen das für Menschen gewesen sein?
Ich denke mir, sie hatten viel vom Narren und Charlatan;
es müssen typische, ja extreme Beispiele des Zusammenbestehens von großer Weisheit und großer Unzulänglichkeit
gewesen sein. Wenn der Weise im Tao-Teh-King ausruft
(*Vom Sinn* 20, „Abseits von der Menge", nach Wilhelms
Übersetzung): „ich bin unschlüssig, ohne Zeichen für mein
Handeln, wie ein Kindlein, das noch nicht lachen kann;
ich habe das Herz eines Toren. Ich bin unruhig, wie das
Meer, bin müßig wie ein Taugenichts" — so ist das, glaube
ich, nicht nur ironisch zu verstehen; er wird, mit jenem
seltsamen Mangel an Eitelkeit, der Chinesen so häufig auszeichnet, ein getreues Bild seiner selbst entworfen haben.
Jedenfalls gibt es zu denken, daß das chinesische Volk,
dessen Sinn für menschliche Größe an Sicherheit unerreicht
dasteht, die taoistischen Weisen mehr als Zauberer denn als
„Edele" und „Vollendete" fortverehrt.

Dennoch könnte es taoistische Heilige gegeben haben, die
als die größten aller gelten dürften. Im Taoismus liegt eine
Überlegenheit vorgebildet, wie weder im Buddhismus, noch
im Christentum, noch auch im Brahmanismus: er bezeichnet
nämlich das einzige Yoga-System, das Vollendung und Seligkeit nicht in Gleichung gesetzt hätte. Wie sehr hat es den
indischen und christlichen Yogis zum Verhängnis gereicht,

538   Ein chinesischer Religionsstifter

daß sie ein Zusammenfallen des höchsten Zustandes mit
dem glückseligsten fordern! Diese Erwartung vereitelte ihr
Bestreben, von sich selbst wirklich frei zu werden. Glück-
seligkeit kann nur in Funktion des Egoismus definiert werden;
sie ist kein möglicher Zustand dessen, der sein Ich überwunden hat. Das haben die Taoisten allein erkannt. Hat
es je einen gegeben, der diese Erkenntnis in Leben umzusetzen wußte, so dürfte dies wohl der überlegenste aller
Heiligen gewesen sein.

Wie die Natur aller Schemen spottet! Ich bildete mir
ein, die Möglichkeiten des Literaten im Geist erschöpft zu haben, und nun begegnet mir ein Mann, dessen
bloßes Dasein meine Verallgemeinerungen Lügen straft: ein
Literat mit glühender Seele, von sublimiertester Spiritualität!
In China, wie überall, sind viele Schwarmgeister heute damit
beschäftigt, eine neue Weltreligion ins Leben zu rufen,
und hier, wie überall, sind diese Propheten meist uninteressant. Es sind Gelehrtennaturen, welche die (vermeintliche)
Erkenntnis des einheitlichen Sinnes, der allen höheren
Religionen zugrunde liegt, berauscht hat, und die daraufhin, anstatt harmlose Lehrbücher der vergleichenden Reli-
gionskunde zu schreiben, als Weltverbesserer auftreten. Der
Mann nun, mit dem ich diesen Nachmittag verbrachte, ist
von echter Religiosität beseelt; er erinnert in vielem an
Calvin, nur — was in China allein wohl möglich scheint —
durch manchen franziskanischen Zug besänftigt. Er sieht
das Grundgebrechen Chinas in eben dem, was jedem nach-
denklichen Besucher als erstes auffällt: daß der Sinn in der
Form erstorben ist, und lebt nur für das eine, neuen Geist
dem Buchstaben einzuflößen. Der Geist, den er meint,

ist dem johanneisch-christlichen nahe verwandt. Aber selbstverständlich sieht er im Konfuzianismus die Form, in der sich der Sinn am besten verwirklichen läßt. Er ist eben Chinese und ein gebildeter dazu, und er wäre es nicht, wofern er anders dächte. Ihm ist das Lose des Taoismus, das allzu Weiche des Buddhismus nicht kongenial. Was aber das Christentum betrifft, so seien, meinte er, dessen freilich unantastbare Wahrheiten in einer dem Chinesen fremden Sprache ausgedrückt. Übersetze er sie nun in die seinige, so ergäbe sich nichts anderes als — der Konfuzianismus, vielleicht nicht der traditionelle, aber der, welchen er meint; weswegen von einer Einführung des Christentums füglich abgesehen werden könne.

Während ich ihm zuhörte und das Mienenspiel seines wunderbar durchgeistigten Antlitzes verfolgte, dessen Sprache ich unmittelbar verstehen konnte, mußte ich voll Beschämung der Missionare gedenken, welche solche „Heiden" zu „bekehren" wagen. Wenn sie doch erst lernen wollten, bevor sie lehren! Gewiß: ganz recht hatte mein Unterredner nicht; das Äußerste des Christentums geht im Konfuzianismus nicht auf. Aber dieses Äußerste werden die Chinesen wohl nie begreifen, ebensowenig wie die Europäer jemals in das Innerste der Inderreligion eindringen werden; hier liegen biologisch-historische Schranken vor. Allein, diese Schranken beengen ja nicht das religiöse Erleben, sie schränken nur das geistige Gesichtsfeld ein. So kann ein orthodoxer Konfuzianer Gott gerade so nahe sein und dem Göttlichen in ihm genau so wahrhaftigen Ausdruck verleihen, wie der erleuchtetste unter den Indern; er kann es gerade, sofern er im Rahmen seiner Natur verbleibt.

Wie schön ist ein guter Chinesenkopf! Hier sieht man Äußerstes an Ausdruckswert erreicht — und mit wieviel einfacheren Mitteln als bei unsereinem! Der Europäer muß schon bedeutend aussehen (z. B. kantige Züge, wirre Haare, einen verbeulten Schädel besitzen), wenn er bildnerisch wirksam sein soll; die Chinesen sind über das Bedeutendaussehen hinaus. Hier ist in einfachen Kurven, in gelassenen, ungespannten Zügen eine höchste Bewegtheit verdichtet. Ein guter Chinesenkopf wirkt, so seltsam dies klinge, neben einem gleich guten europäischen als der klassischere.

Überhaupt fehlt es hier, was immer von der Irreligiosität der Chinesen behauptet wird, nicht an Männern und an Vereinen, die ihre Kraft in den Dienst einer religiösen Erneuerung Chinas gestellt haben. Dennoch kann ich jetzt vollkommen verstehen, daß die Missionare die Chinesen als irreligiös beurteilen: denn kirchlich-religiös ist keiner, selbst unter den eifrigsten Reformern nicht; keiner scheint einer neuen Konfession zum Siege verhelfen zu wollen. Wahrscheinlich ist solches Militieren dem Chinesentemperamente zuwider: so intransigent-konservativ der Konfuzianismus gesinnt sei — praktisch hat er den Buddhismus auf die Weise bekämpft und schließlich überwunden, daß er die fremde Lehre in sich hineinbezog, daß er behauptete, sie sei ein Ausdruck eben seiner, der konfuzianischen Weltauffassung. Wohl sind von Zeit zu Zeit Verfolger und Eiferer aufgetreten, und man hat sie gewähren lassen, wie alles in diesem Reich, bis daß sie von selber aufhörten; aber der durchschnittliche gebildete Chinese ist nicht weniger tolerant als der Inder. Immer muß ich an ein Gespräch zurückdenken, das ich mit einem ungewöhnlich eifrigen, polterden alten Konfuziuspriester hatte: freilich, sagte er, sei der Konfuzianismus der absolut vollkommene Ausdruck für

die Wahrheit; aber die Wahrheit an sich, dem inneren
Sinn nach, besäßen wir Christen selbstverständlich auch;
darüber sei kein Wort zu verlieren. Man halte solche Gesinnung der eines lutherischen Pastors gegenüber, der mit
einem Katholiken zu verhandeln hätte!

Die neuen religiösen Stimmungen in China scheinen mir
nun ganz wesentlich durch ihr Akonfessionelles, durch ihre
Unkirchlichkeit ausgezeichnet. Das ist die natürliche Folge
jener typisch-chinesischen Auffassung, auf die ich schon in
Kanton hinwies, daß die Kirche als „Anstalt" betrachtet
wird, als eine praktische, äußerliche Institution, die mit der
religiösen Gesinnung nichts innerlich zu schaffen hat. Wie
protestantisch ist auch dieser Zug! Dem Protestantismus
war die Kirche immer eine „Anstalt", von Gott eingesetzt,
um die Welt in Ordnung zu erhalten; so konnte es nicht
fehlen, daß jede Neubildung im Zeichen der Innerlichkeit
die Tendenz zur Loslösung von der Kirche in sich trug,
was innerhalb des Katholizismus, dem der Kult ein Innerliches bedeutet, nie der Fall war. Was im Schoß des christlichen Protestantismus wohl mehr und mehr geschieht,
aber nur selten offen eingestanden wird, ist der selbstverständliche Weg des chinesischen. Hier sieht man, wie
nüchterne Überlegung unter Umständen zum gleichen Ziel
führen kann wie schöpferische Intuition. Unzweifelhaft ist
das religiöse Gefühl beim Chinesenvolke schwach entwickelt;
dennoch hat dieses von allen vielleicht am klarsten erfaßt,
was für die Religion nicht wesentlich ist. Im Prinzip hat
die Kirche mit der Religion tatsächlich gar nichts zu schaffen;
die Verknüpfung dieser zwei Dinge ist (im begrifflichen
Verstande) ein Sekundäres; Gottesdienst ist unter allen Umständen Magie. Nun ist Magie eine überaus wichtige Naturwissenschaft und in der Ausübung ein edles Kunstgewerbe,

aber sie hat keine religiöse Bedeutung. Religiös sein heißt, nach höchster Selbstverwirklichung streben; mit dem göttlichen Licht alle Erscheinung durchleuchten wollen. Solches Streben kann durch Magie gefördert werden, aber diese an sich bleibt ein rein Technisches. Wo nun die Grundanlage eine nüchterne ist, wie beim Chinesen und beim Nordeuropäer, wo überdies das Selbständigkeitsgefühl so hoch entwickelt ist, daß der Mensch nicht mehr Hilfe annehmen will, als er schlechterdings nicht entraten kann, dort führt die Entwickelung mit Unvermeidlichkeit immer weiter fort von der Magie; mithin von Kirche, Kult und Konfession.

Weshalb erreicht der konfuzianische Mensch so oft einen so hohen Grad der Vollendung? diese Frage drängt sich mir mehr und mehr auf, mit je mehr gebildeten Chinesen ich zusammenkomme. Einen wahrhaft großen Mann, einen „Edelen" nach dem Sinn des Konfuzius, habe ich bisher wohl nicht kennen gelernt; von keinem meiner Bekannten kann ich behaupten, er hätte mir als Natur imponiert. Aber befremdlich viele unter den Herren stehen doch auf einer menschlichen Höhe, wie ich solcher in anderen Breiten nur ausnahmsweise begegnet bin. — Das muß wohl am Konfuzianismus liegen. Ich will diese düstere Dämmerstunde eines Tages, an welchem plündernde Soldaten ein Ausfahren nicht ratsam erscheinen lassen, mit der Durchdringung dieses Problems verbringen.

Der chinesische Idealmensch wird definiert durch das Kulturideal seiner Nation: das Ideal der Konkretisierung; der innerste Sinn soll in der Erscheinung erschöpfend zutage treten. Nun hat jeder einzelne am Tao teil und bezeichnet

als besonderes Phänomen ein Glied der universalen Harmonie:
also kann er sich selbst nur dann verwirklichen, wenn er im
Einklang mit der Weltordnung handelt, und das will weiter
sagen: indem er sein Leben strikt nach objektiven Normen
regelt. Darf ich nun weiter voraussetzen, daß das Befolgen
der Normen, die ich anerkenne, tatsächlich das höchste Maß
von Selbstverwirklichung bedingt, dann kann nicht aus-
bleiben, daß ich, indem ich ihnen gemäß handele, vollendet
werde, wer immer ich als Individuum sei. Hiermit
wäre mein Problem wohl gelöst: der konfuzianische Mensch
steht so häufig auf einer ungewöhnlich hohen Kulturstufe,
weil sein höchstes Ideal ein Ideal der Norm ist, so daß jeder
Normalmensch prinzipiell als berufen gilt, es zu verwirklichen; und weil ferner die gegebene Fassung des Ideals dem
Chinesen unmittelbar den Weg zu seiner Verwirklichung
weist.

Alle Völker und Religionen haben Ideale aufgestellt, welche
allen vorbildlich sein sollen. Jeder von uns sollte Christus
gleichkommen, jeder Inder wie Krishna oder Buddha sein.
Aber jeder kann nicht zum Heiligen werden, er strebe noch
so inbrünstig darnach, weil es hierzu einer besonderen Begabung bedarf, die er nicht hat, daher speziell die
Christen es für ausgeschlossen halten, daß sie ihr höchstes
Vorbild je erreichen könnten. So bleibt es praktisch in der
Regel unwirksam. Wirkt es aber, so tut dies den meisten
nicht gut: keinem tut es gut, sein zu wollen, was seiner Natur
nicht gemäß ist. Der katholische Priester ist in der Idee dem
protestantischen unstreitig überlegen; der Geistliche sollte
so weit sein, daß er versuchungslos im Zölibat leben kann,
sein Geschlechtstrieb sollte restlos umgesetzt sein, aller
natürlichen Bindungen sollte er entraten, rein für andere
leben können. Aber in der Mehrzahl der Fälle kann er es

nicht, um so seltener, als die religiöse Anlage ausnahmslos
mit einer starken Sinnlichkeit zu paar geht, weswegen es gut
war, daß mit der Reformation ein anderer, billigerer Priester-
typus die offizielle Sanktion erhielt. Der konkrete Wert
eines Ideals hängt schlechterdings davon ab, wie es sich zu
den gegebenen Möglichkeiten verhält; nur solche, die zur
Natur in günstigem Verhältnis stehen, die erreichbar sind
im Prinzip — nur solche fördern. Letzteres nun trifft für
die Chinesen in wundersamem Maße zu. Ihr Ideal setzt keine
außerordentliche, sondern eine durchschnittliche Natur voraus, wie sie jeder sich zutrauen darf, realisiert sich in der
vollendeten Ausbildung einer durchschnittlichen Anlage.
So schreckt es a priori keinen ab, ist keinem von Natur aus
unerreichbar, verhilft vielmehr jedem, der ihm ernstlich nachstrebt, zur Verwirklichung dessen, was er ist. Es ist höchst
merkwürdig, wie Konfuzius alles Abnorme einfach von sich
weist. Er sagt: „Das Unerkennbare erkennen, Außerordentliches leisten; überhaupt Taten vollbringen, die den kom-
menden Jahrhunderten Bewunderung einflößten: das ist
etwas, was ich nie versuchen würde." Und anderweitig:
„der Weg des Tao liegt nicht außerhalb oder abseits vom
normalen Menschenleben." Ausdrücklich rät er ab von einer
Überschätzung des Ideals. Im Tschong Young sagt er:
„jetzt weiß ich, weshalb wahrhaft moralisches Leben ein so
seltenes ist; die Weisen halten das moralische Ideal für etwas
Höheres als es tatsächlich ist, und die Toren wissen es nicht
zu würdigen; die Edelen streben zu Hohes an, wollen hoch
über ihr normales Selbst hinausleben, und die Unedlen sind
nicht strebsam genug." Konfuzius scheint ängstlich darum
besorgt, daß das Ideal überschätzt werden könnte. Nicht
der Himmelsstürmer sei der Idealmensch, sondern der, welcher das nächstliegende tut, der Bescheidene, der nur vor-

stellen will, wozu er berufen ist; nicht das Genie sei der höchste Mensch, sondern wer in seiner beliebig beanlagten, aber bis zum äußersten durchgebildeten Person die Norm vollkommen zum Ausdruck bringt, denn das Einzeldasein sei Spiegel der universalen Harmonie. Desto größeren Nachdruck legte er auf den Ausdruck. Ein Weiser, der innerlich hoch stehe, dürfe doch nicht als vollendet gelten: er müsse sich mit Würde geben; der Weise, welcher sich mit Würde gäbe, dürfe auch noch nicht als vollendet gelten: die Würde müsse zur Anmut sublimiert sein. Die Tiefe könne erst als Tiefe gelten, wenn sie die ganze Oberfläche durchleuchtet. — Wie soll einer, dem die Lehre Kung Fu-Tses Gottes Wort ist, dessen Erziehung so angelegt ward, daß dieses Wort ihm sein eigenstes Lebensprinzip bedeutet, nicht den Weg zur Vollendung betreten? Wie soll er, sintemalen dieses Wort tatsächlich die Essenz aller praktischen Lebensweisheit einschließt, der Vollendung nicht häufig nahe kommen? Jeder Normalmensch muß als Konfuzianer weiter gelangen, denn als Brahmane oder als Christ; nur die Unnormalen bleiben ungefördert. Der Unternormale bleibt tiefer unter der Norm zurück, als er unter christlichen Voraussetzungen bliebe, weil diese ihm mehr Hoffnung geben; die Entwickelung des Übernormalen wird gehemmt; und der Abnorme findet gar kein Verständnis. So sind unter Chinesen die Originale seltener als anderswo, die ungebildete Masse ist stumpfer, die gescheiterten Existenzen sind preisgegeben. Aber die Norm erreicht häufiger einen höheren Grad der Vollendung, als irgendwo in der ganzen Welt.

Ist die konfuzianische Alternative in einer Welt, die nun einmal nicht rund ist, nicht die bestmögliche, einmal gesetzt, daß es ein allgemeingültiges Ideal geben kann? — Vollendung ist das Äußerste, was Sterblichen anzustreben ge-

währt ist, also muß auf sie aller Nachdruck gelegt werden.
Das ist auch das Humanste, was sich tun läßt, denn Vollendung ist jedem prinzipiell erreichbar, ferner das Weiseste
insofern, als unter Voraussetzungen, die solche Entwickelung begünstigen, Menschen groß werden können, die es
unter keinen anderen würden; man gedenke der Größe und
Tiefe, welche unbedeutende Frauen manchmal auszeichnet,
jener naiven unschuldigen Größe, vor der sich der weiseste
Mann so gerne beugt. Und hier nun komme ich auf das letzte
Moment, das entscheidend für den Konfuzianismus spricht:
dieser schafft die potenziertesten Menschen. Fast immer
ist das Wachstum der weiblichen Seele den äußeren Hemmungen des Familienlebens zu danken gewesen: im gleichen
Sinn verdanken die Konfuzianer ihr hohes Menschheits-
niveau ihrem ungeheuerlich starren System. Nie wären die
Herren, die ich meine, in westlichen Breiten geboren und
auferzogen, zu einer annähernd gleichen Durchbildung gelangt; diese danken sie ihrer statischen Weltanschauung.
Nach chinesischen Begriffen steht das Weltall still; es ist
vollkommen an sich, nicht zu vervollkommnen; so scheint
im letzten nichts zu wollen möglich. Nun drängt aber das
Leben unaufhaltsam aufwärts, bleibt ein progressiv-dynami-
sches Prinzip, auch wo es statisch gedeutet wird; so findet
trotz allem ein Fortschreiten statt. Nur verläuft es nicht
nach außen, sondern nach innen zu. Es kumuliert sich die
psychische Energie, die in der Initiative keine Auslösung
findet, weshalb durchschnittliche gebildete Chinesen durch
eine innere Gespanntheit ausgezeichnet sind, wie im Westen
nur hie und da ein Ausnahmemensch.

Die Chinesen danken ihre Überlegenheit ohne Zweifel dem
konfuzianischen „Ideal der Norm“. Ein ersprießlicheres allgemeines Ideal läßt sich nicht denken. Auch dem Westen be-

ginnt dies neuerdings einzuleuchten: mehr und mehr wird
von der öffentlichen Meinung das Normale dem Abnormen
vorgezogen, das asketische oder Heroenideal durch das der
Naturgemäßheit ersetzt, die Vollendung über den Zustand
gestellt. Die Kanonisierung, die Goethe fortschreitend in
deutschen Landen erfährt, beruht zum großen Teil auf eben
dem Umstande: von allen großen Männern, die wir haben,
ist er am meisten Normalmensch gewesen, schließt er am
wenigsten Existenzen aus. Wird der Konfuzianismus einmal
zu uns gelangen? Unmöglich ist es nicht. Er ist d i e Weltanschauung der Norm, und tief und wesentlich verstanden,
dem Geiste und nicht dem Buchstaben nach aufgefaßt,
zweifelsohne die beste Weltanschauung für alle Massen.
Über eines darf man sich aber keinen Illusionen hingeben: die
Weltanschauung der Norm zieht nicht hinan, begünstigt
keinen hohen Idealismus, steigert nicht. Alles, was den
höchsten Stolz des Westens ausmacht, verdankt er dem, daß
er Unmögliches begehrt hat; der Konfuzianer will immer nur
das Mögliche. Hier muß man sich eben für eine von zwei
Alternativen entscheiden: e n t w e d e r man will den Übermenschen — dann nimmt man keine Rücksicht auf die Masse;
so war es bis vor kurzem im Okzident; alle äußersten Ideale,
die christlichen inbegriffen, waren auf eine auserwählte
Minderheit zugeschnitten. O d e r man will die Masse, wie
sie ist, der Vollendung zuführen — dann sieht man von den
höheren Typen ab. Es ist kaum zu bezweifeln, daß unsere
demokratische Welt früh oder spät die letztere Alternative,
deren Ideal der vollendete Normalmensch ist, ergreifen wird,
falls sie sich überhaupt ein Vorbild konstruiert. Und das wird
sie tun. Weniger als je ist sich die Menschheit heute dessen
bewußt, daß die Ideale gar nicht Vorbilder sein sollen, die
jeder einzelne nachzuahmen hätte, sondern Verkörperungen

der Grundtöne des Lebens, auf die hin jeder seine persönliche
Note abstimmen soll; weniger denn je scheint sie heute reif
dazu, das Postulat der Uniformität zu verleugnen und sich
jenem höchsten Zustande zu nähern, wo jeder Ton nur als
er selbst erklingen will, im harmonischen Verhältnis zu den
Grundtönen, die ihrerseits mächtig und rein ertönten;
ferner denn je ist das moderne Leben dem Ideal einer Symphonie .... — Immerhin wäre es selbst dann, wenn das Ideal
der Norm zum absoluten proklamiert würde, ein Fehler,
den Konfuzianismus, so wie er ist, nach Europa einzuführen:
um in Konfuzius die Norm idealisiert zu sehen, muß man
Chinese sein. Nur Individuen von geringer Individualisiertheit können so viele Bestimmungen als allgemeingültig anerkennen, nur Geister von geringem Schwung der Phantasie
durch ein so nüchternes Vorbild begeistert werden, nur
Wesen von großer Ausdrucks-, aber geringer Begriffsanlage
an einem so dürftigen System Befriedigung finden. So seltsam dies lauten mag: je mehr Menschen, abstrakt verstanden,
ein Ideal der Vollendung zuzuführen geschickt ist, desto
weniger allgemeinvorbildlich erscheint der jeweilige konkrete Ausdruck. Christus und Buddha verkörpern wahre
Menschheitsideale, so wenig ihnen die allermeisten unmittelbar nacheifern dürfen; Konfuzius kann nur Chinesen ein
Vorbild sein; unsere Begeisterung weckt er nicht. Dies
spricht nicht gegen ihn, sondern beweist nur einmal mehr die
Ausschließlichkeit alles Konkreten. Engländer verstehen unseren Goethe-Kultus schwer; es befremdet sie, daß ein aus-
gesprochener Pedant, ein umständlicher, schwerfälliger Klein-
städter einem Volk das menschlich Höchste bedeuten kann;
und wirklich war Goethe unter anderem auch das, was jene
an ihm auszusetzen finden. Aber in eben dem Sinn erscheint
uns ungeheuerlich, daß England seinen Abgott an — Dr.

Johnson fand; einem unoriginellen, dickköpfigen Durch-
schnittsbriten, der mehr Vorurteile hatte, als irgendein Angel-
sachse nach ihm, dem Begründer jenes Voreingenommen-
heitskultus, der seither wie nichts anderes zur Charakteristik
des englischen Mittelstandes gehört, dem *roi des cuistres*,
wie Sainte-Beuve ihn treffend benannte, dem Manne, der
wohl von allen, deren Erinnerung die Menschheit aufbe-
wahrt, mit der größten, tiefsten Überzeugung am meisten
Gemeinplätze ausgesprochen hat. — Das ist das Schicksal
jedes konkretisierten Ideals der Norm.

D ie letzten Tage, die ich für Peking übrig habe, verbringe
ich auf Ausflügen in die Umgebung. Wie großzügig
ist diese Natur! wie mächtig erweitert sie das Selbstbewußtsein! Die rhythmische Einförmigkeit der Landschaft gibt
ihr den Anschein unbegrenzter Ausdehnung; die klare,
trockene Luft macht alle Entfernung illusorisch; mir ist,
als reichte mein Blick bis an die Grenzen der Welt. Wäre ich
zu Peking als Erbe des Drachenthrons geboren — mir erschiene es wohl selbstverständlich, daß ich der Gebieter des
Erdballs bin; zumal es der Beweise nicht bedürfte. Aus der
Geschichte des Altertums erhellt, daß das bloße Dasein des
Kaisers genügt, um die Welt in Ordnung zu erhalten. Von
der Wiege auf würde mir Schun als Vorbild vor Augen gehalten werden. Dieser heilige Mann hat nur dagesessen, sein
Antlitz gen Süden gewandt; und es herrschte vollkommene
Harmonie. Die Jahreszeiten hielten ihre Fristen ein, alle
Söhne dienten ihren Vätern, alle Gatten liebten einander,
alle Beamten waren redlich und treu. Mir würde immer
wieder versichert: wenn ich nur meine Person zur Vollendung brächte, dann würde der Kosmos sich von selber

richten. Und wenn ich mir klar machte, was das sagen will, *
welch' ungeheure Bedeutung mir innewohnt, und dann
hinausblickte in die weite Natur ringsum, dann dächte ich
freilich: ich bin groß!

Allein ich dächte es ohne Hybris, in aller Bescheidenheit;
ich dächte es vielleicht in aller Demut. Ich hätte das gleiche
Gefühl, das den Bergbesteiger überkommt, wenn er endlich
vom Gipfel seiner Sehnsucht um sich blickt: des Großseins,
ja, aber inmitten eines so ungeheuer viel Größeren, daß er
tatsächlich vielmehr im Bewußtsein seines Kleinseins schwelgt.
Ich, der Kaiser, bin ja nur ein Rad im unendlichen Welt-
mechanismus; das größte, das Schwungrad vielleicht, aber
doch nur ein Glied im Betriebe. Und in Demut gedächte
ich daraufhin der Unbeschränktheit meiner Gewalt. Weswegen heißt man mich unbeschränkt, wo ich doch für die
ganze Schöpfung verantworte, wo eine geringfügige Nach-
lässigkeit meinerseits unsägliches Unheil zur Folge hätte?
Man heißt mich unbeschränkt, weil Keiner über mir steht.
Irgendwo muß die letzte Instanz doch erreicht sein. Alle
moralische Wirksamkeit fußt auf Autorität, wo diese nicht
unbedingt ist, dort fehlt sie ganz. Die Barbaren, die Christen,
so vernehme ich, schieben jene unbedingte Autorität auf
einen Gott ab, den niemand jemals gesehen hat. Das muß
die Erfindung eines schlauen, aber ungerechten Kaisers gewesen sein, der es sich leicht machen wollte; oder bei dem
der moralische Sinn nicht genügend ausgebildet war. Ich
würde mich schämen, die äußerste Verantwortung nicht zu
tragen.

— Ich fahre hinaus aus der Psyche des Himmelssohns und
hinein in einen der vielen, die als Neugierige, vom Fernen
Westen daherkommend, die Kaiserstadt des Fernen Ostens
heimsuchen. Welch' überraschende Entdeckung! Von einem

ganz Großen bin ich in einen ganz Kleinen hineingewandert und finde, daß dessen Selbsteinschätzung um ein Vielfaches größer ist. Er erkennt nichts über sich an; er hält sich für den höchstdenkbaren Menschen, den berufenen Weltbeherrscher. Überdies aber für unverantwortlich; er steht außerhalb des Naturzusammenhangs. — Welcher Autokrat ist der ehrwürdigere, der Kaiser, der bewußt die Verantwortung für den Weltprozeß trägt, oder der freie Amerikaner, der sich des rühmt, die Welt zerschmeißen zu können?

HANKOW

Auf dem Wege von Peking hierher ward der Zug unversehens von Soldaten angehalten. Es war eine selbständige Division, die sich weder zur Republik noch zum Mandschuhause bekannte, die sich offenbar langweilte und die wenigen Abwechslungsmöglichkeiten, welche sich darboten, gierig ergriff. Erst sah es nicht unbedenklich aus, wie wenig die Zugführer selbst Bedenken zeigten: die Soldaten stürmten mit gefälltem Bajonett in die Waggons hinein und machten Miene, das Gepäck zu durchsuchen. Allein sie taten nichts; mitten im Sturm schienen sie auf irgend etwas zu warten; und wie dann die „Friedensstifter" kamen und mit sanfter Miene in sie hineinzureden begannen, da schienen sie zu haben, was sie wollten. Es dauerte Stunden, bis die Verhandlungen abgeschlossen waren; doch dann ließ man uns ungeschädigt ziehen.

Welch' seltsame Soldateska! Während meines Aufenthaltes in Kanton tobte dort der Kampf zwischen Regierungstruppen und Piraten; aber gelegentlich wurde Pause gemacht, und dann verkehrten die Feinde so friedlich-freundlich miteinander, als ob sie gar nicht im Streite lägen. In Hankow

wird erzählt, daß die Fußball spielenden Residenten letzthin
durch die Kugeln, die vom nahen Schlachtfelde herüber-
schwirrten, belästigt wurden; sie schickten dem ihnen am
nächsten postierten General eine Botschaft zu mit der Bitte,
ob er das Schießen nicht lassen könne, bis daß sie ihren Match
beendet hätten; und wirklich soll dieser ihrem Wunsche Folge
geleistet haben. — Die Chinesen scheinen Krieger zu sein,
wie man Schuster oder Strumpfwarenhändler ist, d. h. ohne
irgendwelche Idealität mit dem Waffenhandwerk zu verknüpfen; und während sie es ausüben, scheinen sie mit dem
Herzen kaum dabei. Was Wunder in einem Reich, dessen
Volk seit Menschengedenken den Frieden à tout prix als
höchstes Ideal bekennt? In der chinesischen Literatur stellt
sich der Feldherr selten als Held, desto häufiger als Raufbold
und Bramarbas dar und gewöhnlich als roher Patron schlechthin. Nie ist es in China als Schmach empfunden worden,
wenn ein Feldzug verloren ward; immer wurde den Waffen
des Geistes über der Faust der Vorrang zuerkannt. Eine
hübsche Legende berichtet, wie Gesandte eines Barbaren-
königs einst zum Kaiser kamen, um ihm mit Krieg und Eroberung zu drohen. Dieser wußte anfangs nicht recht, was
er erwidern sollte, denn von dem Unwert seines Heeres war
er überzeugt und über das fremde nicht genügend unter-
richtet. Da fiel ihm der Dichter ein, der gerade an seinem
Hofe weilte: der verstünde gewiß eine solche Antwort auf-
zusetzen, daß die Gesandten erschreckt von dannen ziehen
würden. Der Dichter war, wie gewöhnlich, des Weines voll;
nur mit Mühe gelang es zuletzt der Kaiserin, unter Mithilfe
ihrer allerschönsten Frauen, ihn aus dem Rausche aufzu-
rütteln. Doch wie er dann endlich begriff, um was es sich
handelte, da erfand er aus dem Stegreif solch' feine Rede,
zugleich vom Geist so überlegener Kraft beseelt, daß die Ge-

sandten wahrhaftig entsetzt von dannen zogen und ihrem
Herrn berichteten: solcher Macht sei sein Heer nicht gewachsen. — Mehrfach hatte ich im Gespräche mit Man-
darinen bemerkt, daß sie physischen Mut nicht bewunderten,
sondern verachteten. Zwar gaben sie zu, daß er zeitweilig
von Nutzen sei, und daß man Leute unterhalten müsse,
die ihn besitzen; nur seien dies keine höheren Menschen;
Freude am Streit beweise Vulgarität. Der Soldat galt ihnen
als tief unter dem Gelehrten stehend, mehr dem Bulldoggen
als dem Menschen vergleichbar.

Sicher gravitieren auch wir einem Zustand entgegen, woselbst die Tugenden des Kriegers an Bedeutung verlieren
werden, indem die Gebrechen dieses Typus größer erscheinen
werden als seine Vorzüge; und in vielen Hinsichten ist er er-
strebenswert. Aber wir werden seine Vorteile teuer bezahlen: philiströs, opferunfreudig werden, an Adel der Gesinnung verlieren. Leider bedeutet, so wie die Dinge einmal
liegen, das Ideal des ewigen Friedens ein absolutes nur für
das Himmelreich. Wir Erdbewohner bedürfen des Ansporns materieller Gefahr, wenn wir des Idealismus fähig
bleiben sollen. Wie wenig rund ist, trotz Galilei, diese Welt!
Das Duell ist eine arg barbarische Einrichtung, welche verschwinden muß; schon heute widerspricht sie unserer ganzen
sonstigen Lebensanschauung. Dennoch stehen die Menschen-
typen, die sich schlagen, in vielen Hinsichten über denen,
die darüber hinaus sind. Ihr Vorurteil verbietet ihnen auf
alle Fälle, natürlicher Furchtsamkeit nachzugeben, lehrt sie
handeln der Erkenntnis gemäß, daß es höhere Werte als das
Leben gibt, und erzieht sie vor allem, indem es sie zwingt,
dem Gegner gleiche Siegeschancen zu gewähren, zur Achtung
fremder Persönlichkeit im höchsten Sinn.

Vor mir wälzt der Yangtse seine schmutzigen Fluten.

Tausende von schwitzenden Kulis rackern sich ab auf den
Dampfern und Dschunken, verladend, schleppend, tragend,
schiebend, stoßend, ziehend, zerrend. Solches Leben frommt
dem Chinesen besser als der Kampf für das Vaterland. Sein
Idealismus tritt zutage in der Art, wie er die Mühe des Alltags trägt.

AUF DEM YANG TSE

Nun schwimme ich auf dem gütigen Strom, ohne den die
unermeßlichen Landstrecken, die er durchfließt, ebensoviele Wüsteneien wären. Sein Gefälle ist bedeutend; allein
es ist, als bewegten sich die Wasser kaum, so groß und schwer
ist ihre Masse, gleichwie der Flug der Wildgans neben dem
des Zaunkönigs langsam wirkt. Auf den Ufern des Yang Tse
grünt es, wächst es, gedeiht es überall. Wohin ich blicke,
ist das verständige Schaffen des Bauern zu spüren; wohin ich
mich wende, erscheint er als die Hand der Natur.

Dies ist das eigentliche China, das unsterbliche. Seit ich
seine Blüte kennengelernt, erkenne ich's mit doppelter
Deutlichkeit: die Wurzel der gesamten chinesischen Kultur
ist ihr Bauerntum. Stellte das konfuzianische System nicht
den vergeistigten Ausdruck eines wurzelechten Naturzu-
standes dar, nie hätte es zum Skelett ganz Chinas werden
können.

Die Geschlechter, die zu den Zeiten Shuns und Yaus den
Acker bestellten, sitzen heute noch auf der ererbten Scholle,
ihres Stammbaums tief bewußt. Nur selten wandert einer
aus. Wo der Bauer sich zeitlebens abgemüht, dort wird er
auch der Erde zurückgegeben. Der Acker ist die Wiege ganz
Chinas. Einen erblichen Adel gibt es nicht. Dann oder wann
glückt es diesem oder jenem, die großen Prüfungen zu be-

stehen, und der rückt dann zu höheren Stellungen auf. Die
Masse bleibt ewig wie sie war.

Ich kenne keinen, der länger unter chinesischen Bauern geweilt und sie nicht von Herzen zu lieben, ja zu verehren gelernt hätte. In ihnen sind die Tugenden der Patriarchenzeiten
wirklich lebendig. Was Konfuzius und Menzius gelehrt,
stellt· ihr Leben wie selbstverständlich dar. Hier ist alle
äußere Ordnung wirklich ganz aus der Gesinnung heraus
geboren, ja hier erscheint kein System auch nur denkbar,
das nicht in natürlichen Trieben begründet wäre. Wann
wären unter urwüchsigen Verhältnissen staatliche Gesetze
notwendig gewesen, um die Beziehungen zwischen Familiengliedern zu regeln? Es ist den Eltern natürlich, ihre Kinder
zu lieben und umgekehrt; es ist einer Sippe natürlich, zu-
sammenzuhalten. Je dichter nun eine Bevölkerung ist und
je friedlicher und vernünftiger veranlagt, desto mehr wird
das Natürliche zum Sittengebot. Es liegt dermaßen auf der
Hand, daß ein Dasein, wie das ihre, nur bei harmonischem
Zusammenarbeiten gedeihen kann, daß es als frevlerisch,
weil naturwidrig, wirkt, die Harmonie zu stören; es liegt,
ferner dermaßen auf der Hand, daß die unvermeidliche Ordnung niemanden bedrückt, der sie als Verwirklichung seiner
Wünsche bewillkommnet, daß es unumgänglich erscheint,
die natürlichen sozialen Impulse nach Möglichkeit auszu-
bilden. So ist denn die Liebe zwischen Familiengliedern, die
Ehrfurcht vor Alter und Autorität, von den chinesischen
Bauern so intensiv gepflegt worden, daß sie längst zu den
formgebenden Momenten ihrer Seelen geworden sind. Nun
liegt dem naiven Menschen nichts näher, als ins Unbegrenzte
hinaus zu verallgemeinern: so ist das ganze große Reich
nicht allein, nein, das Weltall als ein Zusammenhang begriffen worden, der auf den natürlichen Beziehungen zwischen

Familiengliedern beruht. Wenn die Söhne den Vätern die schuldige Ehrfurcht erweisen, dann wird es auch rechtzeitig regnen. Diese uraltchinesische Bauernweisheit, deren sich das einfache Volk wohl kaum bewußt war, so sehr es sie lebte und handelte, ist dann in den Meistern des Altertums artikuliert geworden. Und da diese eben das lehrten, was dem Handeln der Menschen ohnehin zugrunde lag, so geschah zweierlei: ihre Satzungen wurden ohne weiteres als richtig anerkannt, und sie wurden, nun sie auch dem Bewußtsein gegenwärtig waren, mit doppelter Aufmerksamkeit befolgt. Auf diese Weise geschah es, daß der Konfuzianismus mehr und mehr zur Bewußtseinsform Chinas heranwuchs, nachdem er längst schon seine Daseinsform dargestellt hatte, und mit dem Fortschritt der Nation sich wohl differenzierte, klärte, verkünstelte, aber nie seinen ursprünglichen Sinn verlor.

Das war möglich nur dank dem besonderen historischen Umstande, daß die Chinesen von Alters her bis heute eine Bauernnation geblieben sind, daß sich dort keine mächtigen Kasten gebildet haben, deren Lebensnormen den bäuerlichen entgegenstanden; daß die noch so komplizierte Verfassung der späteren Zeiten dem Sinne nach bis heute patriarchalisch geblieben ist. So gerieten die Satzungen Kung Fu-Tses und Mong Tses nie in Widerspruch mit der praktischen Nützlichkeit; so blieben sie „zeitgemäß". Je tiefer einer zu denken fähig war, desto mehr mußte er über ihre Weisheit staunen; so hat sich ihr Prestige im Lauf der Jahrhunderte ständig vermehrt. Und dies war notwendig, wenn sie die alte Wirkungskraft behalten sollten. Die Ideen der alten Meister waren, so tief sie im Menschlichen wurzelten, doch allzu einfach; nur unkomplizierte, ursprüngliche Seelen gehen in der Naturordnung restlos auf. Aber freilich bleibt sie das Fundament auch der entwickeltesten. Dank nun dem Prestige,

das die konfuzianischen Sätze genossen, sahen sich die sub-
tilsten Geister veranlaßt, sich tief in ihren Sinn hineinzuver-
senken, wodurch das in ihnen lebendig blieb oder aufs neue
lebendig wurde, was dem Bewußtsein nichtchinesischer
Kulturmenschen nur ganz ausnahmsweise gegenwärtig ist;
daher die naturhafte Tiefe, welche noch so verfeinerte Chinesen meistens auszeichnet. Bei ihnen ist der Sinn für das
Ursprüngliche stets lebendig. Das Verhältnis der Kinder
zu den Eltern und umgekehrt wird so tief erfaßt, wie in
Europa nirgends mehr; die Naturtriebe werden entsprechend kultiviert. Daher bei den Verfeinertesten immer
noch ein lebendiger Sinn für das Einfache und Ursprüngliche, bei Dekadenten noch ein lebendiger Begriff für den
Sinn der Moralität. Ich habe nie einen Chinesen gesehen,
dem Moralität etwas anderes bedeutet hätte als gebildete
Natur. Trotzdem ist gewiß kein Mandarin ein so guter
Konfuzianer wie jeder Bauer des Yang-Tse-Tals, eben weil
der Konfuzianismus ursprünglich nur dem Bauernhorizonte
gemäß ist. Aber solange es keine Kasten in China gibt, solange der Bauer der Chinese bleibt und als solcher seinen
Charakter nicht ändert, werden die Eigentümlichkeiten
nicht aussterben, dank welchen der Chinese noch heute als der
moralisch gebildetste Mensch erscheint.

Solange . . . . Wird der Bauer auch nach der neuesten Umwälzung der Alte bleiben? Und wenn nicht, was dann? Mit
tiefer Wehmut blicke ich auf die Felder und Dörfer ringsum,
auf die unermüdlichen Landleute, die längs dem Yang-Tse-
Gestade ihren altgewohnten Beschäftigungen nachgehen.
Eine Armut, wie sie für den Chinesenbauern typisch erscheint, ist freilich ein absolutes Übel — aber wie soll sie
überwunden werden ohne Ansporung des individuellen
Egoismus, wodurch die moralische Grundlage der wunder-

baren chinesischen Zivilisation, der allmächtige Familien-
sinn, zerstört würde? Für den Schmutz ist wenig anzuführen:
aber wie soll Reinlichkeit einziehen, bevor der Wohlstand
gewachsen ist? Entsetzlich ist es fürwahr, daß so viele Menschen Jahr für Jahr an Hunger und Seuchen zugrunde gehen:
aber wo soll der Bevölkerungsüberschuß hin, wenn die Selbstregulierung der Natur zerbrochen wird? Allerdings ist ein
höherer Gleichgewichtszustand denkbar, als der bisherige
ihn darstellt, aber es wird Jahrhunderte währen, bis daß er
herbeigeführt ist, und bis dahin wird das Elend größer werden,
als es früher war. Was ist der Kern des sozialen Elends bei
uns? Daß die Menschen zu viel wissen, um innerhalb der
engen Verhältnisse, in denen sie leben, glücklich zu sein, und
nicht genug wiederum, um einzusehen, daß der gerügte Zustand nur im Laufe langer Zeiträume im großen verändert
werden kann, weshalb gewaltsames Hinausstreben aus ihm
zunächst seiner Verschlimmerung zuführen muß. In Amerika
ist es sicherlich angezeigt, jeden einzelnen lernen zu lassen,
so viel er nur will, denn dort sind die Verhältnisse noch so
weit, daß jedes Talent sich durchzukämpfen Aussicht hat.
Im engeren Europa sind sie's nur ausnahmsweise, weswegen
es besser wäre, wenn die Versuchung nicht über die Maßen
gesteigert würde. Im übervölkerten und entsprechend
armen China, mit seiner starren Gesellschaftsordnung, wird
das, was für Europa ein Verhängnis ist, ganz sicher den Charakter einer Kalamität annehmen. Also wird es mit dem
traditionellen Glück der Chinesen unter allen, auch den
günstigsten Umständen, zu Ende sein.

Der Weg des Fortschritts stellt sich als eine endlose Serie
intimer Tragödien dar. Das Glück hängt ausschließlich von
inneren Umständen ab, ist von außen nicht herbeizuführen:
insofern erscheint Fortschreiten als zwecklos, ja schädlich.

Ein gegebener unabänderlicher Zustand löst auf die Dauer von selbst die innere Einstellung aus, dank welcher er erträglich wird; unter wechselnden Verhältnissen ist der innere Mensch außer Gleichgewicht. Nun besteht die Aufgabe darin, einen inneren Zustand zu erringen, der allen äußeren gerecht würde, d. h. praktisch von ihnen unabhängig wäre, und das heißt: einen Zustand höchster Kultur. Während also unter stationären Verhältnissen jeder einzelne potenziell des Glückes teilhaftig war, ist es unter wechselnden nur der höhere Mensch. Hier befindet sich die Masse zu dauerndem Unglücklichsein verdammt. Vielleicht ist dies die Absicht der Vorsehung, sofern es eine gibt, denn sicher entwickelt sich der Mensch im Unglück schneller als im Glück; vielleicht ist es gut, daß nunmehr eine Periode wachsenmüssenden Elends über die Menschheit hereingebrochen ist. Aber tragisch ist es, daß sie diese Periode als eine solche größeren Glücks willkommen heißt, denn die unvermeidliche Enttäuschung wird die Unbefriedigtheit ins Ungeheure steigern.

Die reflektorische Stellung des wohlwollenden Kulturmenschen diesem Schicksal gegenüber ist die eines Aufhaltenwollens. Deshalb sind alle wirklich gebildeten Chinesen reaktionär. Aber sie wären weiser, wenn sie ihr Mitleid niederkämpften. Sie sollten nach Möglichkeit den künftigen Gleichgewichtszustand vorwegnehmen und der Masse als Beispiel vorhalten, denn nur so werden sie ihr wirklich helfen. Die Ideale von einst haben abgedankt; die vergangenen Typen der Vollendung können nicht mehr als vorbildlich gelten. Den Gebildeten, den Aristokraten liegt es in China, wie überall, ob, nicht eine vergangene Vollkommenheit zu verewigen, sondern aus ihrer besseren Einsicht heraus sobald als möglich den Typus herauszugestalten, welcher der Menschheit von morgen die Wege weisen kann.

Der Kapitän erzählt mir von der Zeit, wo er als junger Offizier den Yang-Tse auf und ab fuhr: damals sei alles anders gewesen. Wie erfreulich war es dazumal, mit den chinesischen Kaufherrn zu verhandeln! Unverbrüchlich hielten diese ihre Kontrakte ein, ja meist genügte eine mündliche Abmachung; sie waren zuverlässig und ehrlich, wie nur irgendeine englische Firma. Heute müsse man ihnen genau auf die Finger passen; sie betrögen, wo immer sie könnten. Dies sei der Erfolg des Kontaks mit dem amerikanischen Geschäftsbetrieb. — Nun, die Amerikaner sind es nicht allein, die schlechte Sitten nach dem Osten verpflanzt haben; die allermeisten Europäer benehmen sich dort auf eine Art, die sie zu Hause unmöglich machen würde. Je mehr ich sehe und erfahre, desto gewisser wird mir: wo die innere Bildung keine außerordentliche ist, erhält sich das Gute genau nur insoweit, als es nachweislich zweckmäßig ist. In allen geschlossenen Gemeinschaften i s t es das Zweckmäßigste, weswegen Völker sowohl als Standesgenossen, Zünfte sowohl als Verbrecher, wo immer sie weitblickend genug sind, ein gewisses Minimum an moralischen Grundsätzen untereinander einhalten. Und das Gute erweist sich als desto zweckmäßiger, je reger der Verkehr und je größer der Umsatz wird, so daß innerhalb ganz großer Geschäftsbetriebe die Solidität nicht selten absolut ist. So sind wir modernen Europäer, solange wir untereinander verhandeln, vermutlich die ehrlichsten Makler, die es je gab. Aber daß unsere Moralität nichts Primäres, sondern lediglich das Produkt der Verhältnisse ist, erweist sich mit abschreckender Deutlichkeit, sobald wir uns außerhalb unseres eigenen Kreises betätigen: dort gebärden wir uns als richtige Raubtiere. „Piraten" heißen uns die gebildeten Chinesen unter sich, und die Bezeichnung ist sicher nicht zu scharf. Seit ich im Osten

geweilt habe, kann ich leider nicht mehr daran zweifeln, daß
unsere moralische Bildung schlechterdings äußerlich ist.

Glücklicherweise erweist sich das Gute auf die Dauer überall
als das Zweckmäßigste, so daß der Weiße auch im Orient
irgend einmal nicht umhin können wird, sich anständig und
ehrenhaft zu benehmen. Aber es ist doch beschämend, zu
denken, daß die Mehrzahl unter uns moralisch ganz roh geblieben ist trotz Christentum, Humanitätsideal und noch so
zweckmäßiger Systeme. Zerschlüge ein Gott auf einmal unseren
äußerlichen Apparat, wir stünden als reine Barbaren da. Den
Chinesen brauchte solch' drohender Gott keinen Schrecken
einzuflößen: was ihnen an Moralität innewohnt (und das ist
mehr, als die meisten von uns besitzen), ist innerlich, nicht
äußerlich bedingt. Gewiß ist es vom Äußerlichen nicht unabhängig — wäre es das, die Chinesen müßten Halbgötter
sein; ohne den Zwang eines engsten Zusammenlebens unter
schwierigen Verhältnissen wäre die Bildung des Individuums
nie so weit gediehen; sind die Kaufleute heute weniger ehrlich
als ehedem, so tragen sie damit gleichfalls den äußeren Umständen Rechnung. Aber der Sinn für das Moralische stellt
einen primären Faktor ihrer Seele dar, nicht einen sekundären,
wie bei uns. So erscheinen sie, vom Standpunkte Gottes aus
betrachtet, uns moralisch überlegen auch dort, wo sie unmora-
lischer handeln. Während meines Aufenthaltes in China kam
mir wiederum öfters die These Paul Dubois' in den Sinn, daß
ein unsicheres Gefühl für den Unterschied zwischen Gut und
Böse ein Zeichen von Dummheit sei; es handele sich um ganz
objektive Verhältnisse, die man entweder erkenne oder nicht,
über die es jedoch ebensowenig zwei gleichwertige Ansichten
geben könne, wie darüber, ob 2×2 4 oder 5 ausmachen.
So „dumm" (oder richtiger „ungebildet") in dieser Hinsicht,
wie die allermeisten europäischen Männer (die Frauen sind

viel gebildeter), scheint kein Chinese; mag er noch so be-
denkenerregend handeln — das Handeln hängt vom Charakter ab — er weiß wohl immer, was recht wäre. Er weiß es
aber, weil diese Seite seiner Seele dank dem Konfuzianismus
auf hoher Bildungsstufe steht. Wäre es nicht an der Zeit,
daß auch wir unsere Kinder konfuzianisch erzögen? Früh
oder spät kommt es sicher dahin; hoffentlich geschieht es
nicht zu spät. Unsere hochfahrenden Ethiker und Moralisten
sollten alle ein Jahr lang gezwungen werden, mit gebildeten
Chinesen umzugehen (gleichwie ich allen religiös Interes-
sierten nahegelegt habe, ein Jahr in Benares zuzubringen):
die, deren Seelen nicht völlig blind sind, werden mit Erstaunen gewahren, daß diese Herren, so „unmoralisch" sie
nach europäischen Begriffen sind, so viel sie schauspielern,
verheimlichen, lügen, so ungeniert sie in Bordellen verkehren,
ja so wenig imponierend in der Regel ihr Charakter ist, an
moralischer Bildung doch unvergleichlich viel höher stehen,
als die meisten unserer Rassegenossen. Der bloße Begriff
einer moralischen Bildung ist dem Durchschnittseuropäer
fremd. Er wähnt, mit dem „Charakter" sei alles gesagt und
getan. Was bedeutet aber Charakter? Die Festigkeit eines
gegebenen psychischen Gefüges. Nun ist diese Festigkeit eine
reine Frage der Physiologie und hat mit Moralität nichts zu
schaffen. So schön es ist, wenn ein moralisch Gebildeter
Festigkeit beweist, so entsetzlich ist es, wenn ein Roher
gleiches tut. Wir haben durch Züchtung auf Charakter ein
haltbareres Seelenrohmaterial in die Welt gesetzt, als der
ganze Osten es aufweisen kann. Aber mehr ist bis heute nicht
geschehen. Es wäre Zeit, mit der Bearbeitung anzuheben.

Ich wünschte, den Missionen würde seitens der Regierungen
ein Riegel vorgeschoben. Ihre einzelnen Glieder sind oft
ganz ehrenwert, allein sie stehen an moralischer Bildung fast

ausnahmslos zu tief unter denen, die sie „bekehren" kommen, um nicht viel mehr zu schaden, als zu nützen. Zu gebildeten Leuten soll man keine Rüpel als Lehrer aussenden; selbst wenn diese die besseren Menschen sind.

Auf dem Yang-Tse wütet der Sturm. Wenn ich mit geschlossenen Augen daliege und den Stimmen der Luft und des Wassers lausche, überkommt mich die Einbildung, daß ich auf dem Ozean sei. Und wenn ich dann aufblicke, so enttäuscht mich das Schauspiel eines zerschrammten, kaum zersplitterten schmutzigen Wasserspiegels. Es ist besser, die Augen geschlossen zu behalten. — Wie ich sie nun nach einer Weile wieder auftue, das Bewußtsein ganz von den Tönen eingenommen, da ist mir, als hätte alles sich verwandelt: ich sehe gewaltige Wogen unter mir, ein tobendes Meer; nur schwebe ich so hoch über ihm, daß jene ganz klein erscheinen.

Es ist ein altbeliebtes Spiel von mir, Kleines groß und Großes klein vorzustellen; ein Spiel, das viel Kurzweil bereitet. In Sandgerinseln Cañons, in Lachen Meere zu sehen — dazu bedarf es keiner Anspannung der Einbildungskraft, und die innere Bereicherung, die man dabei erfährt, ist groß. So kann man gewaltigen Naturereignissen beiwohnen, ohne je seine Scholle verlassen zu haben. . . . Und doch hilft alle Phantasie über unsere wesentliche Begrenztheit nicht hinaus. Welcher Unterschied besteht denn „an sich" zwischen einer Pfütze und dem Ozean? Nur einer der absoluten Größe. Tatsachen sind beide im gleichen Sinn, an Problemen ist der Ozean nicht reicher; jedes Atom ist ein Sonnensystem, kann ohne weiteres so vorgestellt werden. Gleichwohl ruft nur das, was groß ist in bezug auf uns, von selbst große Gefühle

wach. Das zeigt, wie kläglich abhängig wir von äußerer Anregung sind. Eine gewaltige Erschütterung hebt leicht den
Philister hoch über ihn selbst hinaus; andrerseits kann das
Genie nur inmitten einer günstigen Umwelt seine Bestimmung vollkommen erfüllen. — Man sollte so weit gelangen,
daß man von den Zufälligkeiten des äußeren Milieus ganz
unabhängig wäre; das heißt, man sollte sein inneres Milieu
— seinen gegebenen psychophysischen Organismus — so
vollkommen beherrschen, daß man durch willkürliche Um-
stimmung desselben, wie der Achtfuß seine Hautfärbung bestimmt, eben das mit Sicherheit erreichte, was sonst nur
durch kluge Abwägung äußere Einflüsse einigermaßen zu
bewerkstelligen ist.

SHANGHAI

Ich habe also Shen Chi-P'ei gesehen, den Literaten, von dem
ich so viel gehört hatte. Die Erwartungen, die ich an
seine Bekanntschaft knüpfte, waren groß. Fast jedesmal, wo
das Gespräch zu Peking auf europäische Verhältnisse kam,
und ich die Ansichten chinesischer Freunde zu berichtigen
Veranlassung fand, sahen diese sich bedeutungsvoll an und
riefen aus: das hat uns Shen Chi-P'ei auch gesagt; nur wollten
wir ihm nicht glauben, da er, so gelehrt er immer sei, sich
mit der westlichen Kultur nur oberflächlich befaßt hat. —
Was mußte das doch für ein Mann sein, der, ohne zu wissen,
das meiste verstand! — Der Augenschein, die persönliche
Fühlung hat mir keine Enttäuschung gebracht. Shen Chi-
P'ei ist die größte Erfüllung chinesischer Möglichkeit, die
ich gesehen; er ist tatsächlich ein „Edler", wie Kong Fu-Tse
ihn gezeichnet hat. Ein Greis mit dem Feuer eines Jüng-
lings; ehrwürdig und ernst, wie es dem Weisen ziemt, und

dabei anmutig in seinem Gebaren, wie ein Mädchen; vollendet in der Form und zugleich ganz Tiefe und Sinn. In einem
wunderbar hohen Grad bringt Shen jenes Ideal der Konkretisierung zur Darstellung, das für die chinesische Kultur
vor allem charakteristisch ist. In ihm ist alle persönliche Tiefe
zur typischen Form und Oberfläche geworden; keine Gebärde, die dem Buch der Riten nicht gemäß wäre, und doch
auch keine, die nicht eben ihn, nur ihn zum entsprechenden
Ausdruck brächte. Seine Unterhaltung ist wunderbar belehrend. Nie bin ich unter Chinesen so tiefem Verständnis
des Nichtchinesischen begegnet, vom Chinesischen zu schweigen. Und dabei ist Shen einer der extremst-orthodoxen
Konfuzianer, die ich gekannt; neuerungsfeindlich, reaktionär,
ein Literat alten Schlages, der das Fremde kaum für kennens-
wert hält. Er ist eben so tief in sich selbst hineingelangt, daß
alles Menschliche sich für ihn von selbst versteht, daß ganz
wenige äußere Anhaltspunkte ihm genügen, um jeden menschlichen Sinn a priori vorwegzunehmen. Wieder einmal sehe
ich's: jede Gestalt, auch die begrenzteste, ist eine mögliche
Fassung des Unbegrenzten.

Ich bin glücklich, dieses Bild menschlicher Vollendung
mit meinen leiblichen Augen gesehen zu haben. Schon lange
trug ich mich damit, eine allgemeine Bestimmung des Chinesentums zu geben, aber ich wartete immer noch ab, ob
mir nicht eine Tatsache begegnete, die eine Erweiterung des
Kreises erforderte. Eine reichere Natur und eine vollendetere
Kultur, als Shen sie verkörpert, werde ich in China nicht mehr
treffen. So darf ich heute, die konkrete Anschauung vor Augen,
mit gutem Gewissen an die Ausführung meines Vorhabens
gehen. Es gilt zusammenzufassen und von einer einzigen Licht-
quelle her zu beleuchten, was ich während meines Aufenthaltes
in China unzusammenhängend bemerkt und aufgezeichnet habe.

Wohlbemerkt: um eine Bestimmung des Chinesentums,
nicht des Chinesen ist mir heute zu tun; um das, was sich
einerseits in abstracto fassen läßt, andrerseits für die ganze
Menschheit symbolische Bedeutung hat. Die konkrete
chinesische Substanz ist ein Absolutum, das weder abgeleitet, noch als Vorbild vorgezeichnet werden kann; sie, das
Eigentliche, bleibt außerhalb meiner Betrachtung. Nur soviel darüber, unter dem frischen Eindruck Shen Chi-P'ei's:
die chinesische Substanz ist ein Großes; eine Entelechie, die
an Potenz, wenn nicht an Reichtum, kaum übertroffen dasteht.

Der Chinese ist ohne Zweifel weniger individualisiert als
der Europäer; ein Shen steht einem Kuli viel näher, als bei
uns ein Intellektueller einem Landarbeiter; dieses springt
um so mehr in die Augen, als die Unterschiede zwischen den
Klassentypen in China ungeheuer viel größer sind als bei
uns, was dem vorherbezeichneten Verhältnis entgegenwirkt.
Der größte, überlegenste Chinese ist nicht Persönlichkeit
im Goetheschen Sinn. Damit sind ihm bestimmte unüber-
schreitbare Grenzen gesetzt: alles das liegt jenseits seines
Vermögens, was differenziertes Einzigkeitsbewußtsein voraussetzt: also individuelle Charakteristik, individualisierte Liebe,
zumal jene unendliche und doch rein persönliche Liebe,
welche Christus jeder einzelnen Seele entgegenbringen soll;
seine Karität stellt, wo vorhanden, kein persönliches Verhältnis zum einzelnen dar, sondern, gleich der stoischen
Humanität, ein abstraktes zur Allgemeinheit. Aus eben dem
Grunde fehlt ihm das Persönlich-Schöpferische, als welches
unbedingt Einzigkeitsbewußtsein voraussetzt; aus eben dem
Grunde ist er Intellektualist. Intellektualismus entsteht
überall als subjektives Spiegelbild objektiv bestehender
Gleichförmigkeit; wo eine unindividualisierte Menschheit

(welche, wohlbemerkt, nie die früheste ist! Naturvölker sind viel individualisierter als die Chinesen) hohe Verstandesanlagen besitzt, bekennt sie sich ausnahmslos zum Ideal der Uniformierung, der Systematisierung, zum Postulat unbegrenzter Verallgemeinerungsmöglichkeit, denn nichts liegt dem Intellekt ursprünglich so nah, wie das Generalisieren. Wo nun die Tatsachen dies Verfahren durchaus rechtfertigen — je unindividualisierter ein Volk, desto mehr werden allgemein-abstrakte Bestimmungen dem einzelnen gerecht — dort verstärkt sich die ursprüngliche Neigung in der Zeit. Damit ist dem möglichen Geistesleben eine weitere Schranke gesetzt: der Chinese als Intellektualist hat kein bewußtes Verhältnis zum Metaphysisch-Wirklichen; er bleibt, sofern er denkt, an der Oberfläche der Dinge haften.

Sehr bedeutsam ist nun, daß der Chinese uns trotz dieser Schranken in allen wesentlichen geistigen Hinsichten ebenbürtig ist: Wesenserfassung und Wesensausdruck setzen keine Individualisiertheit voraus. Als Mystiker kommt er den größten Europäern und Indern gleich, denn mystische Erkenntnis bedeutet Erfassen des tiefsten Lebensgrunds, welcher überall ein gleicher ist. Zum absolut Guten und Schönen steht der Chinese in unmittelbarstem Verhältnis, weil die Verwirklichung des absoluten Ideals ausschließlich Funktion der Vollendung und unabhängig vom Charakter der Elemente ist. Überall, wo Wesentliches in Frage kommt, ist von Beschränktheit bei ihm nichts zu spüren. Das Wesen liegt eben tiefer als die Individualität. Diese Wahrheit hat China für immer bewiesen.

Insofern er wenig individualisiert ist, kann man wohl sagen, daß der Chinese auf einer niedrigeren Naturstufe steht als wir. So wenig ich dem Evolutionsdogma sonst hold bin: sicher entwickelt sich der Mensch als geistiges Wesen im

Sinne fortschreitender Differenziation, und auf diesem Wege
sind wir weiter gelangt als der Chinese. Ebenso sicher sind
wir weniger weit als er in der Kultur, denn diese hängt ab
vom Grade, bis zu welchem ein gegebener Naturzustand
durchgebildet ward. An Durchgebildetheit ist der Chinese
der erste, vorgeschrittenste Mensch; seine sämtlichen Anlagen sind durchgeistigt, überall erscheint der Ausdruck
vollendet. So beweist Chinas Beispiel ein weiteres: daß Kultur in einer anderen Dimension als der Fortschritt liegt.
Es beweist noch ein Drittes: daß es letzthin allein auf Durchbildung ankommt, denn auf und trotz seiner niederen Naturstufe ist der Chinese der Verwirklichung des Menschheits-
ideals näher gekommen, als wir bisher.

Demnach bedeutet das Chinesentum einerseits ein Über-
bleibsel aus vergangenen Entwicklungsstadien, andrerseits
eine Vorwegnahme des Zukunftsideals. Für mich besteht
kein Zweifel darüber, daß der Höchstgebildete künftiger
Zeiten dem traditionellen Konfuzianer näher stehen wird
als dem modernen Menschen, daß die soziale Ordnung der
Zukunft der chinesischen ähnlicher sehen wird als dem, was
unsere Utopisten erhoffen. Wohl wird der Mensch der Zukunft autonom sein; äußere Schranken wird es wenige mehr
geben, und die bestehenden werden als *pis-aller* verurteilt
werden, wie dies in China seit Jahrtausenden geschieht.
Aber der Mensch wird sich dann selbst, aus eigener höherer
Einsicht heraus, beschränken; er wird überindividuell, nicht
individualistisch denken. Dieses Stadium vollendet-über-
individuellen Denkens wird aber demjenigen unterindivi-
duellen, auf welchem China steht, verwandter sein als unserem heutigen.

Das traditionale Chinesentum verhält sich sonach zum
höchstdenkbaren Menschheitszustande nicht viel anders, wie

die mythisch gefaßte Weisheit antiker Weisen zur wissen-
schaftlichen Bestätigung ihrer in exakterer Form. Dem
Sinne nach über die Rishis hinauszugehen, ist schwer möglich; aber die gleichen Erkenntnisse lassen sich besser fassen.
So wird auch die chinesische Kultur dem Sinne nach nie
übertroffen werden. Was nun den Ausdruck betrifft, so
hängt dessen Unzulängliches in allen prinzipiellen Hinsichten
mit ihrem Intellektualismus zusammen. Das Ideal der Konkretisierung, an sich ein absolutes für diese Welt, verwirklicht
sich in China nicht in der Vollendung unvergleichlicher,
einzigartiger Seelen, sondern in der vollendet dargestellten
Norm; dies bedingt, daß das Tiefste im Menschen uner-
griffen bleibt. Das Höchste wäre, das Konkretisierungsideal
vermittelst des reinen Subjekts zu realisieren. Des Menschen
Tiefstes ist reine Subjektivität, unobjektivierbar, unerfaßbar
von außen her; in und aus ihr gilt es unmittelbar zu leben.
Der Chinese tut es nur mittelbar, durch Selbsthingabe an
eine objektivierte Weisheit. Eine solche nun, so tief und
umfassend sie sei, wird Besonderem nicht gerecht, sie weiß
nur von Typen; sie muß veräußerlichen, da sie nicht von der
einzelnen Seele ausgeht, sondern den abstrakten Beziehungen,
die zwischen vielen bestehen, sie muß nivellieren, da sie nur
auf das Allgemeine Rücksicht nimmt; und die Harmonie,
die sie schafft, entsteht auf Kosten des Reichtums. Gelingt
es uns dereinst, vermittelst freier Initiative vollentwickelter
Individualitäten, die unbefangen ihre persönliche Vollendung anstreben, eine gleich vollkommene Harmonie zu
begründen, wie sie in China besteht, so wird das soziale Ideal
verwirklicht sein.

Noch ein Wort zur Frage unserer größeren Originalität
den Völkern des Ostens gegenüber. Sie bedeutet keinen unbedingten Vorzug, denn sie wird durch ein entsprechend

schlechteres Erinnerungsvermögen kompensiert. Ost und West verkörpern zurzeit die entgegengesetzten Pole des lebendigen Geschehens, den der Neuerung und den des Gedächtnisses. Die Stereotypie der Natur ist nichts anderes als Erinnerung, ihr Neuschaffen recht eigentlich Erfinden, und beide zusammen scheinen notwendig zum Fortbestand der Welt. Aktuell aber schließen sich Neugestalten und Festhalten fertiger Gestalten aus. Fast jeder schöpferische Geist hat über ein schlechtes Gedächtnis geklagt, den meisten Gedächtniskräftigen fällt wenig ein. Das Erinnerungsvermögen der Völker des Ostens ist ungeheuer; fast ließe es sich als Unfähigkeit zu vergessen definieren. Gleichermaßen ungeheuer ist dort die Dauerhaftigkeit einmal geprägter Lebensform und deren physische Vitalität. Die Kulturgestaltungen degenerieren im Osten ebenso langsam, wie die der Natur auf der ganzen Welt. Wir nun entarten, sobald es mit uns nicht vorwärts geht. Das macht, daß wir ein schlechtes Gedächtnis haben. Nur insofern wir forterfinden, erscheint unser Fortbestand gesichert. — Werden wir ad indefinitum forterfinden können? Oder dereinst hinüberschwenken zum entgegengesetzten Pol des Geschehens? Oder gar ganz verschwinden von diesem Planeten, nach kurzer, übereilter Laufbahn? — Niemand vermag's zu sagen.

Morgen verlasse ich das Reich der Mitte; was nehme ich mit von dannen? Belehrung mehr, als ich im Lauf von Jahren werde verarbeiten können. Dennoch fühle ich mich unbefriedigt: so viel China mir gegeben, verwandelt hat es mich nicht; ich scheide beinahe als der gleiche, als der ich kam. Entgegen meiner eigensten Veranlagung bin ich hier vom Anfang bis zum Ende Betrachter geblieben; so

viel ich mich in die Chinesen hineinversetzt habe — die
Periode des Andersseins scheint merkwürdig wenig für mich
bedeutet zu haben. Wie seltsam: China hat mich doch mehr
beeindruckt als irgendein Land; es hat mich unermeßlich
viel gelehrt; ich habe es überdies von Herzen liebgewonnen.
Und doch scheide ich mit einem leichten Gefühl des Ressentiments.

Wenn ich nun nachdenke über dieses Gefühl, so komme ich
bald genug auf seinen Grund. Ich habe von China im selben
Sinne weniger gehabt als von anderen, objektiv uninteressan-
teren Ländern, wie Agra für mich bedeutungsarm gewesen
ist im Vergleich zur Wildnis der Himalayas, und alle Kunst
überhaupt und von je im Vergleich zur Natur. Indem ich
Menschenkunst, die höchste ausgenommen, betrachte, gelange ich nie aus meinen ursprünglichen Möglichkeiten
hinaus; ich lerne wohl neue Sprachen reden, mich in bekannten besser ausdrücken, ich werde mir Seiten meiner
selbst bewußt, über die ich sonst vielleicht hinwegfühlte
— in meinem Menschentum mit seinen engen Grenzen
bleibe ich befangen. Dieses typische Mißgeschick nun hat
mich in China in ungewöhnlichem Maße ereilt, weil die
Chinesen von allen Menschen die — menschlichsten sind;
sie haben es in der Ausprägung ihrer Eigenart von allen am
weitesten gebracht. Und wenn sie andrerseits auch das All-
gemein-Menschliche dem Eigentümlichen, und jenem das
Mehr-als-Menschliche in vielleicht unerreichtem Grade eingebildet haben, so bringt es doch gerade das Erschöpfende
des Ausdrucks mit sich, daß das resultierende Bild ein solches der Allzumenschlichkeit ist. Die moralische Bildung
so weit durchzuführen, daß die äußere Ordnung als not-
wendiges Ergebnis interferierenden freien Wollens erscheint,
ist freilich ein Äußerstes — aber zugleich ein Allzumensch-

liches, denn nur Menschen vollenden sich in der sozialen
Gemeinschaft. Das Gefühlsleben so weit zu stilisieren, daß
ein objektives Ritual als entsprechender Ausdruck der subjektiven Impulse erscheint — das ist gleichfalls ein Äußerstes,
aber auch gleichfalls ein Allzumenschliches: denn Urbanität
kommt nur für Menschen in Frage. Wohl hat der Chinese,
als der wurzelhafteste Mensch, von allen den universalsten
Hintergrund, aber das Universale ist bei ihm ins Rein-
Menschliche hineingepreßt, wodurch dieses in unerhörtem
Grade potenziert erscheint. Nun bin auch ich, bis auf weiteres, ein Mensch; und weile ich in einer Atmosphäre poten-
zierter Menschlichkeit, so wird auch meine Beschränktheit
potenziert. Ich laufe Gefahr, in meiner Eigenart auszukristallisieren, und davor fürchte ich mich.

Wäre die chinesische Zivilisation wenigstens schwer verständlich als Phänomen, wie es die indische in hohem Grade
ist, dann besäße sie trotzdem anregende Kraft. Ameisen
müssen anderen Ameisen wohl uninteressant vorkommen,
weil jede einzelne das Ameisentum so vollkommen erschöpft,
wie eine Statue des Phidias die Möglichkeiten hellenischer
Körperbildung, so daß keine der anderen etwas Neues
bietet, — aber mich fördert ihre Anschauung doch, weil eine
Einfühlung in das noch so „Allzuameisenhafte" mich immerhin aus dem „Allzumenschlichen" hinauszieht. Zu den
Chinesen nun stehe ich wie eine Ameise zur anderen; von
allen Nationen sind sie die unmittelbar verständlichste. Die
Nüchternheit ihrer Grundveranlagung, das Vorherrschen des
gesunden Menschenverstandes über der Phantasie, ihre Freude
am Selbstverständlichen, ihr Kult für das klassische Ideal
bedingen es, daß keine ihrer Gestaltungen, so verschnörkelt
sie aus der Ferne besehen scheint, dem, der sie eindringlich
betrachtet, die mindesten Verständnisschwierigkeiten be-

reitet. Es gibt kein chinesisches Ideal, das nicht jedem Menschen ein Vorbild sein könnte, es gibt sogar keine *chinoiserie*, der nicht jeder gerecht werden könnte. So gibt es auch nichts in der Atmosphäre der chinesischen Kultur, das den Geist als solchen anregte: sie bestärkt einen, im Gegenteil, in der Routine des Menschentums.

Freilich ist die chinesische Natur überaus großartig; die wenigen Male, da mich ihr Geist erfaßte, bin ich innerlich gewaltig gefördert worden. Aber in China hat der Mensch, wie nirgends anderswo, die Natur in den Hintergrund gedrängt; hier herrscht die Kultur souverän. In Europa ist dies nicht halb so sehr der Fall, trotz der größeren Effikazität unserer Kulturmethoden, weil dort der Mensch, um die Natur zu beherrschen, sich in ihren Sinn hineinversetzt und dessen Äußerungen dadurch gesteigert hat; in China sieht man intensivste Menschenkultur einem gleichsam inerten Boden aufgeprägt. Deshalb hilft die Anschauung der Natur nur ausnahmsweise über das Menschliche hinaus. Wie tragisch, daß das Höchste an sich selbst den Geist nicht mehr anregt, sondern abstumpft! Die vollkommen ausgedrückte Urkraft spürt man nicht mehr; wo alle Möglichkeiten erschöpft sind, bleibt dem Geiste nichts zu wollen übrig. Der „russische Mensch" gilt dem heutigen Westeuropäer von allen als der ursprünglichste; das ist, weil er von allen begabten der unfertigste, dem Chinesen am meisten entgegengesetzt ist. Wesentlich ursprünglicher als dieser ist er nicht. Wenn ich in China etwas gelernt, so ist es dies, daß Vollendung die Spontaneität nicht zu beeinträchtigen braucht (so häufig sie es tut); der Zivilisierte braucht nicht unlebendiger zu sein als der Barbar. Der Anschein der wesentlichen Leblosigkeit geprägter Form rührt lediglich daher, daß sie den Beschauer nicht anregt. Pflanzen und Tieren spricht keiner

Ursprünglichkeit ab, die doch in ihrer Sphäre vollendeter sind als irgendein Mensch jemals war, eben weil sie ihn anregen; um sie zu verstehen, muß er von der Erscheinung den Weg zum Sinn selber schaffen, weshalb hier eben das ihn bewegt dünkt, was ihm bei seinesgleichen starr und leblos vorkommt. Aber diese Einsicht ändert nichts an der Tatsache, daß das Vollendete den Geist nicht zum Fortschaffen reizt. Deswegen ist das Gebildete weniger bedeutsam für uns als das Naturwüchsige, deshalb scheide ich mit geringerer Förderung von der zivilisiertesten Menschheit, die es gibt, als ich aus Ceylons Urwäldern schied.

Die Anschauung der chinesischen Zivilisation wirft viel Licht auf das Verhältnis von Natur und Geist. Wie ich's schon in den Himalayas niederschrieb: die Schöpfung bringt ihr Prinzip wohl zum Ausdruck, aber ist es nicht. Die Erscheinungen der Kultur sind nun als solche ihrem geistigen Urgrunde nicht näher als die der Natur; auch sie sind „Natur", nicht „Geist"; auch hier ist es, sobald die Gestaltung vollendet, vorbei mit der Spontaneität. Zwischen toten Institutionen und dem Sternenheer besteht, vom metaphysischen Grunde her betrachtet, kein Unterschied; in der Routine des Rechtsverfahrens äußert sich nicht mehr lebendiger Geist als im Kreisen der Himmelskörper. So ist auch die chinesische Zivilisation in ihrer heutigen typischen Gestalt „Natur", nicht „Geist"; sie ist keine Form von Freiheit.

Alle Freiheit erfüllt sich in der Gebundenheit. Ich aber habe genug zurzeit von aller Erfüllung; ich sehne mich nach der Wollust der Erneuerung; ich sehne mich fort vor allem vom Allzumenschlichen. Fast wollte ich, ich hätte Japan schon hinter mir, und schiffte mich nach der Südsee ein, in der es so wundersame Fische geben soll.

VI.

JAPAN

DURCH YAMATO

Ich beginne meinen Aufenthalt in Japan mit einer Fuß-
wanderung durch Yamato, die Provinz des Landes, mit
der seine ältesten und heiligsten Erinnerungen verknüpft
sind. Es ist die Zeit der Pilgerfahrten zu den buddhistischen
Heiligtümern. Alle Straßen und Waldungen sind belebt,
halb Japan scheint auf Ferienausflügen begriffen. Ich teile,
soweit es irgend geht, das Leben meiner Reisegefährten,
suche mit ihnen zu denken und zu fühlen, mit ihren Sinnen
wahrzunehmen.

An geschmeidigem Reichtum dürfte Japans Natur wohl
unübertroffen sein. Überraschend viel Koniferenarten gibt
es hier, wunderbar mannigfaltig gestaltet ist das Laubholz;
und die Nuancierung, welche die Verteilung der Farben und
Formen auf verschiedene Höhen- und Tiefenlagen selbsttätig erzielt, könnte keine Absicht künstlerischer kompo-
nieren. Was Wunder, daß der Japaner viel Sinn für die Natur-
form besitzt! Gleichwie der, den ein günstiges Geschick
inmitten von Kunstschätzen aufwachsen ließ, die er nicht
als eine fremde Herrlichkeit, sondern als seine natürliche
Umgebung betrachten durfte, bei nur mittelmäßigen Anlagen von Hause aus einen Geschmack und ein Auge besitzt,
das sich künstlerisch weit höher begabte Sprossen barbarischer
Länder nur ausnahmsweise aneignen, — in eben dem Sinne
fördert eine reichgegliederte Natur. In Breiten, wo Licht-

und Farbenkontraste so groß sind, daß die feineren Abstufungen unbemerkt bleiben, bringt es das visuell begabteste Volk nicht so weit in der Landschaftsmalerei, wie in
Gegenden mit günstigeren Lichtbrechungsverhältnissen;
nicht umsonst ist die des Westens in Holland, nicht in Italien aufgekommen und am weitesten gelangt. Japan nun
zwingt das Auge zur Auffassung eben der Farben- und Form-
verhältnisse, die für die japanische Kunst charakteristisch
sind; diese spezifische Nuance ist dort gegeben. Und ist sie
einmal aufgefaßt, verstanden, dann schafft ein künstlerischer
Geist unwillkürlich in ihrem Sinne fort. Dieses nun, dieses
Fortkomponieren im Geist und Sinn der Natur, ist von den
Künstlern des Fernen Ostens seit Alters mit einem Verständnis betrieben worden, wie nie bei uns. Es ist, als wäre das
eigene Schönheitsstreben der Natur sich in ihnen bewußt
geworden, als sei der Mensch hier das besondere Organ, vermittelst dessen sie ihre letzte Vollendung erzielt; hier ver-
antwortet er gleichsam für den äußersten Zusammenklang. —
Woher dieses wunderbare Können? Es geht auf die Methode
des Sehenlernens zurück. Chinesische und japanische Maler
sind Yogis; sie betrachten die Natur nicht von außen her,
sondern versenken sich in sie, wie sich der Mystiker in Gott
versenkt. Dadurch geraten sie aus dem Menschlichen hinaus
und werden eins mit dem Geiste der Dinge. Der Mensch
ist ja nicht allein Mensch — er ist zugleich, mit verschiedenen
Teilen seines Wesens, Tier, Pflanze, Felsen und Meer; nur
wird er sich dessen selten bewußt und weiß nur als Mensch
zu empfinden. Lernt er es indes, mit dem eins zu werden,
was als ein scheinbar Fremdes außer ihm lebt, dann kann er
es auch aus sich heraus hervorbringen. So wohnt ostasiatischen
Landschaftsbildern recht eigentlich Landschaftsleben inne,
so gelingt es dem Japaner wie spielend, die Natur als Natur

doch künstlerisch zu verwenden. Die unerreichte Vollendung japanischer Blumenarrangements rührt daher, daß
der eigene Geist der Blumen den Strauß zum Strauße windet;
forstmännisch bewirtschaftete Waldungen sind in Japan
nicht häßlich, wie in Deutschland, weil hier der Mensch,
anstatt den Bäumen seine Meinung aufzudrängen, sie in
dem unterstützt, was sie selber am liebsten täten. Die natürliche Rotation der Gewächse wird berücksichtigt, von den
besonderen Bedingungen des Terrains nie abgesehen. Und
bildet ein überständiger Baum an einem Abhang eine schöne
Silhuette, nun, so wird er dort stehen gelassen, auch wenn er,
forstmännisch beurteilt, fallen sollte.

Freilich, um es im Naturverständnis soweit zu bringen,
muß man eben Japaner sein. Ich glaube nicht, daß ein Gärtner irgendeines anderen Volks im japanischen Sinne Bäume
zu zwergen wüßte, ohne jede Vergewaltigung der Natur;
soweit ich sehe, gibt es keine lehrbare Methode dafür, beruht es ganz auf innerem Verständnis. Jeden Morgen sieht
sich der Baumzüchter seine Pflänzlein sorgfältig an und be-
raubt sie dann — eines Blattes oder Triebes! Weshalb gerade dieses? er vermag es selbst nicht zu sagen; jedoch er
weiß, daß eben dieses Organ exstirpiert werden muß, auf daß
der innere Wachstumsimpuls über die vorgesetzten Dimensionen nicht hinausführte, und der Erfolg gibt ihm fast jedesmal recht. Solches Intuitionsvermögen läßt sich wohl nicht
erklären; man muß es als Wunder gelten lassen. Aber sicher
erscheint mir immerhin, daß die wunderbare Nuanciertheit
der japanischen Natur, die Veränderung in der lebendigen
Gestaltung, welche in Japan die geringste Terrainverschie-
bung mit sich bringt, ein wichtiges Moment bedeutet hat
bei der Entwickelung der vorhandenen Anlagen. Schon beginne auch ich zu beobachten, wie ich früher nie beobachtet

habe; mir ist, als wäre ich bis vor wenigen Tagen blind gewesen. Und genieße die Wundergabe des Schauens so intensiv, daß ich die sonst so willkommenen Dämmerstunden nicht ohne Mißmut hereinbrechen sehe.

Jetzt durchwandere ich entlegene Täler, die der Fuß des weißen Mannes kaum jemals betritt. Den Dorfbewohnern bin ich ein Gegenstand nicht endenwollender Kurzweil. Freundlich sind sie und gefällig, so sehr sie's nur sein könnten, allein sie lachen, wohin ich mich nur wende, wegen meiner für ihre Begriffe übermenschlichen Körpergröße. Heute früh, als ich einen steilen Bergpfad hinanstieg, fühlte ich mich plötzlich von rückwärts geschoben; wie ich mich umwandte, stürzten zwei bildhübsche Mädel lachend davon: sie hatten feststellen wollen, wie schwer ich sei. — Es ist doch etwas Wundersames um das Hinterwäldlertum. Ich kenne es gut von meiner Heimat her. Jedesmal, wenn ich auf mein abgelegenes Waldgut fahre, finde ich Gelegenheit zu ehrfürchtigem Staunen darob, wie bedeutsam im kleinsten Kreise das noch so Alltägliche wirkt, wie ungeheuer die enge Perspektive den Sinn des Nichtalltäglichen steigert. Mein Aufseher sieht die herumziehenden Arbeiter von den Inseln, die einen anderen Dialekt des Estnischen sprechen als er, kaum als Menschen an; Kraniche sind sie ihm. Er berichtet mir: neuerdings lebt hier ein gewisser Michel — man weiß nicht genau woher er kommt — seine Art ist auffällig — ganz richtig scheint es nicht mit ihm zu sein. Dieser Michel erweist sich dann als der trivialste aller Durchschnittsmenschen, aber vom Hintergrunde des Könnoschen Hinterwäldlertums hebt er sich ab, so typisch-großzügig, so plastisch, wie ein homerischer Held. — Und wie vollkommen sind die

Hinterwäldler! Bei ihnen allein vielleicht unter den kleinen
Leuten unserer Zeit bilden Form und Gehalt noch eine Einheit. Um in weiten Verhältnissen vollkommen zu sein, muß
man viele Generationen hinter sich haben, die langsam ihren
Gesichts- und Wirkungskreis erweitert haben; mit einem
Male, von heute auf morgen, gelingt es nicht. So wirkt in
der modernen schnellebigen Welt, in welcher der Bauern-
sohn so oft als reicher Bürger endet, allenfalls das Exzentrische interessant; nicht umsonst stellen die Dichter unserer Zeit mit Vorliebe Verbrecher, Psychopathen und Hoch-
stapler dar. Dies bedeutet natürlich ein *faute de mieux*:
Vollendung im Konzentrischen ist das Höhere. Das Exzentrische schließt wesentlich aus, das Konzentrische wesentlich ein, weshalb der konzentrische Mensch unter allen Umständen der Reichere, Tiefere, Wesenhaftere ist; er allein
vermag in seiner Erscheinung das Tiefste unverkümmert
zum Ausdruck zu bringen. Unter Hinterwäldlern wahrt
jeder seine Eigenart, wird diese jedem bereitwilligst zugestanden; in der weiten amorphen Masse wollen alle wie alle
sein. Die wesentliche Gestaltlosigkeit bedingt desto skla-
vischeres Hängen an der Konvention. In der Quersumme
gleichsam wird die Form gesucht, die keine einzelne Ziffer
für sich besitzt.

Das japanische Hinterwäldlertum ist mir sympathischer
als irgendeines, das ich jemals sah. Ihm eignet all das Süße,
Zarte, Sinnige, Gemüt- und Reizvolle, das mir den kleinen
Mann dieser Breiten, seit ich Lafcadio Hearn gelesen, so
liebenswert erscheinen ließ. Die kleinen Leute hier sind
liebenswert. Ihre Höflichkeit ist ohne Zweifel eine des Herzens; von Gewinnsucht und Übervorteilungsstreben habe ich
nichts gespürt. Vielleicht zeigen sie mir auch ihre besten
Seiten, weil ich, einem Winke meines Begleiters folgend,

eines jungen Dichters aus Kyōtō, mich so zu ihnen verhalte,
wie daheim als Feudalherr zur patriarchalisch denkenden
Bauernschaft. In den entlegenen Tälern von Yamato ist das
Mittelalter noch nicht vorüber; dort ist die Ära von Meiji
kaum noch angebrochen; dort erwarten die Bauern vom
Herrn noch Überlegenheit, Großzügigkeit, Distanz, jenes
Bewußtsein so absoluten Darüberstehens, daß es eben deshalb im Verkehr die äußerste Familiarität gewähren läßt;
dort wollen sie noch aufschauen können. Wie gern habe ich
mich in eine Rolle zurückversetzt, die zu spielen unsere Welt
immer weniger Gelegenheit gibt! Und der praktische Erfolg
war der, daß sich überall Leute fanden, die mir Dienste
leisteten und Gefälligkeiten erwiesen, ohne Bezahlung dafür
annehmen zu wollen.

Ich raste in einem wohlhabenden Dorf, an schäumendem,
forellenreichem Bache. Wo in der Welt ist der kleine Mann
auch nur annähernd so gebildet wie in Japan? Was immer
er tut, zeugt von Kultur; nichts Unsauberes, Häßliches
duldet er; exquisiteste Rücksicht bestimmt das Verhalten
aller zu allen. Und was zumal die Kinder betrifft, so habe
ich gleich reizende nirgends gesehen. Kaum je erweisen sie
sich ungebärdig, was offenbar darauf beruht, daß sie mit vollkommenem Verständnis behandelt und doch niemals ver-
wöhnt werden: schon den kleinsten wird Rücksichtnahme auf-
erlegt. Unglaublich wenig Selbstsucht waltet hier; jeder
scheint freudig für andere zu leben, seinen Teil dazu beizu-
tragen, daß das Ganze möglichst harmonisch würde.

Nicht anders in der Idee ist es in China. Wie der Konfuzianismus nach Japan kam, da haben ihn seine Bewohner
sofort übernommen als verklärten und vertieften Ausdruck

dessen, was seit je bei ihnen gang und gäbe war, und der vollkommene Ausdruck hat dann seinerseits eine Vertiefung und
Konsolidierung der Sitte bewirkt. Immerhin: welcher Unterschied gegenüber dem Reich der Mitte! Der Konfuzianismus
ist bedächtige Bauernweisheit, die japanische Rücksichtskultur scheint mir ein Instinktives, fast möchte ich sagen, ein
Tierischtriebhaftes zu sein. Die Japaner sind reinlich, wie
Katzen reinlich sind, sie sind höflich im Sinne der Pinguine,
nehmen Rücksicht aufeinander mit der gleichen Selbstverständlichkeit, mit welcher Mütter ihre Kinder lieben; so
eignet diesen Äußerungen die Vollkommenheit des Tiers.
Die Japaner haben nichts von der chinesischen Tiefe und
Gravität. Sie scheinen mir oberflächlich, phantasiearm, in
beinahe unmenschlichem Grade *matter-of-fact*; gleichzeitig
aber von ungeheurer Sensitivität, von einer Empfindlichkeit
im weitesten Sinne, wie kein Chinese sie besitzt. Ihr ganzes
Empfindungsleben scheint im selben Sinne „durchlässig“,
wie es bei uns nur im einen Fall des Mitleids ist. Bei ihnen
beruht auf physiologischer Sensitivität, was beim Chinesen
auf metaphysischer Besonnenheit.

Ich gedenke Sontoku Ninomiyas, jenes bäuerlichen Weisen,
der in der ersten Hälfte des 19. Jahrhunderts so unvergleichlich viel für seine Landsleute getan und bedeutet hat, dessen
Lebensbeschreibung und Lehren die Regierung seither als
Evangelium im Volk verbreitet[1]), jenes schlichten Land-
manns, welcher, kaum daß er sich hinaufgearbeitet hatte aus
bitterster Not, ein Leben vollkommener Selbstlosigkeit begann, und bis zur Stunde seines Todes rastlos und ausschließlich darum bemüht war, die Verhältnisse anderer zu sanieren:

---

[1]) Dieses Werk heißt *Hotokuki;* eine englische Übersetzung hat Todasu
Yoshimoto unter dem Titel *A Peasant Sage of Japan* bei Longmans,
Green & Co. in London veröffentlicht.

dem Buchstaben nach war er ein echter Konfuzianer, wie er
sich denn selbst für nichts anderes hielt. In Wahrheit war
er ein völlig Einziges, ein Mann, wie er in ganz Asien nur auf
Japans Boden möglich war. Ihm fehlte der weite Horizont
des chinesischen Weisen, dessen Allverständnis und Weltgefühl; philosophisch betrachtet, war er oberflächlich. Aber
dank seinem Sympathievermögen und der Energie, welche
diesem zur Verfügung stand, hat er praktisch, wenn auch
im noch so Kleinen, mehr vollbracht. Sontoku war im Tiefsten recht eigentlich Christ; seine Probleme waren die der
christlichen Nächstenliebe. — Sollte hier die Hauptursache
dessen liegen, weshalb Japan sich so schnell und erfolgreich
hat verwestlichen können? Auch wir sind ja weniger be-
sonnen und tief als Chinesen und Inder; wir sind nur energischer und sensitiver. Wahrscheinlich ist das, was man christliche Liebe heißt, weit mehr physiologisch als theologisch
bedingt.

Wirklich: in vielen Beziehungen ist der Japaner uns nahe
        verwandt; jetzt, wo ich darauf aufmerksam geworden
bin, fällt es mir mehr und mehr auf. Auch seine Energie
ist kinetisch, auch sein Bewußtsein nach außen zugekehrt,
vor allem aber ist er ebenso neugierig und neuerungssüchtig
wie wir. Ob es nicht, metaphysisch betrachtet, Zufall bedeutet, daß seine Kultur trotzdem ein Ausdruck chinesischen
Geistes ist? — Ich habe mich während dieser Tage, die ich
ununterbrochen in Gesellschaft der Pilger zubrachte, bemüht, in die Seele des Japaners einzudringen, und das Wenige,
was ich bisher erkannt, erlaubt mir schon kaum mehr Zweifel
daran, daß dieses Volk unter anderen Einflüssen ganz anders
geworden wäre. Desto dankbarer bin ich dafür, daß seine

Geschichte eben so und nicht anders verlaufen ist: seinen einzigartigen Reiz verdankt es unstreitig der chinesischen Schule; alle Gestaltungen, die mich erfreuen, sind mir der Idee nach von China her bekannt. Und so frage ich mich, wie wir nordische Barbaren uns wohl entwickelt hätten, wenn wir anstatt unter griechisch-römischen unter chinesischen Einfluß geraten wären: wären wir am Ende weiter als wir sind? — „Christen" wären wir vermutlich auch dann, unter irgendeinem Namen; auch energisch, aktiv und erfinderisch; ästhetisch und moralisch sicher gebildeter. Wir wären weniger vorgeschritten in der Technik, und Fabrikstädte gäbe es auf Erden noch morgen keine. Aber wäre irgendein wesentlicher Nachteil daraus entstanden, daß die Germanen nicht von Rom, sondern von Loyang ihre Kulturgüter bezogen hätten? — Ich weiß nicht recht. Ich kann hier schwer objektiv urteilen, weil mir am Europäer hauptsächlich auffällt, was ihm fehlt, und am Asiaten, was ihn vorteilhaft auszeichnet.

IM KLOSTER VON KOYA SAN

Ich beschließe meine Wanderung durch Yamato mit einer Pilgerfahrt nach dem Berge Koya-San, dessen Gipfel das berühmteste Kloster Japans ziert. Es liegt im tiefen Schatten vielhundertjähriger Koniferen. Nie sah ich heiligeren Hain. Von allen Bäumen, die ich kenne, ruft die Cryptomeria am zwingendsten und stärksten religiöse Assoziationen wach. Sie hat das Düstere der Zypresse, das Hoffnungsfreudige des Lebensbaums; zugleich das Hehre, Kosmisch-Gewaltige, Naturhaft-Unsterbliche der Tanne.

Das Kloster ist eine typisch japanische Anlage; es sind niedrige Holzhäuser mit schöngeschwungenen Dächern, von zierlichen Gärten umringt; ich erwartete eine gleiche Atmo-

sphäre des Feinsinns und der Lieblichkeit einzuatmen, wie
sonst bisher, wenn ich ähnliches vor Augen hatte. Statt
dessen umweht mich eine Luft, die mir von Europa her wohl-
bekannt ist, aber die ich trotz allem, was ich zugelernt, in
Japan einzuatmen doch nicht erwartet hätte: die Luft
christlich-mittelalterlichen Klostertums. Es liegt etwas
Herrisches, ja Kriegerisches, Machtvolles, Weltgewaltiges in
dieser Luft, trotz der sanften Anmut aller Einzelgestaltung.
Die Mönche hier kann ich mir ebensogut kämpfend als betend vorstellen, die Äbte am besten als Kirchenfürsten im
mittelalterlichen Sinn. Und das ist ein buddhistischer Wall-
fahrtsort! — Wie fern bin ich jenen heißen Gegenden gerückt, wo sanfte braune Menschen vor friedlichthronenden
Buddhas Blumen opfern! Der Geist, der zu Koya herrscht,
ist kein Geist des Duldens und Nichtwollens, kein Geist der
Sehnsucht aus dem Drang der Welt hinaus; er ist dem Geiste
Indiens ganz fremd. Er ist wesentlich eins mit dem, der
unsere Vorfahren von den Karolingern an bis zum Ausgang
des Mittelalters beseelt hat.

Ich vergegenwärtige mir, was ich von der Geschichte des
japanischen Buddhismus weiß. In dem Grenzgebiet zwischen
Indien und Zentral-Asien, dem Lande Gandhāra, entwickelte
sich im Lauf der ersten Jahrhunderte nach Christo eine
wundersame Religion. Der Filiation des Buchstabens nach
war sie Buddhismus, dem Geiste nach eine Abart der Bhakti,
der emotionalistischen Ausdrucksform des Brahmanismus,
welcher die Gottheit persönlichen Charakter trägt und
Glauben und Liebe als Kardinaltugenden gelten; aber den
dogmatischen Vorstellungen nach war sie ein für Indien
völlig Neues: eine Erlöserreligion im Sinne des Christentums.
Damals erfüllte Erlösungssehnsucht die ganze Welt. Allenthalben kamen Gemeinschaften auf, deren Mittelpunkt ein

gewesener, gegenwärtiger oder künftiger Messias war,
Offenbarungserwartung schwängerte die Luft, und der Zeitgeist erschien von einer Einheitlichkeit von Alexandrien bis
zum Fernen Osten, wie dies seither wohl nie mehr der Fall
gewesen ist[1]). Indische Lehren waren bis nach Ägypten gelangt und umgekehrt, syrisch-kleinasiatische, unter diesen
das Christentum in seinen vielfachen Abarten, drangen mit
den Händlern bis gen China vor, der hellenistische Ideenkreis
faßte mit griechisch-parthischen Fürsten im Kabul-Tale
besten Fuß, was zur Folge hatte, daß alle lokalen Religionen
vom universellen Geist jener Epoche, wenn nicht umge-
staltet, so doch befruchtet wurden. Auf diese Weise entwickelte sich im Westen das Christentum — ursprünglich der
beschränkte Glaube einer obskuren Sekte — zu einer grandiosen allumspannenden Weltreligion; gleiches geschah mit
dem Buddhismus in Gandhāra. Der Mensch Gautama verwandelte sich zum Gott, welcher zum Heil aller Kreatur
Menschengestalt angenommen hatte; die spezifisch indische
Lehre von der Erlösung durch Erkenntnis machte mehr und
mehr der damals katholischen einer Erlösung durch den Glauben Platz, und der Buddhismus wurde zuletzt aus einer
philosophischen Weltanschauung, die weder Gott noch Seele
kannte, zu einer Kirche, die sich von der christlichen in nichts
Grundsätzlichem unterschied.

Es wird wohl nie entschieden werden können, welchen Einflüssen bei dieser Wandlung die Hauptrolle zugekommen ist;

---

[1]) Man lese nebeneinander: E. A. Gordon „*World Healers, or the
Lotus Gospel and its Bodhisattvas, compared with early christianity*" (in
Japan erschienen, aber erhältlich in London bei Eugene L. Morice,
Cecil court, Charing Gross Road), und Max von Wulff: *Über Heilige
und Heiligenverehrung in den ersten christlichen Jahrhunderten* (Leipzig
1910, Fritz Eckhardt Verlag). Man wird staunen über die Gleichartig-
keit der Gestaltungen jener Zeit vom Nil bis zum Ochotskischen Meer.

aber bei der großen Plastizität des Mahāyāna, bei der all-
gemein-orientalischen Neigung, Gestaltungen metaphysisch
nicht ernst zu nehmen und der spezifisch-indischen, innerhalb
des Verschiedenen das Gemeinsame zu betonen, darf wohl
vorausgesetzt werden, daß alle Einflüsse mitgewirkt haben,
die überhaupt in Frage kamen; unter anderen der des Christentums, das in seinen gnostischen, ophitischen und nestoria-
nischen Abarten in Mittelasien eben damals zu einer geistlichen Großmacht heranzuwachsen begann. Dennoch blieb
das Mahāyāna auf lange hinaus rein indisch dem Wesen nach;
Indiens überlegener Geist beseelte den Vorstellungskörper,
welcher Abstammung dieser immer sein mochte. Auch in
China blieb der neue Buddhismus wesentlich indisch. Aber
wie er nach Japan gelangte, da verwandelte er sich bald von
Grund aus: er wurde (was in China kaum geschehen war)
nachhaltig beeinflußt vom praktischen Geist des Konfuzianismus, welcher kurz vorher nach Japan gedrungen war,
und bald vermählt und teilweise verschmolzen mit dem ein-
heimischen Götter- und Ahnendienst. Dieser war eine
Soldatenreligion. Dem Rittersinne paßte sich der Buddhismus in Japan mehr und mehr an. Daher kommt es, daß sein
Geist hier so sehr an den unseres Mittelalters erinnert.

    Der japanische Buddhismus ist allerdings grundverschieden
von dem, welchen der Asket Gautama einstmals begründet
hatte. Aber wer daraufhin sagt, er sei gar nicht Buddhismus,
sondern Christentum, dem könnte ein Japaner mit Recht
entgegenhalten, daß dann auch unser Christentum nicht als
Christentum gelten dürfe. Der Erlöserbegriff, den beide
Religionen heute gemeinsam haben, eignet dieser ursprünglich nicht mehr als jener: erst Paulus hat den jüdischen
Messias zum hellenistischen σωτήρ transfiguriert. Die Seele
jenes ägyptischen Mönchtums, dessen Beispiel mehr zur Be-

kehrung des Westens beigetragen hat, als alle Evangelien und
Apostelbriefe, war nicht Jesu, sondern ägyptisch-neuplato-
nische Weisheit; die Lehre des Origenes (von der Gnosis zu
schweigen) war dem Geiste Irāns und Hindustans gemäßer
als dem Palästinas, und was schließlich unter die Barbaren
des Nordens drang und zum Glauben der Kreuzfahrer ward,
ist ein vom Urchristentum völlig verschiedenes. Dennoch
geht jener auf dieses zurück — wesentlicher auf dieses als
auf scheinbar Verwandteres, so daß wir ein volles Recht haben,
uns Christen zu heißen. Die spirituellen Kräfte, welche tätig
in das geschichtliche Leben eingreifen, nehmen verschiedene
Gestalt an, je nach den Naturen, in welchen und durch welche
sie wirken; sie können das, weil keine bestimmte Gestalt ihnen
notwendig und wesentlich eignet. Das Erlebnis der Liebe
im christlichen Verstand kann dem Weib wie dem Mann,
dem Täter wie dem Dulder, dem Priester wie dem Kriegs-
mann zuteil werden, und bei jedem prägt es sich anders aus,
so sehr, daß die Äußerungen sich oft stracks widersprechen.
Dennoch fühlen sie sich als eines Geistes Kinder und dies
mit Recht: die Modalität des Erlebens als solche macht den
Christen, nicht dieses oder jenes Bekenntnis, diese oder jene
Verhaltungsart; die aber hatten weder Hindus noch Neu-
platoniker gekannt, die geht einzig auf Jesus zurück. Eine
bestimmte Qualität der Liebe ist das eigentliche des Christentums, die aber ist sich gleich geblieben durch alle Wandlungen in der Erscheinung hindurch, von Jesu Tagen bis zu
unserer Zeit. So ist auch der japanische Buddhismus, trotz
aller fremden Einflüsse, die seinen empirischen Charakter
geformt haben, wesentlich Buddhismus. Er ist es vielleicht
nicht ganz im gleichen Sinn, wie das Christentum Christentum ist: die spezifische Carität, die ihn beseelt, ist mehr
allgemein-indisch als spezifisch-buddhistisch, mehr Krishna

vielleicht als Gautama gemäß; aber diese indische Liebe durchdringt ihn durchaus. Und wenn sie sich in Japan sehr anders darstellt als in Indien, so ist das eine Parallelerscheinung dessen, was innerhalb der Christenheit geschah: auch die buddhistische, gleich der christlichen Liebe, ist vielfacher Gestaltung fähig, beide bleiben wesentlich, was sie sind, wie immer sie sich darstellen mögen. Wohl erscheinen die Gestaltungen weder hier noch dort als gleichwertig vom absoluten Ideale her gesehen, aber sie erweisen sich doch praktisch als gleich heilsam, zumal vom Standpunkt der buddhistischen Carität, die da verlangt, daß jegliches Phänomen nur am Maßstab seiner eignen möglichen Vollendung gemessen werde. Jungen, energischen, tätigen Männern ist nicht zuzumuten, daß sie Liebe und Mitleid empfinden sollen wie eine Maid; sie sollen vor allem im Sinn des Guten handeln. Wenn sie kämpfen, so sei es um ein Ideal, wenn sie aufbrausen, so geschehe es aus Zorn ob der Bedrückung von Schwachen; so wird das Ideal auch von ihnen der Verwirklichung näher gebracht. Und dieses schneller als man denkt. Stetiges Handeln im Sinn einer Idee, und werde diese noch so wenig verstanden, bereitet deren Bewußtwerden vor; noch so haßbeseeltes Kämpfen für das Ideal der Liebe bildet die Liebesfähigkeit aus. Es steckt tiefe Wahrheit in dem Mythos von einer „Vorsehung", die in stiller, langsamer Arbeit, oft allem Anschein entgegen, doch alles zum Guten lenkt: die spirituellen Kräfte, die mit Christus und Buddha in die Erscheinung traten, wirken wirklich ununterbrochen fort, und statt schwächer zu werden im Lauf der Zeit, werden sie mächtiger von Jahrtausend zu Jahrtausend.

Wunderbar, wunderbar, wie ein gleicher Sinn überall eine ähnliche Gestaltbildung bedingt. Leider steht unsere Zeit solchen Prozessen noch recht verständnislos gegenüber. Die

Geschichte des Christentums wird häufig als fortschreitende
Entartung beurteilt, weil die Entwickelung vom Urchristentum abgeführt hat, und nicht anders diejenige des Buddhismus. Ich lasse für den Augenblick die Auffassung gelten,
daß Urchristentum und Urbuddhismus die höchsten Stadien
verkörpern: selbst unter dieser Voraussetzung bedeutet es ein
Mißverständnis, die späteren Bildungen niedrig einzuschätzen,
weil ein höchster Zustand nur wenigen Auserwählten erreichbar ist und eine Weltreligion, welche alle erlösen will,
auch auf alle Rücksicht nehmen muß. Sie muß vorläufige
Zustände gelten lassen, muß den Menschen liebevoll durch
dieselben aufwärts führen, muß ihm Mut zusprechen, wo
er verzagen will. Das hat die christliche Kirche, gerade in
ihrer mittelalterlichen Gestalt, auf meisterhafte Weise verstanden und geleistet, und nichts anderes bezwecken die
späteren Formen der buddhistischen. Aber Urchristentum
und Urbuddhismus verkörpern gar nicht die höchsten
Menschheitszustände, womit das ganze Argument zusammenfällt. Christus und Buddha waren möglicherweise die größten
aller Menschen und haben beide wahrscheinlich ihre äußerste
Vollendung erreicht, aber sie waren eben doch bestimmte
Menschen, ihre Vollendung war die eines bestimmten Typus,
des asketischen, schloß alle übrigen Vollendungen aus. Dementsprechend waren Urchristentum sowohl als Urbuddhismus nicht berufen dazu, der Menschheit die Wege zu weisen.
Sie mußten entweder beschränkte Sekten bleiben oder aber,
wenn sie weitere Wirkungen anstrebten, ihren Horizont erweitern. Diese Erweiterung hat in beiden Fällen stattgefunden, und in beiden Fällen hat das die Religion vertieft.
Die katholische Kirche ist gegenüber der urchristlichen das
tiefere System. Es klingt ja wohl wie ein bedenklicher Kompromiß, dieses Begründen des Krieges auf die Liebe, der

Intoleranz auf die Weitherzigkeit, der Unzulänglichkeit auf
die Vollkommenheit im Jenseits: in Wirklichkeit führt sie
damit nicht Niederes auf Höheres zurück, sie führt das Niedere dem Höheren zu und weiht das Unzulängliche zur
Etappe auf dem Wege zum Ziel. Fern davon, daß die „wahre
Lehre" im Urzustande begraben liege, winkt jene vielmehr
als Zukunftsideal. Unstreitig werden die Aussprüche Jesu
heute tiefer verstanden, als dies je früher geschah. Aber dies
bedeutet nicht, daß wir besser erkennen, wie Jesus es meinte,
sondern, daß wir den wahren, d. h. objektiv richtigen Sinn
seiner Weisheit tiefer erfassen, gleichviel, ob Jesu selber sich
seiner bewußt war oder nicht. Wahrscheinlich war er es
nicht; seine unmittelbaren Jünger waren es sicher nicht, und
Mißverstehen hat lange die meiste christliche Gestaltung
regiert. Aber dieses Mißverstehen hat der Erkenntnis den
Weg bereitet; ohne Katholizismus, Reformation und Gegenreformation, ohne Dogmenstreit und Textkritik wären wir
nie dahin gelangt, den reinen Sinn des Christentums zu
schauen. — Im gleichen Verstande bedeutet der nördliche
Buddhismus, ganz wie seine Bekenner es haben wollen, keine
Entartung, sondern die Krönung des Hīnayāna. Schwerlich
gehen die meisten seiner Lehren auf Gautama zurück. Aber
sie sind der Wahrheit sehr viel näher.

Ich kenne wenig Tieferes, als die Lehren des Açvagosha[1]),
nichts Hellsichtig-Umfassenderes als das Mahāyāna-System,
und dieses liegt der japanischen Kirche zugrunde. Aber frei-

---

[1]) Sein Hauptwerk liegt bisher unter dem Titel *The awakening of
Faith* in zwei englischen Übersetzungen vor: einer von Teitaro Suzuki
(Chicago 1900, The open court Publishing company) und einer von
Timothy Richard (im Band *The new testament of Higher Buddhism*, Edin-
burg 1910, T. a. T. Clark). Die beiden Übersetzungen ergänzen sich
insofern, als Suzuki den vieldeutigen chinesischen Text als Philosoph,
Richard als Theologe interpretiert hat.

lich ist diese nicht das, was sie unter Indern vielleicht geworden wäre; wie bei uns, hat auch hier Mißverstehen die äußere Gestaltung regiert. Alle die Auswüchse, Miß- und Rückbildungen, die bei uns für den Katholizismus einerseits, den Protestantismus andrerseits charakteristisch sind, können auch innerhalb des japanischen Buddhismus von heute nachgewiesen werden. Es gibt Sekten, die sich vorzüglich mit Thaumaturgie befassen, andere, in denen ein hieratisches System alles individuelle Leben erstickt, wieder andere, die alle überkommene Weisheit verwerfen und den einzelnen ganz seiner persönlichen Meinung überantworten. Selbst das Äußerste, was sich erwarten ließ, ist nicht ausgeblieben: aus einer Religion, die auf Einsicht den Hauptnachdruck legt, ist eine des blinden Glaubens geworden. Zu einer solchen bekennt jeder sich am liebsten, dem das Denken Schwierigkeit verursacht. Was ursprünglich nach Japan kam, war eine Weltanschauung, die nur Indern, dieser philosophischen Nation *par excellence*, als solche gemäß erscheinen konnte; sie mußte sich wandeln, um unter Japanern zu bestehen. So geschah es auch. Früh traten Reformer auf, die das vieldeutige Mahāyāna zu bestimmten Lehren formten, die dem Japanertemperamente besser entsprachen; immer mehr wurde Erlösung durch den Glauben zum Grunddogma des nördlichen Buddhismus. Und heute droht die Shinshu-Sekte, die oberflächlichste von allen, nach der bloßes Anrufen des Namens Amidas und Vertrauen auf die Wirksamkeit dieser Übung genügen soll, um dem Gläubigen die ewige Seligkeit zu gewährleisten, alle anderen in Japan zu verdrängen.

Es ist mir viel wert, daß ich mit dem japanischen Buddhismus am ersten auf seiner Hochburg persönlich bekannt geworden bin: hier dominiert seine Eigenart absolut

über dem, was er mit anderen Buddhismen gemein hat. Nie
hätte ich für möglich gehalten, daß aus Indischem dermaßen — Westliches werden könnte: denn westländisch weit
mehr als asiatisch wirkt auf mich die Religion der Mönche von
Koya-San. Diese sind mittelalterlich-christlichen dem Typus
nach erstaunlich ähnlich; gerade ihr Bestes scheint weit eher
eines christlichen als des buddhistischen Geistes Kind, wofern ich diesen aus dem abstrahiere, was ich auf Ceylon und
in Birma geschaut. Es gibt so etwas wie einen spezifischen
Ekklesiastikerkopf, der sich bei allen Völkern wiederfindet.
Immerhin: niemand möchte einen Brahmanen mit seinem
katholischen Prälaten verwechseln. Ein japanischer Abt nun
könnte ohne weiteres als letzterer passieren; seine Züge sind
von naheverwandtem Geist geformt. Dies kommt augen-
scheinlich daher, daß beide Religionen in verwandtem Sinn
Objektivationen bedeuten. Selbst die Tantrikas, die Ritua-
listen unter den Hindus, welchen strikte Observanz als einziges Heilmittel gilt, sehen die Erscheinung immerhin als
Māyā an, nicht als notwendig mit dem Wesen verknüpft.
Dem Katholiken ist die Kirche der wahrhaftige Leib des
Christentums, von dessen Seele nur durch den Tod zu trennen, und ähnliches scheint beim japanischen Buddhismus
der Fall. Zwar bekennt dieser kein entsprechendes Dogma,
im Gegenteil: soweit er Weltanschauung ist, nimmt er die
Erscheinung nicht ernster als der Brahmanismus; auch in
Japan gelten sich ausschließende Konfessionen als gleich
orthodox. Aber der hieratische Sinn der Chinesen, deren
Urneigung, allen Gehalt in der Erscheinung unmittelbar
und restlos auszuprägen, hatte dem Buddhismus schon früh
einen hochorganisierten Körper erschaffen, der dann in
Japan, unter beweglicheren Menschen, aus einem Kunstwerk
mehr und mehr zu einem lebendigen Wesen erwuchs.

Aber die beiden Kirchen — die katholische und die buddhistische — unterscheiden sich doch sehr wesentlich voneinander. Bei jener ist die Objektivation verstandgeboren. So irrational ihre Dogmen sein mochten — deren Verknüpfung und Ausgestaltung hat reine Vernunft besorgt. Es ist ein einziger Geist strengster Vernunftgemäßheit, der alle christliche Gestaltung des Mittelalters beseelt, von der Theodicee bis zur geistlichen Hierarchie, von den Kathedralen bis zur *Summa* des Thomas von Aquin; nie, weder vornoch nachher, hat die Menschheit so viel auf Symmetrie gegeben, auf Klarheit und rationalen Zusammenhang. Die japanische Objektivierung des Geistes in der Kirche ist ganz unintellektual, weshalb alle die Vorzüge dieser abgehen, welche Rationalität allein gewährt. Dafür ist sie im höchsten Grade unmittelbar-künstlerisch; ihre Formen sind nie Allegorien, immer Symbole und haben alle Vorzüge eines Ausdrucks, dessen Elemente gefühlsgeboren sind. Ungeheuer überzeugend wirken sie; wie selbstverständlich erkenne ich sie an; unwillkürlich tritt meine Seele in Koya-San auf buddhistisch zu Gott in Beziehung. Und ich beginne zu ahnen, daß, soweit Konfuzius recht hat, die japanische Kirche als Krönung der indischen Weisheit gelten darf. Kungfutse lehrte, daß nur die Weisheit als vollendet zu betrachten sei, welche als Anmut in die Erscheinung trete: das ist hier geschehen. Es ist der echte Geist des Mahāyāna, allumfassend, ernst und tief, welcher diesen Buddhismus beseelt, — aber seine Erscheinung ist eitel Schönheit und Anmut. Und dies befremdet mich nicht: nie vielmehr habe ich mich dem Tiefsten der indischen Weisheit näher gefühlt, als während der Anschauung japanischer Buddhabilder.

Nur seltsam: was mich so stark berührt, scheint den Japanern gar nichts zu sagen; nirgends spüre ich ein unmittel-

bares Erleben der Harmonie von Erscheinung und Sinn; es
ist, als hätten sie nicht gewußt, was sie taten, indem sie den
Geist des Mahāyāna vergegenständlichten. Und indem ich
nun nochmals meine Blicke über das Kloster schweifen lasse,
mit seinen goldstrotzenden Tempeln, seiner so dekorativen
Klerisei, im großartigen Rahmen des Kryptomerienhains, da
verwandelt sich mir die Wirklichkeit auf einmal zum Bühnen-
bild. Nein, diese Kirche in all ihrer Größe und Schönheit ist
ganz unsubstanziell. Sie bedeutet doch nichts, außer als
Kunst. Das ganze Pathos der katholischen geht ihr ab. Wo
der Christ lebt, stellt der japanische Buddhist nur dar. Wobei
dieses Darstellen freilich möglicherweise sein äußerstmög-
liches Erleben bedeutet. . . .

Zusammen mit den Pilgern, die gemeinsam mit mir nach
Koya aufstiegen, besichtige ich die heiligen Stätten.
Wie sehr unterscheiden sich diese Wallfahrer von indischen!
Nur den bejahrteren unter den Frauen scheint es in religiösem Sinne ernst zu sein; die jüngeren betrachten ihre
Reise nicht viel anders als die Männer: als vergnüglichen
Ferienausflug, auf dem es viel des Neuen zu sehen gibt, und
tragen das Pilgerkleid hauptsächlich aus Stilgefühl, oder aus
Freude an dem Mummenschanz. Den Sagen und Wunder-
geschichten, die mit den einzelnen Tempeln verknüpft sind,
lauschen sie mit jener halbskeptischen Gläubigkeit, mit der
halbwüchsige Kinder Märchen zuhören, und die Andacht,
die sie vor der Stätte überkommt, wo Kōbō Daishi, der
Gründer des Klosters, ein großer Zauberer und Wunder-
täter, noch heute leben soll, des Tages seiner Auferstehung
harrend, enthält mehr Neugierde als Weihe. Es ist auch etwas
viel, was dem Koya-Pilger zu glauben zugemutet wird. Die

Shingon-Sekte, der dieses Kloster gehört, betreibt vor allen
am meisten Magie, und der stehen die Japaner von heute
ganz skeptisch gegenüber. Sogar die geistlichen Herren
scheinen vom Kultus nicht allzuviel zu halten. Sie reden am
liebsten über Fichte und Kant und gleiten über meine dog-
matisch-kultischen Fragen mit einem leisen Lächeln hinweg.
Aber alle, Priester wie Gemeinde, machen doch bei den
religiösen Veranstaltungen mit; nicht einer will Spielver-
derber sein. Sie haben zu viel Sinn für die Form, um nicht
alles Ritual mit künstlerischem Ernste zu befolgen. Ihr
Ernst ist recht eigentlich der des Komödianten, der sich mit
Leib und Seele in seine Rolle hineinversetzt hat. Heute früh
hatte ich im Tempel, wo ich hause, die Frühmesse versäumt.
Als ich dem Abte mein Bedauern darüber aussprach, erklärte dieser sich sofort bereit, sie noch einmal für mich zu
zelebrieren, da mich das uralte, über Indien wahrscheinlich
aus Ägypten stammende Ritual gewiß interessieren würde.
Natürlich geschah dies aus Courtoisie, und ich weiß ihm von
Herzen für sie Dank, um so mehr, als dieser Gottesdienst
tatsächlich zu den merkwürdigsten gehört, denen ich beigewohnt habe. Immerhin zweifele ich, ob ein Priester, dem
es innerlich ganz ernst ist, in der Höflichkeit so weit gegangen
wäre.

Es ist schon richtig: religiöse Tiefe im indischen Sinn fehlt
dem Japanergemüte. Nirgends spüre ich etwas von dem
inneren Erleben, das die Gesichter der Pilger von Benares
oder Rāmeshvaram verklärt; und die Gespräche gar, die ich
mit geistlichen Herren über die Mahāyāna-Lehre gepflogen,
verliefen ganz ohne Belehrung für mich. Aber doch scheint
mir der Buddhismus in Japan weit mehr lebendige Bedeutung zu haben, als man nach den ersten flüchtigen Eindrücken glauben sollte. Wohl ist der Japaner nicht im in-

dischen Sinne religiös, auch nicht im christlichen, dazu gebricht es ihm an Erkenntnistiefe und Einbildungskraft; wo
er nicht nachdenkt, dort glaubt er, wie das einfache Volk
überall, an gewisse wunderbare Tatsachen und Begeben-
heiten; und wo er zu denken gelernt hat, zweifelt er. Allein
das Denken ist ihm nichts Wesentliches: sein Eigentliches,
Tiefstes tritt im Empfinden zutage. Ich sage: in seinem Empfinden, nicht in seinen Gefühlen, seiner Seele, seinem Gemüt; in der Art wie die Oberfläche, nicht die Tiefe seiner
Psyche auf die Eindrücke der Innen- und Außenwelt antwortet. Das Innenleben des Japaners spielt sich der Hauptsache nach im Reich der Empfindungen ab, wie beim Kind
und der jugendlichen Frau. Hier äußert sich auch seine
Religiosität. Das Glauben des Kindes ist kein tiefes Glauben,
und doch führt es geradeswegs zu Gott. Seine Art aber ist
die lieblichste von allen. So hat die japanische Religiosität,
die vom Geiste her gesehen, flach erscheint, im Reich des
Empfindens und der Stimmung Wirklichkeiten geschaffen,
die zum köstlichsten Besitz des Menschengeschlechts gehören. Es gibt nichts Duftigeres, als die religiöse Lyrik des
Landes der Aufgehenden Sonne, nichts Süßeres, als die
Konzeption der Liebe, welche Amida und Kwannon ver-
sinnbildlichen, nichts Sinnigzarteres, als die Vorstellungen,
die der japanische Buddhist mit dem Leben nach dem Tode
verknüpft. Die Missionare, die das Christentum am tiefsten
verstehen und zugleich am tiefsten in den höheren Buddhismus eingedrungen sind, sind daher einzig in der Überzeugung,
daß, wenn unsere Ideen von der Gnade und Liebe auch die
tiefsinnigeren an sich sein mögen, die japanischen Vor- und
Darstellungen derselben die schöneren sind. Das Konkre-
tisieren spielt sich eben im Reich der Empfindungen ab; in
dieser Sphäre steht der Japaner von allen Menschen vielleicht

am höchsten. Kein Wunder daher, daß er im Einzelfall, trotz wesentlicher Oberflächlichkeit, an religiösem Empfindungsvermögen alle anderen übertrifft. Vor allem gilt dies von der Japanerin: ich kann mich nicht satt sehen an den lieblichen Kindern, die sich voll Ehrfurcht vor den goldenen Tafeln neigen. Von Glauben in indischem Sinne wissen sie nichts; sie wissen wohl nicht einmal, ob sie glauben; sie lachen, wo sie ernst sein sollten. Und doch beseelt sie unverkennbar die Liebe, deren Ideal Avalokiteçvara verkörpert. Fast möchte ich behaupten, sie alle empfinden, wie in Indien vielleicht nur ein Krishna, bei uns nur ein Franz von Assisi empfunden hat; und in ihrem opferfreudigen Dasein, im Verhalten zu ihren Nächsten üben sie aus, was geistig zu erfassen über ihre Kräfte geht.

Dieselben Pilger, die beim Besuch der buddhistischen Heiligtümer so wenig Weihegefühl bekundeten, erscheinen bewegt und ergriffen jetzt, wo ein sachkundiger Führer sie durch den Friedhof geleitet. Es ist der beeindruckendste, den ich gesehen; kein Land Europas besitzt ein gleichartiges Denkmal patriotischer Pietät. Wir folgen einer Allee gigantischer Kryptomerien, die eine gute Meile entlang über den Gipfel des Koya hinführt; bei jedem Steinmonument eines Einzelnen oder eines Geschlechtes macht unser Führer halt und nennt die Namen. Und da ist keiner, der nicht mit Japans Geschichte auf ewig verknüpft wäre, und keiner der großen Söhne Japans fehlt. Die berühmten Daimyo-Clans haben hier ihre steinernen Wahrzeichen; hier ruhen die großen Heerführer und Staatsmänner. Wohl sind nicht alle tatsächlich auf dem Koya beigesetzt, aber alle haben auf ihm ihre Gedenksteine, und so ist es, als schlummerte

ganz Japan hier ... Ich blicke auf die Pilger, die kürzlich
noch so leichtsinnig lachten und schwätzten. Jetzt erscheinen
sie wie umgewandelt. Ihr Tiefstes, Innerstes ist aufgerührt.
Die zierliche Oberfläche durchleuchtet tiefster Ernst.

Heute, zum ersten Male, habe ich mit Japans Seele Fühlung genommen. Sie tritt nicht im Verhältnis des Einzelnen
zu Gott zutage, nicht im Glauben an ein Transzendentes,
nicht in dessen geistiger oder lebendiger Verwirklichung:
sie äußert sich in dem, wie der Japaner zu Japan steht. Patriotismus ist das Tiefste des Japaners. Sein Verhältnis zu
seiner Heimat, deren Größe, deren ruhmreichem Fortbestand bedeutet das gleiche, wie dem Inder sein Verhältnis
zu Brahman, dem Chinesen seine Gliedschaft im All. Unsereinem fällt es nicht leicht, sich in diese Tiefe hineinzuversetzen: uns ist sie keine mehr. Aber jeder hat doch Augenblicke gekannt, wo aus dunklem Grund uralte Gefühle in
sein Bewußtsein übermächtig einströmten, wo ihm Bluts-
und Volksgemeinschaft als tiefere Bindungen erschienen, denn
das Verhältnis zu Gott oder zum All. In diesen Momenten
war er dem Japaner verwandt.

Wer aus der Erfahrung solcher Zustände heraus die Japanerseele zu erfassen sucht, dem stellt diese sich nicht mehr
als oberflächlich dar; der erkennt, daß auch aus ihr das Tiefste,
Äußerste spricht. Nur redet sie in einer uns fremden Sprache.
Wir können kein Konkretum als tiefsten Sinn verehren, uns
kann Loyalität kein Äußerstes sein, wir verstehen die metaphysische Einheit von Land, Volk, Staat, Nation, Familie
und Herrscherhaus, die dem nicht allzu verwestlichten Japaner noch heute die lebendige Grundvoraussetzung ist, nur
mit dem Verstande, und das Gefühl der absoluten moralischen
Verpflichtung dem Heimatland als solchem gegenüber, dürfte
kein noch so patriotischer moderner Europäer in Friedens-

zeiten kennen. Das Gefühl, das aus den Versen Take Hirose's, des Helden von Port Arthur, spricht:

Unendlich wie der Dom des Himmels über uns
Ist, was wir unserem Kaiser schulden;
Unermeßlich, wie die Tiefsee unter uns
Ist, was wir unserer Heimat schulden.

Die Zeit ist nun da, unsere Schuld zu bezahlen, wird er nur nachempfinden, wenn die Kriegsgefahr zeitweilig sein Bewußtsein umgewandelt, die Monade zur Zelle im Volkskörper umgeschaffen, wenn er zeitweilig aufgehört hat, als autonome Individualität zu existieren. Ihm ist die individuelle Seele das letzte irdische Gewand des Metaphysisch-Wirklichen. Auf diese beziehen sich für ihn alle idealen Forderungen, ihr gegenüber aber erscheint das Vaterland als Oberflächliches. Es ist ein Oberflächliches, vom erkennenden Geiste her gesehen, aber dies bedingt doch nicht, daß die Menschen, die wie die Japaner empfinden, flach wären: ihre Vaterlandsliebe bedeutet ein Allertiefstes. Tief ist jede Lebensäußerung, die im Grunde des Lebens wurzelt. Deswegen sind wohl nur solche Gedanken tief,, welche objektiv auf den Grund der Dinge zurückgehen — also wirklich tiefe Gedanken in des Wortes gewöhnlicher Bedeutung —, aber in den Sphären des Wollens und des Fühlens ist Tiefe unabhängig von der objektiven Profundität; dort hängt sie ab von dem Grad, in dem die subjektive Erscheinung das subjektive Wesen spiegelt. Nun wird des Japaners Subjektivität durch die vorhin bezeichneten Vorstellungen definiert; für ihn gibt es kein Über-sie-hinaus. Folglich sind sie tief in bezug auf ihn. Ein wesentlich oberflächliches Volk hätte weder das Rießenreußenreich geschlagen, noch vor allem den zähen Opfermut gehabt, des es bedurfte, um sich in dreißig Jahren von Grund aus zu reorganisieren.

Im Patriotismus kommt des Japaners Tiefstes zum Ausdruck. Dieses Tiefste ist, vom Geiste her gesehen, allerdings ein Oberflächliches, und insofern bleibt das allgemeine Urteil über ihn, daß er der Tiefe entbehrt, zu Recht bestehen. Überall, wo die Erscheinung auf seinen lebendigen Grund, auf Japan, nicht zurückgeführt werden kann, versagt sein Verständnis, seine Leistungsfähigkeit. Religiös im Sinne des Inders, philosophisch im Sinne des Deutschen, überhaupt tief im Sinne der Spekulation ist er nicht und kann er nicht sein. Aber hier, wenn irgendwo, tritt die Wahrheit zutage, daß jede Erscheinung innerhalb ihrer Grenzen den Atman zum Ausdruck bringen kann. Die Vollendung der Rose bedeutet gleiches vor Gott, wie diejenige Buddhas; jene steht Gott näher als dieser ihm stand, ehe denn er vollendet ward. So ist der vollendete japanische Patriotismus metaphysisch mehr wert, als die höhere Einsicht des Westländers, die auf halbem Wege stehen blieb. Und weiter: die Vollendung der Rose ist ein Absolutum; kein Mensch wird diese je erreichen; im Sinne der Rose steht er unter ihr. So sind die individualisierten und tieferdenkenden Völker, wo sie der Ausnahmezustand des Volkskrieges nicht zurückentwickelt, als Patrioten den Japanern unterlegen. Die Inder sind ganz unpatriotisch, da ihr Bewußtsein die Gestaltung tief unter sich sieht, die Chinesen gleichfalls, weil ihr Ideal von China zu hoch ist, um von den Zufällen der Geschichte berührt zu werden; wir Weißen aber, einst den Japanern nahe verwandt, werden in deren Sinne fortschreitend unpatriotischer (trotz des Anscheins vom genauen Gegenteil, hervorgerufen durch die Selbsttätigkeit des bewußten Geists, der durch nationalistische Theorie ihr entsprechende Gefühlsregungen weckt, und die Interessensolidarität aller im modernen Staat), weil die Heimat auch dem vollendet individualisierten,

gleichwie dem vollkommen vertieften Menschen, kein Äußerstes bedeuten kann, weil Individualismus notwendig
Weltbürgertum erzeugt. — Das ist ein Fortschritt vom
Standpunkte der Erkenntnis. Jedoch er schwächt den physiologischen Zusammenhang. Dem völkischen Idealzustande
steht das Japan von gestern näher als unsere Zukunft.

Ich studiere die Gesichter einiger Offiziere, die mit mir
durch den Friedhof schreiten; unverkennbar sind sie Samurais. Aus ihren Augen blickt eine Lebensanschauung, die in
Europa nur mehr nachgeborene Söhne vergangener Jahrhunderte bekennen. — Ich frage nach einem überaus präch-
tigen Denkmal, das kürzlich erst errichtet worden ist. Es
gilt dem Andenken der im mandschurischen Kriege Gefallenen, sowohl der Russen als der Japaner. — Den
Feind zu ehren, ist edelste Ritterart.

NARA

Nun schwelge ich in religiöser Kunst. Meinem Gefühl
nach hat der Buddhismus das Höchste dieser Art auf
Erden hervorgebracht, und viele von dessen herrlichsten
Denkmälern sind in Japan, in und um Nara und Kyoto, zu
finden. Wie unspirituell wirken neben jenen Gemälden, wo
Amida als die Idee des Lichtes selbst das irdische Dunkel verklärt, der Sonne gleich über den Bergen aufgehend, neben
jenen sinnenden und segnenden Buddhas, in denen der
Frieden der Seele seine vielleicht endgültige Verkörperung
erfahren hat, die höchsten Gebilde der christlichen Phantasie! An Empfindungstiefe standen die schlichten Künstler
unseres frühen Mittelalters den buddhistischen wahrscheinlich nicht nach, aber ihr Gefühl brach sich an ihrem Verstand.
Sie waren dazu erzogen, die Gestaltungen ihres Glaubens

entweder wörtlich aufzufassen — als historische, ja natur-
wissenschaftliche Tatbestände, die als solche ein Letztes bezeichneten — oder aber sie allegorisch zu interpretieren,
und beide Auffassungen machten Unmittelbarkeit unmöglich. In seltenen Fällen hat sich ihr religiöses Gefühl in der
Ausführung biblischer Vorwürfe trotzdem unmittelbar geäußert, und die wirken dann desto ergreifender; ihre meisten
Werke sind nur mittelbare Ausdrücke. Den Buddhisten,
gleich allen Abkömmlingen des Indergeists, waren Dogmen
und Mythen nie mehr als Ausdrucksmittel; nie galten sie
ihnen als Substanzen. Weswegen buddhistischen Künstlern gelingen konnte, was christlichen niemals gelang.

Wohl alle Grundkonzeptionen der ostasiatischen religiösen
Kunst sind indischen oder gräko-indischen Ursprungs, und
das allein schon, was zu Borobodur und Angkor Vat von indischer Arbeit erhalten ist, beweist, daß die Hindus auch als
Bildner einstmals groß waren. Immerhin: die größten uns
erhaltenen Verkörperungen ihres künstlerischen Wollens sind
nicht ihr Werk. Das Bedeutendste, was es an geistlicher
Kunst im Osten gibt, ist von chinesischen Meistern geschaffen worden, und ihren fruchtbarsten Boden haben
deren Ideen nicht in China, sondern in Japan gefunden.
Es bedeutet kein Zeichen tiefen Verständnisses, immer wieder
auf die Nichtbodenständigkeit der japanischen Kunst hinzuweisen: keine Kunst war je absolut autochthon; sowohl die
griechische als die indische, als die chinesische Plastik war
insofern vom Auslande abhängig, als ihre Höchstentwicke-
lung erst einsetzte, nachdem Anregungen von außen den
heimischen Genius befruchtet hatten. Allerdings ist die
japanische religiöse Kunst bis zum Schluß von ihren Vor-
bildern abhängig geblieben, hat diese niemals erreicht und
nichts Neues aus dem Alten herausgebildet; insofern kann

man sie mit der chinesischen wohl nicht vergleichen. Aber
echt ist sie trotzdem durchaus, als ein wahrhaftiger Ausdruck
des Innerlichen, ja sie ist letzteres in einem weiteren Sinn,
als gleiches in China der Fall war. Die Ausdrucksform, die
einem am besten entspricht, braucht man nicht notwendig
erfunden zu haben; man braucht auch Überkommenes nicht
zu ändern, auf daß es der eigenen Persönlichkeit gemäß sei.
Fast der ganze Orient zitiert, wenn er einem unmittelbaren
persönlichen Erlebnis Ausdruck verleihen will, und dies bedeutet bei ihm nicht, wie unter uns, entweder Impotenz oder
Geschmacklosigkeit, sondern das Sichwiedererkennen der
Seele in gewissen einfürallemaligen Gestaltungen, gleichwie
die Natur sich in gleichbleibenden Formen immerfort in
unverminderter Ursprünglichkeit erneut. Die Formenwelt
nun der buddhistischen Kunst entspricht der japanisch-
buddhistischen Religiosität so vollkommen, wie sie im schon
damals durch und durch konfuzianischen China wahrscheinlich nur im Fall weniger Ausnahmeseelen entsprochen hat
— gleichviel, ob diese Korrespondenz präexistierte oder umgekehrt a posteriori durch den Einfluß des Buddhismus auf
die Japanerpsyche geschaffen ward —, so daß sie in Japan
überall ein getreues Sinnbild des geistlichen Lebens darstellt.
Es ist japanische, nicht chinesische Seelenstimmung, die aus
den süßen Kwannonbildnissen spricht, die diskrete und doch
reiche Chromatik der Mandaras ist der Abglanz japanischer,
nicht chinesischer Innerlichkeit. Man könnte sagen: wenn
alle Formen und Farben bis auf die letzte auf dem Kontinent
erfunden worden wären, und es hätte keine Japaner gegeben,
die sie zu sich herübernahmen, so wäre der letztmögliche
Zusammenhang zwischen Kunst und Leben ungeknüpft geblieben. In Japan ward die buddhistische Kunst zum normalen Ausdruck des religiösen Empfindens; für einen Fra

Angelico in Toskana hat es dort hunderte gegeben. Viele
Heilige und Kirchenväter waren gleichzeitig Maler und Bild-
hauer; die Mehrzahl der Statuen und Gemälde, die in den
alten Tempeln vorgewiesen werden, sind von Priestern und
Mönchen geschaffen worden.

Man wird einwenden: aber die Japaner sind nicht spirituell; wie soll ihnen die spirituellste aller Künste gemäß sein?
Hierauf ist zunächst vorbeugend zu erwidern, daß, wenn die
heutigen Japaner selten spirituell sind, hieraus nicht folgt,
daß die Dinge immer so lagen. Der Begriff eines Volkes, einer
Rasse entspricht immer nur innerhalb bestimmter Zeit-
grenzen einer gegebenen Bestimmung. Die Juden von heute
würden keine Bibel erdichten, den amerikanischen Geschäftsleuten des 20. Jahrhunderts ist nicht anzumerken, daß
ihre Urahnen aus religiösen Motiven über den Ozean entwichen waren, um ein Reich der Heiligen auf Erden zu begründen. Wohl darf das unvermischte Blut als Konstante in
der Gleichung berücksichtigt werden, aber die Veränder-
lichen sprechen deutlich mit und geben nicht selten den Aus-
schlag. Die Variable der Christianisierung hat im Lauf der
Jahrhunderte, trotz aller vorhandenen Konstanten, die noch
so verschiedenen Rassen des Westens psychisch dermaßen
vereinheitlicht, daß der Nichteuropäer sie kaum voneinander
unterscheiden kann. Ähnliches hat der Buddhismus bewirkt.
Zwar hat dieser, seinem weicheren Charakter gemäß, das
äußere Leben auch nicht annähernd so stark beeinflußt.
Dafür hat seine größere Spiritualität zu Wirkungen geführt,
die das Christentum im gleichen Maße nie erzielt hat: er hat
von Hause aus unspirituelle Völker, in einigen ihrer Äußerungen zum mindesten, spirituell gemacht. Die antimeta-
physischen Chinesen haben als buddhistische Künstler Höhen
metaphysischen Wissens erklommen, wie kaum ein anderes

Volk; und die Japaner, deren geistige Rassenkonstante wohl von
jeher *matter-of-factness* war, sind durch das Licht des Mahāyāna
auf Jahrhunderte hinaus so sehr erleuchtet worden, daß gerade ihre *matter-of-factness* zu spirituellen Leistungen führte.
Schließlich ist das religiöse Erleben ebenso reine Empirie, wie
das des Weltkindes; nur vollzieht es sich in einer anderen
Sphäre, zu der aber jedem der Eingang offensteht. Ein Licht-
strahl vom Kleinod auf der Stirn des Buddha hat ihn den
Japanern gewiesen. Solang sie sich von jenem erleuchten
ließen, haben sie Göttliches schauen und vollbringen können.

Heute, angesichts der Herrlichkeiten Naras, habe ich endlich Klarheit gewonnen über das Problem, das mich seit Koya
beschäftigt: wie es nur möglich ist, daß die Japaner, die doch
„nicht wissen, was sie tun", in vielen Hinsichten als Vollender
der indischen Weisen gelten dürfen: es hängt unmittelbar
zusammen mit dem anderen, daß die allwissenden Inder sich
kaum je vollwertig ausgedrückt haben, und Ähnliches von
den Deutschen gilt; daß die bisher dauerhaftesten Gestaltungen des europäischen Geists nicht von den tieferen Germanen, sondern Romanen herrühren; und sein Sinn ist der,
daß der äußerste Ausdruck eines Spirituellen nie von spiritua-
listisch, sondern von materialistisch gesinnten Völkern gefunden wird. [Ich verwende hier den Begriff „materialistisch"
natürlich in einem viel weiteren Sinne, als dies üblich ist; als
Gesamtbezeichnung für alle der Erscheinung als solcher zu-
gewandte Geistesrichtung.] Zur Herrschaft über die Materie
bedarf es der Organe, die ihr vollkommen gewachsen sind,
zumal entwickelter Sinne; der Geist als solcher tut es nicht.
Da nun ein gleicher Mensch nie gleich vollkommen als Geist
und als Sinnenwesen ausgestattet ist, da zwischen beiden Anlagen vielmehr ein antinomisches Verhältnis besteht, so hat
der materialistisch Gesinnte in der Erscheinungswelt am

meisten Erfolg. Nun ist aber auch der Ausdruck eines Spirituellen unter allen Umständen in der Sphäre der Phänomene
belegen; den besten findet nicht der Durchgeistigteste, sondern der, welcher den Geist am besten zu materialisieren
weiß: und der ist wieder der Materialist. Zwar erkennt er
das Spirituelle als solches nie von selbst, aber ward es ihm
gezeigt, dann erfaßt er es am besten: weswegen die vollen-
detesten Fassungen geistlicher Wahrheiten von Dichtern,
nicht von Heiligen und Philosophen stammen. Nun ist aber
der Geist in jedem Einzelnen gegenwärtig, jeder kennt ihn,
ob ers weiß oder nicht. So erklärt es sich, daß materia-
listische Völker, denen von selbst nie spirituelle Einsichten
aufgegangen wären, deren Ausdruck, kaum daß sie mit ihm
bekannt wurden, verstanden und gewürdigt haben. Der
höhere Buddhismus fand in China und Japan sofort Verständnis, und nicht lange nachher seine sublimsten Ausdrucksformen, weil eben die Völker des Fernen Ostens über ein un-
vergleichliches Ausdrucksvermögen verfügen, und die Grundideen, die sie nie gefunden hätten, vorlagen. Die mate-
rialistische Grundanlage der Chinesen und Japaner gibt
somit kein Rätsel auf in bezug auf ihre religiöse Kunst, sondern macht diese im Gegenteil begreiflich. — Was nun Japan
im besonderen angeht, so steht es zu China im typischen Verhältnis des Schülers, der das Werk seines Meisters vollendet.
Der Pionier bricht sich durch die Materie mühsam Bahn;
selten lebt er lange genug, um sich ganz auszusprechen, selten
liegt ihm auch daran, das Letzte zu sagen. Sein Schüler,
dort anhebend, wo jener aufhören mußte, führt aus, was er
vorgezeichnet hatte. Und ist er subtilen Geistes, mit Verständnis für das eigene Leben der Form, dazu von Geschmack
und Sinn für die Nuance, so wird ihm zuteil, die Konzeption
seines Meisters, die als solche seine Kräfte weit überstieg,

zur äußersten Vollendung zu bringen. Das ist es, was die besten der religiösen Künstler Japans auf dem Gebiet der buddhistischen Formenwelt geleistet haben; ihnen verdankt diese ihren Schmelz, ihre Süße, ihre franziskanische Innigkeit. Tief religiös, wie die Inder, sind die Japaner niemals gewesen; aber innig religiös, gerade im franziskanischen Sinne, waren sie wohl. Der Heilige Geist hat sich ihnen als solcher nie geoffenbart, aber er hat ihr Empfinden verklärt. Und vermittels dieses verklärten Empfindens Bildnisse geschaffen, die ihm gleichsehen, wie sonst nichts auf dieser Welt.

Wieder einmal, angesichts der Kunstschätze Naras, übermannt mich der Eindruck der Katholizität des Geistes der ersten nachchristlichen Jahrhunderte. Was war das für eine grandiose Synthese, welche indische Weisheit, griechische Formen, alexandrinische Lehren, christoide Dogmen in sich beschloß! Im Tempel von Horiūji thront ein Buddha aus Korea: die spezifisch ostasiatische Erscheinung verdichtet in sich gleichwohl allen Sinn, der zwischen Nil und Indus je erfaßt ward.... Und dabei handelt es sich nirgends um Eklektizismus. Jener wundersame Impuls zur Liebe, der im Westen den Stoiker zum Christen, den Stolzen zum Demütigen umschuf, der im Herzen des Judentums, das nur von Gerechtigkeit wußte, die sublimste Gnadenreligion entstehen ließ, der den selbstgenügsamen Asketen des frühen Buddhismus zum Bodhisattva verwandelte, welcher den Eid schwur, nicht in Nirwāna einzugehen, solang noch eine Menschenseele unerlöst in irdischen Banden schmachtete, hat wirklich verschmolzen, was in der Theorie allenfalls vereinbar schien. Aber wenn ich nun die beiderseitigen Endprodukte dieses Prozesses im Geist vergleiche — das

Christentum im Westen und im Fernen Osten den japanischen Buddhismus —, dann muß ich mich wieder einmal neigen vor der größeren Erkenntnistiefe sowohl, als der höheren
künstlerischen Ausdrucksfähigkeit des Morgenlandes. Um
wie viel wahrer ist die Lehre des Mahāyāna als die so gleichsinnige des Christentums! Wo bei uns bornierte Afrikaner und
unphilosophische Römer, günstigstenfalls wortklauberische
Griechen die Lehre fortbildeten, haben dies im Osten weise
Inder getan; und wo bei uns wörtliche Auffassung und alle-
gorische Ausdeutung des christlichen Mythos dessen Formen
zu einer Art Hieroglyphenschrift verballhornte, die außerstande war, ein Gemeintes unmittelbar auszudrücken, hat
der künstlerische Feinsinn des Orients aus nahezu identischen
Gestaltungen eine Sprache geschaffen, die mit wohl uner-
reichter Unmittelbarkeit das Ewige als Erscheinung offenbart. Amida ist nichts anderes als unser Erlöser, Kwannon
nicht verschieden in der Idee von jener Maria, die den weiblichen Aspekt göttlicher Liebe inkarniert; Sukhavati ist
identisch mit unserem Himmel. Aber während diese Mythen
der Christenheit bis zum heutigen Tag naturwissenschaft-
liche Tatsachen geblieben sind, oder schlimmer noch, als
Allegorien von ihr verstanden werden, hat sie der Osten nie
anders als symbolisch aufgefaßt. In Indien philosophisch-
bewußt, in China halb bewußt, halb instinktiv; in Japan
wahrscheinlich ganz unbewußt, mit der kindlichen Naivetät
des echten Künstlers. Immer wieder komme ich auf das Wort
des Gekreuzigten zurück; sie wissen nicht, was sie tun. Die
Japaner sind sicher ganz unschuldig am Wunder ihrer geistlichen Kunst; desto unschuldiger, als sie ja wirklich hauptsächlich anderen nachgeahmt haben. Aber ihre „Kopien"
sind spiritueller als unsere Originale.

Im Sinne der Spiritualität ist und bleibt das Maximum die

indische Weisheit, und deren vollkommenstes Ausdrucksmittel der chinesisch-japanische Künstlersinn. Wie wenig
nützt hier Verstandesbegabung! Ich denke zurück an meine
Erlebnisse in Adyar und an die Lehren der modernen Theo-
sophie. Die sind beinahe identisch mit denen des Mahāyāna,
und dessen intellektuellem Gehalt sind die Theosophen wohl
besser gewachsen als die Japaner. Gleichwohl steht der japanische Buddhismus turmhoch über der modernen Theo-
sophie. Die geht mit den indischen Lehren nicht weiser um
als unser Mittelalter mit den griechisch-christlichen: auch
sie faßt wörtlich auf oder allegorisiert; auch ihre Synthese
ist ein äußerliches Aggregat. Die Rassenanlage scheint doch
unüberwindlich: Angelsachsen bleiben Angelsachsen, ein
praktisches aber unspirituelles Geschlecht, selbst wo sie sich
zum Mahāyāna bekehren. Möchten nun auch die Japaner
Ostasiaten bleiben, trotz ihres Triebes zur Verwestlichung.

Ja, die Rassenanlage ist ein Äußerstes überall, wo Glaubens-
und Einbildungskraft nicht außerordentlich groß sind.
Bei den Japanern sind beide ausnehmend gering, weshalb das
Blut bei ihnen ungewöhnlich viel bedeutet. Es ist nicht wahr,
wie oft es behauptet wird, daß sie, als Nachahmer, in hohem
Grad verwandelbar wären; zur Verwandlung bedarf es der
Phantasie. Sie sind sich vielmehr gleicher geblieben durch
allen Wechsel hindurch, als irgendein Volk. Welchem Einfluß sie sich auch hingaben — dem koreanischen, chinesischen
oder europäischen — wesentlich verändert hat sie das nicht.
Wie dies mit besonderer Anschaulichkeit die Geschichte des
japanischen Buddhismus illustriert.

Die Mönche von Nara waren berüchtigt wegen ihres Raub-
rittertums. Nicht im mindesten hatte die sanfte Weisheit

der Inder auf die kriegslustigen Reisigen erschlaffend eingewirkt — jene hatte sich vielmehr deren Gesinnung anbe-
quemt. Beinahe sogleich verschmolz der Buddhismus mit
dem eingeborenen Ahnen- und Götterkult, legte sich bald
darauf einen richtigen Kriegsgott an, und nicht lange währte
es, bis daß die buddhistischen Klöster den Regenten mehr zu
schaffen machten als die unruhigsten Vasallen. Nur auf den
Teil und die Seiten der Japaner hat die indische Weisheit
als solche unmittelbar eingewirkt, denen sie von vornherein
entsprach: auf die Frauen und auf den Künstlersinn. Die
Japanerin ist geborene Buddhistin, in ihrem sanften Dulden,
ihrer selbstlosen Innigkeit; und als Künstler ist der Japaner
dem Inder nahe verwandt. Immer deutlicher erkenne ichs:
in bezug auf das japanische Volksleben bedeutet die buddhistische Kirche, soweit sie wirklich buddhistisch ist, nur einen
künstlerischen Rahmen, nicht mehr. Aber gerade darum
wohl hat sie dem Einzelnen, zumal der Frau, hie und da so
sehr Persönliches bedeutet. Die katholische Kirche war vor
allem ein Staat; sie hat mehr Völker als Einzelne erzogen,
mehr der Menschheit als dem Menschen ein Hort sein wollen.
Deshalb fehlen katholischen Heiligen die intimen Züge,
welche buddhistische so lieblich erscheinen lassen. Ein einziger unter jenen scheint diesen vergleichbar: der Heilige Franz.

Es ist die Zeit der Wistariablüte. Bis zu den Spitzen der
trotzigen Tannen im Park ranken sich die lieblichen Schling-
gewächse auf. So haben sich das Rauhe und das Süße in
Japan stets wunderbar ergänzt. Dem Weib die Liebe, dem
Mann der Kampf; für sie der Buddhismus, für ihn das Shintō.
Aber für beide Bushido, der Geist stolzer, aufwärtsstrebender
Reinheit: von den möglichen Formeln, die das Widerspruchs-
volle zur Einheit versöhnen, scheint mir diese nicht die
schlechteste zu sein.

Schon mehrfach berührte ich den franziskanischen Charakter des Tiefsten und Besten an der japanisch-buddhistischen Religiosität; bei diesem Konvergenzpunkt östlich-westlichen Wesens muß ich doch etwas länger verweilen. Ohne Zweifel hat das Süße, das Liebliche, das Zarte hier wie dort den gleichen Grundgeschmack; freilich hat es im Fernen Osten den höheren Grad der Durchbildung erreicht. Aber das Franziskanertum erschöpft sich nicht im Süßen. Ich muß an eine Bemerkung Alfred Webers denken: der entsprechende Ausdruck eben des Geistes, der einst im Franziskanerorden seinen Körper fand, sei heute — die Heilsarmee. Wahrscheinlich ist dem so. Nicht der ganze Geist des heiligen Franziskus geht im Innig-Süßen auf. Und für das andere, das Leidenschaftlich-Tatkräftige, fehlt im Osten das Gegenstück.

Missionare würden natürlich sagen, dieser Unterschied gehe auf die Überlegenheit der christlichen Lehre zurück, und so viel ist gewiß: sehr ähnliche Grundideen haben in christlicher Verkörperung ungleich größere Kraft bewiesen. Aber woher kommt letzten Endes diese größere Kraft? worauf beruht es, daß franziskanischer Geist in Japan nur Süßes, in Europa sowohl Süßes als Gewaltiges hervorgebracht hat? Wohl schwerlich auf der Lehre Christi an und für sich, sondern auf der Naturanlage derer, von denen sie Besitz ergriff; die Mahāyāna-Lehre hätte unter uns wahrscheinlich gleiches gewirkt. Ich vergegenwärtige mir die Seele des Heiligen Franz: mit solchem Feuer hat die Liebe in keinem Japanerherzen je gebrannt; solche Leidenschaft hat kein Heiliger des ganzen Orients, wenn ich den Islam ausschließe, je gefühlt. Was den christlichen Bhakta vom asiatischen letztlich unterscheidet, ist das sehr viel größere Energiequantum, über das er verfügt. Somit beruhen die Vorzüge des Christen-

tums vor dem Buddhismus, soweit solche in Frage kommen,
wohl vielfach auf physiologischen Umständen; auf dem
dichteren, dankbareren Stoff, mittels dessen sein Geist sich
hat auswirken können. Nie bin ich unter Asiaten einem
Menschen begegnet, dessen psychischer Körper so voll und
reich wäre, wie bei uns schon im Fall des höheren Durchschnitts; alle, soweit ich sie kenne, sind psychisch mager im
Vergleich mit uns.

Von diesem Gesichtspunkte aus entfalten sich, wie mich
bedünkt, recht interessante Ausblicke auf unseren vermeint-
lichen Materialismus und des Ostens vermeintliche Spiritualität. An den Tatsachen ist natürlich nicht zu rütteln, aber
ihre Bedeutung ist doch nicht ganz die, welche ihnen gemeiniglich zuerkannt wird. Wohl stellt sich Spiritualität im
Orient meist spiritueller dar als im Abendland, aber daraus
folgt nicht notwendig, daß jener wirklich dem Geiste näher
sei: es braucht nur das daraus zu folgen, daß er einen mageren
Körper trägt. Sicher ist diese Deutung in vielen Fällen richtig, und was Japan betrifft, vermutlich durchaus. Auch
vieles von dem, was an Indien bewundernswert scheint, mag
hier seine wahre Ursache haben: es ist nicht eben schwer,
zu verzichten, wenn man dürftige Leidenschaften hat. So
viel steht außer Frage: je reicher der Körper, desto bessere
Ausdrucksmöglichkeiten hat der Geist. Das beweisen unser
Beethoven, unser Bach; denen kommt nichts Östliches
gleich. Das beweist am eindrucksvollsten wohl China. Wo
immer es möglich erscheint, Chinesisches mit Japanischem
einerseits, mit Indischem andrerseits zu vergleichen, überall
also, wo entweder ein identischer Geist den jeweiligen Kultur-
gebilden zugrunde liegt, oder wo identische Ausdrucksmittel
benutzt wurden, beeindruckt die größere Substantialität
der chinesischen Gestaltung. Sie wirkt nicht nur robuster,

stofflich-bedeutsamer, ist nicht allein schärfer umrissen, kraftvoller ausgeführt — sie wirkt wie aus größerer Tiefe beseelt.
Um die Tiefe an die Oberfläche zu bringen, bedarf es eben
der physischen Kraft; und je mehr Oberfläche auf den Grund
zurückgeführt oder vom Grunde her durchleuchtet wird,
desto deutlicher tritt dies hervor. Die Chinesen sind die
substantiellsten der Asiaten; sie sind die einzigen Menschen,
die ich wüßte, deren psychischer Körper den Vergleich mit
dem unserigen aushält. Deshalb hat die orientalische Spiritualität ihren irdisch stärksten Ausdruck in China gefunden.

KYOTO

Noch bin ich tief ergriffen von der Tragödie, die sich auf
den Brettern vor mir abgespielt hat. Es war ein be-
rühmtes historisches Drama, meisterhaft geführt, meisterhaft
dargestellt, schon insofern ergreifend; aber was mich über-
wältigte, war das Pathos der Stimmung, die das Psalmodieren
alter Volksweisen zur stummen Pantomime, welche die
eigentliche Handlung in rythmischen Abständen ablöste,
über dem ganzen verbreitete: ich erlebte eine vollendete
Evokation des Mittelalters.

Dieses liegt in Japan ja nicht weit zurück. Noch sind die
ihm entsprechenden Bewußtseinszustände und Ausdrucksformen den Alten aus persönlicher Erfahrung vertraut, so
daß es in Japan leichter gelingt, als in Europa, seinen Geist
zu beschwören. Und dann trug dieser hier überhaupt viel
krasseren Charakter, dementsprechend seine Gestaltungen
stärker wirken. Ich glaube nicht, daß die Tugenden des
Samurai aus so tiefen Wurzeln sprossen, wie die des fränki-
schen Rittersmanns; Vasallentreue, Ehrgefühl und Todesverachtung bedeuteten bei diesem wahrscheinlich mehr.

40*

Aber dank der eigentümlichen japanischen Anlage, welcher
Darstellung und Sein nahezu gleiches bedeuten, der sti-
lisierende Übertreibung natürlich ist, traten sie bei jenem
pittoresker in die Erscheinung, weshalb das japanische Mittelalter an szenischem, überhaupt an künstlerischem Wert das
unsere übertrifft. Der Inhalt des Schauspiels, dem ich bei-
wohnte, ist ungefähr wie folgt: Der Lehnsherr hat einem
Vasallen-Clan eine wertvolle Schriftrolle anvertraut. Dasjenige Glied desselben, das sie bewahrt, beweist einer Dame
seines Hofs mehr Zuneigung, als seiner stolzen Gattin gefällt.
Diese beschließt, die Rivalin zu verderben. Zu diesem Zweck
entwendet sie die Rolle, so daß der Vertreter des Lehnherrn,
der sie gleich darauf zurückfordern kommt, die Kiste leer
findet. Irgend jemand muß den Schatz gestohlen haben.
Die Schloßherrin bezichtigt das verhaßte Fräulein dieser
Tat und züchtigt sie drauf — die größte Schmach, die eine
Edelgeborene befallen kann — vor versammeltem Hof mit
ihrem Schuh. Auf diese Erniedrigung hin verübt die Ver-
leumdete Selbstmord. Deren treue Dienerin jedoch rächt
ihren Tod, indem sie die moralische Mörderin mit der gleichen Sandale wieder schlägt und dann in ritterlichem Zwei-
kampf fällt. — Die Fabel ist einfach genug, und für unsere
Begriffe wenig bedeutsam; uns scheinen ferner die tragischen
Motive nicht in der Tiefe der Menschennatur, sondern in
oberflächlicher Konvention begründet. Aber diesen Menschen war die Konvention Natur. Und wer unter dem Einfluß vollendeter Bühnendarstellung von der Atmosphäre des
japanischen Mittelalters innerlichst ergriffen ward, dem tritt
aus dem scheinbar Gekünstelten das Reinmenschliche ebenso
ergreifend-nackt entgegen, wie aus der griechischen Schick-
salstragödie. Auch das „Schicksal" war schließlich Konvention — wir glauben nicht mehr an seine Macht; auch die

Leidenschaften, wie sie seither als Motive verwandt werden,
sind keine notwendig bedingenden Ursachen — denn der
Mensch kann über ihnen stehen; bloß darauf kommt es an,
wo er tatsächlich steht. Identifiziert er sich wirklich und
vollkommen mit einem törichten Vorurteil, dann gewinnt
dieses die Tiefe der Natur. Die Intensität des Erlebens nun
war beim mittelalterlichen Menschen so groß, daß seine Vorurteile mehr Pathos bedingen, als unter Modernen metaphysische Tragödien.

Ich empfinde so etwas wie Wehmut. Erklärlich genug: so
sehr ich auch Geistesmensch bin — die Grundinstinkte des
Ritters spüre ich dennoch sehr lebendig in mir, und diese
passen nicht mehr in diese Zeit; des Edelmannes Tage sind
gezählt. Welche Verblendung, hierin das Zeichen eines unbedingten Fortschritts zu sehen! Allerdings beschließen die
typischen Züge des Edelmanns keine absoluten Werte, aber
solche wohnen keiner Gestaltung inne; alle sind nur bestimmte
Lebensformen, als solche nicht wesentlich notwendig, bedingt, beschränkt, dem Wandel unterworfen und in der Betrachtung, zumal beim Menschen, leicht als zufällig zu erkennen, weil die Grenzen, die hier einen Typus vom anderen
scheiden, geistige sind: Einseitigkeiten, Eigentümlichkeiten,
Vorurteile. Allerdings erscheint der ritterliche Ehrbegriff
der Theorie als Vorurteil, aber Gleiches gilt von der Standesehre des Kaufmannes, und erst recht von der „Voraus-
setzungslosigkeit" des Freidenkers. Die Frage ist, welche
Vorurteile die besseren sind? Im Prinzip ist es vielleicht
sinnlos, so zu fragen: ein Hirsch zu sein, ist vom Standpunkte
des Pferdes ein Vorurteil und umgekehrt; alle Gestaltungen
sind ein Ausdruck des Innerlich-Notwendigen im Rahmen
des Äußerlich-Möglichen, ergänzen sich wechselseitig, verwandeln sich mehr oder weniger korrelativ. Aber es gibt den-

noch bessere und schlechtere Vorurteile in dem Verstand,
daß nicht jede Konstellation die Realisierung gleicher Werte
zuläßt und manche überhaupt verloren gehen, wenn eine
bestimmte Lebensform ausstirbt. In diesem Sinne steht der
Ritter turmhoch über den Typen, welche heute unaufhaltsam an seine Stelle treten; an moralischem Mut, Idealismus,
Selbstverleugnung, an Treue, Gesinnungsadel und Nichtachtung materieller Vorteile kommt keiner ihm gleich. So
daß die Menschheit durch das Aussterben des Ritters einen
unersetzlichen Verlust erleidet.

Wohl beginnt heute ein Typus auszukristallisieren, welcher,
ähnlichen Geistes wie der Ritter, diesem insofern überlegen
ist, als er durch weniger spezielle Vorurteile zusammenge-
halten wird und der individuellen Anlage mehr freien Spielraum gewährt: das ist der intellektualisierte und universali-
sierte englische Gentleman. Aber der ist noch viel schwieriger
darzustellen als jener, weswegen fraglich bleibt, ob er je dominieren wird. Es bedarf einer ungeheueren angeborenen Kultur,
die in unseren Tagen ausschweifender Blutmischung selbst die
Träger größter Namen nicht besitzen, und einer Fähigkeit
der bewußten Selbstbeschränkung, welche den Idealen des
emanzipierten Durchschnitts stracks zuwiderläuft, um in
diesem höchsten Sinne Edelmann zu sein. Noch sind die
wenigsten zur Freiheit reif, noch sind weitaus die meisten
Herdenmenschen und unfähig, sich außerhalb gemeinschaft-
licher Bindungen zu vollenden. So treten sie, wo sie die
alten zerrissen haben, in neue Zusammenhänge ein, die viel
oberflächlicher begründet sind, als die historisch gewordenen.
Heute schließen sich die Reichen zusammen: es war besser,
als dies die Edlen taten. — Ich werde bitter. Wie soll ich
es nicht werden, da ich mit ansehen muß, wie der Zug der
Zeit die Typen, welche die edelsten sein sollten, unaufhalt-

sam niederzieht? Unter den Trägern großer historischer
Namen gibt es schon erschrecklich wenig echte Aristokraten
mehr. Es liegt in der Natur der Dinge begründet, daß ein
Organ, das sich nicht entsprechend betätigen kann, entartet. Dieses geschieht auf zwei Wegen, je nachdem, ob der
Nachdruck auf dem „entsprechend" oder dem „betätigen"
ruht: die starren Reaktionäre degenerieren, weil sie sich gar
nicht anstrengen; die fortschrittlichen hingegen, weil sie,
wo sie ihrer Eigenart entsprechend nicht mehr leben können,
sich auf anderen Bahnen versuchen, und auf diesen, wo die
ererbten Instinkte versagen, direktionslos sind. Heute müssen
sich die meisten Landedelleute als Kaufleute betätigen. Da
sie nun von Natur keine sind, und nur durch Verstandesüber-
legung dabei geleitet werden, so lügen sie in metaphysischem
Sinn, wo sie Geschäfte machen, was sich in der Erscheinung
darin äußert, daß sie oft unvornehmere Geschäftsmänner sind,
als die Händler von Beruf. Im Blut liegt ihnen allein die
ritterliche Standesehre, die spezifische Moralität des Händ-
lers ist ihnen ein Fremdes; deshalb gehören sie auf ihrer neuen
Bahn nur allzuoft einer niedrigeren Klasse an als die Vertreter alter Kaufmannsgeschlechter. Die Typen der Menschheit sind nicht vertauschbar, und leider nur in geringem
Maß verwandelbar. Hier bietet Japan das belehrendste aller
Beispiele. In diesem Land ist die Moderne unmittelbar auf
das Mittelalter gefolgt, die Ära der ökonomischen Gesichtspunkte unmittelbar auf die des Kreuzrittertums. Was war
die Folge? — Unter Rittern ist der Krämer stets verachtet,
und Verachtung erstickt den Edelsinn im Keim. Also waren
die japanischen Kaufleute, im Gegensatz zu den chinesischen,
typischerweise niedrig gesinnt. Die Ritter nun haben im
Kriege ihren Ritterwert schlagend bewiesen. Daß die typisch-
ritterliche Gesinnung auch heute noch lebendig ist, habe ich

selbst zu erfahren vielfach Gelegenheit gehabt; oft hat mich
die Ähnlichkeit des japanischen mit dem baltischen Edelmann
frappiert: dort wie hier eine fast donquichotteske Verachtung des Geldes, hier wie dort eine sonst kaum mehr anzu-
treffende Großzügigkeit und Großmut. Aber heute sind die
meisten Samurais materiell nicht in der Lage, auf die alte Art
fortzuexistieren; heute müssen sie sich, um nicht zu verhungern,
am ökonomischen Wettbewerb beteiligen, und hier werden
sie durch keine sicheren Instinkte orientiert. So verlassen sie
sich ausschließlich auf ihren Geschäftsverstand, und da dieser
nur weitsichtig ist, wo er von fester Charakterbasis aus arbeitet, so ist der Erfolg eben der, welcher allen vor Augen
liegt: noch bin ich im Osten keinem weißen Geschäftsmann
begegnet, der den Japaner nicht für einen niedrigen, gemeinen,
ganz unzuverlässigen Gesellen hielte. — Während nun die
mittelalterliche Tragödie sich auf den Brettern abspielte,
erschienen die Gesichter aller, auch der europäisch geklei-
deten Japaner verklärt; es vibrierten Saiten in ihnen, die
das moderne Leben nicht mehr zum Anklingen bringt. Und
diese Saiten sind die tieferen, volleren, reineren — in Japan
wie auf der ganzen Welt.

Der Charakter Kyōtōs ist verschieden von dem aller
Städte, die ich in Japan bisher besucht: es ist der einer
Metropole, die alle Formen des Lebens im weiten Reich zu
großartiger Einheit zusammenfaßt. Ich besichtige die
Sehenswürdigkeiten: die Denkmäler der Hofkultur, prunk-
hafter Vasallenmacht, eines großartig-verschwenderischen
Prälatentums und jenes herben, männlichen Kriegersinnes,
der die endgültige Erhebung Japans herbeigeführt hat; und
staune über die Mannigfaltigkeit der Gestaltungen, in denen

das Leben sich hier einst geäußert hat. Welche Ähnlichkeit bestand zwischen den exquisit gebildeten Höflingen, mit ihrer femininen Empfindsamkeit, ihrem zartsinnigen Künstlertum, und den rauhen, männlichen Samurais? Zwischen den amazonenhaften Kaiserinnen der alten Zeiten, den großen Künstlerdamen des Mittelalters, welchen Japan das beste seiner Literatur verdankt, und den spartanisch gesinnten Rittersfrauen? Jeder dieser Typen kann als besondere Menschengattung gelten, ist auch immer so beurteilt worden. Und vergleiche ich mit dem gegliederten Japan von einst das einförmige von heute und gedenke zugleich der nahen Zukunft, wo die Nivellierung vollendet sein wird, so überkommt mich wieder einmal eine Stimmung der Bitterkeit. Gar zu töricht ist das Mißverständnis, daß die Aufhebung der sozialen Abgrenzungen die Differenzierung des Menschen begünstigen soll! Freilich begünstigt sie die individuelle Differenzierung — aber was bedeutet diese im Verhältnis zur typischen, die sie im Keim erstickt? Unter höchstindividualisierten Völkern geschieht es nur ausnahmsweise, daß eine Individualität als solche wertvoll sei; umgekehrt sind die Typen, die aus noch so unpersönlichen auskristallisieren, ohne Ausnahme Träger von Menschheitswerten, welche verloren gehen, wenn die Grenzen zwischen den Typen verschwommen sind. Der Mensch ist nun einmal ein Unterschiedswesen, wird sich seiner Eigenart nur in bezug auf Andersartiges bewußt; aus diesem Grunde blüht höhere Kultur nur in aristokratischen Gemeinwesen. Die Unterschiede zwischen Individuen, die in demokratischen die zwischen den Typen ersetzen, sind zu gering und vor allem zu oberflächlich, um im gleichen Maße anspornend zu wirken. Diese Wahrheiten illustrieren die Japaner wie kein zweites Volk. Sie sind, wie alle Kenner übereinstimmend behaupten,

ausgesprochen unpersönlich, haben auffallend wenig Sinn
für das Individuelle. Um so mehr verlieren sie, indem sie sich
der Möglichkeit typischer Gestaltung begeben. Der Hofmann von einst war raffiniert im Gegensatz zum rauhen
Samurai, und dieser männlich und stark im Gegensatz zum
verfeinerten Daimyo; die Edelfrau war streng und selbst-
beherrscht im Bewußtsein ihrer Überlegenheit über ihre
naturwüchsigen Dienerinnen. Heute fühlen alle Japaner sich
mehr und mehr als gleich, streben vor allem darnach, „moderne Menschen" zu sein. Und das macht sie zusehends
banaler. . . .

Aber noch herrscht in Kyōtō die psychische Atmosphäre
der alten Zeiten, noch dominiert in ihr der Geist der Residenz.
Mir wird zumut, wie manchmal in Versailles, wenn ich im
Lichte der Oktobersonne durch die halbverwilderten Alleen
schritt. Ich fühle mich als Hofmann; die Etikette schema-
tisiert meine Impulse; Schein ist mir höchste Wirklichkeit,
Formel Wesen. Und diese Verfassung beengt mich nicht:
hier bedingt gerade sie größtmögliche innere Freiheit. Im
Versailles Ludwig XIV. konnte allein der vollendete Höfling
unbefangen sein. Ähnlich war es in Kyōtō. In dessen ver-
künstelter Gesellschaft, von Puppenkaisern vorgeblich beherrscht, von Favoritinnen regiert, Intrigen durchsetzt, war
nur die Schranze ganz in ihrem Elemente. Aber diese erschien erstaunlich substantiell. Dank der japanischen Anlage,
die in so seltsamer Weise Sensitivität, Phantasielosigkeit und
Matter-of-factness in sich vereint, konnten die Höflinge hier
vollkommen echt sein. Sie waren so echt wie die Pinguine, die
auf den Eisfeldern der Süd-Polarregion ihre Tage in Höflich-
keitsbezeugungen zubringen.

In den höchstgestellten Kreisen des alten Japan pflegten Zimmereinrichtungen und die Trachten der Frauen, im Zusammenhang mit dem Kreislauf der Jahreszeiten, eine zyklische Verwandlung zu erfahren. Nie war ein Interieur dort sommerlich gestimmt, während es draußen schneite und stürmte, nie hätte eine japanische Grande-Dame zur Zeit der Wistaria-Blüte ein Gewand getragen, das der Stimmung des Chrysanthemums entsprach. Die Idee ist die gleiche wie die der chinesischen „Harmonie", nur hier nicht in der Tiefe oder von der Tiefe her, sondern an der Oberfläche zum Ausdruck gebracht, so wie der Maler den Sinn der Dinge in ihrem „farbigen Abglanz" auffängt und wiedergibt. Um den Himmel hat sich der Japaner wenig gekümmert; dafür hat er, dank seinem wundersamen Naturgefühl, seine Erde zum Paradiese umgewandelt. Ich kann mir nicht vorstellen, daß ein gezwergter Baum sich mißhandelt fühlen könnte, wie ein auf französisch zurechtgestutzter dies sicher tut: er dürfte seinem Gärtner vielmehr danken, da dieser seine Natur, ohne Gewaltsamkeit, so umwandelt, daß sie ihrer Umgebung vollkommen angepaßt erscheint. Jeder Mensch von Geschmack jedenfalls, welchem Gleiches widerführe, wäre dankbar.

Der „Sinn" dieses Natursinns, um mit Laotse zu reden, ist der Grundton aller asiatischen Welt- und Lebensanschauung. Die Inder haben ihn in ihrer Philosophie, Religion und Musik zum Ausdruck gebracht, die Chinesen in ihrer ganzen Kultur, die Japaner vor allem in der Gestaltung des Sichtbaren; in dieser Beziehung sind sie durchaus Asiaten. Der ganze Osten betrachtet den Menschen als Bestandteil der Natur und verhält sich dementsprechend, während er für uns zunächst bezeichnend ist, daß wir die Gliedschaft verleugnen. Ohne Zweifel ist seine Grundanschauung die tiefere. Nur aus asiatischem Weltgefühl kann eine allumfassende, nichts ver-

leugnende Religion und Philosophie hervorgehen, es allein
ermöglicht im Prinzip eine vollkommene soziale Organisation; nur wer asiatisches Weltgefühl besitzt, wird im höchsten Sinn geschmackvoll sein. Was ist Geschmack denn anders
als ein sicheres Bewußtsein der Proportion? Wessen Auge
in Japan gebildet ward, wird in Europa selten aufblicken
mögen. Wie barbarisch sind unsere Überladungen! wie
selten steht ein Gegenstand dort, wo der Zusammenhang ihm
den Platz anweist! wie drängen sich die Gemälde einem auf!
Und wie selten ist sich ein Europäer dessen bewußt, daß das
Zimmer für den Menschen da ist und nicht umgekehrt, daß
er und nicht der Vorhang oder das Bild an sich zur Geltung
kommen soll! Sogar die japanische Baukunst leistet im selben Verstande wertvolleres als unsere moderne, wie gering-
fügig ihre Schöpfungen sonst seien. Ein japanischer Tempel
ist in seine Umgebung hineinkomponiert, von dieser überhaupt nicht loszulösen. Und da dieses mit Meisterschaft geschah und jedes Gebäude mit seinem Hintergrund zusammen
als Einheit wirkt, ist das Gesamtbild ästhetisch befriedigender,
als es unsere an sich meist besseren Bauten bieten. Charak-
teristischerweise verläßt den Japaner sein Geschmack, sobald er europäische Sitten und Kleidung annimmt: die sind
ihm eben innerlich fremd, kann er nicht vom Zusammenhang
her verstehen. Und im gleichen Sinn bezeichnend ist es
wohl, daß die Tempel meist stark überladen sind: die sind
eben nicht für den Menschen da, sondern für superlativische
Wesen, von denen jener sich keine deutliche Vorstellung
bilden kann. Der Mensch besucht sie auch nur bei festlichen
Gelegenheiten, wo die gehobene Stimmung einen präch-
tigeren Rahmen ohnehin erheischt. Heute wohnte ich dem
Jahresfest des Nishi-Hongwanji-Tempels bei. Dort ward
ganz außerordentlicher Pomp entfaltet. Aber so gerade

müssen religiöse Feiern nach japanischer Auffassung sein — wesentlich außerordentliche Veranstaltungen — und zu solchen geben die prunkhaft reichgeschmückten, goldschimmernden, buntlackierten Tempel einen stilgerechten Rahmen ab.

Japanische Gärten aber sind absolut schön, es sind die vollkommen schönen Gärten, ein Ausdruck nicht minder klassischen Geistes, als griechische Götterbilder. Weshalb zwergt der Japaner Bäume? Nicht aus Vorliebe für das kleine an sich, sondern auf daß sein noch so winziges Stück Land, gleich einer Landschaft Millets, unendliche Perspektiven eröffne. Wo daher, wie in den kaiserlichen Anlagen Kyōtōs, Raum die Fülle vorhanden ist, hat man die Bäume im Hintergrund am Himmel anstoßen lassen und nur dem Vordergrunde zu fortschreitend ihre Wachstumsimpulse proportional der Entfernung eingeschränkt, so im großen das gleiche Bild unendlicher Weite erzielend, das der Arme im Kleinen realisiert. — Und wieviel mehr kann erreicht werden durch Eingehen auf die Eigenheiten der Natur als durch ihre Vergewaltigung! Vermittels einiger Steine, weniger Pflanzen, eines kleinen Gerinsels zaubert der Künstler hier Schönheiten in einen gleichgültigen Raum hinein, die so mancher berühmten Sehenswürdigkeit fehlen.... Während ich, die heißen Tagesstunden hindurch, in diesen Zaubergärten raste, lese ich im Genji Monogatari, dem mittelalterlichen Roman, der ein so vollkommenes Bild vom Fürstenleben Japans gibt: dieses Raffinement hat kein Hof des Westens gekannt; auch wohl kein chinesischer. Was jene Kultur charakterisierte, war eine Verknüpfung, die eben nur in Japan möglich war: zwischen tierartig-sicherer Auffassung des Sinnlichen und deren äußerster künstlerischer Verarbeitung. Wenn Prinz Genji eine Mondscheinstimmung genoß, so träumte

er nicht gleich einem persischen Dichter: er merkte auf wie
ein Raubtier, das auf der Lauer liegt, aber empfand das Bemerkte zugleich als feinsinniger Ästhet.

Immer mehr fängt mich der Charme dieses ästhetisch-reiz-
vollsten aller Länder. Wie sonst im Reiche der Gedanken
die Ideen, so ergreifen hier die Gegenstände der Außenwelt
von mir Besitz, und modulieren die Stimmung meiner Seele,
bis daß sie aus eigenem Drang in deren Tonart fortkom-
poniert.

Ist es, weil ich in Japan ganz den Sinnen lebe, daß ich mich
täglich jünger werden fühle? So wird es sein. Wir sind nun
einmal für die Welt in diese Welt hineingeboren, zur Benutzung, nicht zur Verleugnung irdischen Könnens, und
müssen es büßen, wenn wir zu früh jenseits der Sinne existieren wollen. Nachdem das Leben seinen irdischen Zenith
überschritten hat, erfüllt es sich wohl mehr und mehr in
einem Dasein rein geistiger Art. Solange die Kurve jedoch
auf Erden noch ansteigt, heischt die Sinnlichkeit gebieterisch
ihr Recht. Der Naturprozeß will sich nicht abkürzen lassen.

Aber das ist es nicht allein und nicht vor allem, was den
Tonus meines Lebens in Japan so sehr hebt: es ist die einzigartige Befriedigung, daß ein Leben in und mit den Sinnen im
Reich der aufgehenden Sonne gewährt. Hier, wie nirgends
sonst auf der Welt, ist das Äußere auf das Innere, die Natur
auf den Menschen abgestimmt, so daß die möglichen Eindrücke von vornherein in harmonischem Verhältnis zu den
möglichen Empfindungen stehen; und hier, wie nirgends
sonst, ist dieses harmonische Verhältnis in den objektiv besten
Rhythmen realisiert. Die Zahl solcher Rhythmen ist nicht
unendlich: wie nur Kombinationen der Elemente in be-

stimmten Zahlenverhältnissen zu dauerhaften chemischen
Verbindungen führen, wie nur Himmelskörper von be-
stimmtem Gewichtsverhältnis und in bestimmtem Abstand
voneinander des Vereinigens zu einem Systeme fähig sind,
so ist auch das Größtmögliche an Schönheit, Befriedigung
und Glück an bestimmte rhythmische Verhältnisse geknüpft.
In der objektivierten Kunst, zumal der Musik, kann diese
Darstellung leicht durchgeführt werden; je klassischer eine
Komposition, desto mehr erscheint sie durch eben die
Rhythmen bestimmt, welche draußen im Himmelsraum die
Harmonie der Sphären regieren. Im Fall der subjektiven
Empfindungen jedoch, wo ein objektiver Nachweis nicht
zu erbringen ist, wird jeder, dessen Organisation genügend
fein ist, eine gleiche persönliche Erfahrung machen. Keinen
wüßte ich, der in Jaques-Dalcrozes rhythmische Gymnastik
tiefer eingedrungen wäre und nicht von einer unerhörten
Lebenssteigerung berichtet hätte, die er durch sie und in ihr
erfahren: sie realisiert eben das objektive Optimum in der
Rhythmik des menschlichen Gebärdenspiels. Kein Künstler-
gemüt wüßte ich, dem sich die Schönheit eines Meister-
werkes nicht als ein objektives Absolutum darstellte. Und
last but not least — das Glück, das zwei Menschen einander
gewähren können, hängt überall vom Grade ihrer physiologischen und psychischen Sympathie ab, das heißt dem Verhältnisse, in dem die Saiten ihrer Naturen zusammenklingen.
Genau in diesem Verstande ist das Verhältnis, in dem in
Japan die objektivierte Kultur zur menschlichen Subjektivität steht, ein bestmögliches. Freilich muß man Japaner
geworden sein, um dieses Optimum ungeschmälert zu empfinden; aber man wird eben in Japan zum Japaner; kein
aufnahmefähiges Gemüt entgeht dieser Verwandlung. Und
merkt er alsdann, daß die fremdartige ostasiatische Gestal-

tung auch ihm als objektives Optimum zu erscheinen beginnt, dann wird ihm auch klar, wie wenig dieser Stil als
solcher bedeutet. Es sind die Verhältnisse innerhalb der
Konvention, die ihn beglücken; die gleichen wären auch auf
griechisch darstellbar. Und daß er in Japan das Japanische
am meisten genießt, beweist nur, wie sehr dieser besondere
Stil dem *ambiente* gemäß ist.

Ich denke an China zurück. Nein, die Vollendung, die ich
heute im Auge habe, ist spezifisch japanisch, nicht chinesisch,
und ob auch jede einzelne schöne Gestalt im Reich der Mitte
erfunden ward; die Lebenssteigerung, welche die Anschauung
Japans bewirkt, wird China in seinen größten Zeiten nie haben auslösen können. Wie belehrend ist dieser Vergleich!
Wahrhaftig: das allermeiste von dem, was an der japanischen
Kultur objektiv wertvoll erscheint, ist in China erfunden
nicht allein, sondern auch ungleich tiefer verstanden worden.
Nie haben die Japaner die Bewußtseinslage erreicht, welche
die Gestaltungen der buddhistischen Kunst aus sich heraus
gotthaft hervorbringen konnte, nie den Sinn des *Rituals* verstanden, welcher der Chinoiserie einen so tiefen Hintergrund
verleiht. Aber in Japan, nicht in China, hat der Sinn die
Erscheinung bis zum äußersten durchdrungen. Eine Süßig-
keit ist der Grundton der Atmosphäre japanischer Buddhatempel, die kein chinesisches Heiligtum kennt, und dem
Chinesengeist, der die einzelnen Formen erfand, vielleicht
unfaßlich ist; die Idee der Rücksicht, die in China aufkam
und dort die tiefst begründete systematische Ausgestaltung
fand, trägt in Japan den vollkommensten Körper. Dem
Chinesen fehlt die natürliche Sensibilität, das feinvibrierende
Nervensystem. Trotz seines hochentwickelten ästhetischen
Sinns hat er kaum unter dem Schmutz gelitten, trotz wunderbar tiefen Verständnisses der Harmonie diese Idee nie seinen

Empfindungen eingebildet. Er ist höflich wie keiner, seine ganze Lebensroutine ist auf Rücksicht aufgebaut; aber diese äußert sich im Befolgen objektiver Höflichkeitsformen, ohne Beachtung dessen, was im Bewußtsein der anderen vorgehen mag. Eine Chinesin, wird mir erzählt, die einer Europäerin ihren Besuch machte, befremdete diese dadurch, daß sie, anstatt sich vor ihr zu verneigen, ihre Bücklinge nach der entgegengesetzten Seite ausführte, womit sie ihrer Gastgeberin den Rücken kehrte; diese hätte eben, der Etikette gemäß, auf der entgegengesetzten (südlichen) Seite des Zimmers stehen sollen; daß sie nicht tatsächlich dort stand, war jener gleich. — In Japan ist gerade die lebendige Rücksicht bis zum äußersten durchgebildet; nirgends auf der Welt erscheint das Empfinden so fein nuanciert. So trägt die chinesische Erfindung erst hier ihre schönsten Früchte. In Japan ist die Idee der Harmonie der lebendig-beweglichen Erscheinung eingebildet; nichts geschieht, außer in harmonischen Proportionen, nichts steht da, außer am rhythmisch besten Ort. So fühlt man sich wohl und beglückt, wohin man sich wendet. Schließlich kommt es überall in der Welt doch am meisten auf Kleinigkeiten an. Eine Nuance scheidet Taktlosigkeit vom Takt, eine Nuance Zuvorkommenheit von Frechheit. Der Japaner hat den ausgebildetsten Sinn für das Kleine. So konnte er, nachdem das Große ihm gegeben war, Ergebnisse erzielen, die einem Größeren unerreichbar blieben.

Die Kehrseite freilich . . . . doch ich will mir meine Stimmung des Beglücktseins nicht verderben. Wozu soll denn ein Mensch oder ein Volk alle Vorzüge besitzen? Die Völker dieser Erde ergänzen sich. Die einen spielen den Baß, die anderen den Diskant; einige wenige schlagen die Grundtöne an, viele andere singen die Melodie. Die Menschheit ist ein vielstimmiges Orchester; der Philosoph lauscht ihrem Zusammenspiel. Und wenn er reisen muß im Raum, um den Eindruck der Einheit zu gewinnen, so liegt darin kein ernsterer Einwand gegen die Weltordnung, als in dem, daß sich die Einheit einer einzelnen Melodie nur im Verstreichen in der Zeit realisiert.

Ich erkenne mich nicht mehr: nicht allein, daß ich stundenlang bei Antiquaren und Kuriositätenhändlern herumstöbere — ich kaufe ein und denke über Zimmereinrichtungen nach. Das ist ein ganz ungewohnter Zustand. Noch nie, daß ich wüßte, ist mir an Besitz gelegen, am wenigsten dessen, was meinen Augen wohlgefällt. Meinem persönlichen Bedürfnis entspricht es besser, wenn das Schöne sich dort befindet, wo ich es sehen kann, aber nicht muß, bei Freunden oder in öffentlichen Sammlungen; steht es immer vor mir, so stört es mich, und desto mehr, je größer sein Eigenwert. Dann muß ich Rücksichten nehmen, meinen Lebensstil dem Kunstwerke anpassen; vor allem fühlt sich meine Phantasie in solcher Gegenwart nicht frei. Wie soll ich aus unbewußter Tiefe unbefangen Gedanken zutage fördern, wenn der Raum vor mir nicht leer ist, wenn meine Sinne wieder und wieder von Vollendetem außer mir gefangen werden? Allerdings: das bloß Gefällige wirkt nicht so bannend; dafür bedarf ich seiner nicht. Meinen Freundinnen bin ich wohl gram, wenn sie ihren Lebensrahmen nicht möglichst schön gestalten, denn während ich bei ihnen weile, ist mein Bewußtsein der Außenwelt zugekehrt und leidet unter deren Mängeln; vom meinen verlange ich bloß, daß er mir nie zum Bewußtsein komme: das soll seine Vollkommenheit sein. — Hier nun, unter dem Einflusse Japans, werde ich zum Genießer, zum Kunstlieb-

haber. Hier ist eben alles Sichtbare auf den Menschen zugeschnitten; alle Natur wirkt als Rahmen des Menschenlebens,
jeder Gegenstand ist zum Gebrauche da, jedes Kunstwerk
setzt den Beschauer voraus. So kommt es, daß der von der
Außenwelt sonst noch so Unabhängige, im Falle er eindrucks-
fähig ist, sich bedrückt und ungemütlich fühlt, sobald etwas
in diesem Sinne nicht stimmt, daß ich zu Kyōtō unwillkürlich darauf richte, wie ich mich mit meiner Umgebung in
den ästhetisch besten Einklang versetzen könnte, ja während
dessen im Glauben lebe, diese Bedürfnisse hätte ich auch
daheim. — Ich muß lachen über mich selbst. Ein klein wenig
weniger Selbstkritik, und ich könnte mir wahrhaftig einbilden, ich sei ein Kunstverständiger. Heute früh, auf der
Eröffnung einer Auktion, schaute ich zu, wie japanische
Kenner Porzellan besichtigten. Was diese bemerkten, dafür
bin ich wahrscheinlich blind, allein mir schien im Augenblick ganz ernstlich, als dürfte ich mitreden über Porzellan,
und wirklich scheine ich etliche Male nicht falsch geurteilt
zu haben. Das verdanke ich ausschließlich der Suggestion
des Milieus; von Natur fehlt mir jeder Sinn für Kunstgewerbe. Allein ich bin es wohl zufrieden, wenigstens auf
Augenblicke in der Haut eines Mannes von Geschmack gesteckt zu haben, weil mir dadurch eine neue Seite der japanischen Veranlagung deutlich geworden ist. Goethe bemerkt irgendwo, das Theater habe die zweischneidige Eigen-
schaft, im Beschauer die Einbildung wachzurufen, auch er
könne dramatisch produzieren. Woran liegt das? Offenbar
daran, daß der Mensch wenigen Geschehnissen gleich inten-
sive Aufmerksamkeit schenkt, wie dem Ablauf eines Bühnen-
spiels; und wirklich Gesehenes liegt, vom Geiste her betrachtet, auf einer Ebene mit dem Eingefallenen. Also scheint
es dem Zuschauer unwillkürlich, er hätte das Drama eines

anderen selbst verfaßt, oder — da dies nachweislich nicht
der Fall ist — er sei doch einer gleichen Leistung fähig.
Ganz so gelangt in kunstsinniger Umgebung auch der Barbar irgendeinmal zur Überzeugung, daß er „eigentlich"
ein Kunstkenner sei, denn hier beachtet er das, was ihm sonst
entgeht. Hiermit ist aber dieser Gedankengang nicht abgeschlossen: durch Erziehung der Aufmerksamkeit zum Beobachten bestimmter Dinge entwickelt sich das Vermögen,
sie wirklich zu sehen; ja er führt noch weiter: man wird durch
andauerndes Aufmerken schöpferisch. Dieses nun scheint
mir der Schlüssel zum Verständnis des japanischen Kunst-
schaffens zu sein. Die Japaner sind von Hause aus nicht
produktiv in dem Sinne, wie es die Chinesen einstmals waren;
aber sie sind auf die Dauer schöpferisch geworden, weil
Phantasie und Technik, Produzieren und Rezipieren e i n e m
ideellen Zusammenhange angehören. Eine starke Phantasie
schafft sich die Ausdrucksmittel; wo die Technik vollkommen
ist, dort strömt der Geist, der Sinn von selber ein; wer vollkommen beobachtet, wird am Ende durch Einfälle überrascht.
Die Japaner sind von Hause aus nun zweierlei: unvergleichlich scharfe Beobachter und Virtuosen alles technischen
Könnens. Dank welchem sie sich nicht allein die Errungenschaften aller der Völker, denen sie es gleichtun wollten,
haben aneignen können — es ist ihnen gelungen, ohne daß
sie eigentlich Ideen hätten, doch Ideen darzustellen, sogar
solche, welche keiner vor ihnen gehabt hat.

Wie sehr ich bereits Japaner bin! Ihre Sinne sind die
meinigen geworden; wie selbstverständlich wende ich
die Kategorien ihrer Ästhetik an, bemerke und beachte ich
tausenderlei, was mir sonst niemals auffällt; vom Denker

scheine ich mich ganz und gar zum Augenmenschen verwandelt zu haben. Und ich staune über den Reichtum der
sichtbaren Welt. Bisher hatte ich häufig gefunden, daß
diese mehr verschleiert als enthüllt; daß die Wirklichkeit,
welche das Auge berührt, arm ist neben der von Geist und
Seele. Nun aber erkenne ich, daß sie ganz wunderbar reich
ist, daß es nur von der Anlage des Beschauers abhängt, wieviel sie ihm bietet und bedeutet; im Spiel der Farben und
Linien kann genau so viel Sinn zutage treten, wie in der
geistreichsten Gedankenverknüpfung. Aber allerdings ist es
ein Sinn anderer Art. Es heißt, die Götter redeten in Farben
miteinander; das mag wohl sein; dann aber reden sie von
anderem als wir. Ich weiß nicht, ob Menschen, welche
dauernd mit den Augen leben, sich dessen so bewußt werden
wie ich: die Welt des Sichtbaren ist eine Welt für sich;
die Erlebnisse des bildenden Künstlers sind mit denen des
Denkers auf keinen konkreten Generalnenner zu bringen.
Daher bedeutet es eine absolute Bereicherung meines Daseins, daß ich für den Augenblick als japanischer Maler
auffassen kann.

Für den Augenblick: denn lange wird diese Einstellung
nicht anhalten. Gewiß lebt in mir die Möglichkeit zum
Japanertum, wie denn alles Natürliche dem Menschen eingeboren ist; jeder kann, willkürlich oder unwillkürlich, zeitweilig Tiger oder Reh, Wasserfall, Erdbeben oder Pflanze
sein; es kommt bloß darauf an, auf welche Elemente seines
Wesens er den Nachdruck legt. Aber auf die Dauer ist jegliches Individuum nur in der Einstellung, die es als solches
definiert, existenzfähig; sie allein ist dem Tiefsten in ihm
ein zuverlässiges Ausdrucksmittel; weshalb sich Einfühlung
in gar zu Fremdartiges leider selten als so produktiv erweist,
wie es der Theorie nach sein sollte — sie führt nicht dahin,

wohin man wollte. Heute nachmittag, wo ich durch Stunden
auf waldigem Hügel saß, unter blühenden Azaleen, vor mir
die weite Fläche des Biwasees, habe ich das wieder einmal
am eigenen Leib erfahren. Ich stellte mich zum Augenmenschen ein; ich versenkte mich in die reine Form der
Pflanzen; bald vermochte ich diese so zu sehen, wie ein japanischer Maler sie sieht, und der Sinn jeder Linie ward mir
offenbar. Aber wie ich tiefer und tiefer konzentriert ward,
da verschwand das Sichtbare; nicht absolut, aber seinem
selbständigen Eigensinne nach, mit dem allein Kunst es
zu tun hat. Immer deutlicher begann ich zu erfassen, was
mir überhaupt, mehr und mehr, zur eigentlichen Wirklichkeit wird: der Erscheinung Möglichkeit. Wieder einmal
kam ich mit der Potenz in unmittelbaren Kontakt, die von
innen her das Da- und Sosein bedingt, das Werden und
Vergehen regiert. Und wenn dann Blitze der Reflexion
vorüberschossen, dann wunderte ich mich, wie so oft, warum
es mir denn versagt ist, in der reinen Möglichkeit mein persönliches Zentrum zu haben, und indem ich mich aktualisiere,
bald das Ganze, bald nichts, und bald ein beliebiger Teil
zu sein. Und auf die Verwunderung folgte, wie immer,
die Betrübnis. Es ist tragisch, in seinem Verstehen dem
Können voraus zu sein. Weshalb bin ich kein Gott? — Nur,
weil es mir an physischer Kraft gebricht; das verfügbare
Energiequantum ist es, sonst nichts, das den Metaphysiker
vom Gotte unterscheidet. Besäße ich genügende Mittel,
so würden meine Ideen von selbst zu physischen Gestalten
werden, und während meine Gedanken wanderten, löste
Welt auf Welt sich ab. — So aber kann ich nicht einmal,
solange es mir beliebt, Japaner sein; die Grenzen, die ich
in der Idee nicht anerkenne, beherrschen mich doch. Aus
jeder neuen Gestalt entpuppt sich zuletzt doch wieder

der alte Keyserling, und dieses meist lange, bevor ich deren
Möglichkeiten erschöpft hätte. Was also tun? — Wäre
ich eine rein betrachtende Natur, so könnte ich mich wenigstens hinwegtäuschen über den Tatbestand, wie dies die
meisten Mystiker getan haben: ich könnte so konsequent
nicht handeln, so andauernd in Gedanken im Reiche des
Möglichen wohnen, daß ich des Bewußtseins meiner Schranken verlustig ginge, bis daß der Prozeß des Geschehens sie
einmal wirklich sprengt. Aber ich bin leider viel zu aktiv,
als daß solches für mich in Frage kommen könnte. Mir bleibt
nichts Besseres übrig, als den unüberwindlichen Keyserling
zu einem soweit biegsamen Werkzeuge zu erziehen, daß ich
auf sein Dasein während der Arbeit wenigstens keine Aufmerksamkeit zu verschwenden brauchte.

Daß ein gleichvollendeter Rhythmus, wie auf byzantinischen Mosaiken, von lebendigen Menschen dargestellt
werden könnte, hätte ich mir nimmer träumen lassen, bevor
ich einem japanischen Tanzfeste beigewohnt. Die Lauten-
schlägerinnen rechts, die Trommlerinnen links vom Amphi-
theater aufgereiht, in identischer Stellung dasitzend, identische Bewegungen im Takt vollführend, bildeten zusammen
einen lebendigen Fries von vollkommener rhythmischer Einheit. Und die Geishas, die bald auf der Bühne, bald längs
dem Zuschauerraum ihre stilvollen Tänze aufführten, wirkten, so viele ihrer waren, wie die Engel auf mittelalterlichen
Paradiesesdarstellungen, nur als Wiederholungen eines ewig
gleichen Symbols. Mehr als je habe ich's bei dieser Gelegenheit gespürt: erst in rhythmischer Stilisierung wird die
Natur vollkommen sie selbst; erst in der vereinfachenden
Kurve erfüllt sich der Reichtum des Lebens. Ich empfand

wie ein Weitwerden meiner selbst, wie ein Schwinden aller
Hemmungen und Schranken; mir war, als löste sich aller
Drang in beseligender Harmonie.

Die begleitende Musik klang Europäerohren nicht schön,
aber das Schauspiel selbst war Musik. Hier habe ich's zum
erstenmal erfahren, daß bewegte Farben und Linien das
gleiche zu wirken vermögen, wie die Schwingungen der Töne.
Das europäische Ballett ist ein zu Äußerliches, um solche
Wirkung hervorzurufen; das Gebärdenspiel unserer Musik-
tänzerinnen ist Kopie oder Interpretation, kein unmittelbarer Ausdruck. Im Prinzip sollte das, was Jaques-Dalcroze
erstrebt, das Ideal verwirklichen können, allein ich fürchte,
es wird dies nur zur Hälfte tun, weil unsere Tänzerinnen,
wie immer sie geschult werden, bewußte Individualitäten
bleiben; der Europäer kann nicht vergessen, daß er eine
„Persönlichkeit" ist. In Japan nun wird das Ideal tatsächlich verwirklicht, weil die Darstellerinnen — Geishas sind.
Geschöpfe, dazu geboren und erzogen, ohne Selbstbewußtsein Stimmung zu erzeugen; eine Arabeske, eine Begleitung
selbstlos darzustellen; nie an sich und für sich zu sein. Es
kommt dem, der ihnen zuschaut, nicht in den Sinn, daß
sie Einzelseelen besitzen. Sie sind, was sie darstellen sollen
— angeschlagene Töne auf einer Saite, Farbenflecke, Metopen,
Mosaiken; Elemente ohne Eigenbedeutung. — Wohl dem
Volk, das die Geisha also hinaufhebt! das sie, anstatt sie ver-
achtend auszustoßen, oder nur als Genußmittel zu nutzen,
zur Priesterin weiht: so schafft das an sich vielleicht Niederste
am höchsten mit. Die Geishas haben das Privileg und die
Pflicht, die althergebrachten Formen zu pflegen; damit
sind sie die Hüterinnen des Allerheiligsten. Indem sie wieder
und immer wieder die Zeremonien und Tänze aufführen,
die der vollendete Ausdruck der Seele Altjapans sind, er-

halten sie diese lebendig durch alle Zeit. Und das vermöchten nur sie, die leichtsinnigen, losen. Nur dieser Menschentypus vermag Element zu sein, wie dies bei Riten und Zeremonien erforderlich ist, denn nur er ist, metaphysisch genommen, selbstlos; nur Geishas existieren buchstäblich beziehungsweise, sind buchstäblich ohne Persönlichkeit. Daher können sie, was autonomere Typen nicht können: das Überpersönliche im Gleichnis vollendet darstellen.

Vor der Tanzaufführung fand die Teezeremonie statt. Es war ein wunderbares Erlebnis für mich, zu beobachten, welch tiefes Verständnis das einfache Volk dem komplexen Ritual entgegenbrachte. Solange dieser Formensinn lebendig bleibt, wird Japan seine Seele nicht verlieren. Was aber soll werden, wenn es auch hierin dem Beispiel des Westens folgt? In Europa versteht sogar der Papst den tiefen Sinn der Form nicht mehr, von den Königen und Fürsten zu schweigen; einzig die britische Nation stellt bis heute eine rühmliche Ausnahme dar. Bei ihr hat vollendete Klugheit gleiches gezeitigt, wie bei anderen der künstlerische Instinkt: sie weiß, daß die Form Inhalt nicht nur darstellt, sondern schafft, und setzt diese ihre Erkenntnis desto energischer in Praxis um, je mehr die Inhalte an und für sich an Macht verlieren. Heute, wo keiner mehr recht an das Gottesgnadentum der Obrigkeit glaubt, wird deren ursprüngliches Prestige desto stärker im Äußerlichen zum Ausdruck gebracht, denn der Augenschein wirkt zurück auf das Herz. Je loser tatsächlich die Bande zwischen den Teilen des Reiches werden, je mehr die einzelnen sich individualisieren, desto mehr stellt die Regierung das Symbol in den Vordergrund. So wird der König, tatsächlich nur ein Beamter unter anderen, mit weit geringerer Machtbefugnis ausgestattet als seine Minister, wo es darauf ankommt, mit einem

Schein der Majestät umringt, um den ihn Schah Dschehan
beneiden könnte.

Freilich ist solches Mittel nicht überall mehr wirksam.
Die Engländer sind willig, die Form in sich schaffen zu lassen,
was die Deutschen z. B. nicht sind. Dies beweist nicht,
daß der Deutsche freier, sondern daß der Engländer gebildeter ist. Bei allem Innerlichen schafft die Bedeutung
allererst den Tatbestand; in der Bedeutung, die einer Form
frei zuerkannt wird, offenbart sich eine neue, höhere Sphäre
der Wirklichkeit, und die Form ruft deren Bewußtsein auch
in den Seelen wach, die sie von sich aus nimmer erschaut
hätten. Noch ist diese Wahrheit den Japanern selbstverständlich: wird sie es bleiben ? — Ich befürchte das Schlimmste,
weil sie sie nicht verstehen; sie handeln ihr gemäß, ohne zu
wissen, was sie tun. Stellen sie einmal die Frage nach dem
Sinn, wie dies früher oder später sicher geschieht, so scheint
gewiß, daß sie sie falsch beantworten werden; als Positivisten
werden sie schwerlich gelten lassen, was dem Verstande
nicht unmittelbar begreiflich ist, und viel schwerer als wir,
die so viel mystischer veranlagten (der Japaner beurteilt
den Europäer allgemein als auffallend abergläubisch), den
Sinn symbolischer Wahrheiten einsehen.

Um nun noch einmal auf die Institution der Geishas zurückzukommen (sie sind wirklich eine Institution: ihre
Meisterschaft in der Etikette wird patentiert, und das
System hat die allerhöchste Sanktion): unsere Sozialreformer
entsetzen sich darüber, daß es derartiges noch gibt, wenn
die Geishas tatsächlich keine Persönlichkeiten sein sollten, so
müßten sie zu solchen erzogen werden; es sei eines Menschen
unwürdig, nur Element zu sein. Du lieber Gott! Die meisten
sind Elemente, können nur als solche ihre Vollendung
finden, zumal die Geisha-Naturen. Ich will die altjapa-

nische Gesellschaft nicht als Ideal hinstellen, aber wahr ist
gleichwohl, daß deren Prinzip unter den gegebenen empi-
rischen Umständen den Elementen einen weit höheren
Grad der Selbstverwirklichung ermöglicht, als das unsrige.
Hierbei gedenke ich nicht allein der Kurtisanen, die in
Europa, dank unserem abscheulichen System, so viel tiefer
herabgedrückt erscheinen als in Japan: ich gedenke aller
Gesellschaftsklassen. Unser Ideal ist die Vollendung des
Individuums; vielleicht ist es das höchste. Aber eine andere
Frage ist, auf welchem Wege diese Vollendung am besten
zu erreichen sei? Die allermeisten, auch im Westen, sind
zu wenig individualisiert, als daß sie, den eigenen Trieben
folgend, vollkommen werden könnten (dies galt sogar vom
Italien der Renaissance). Und da der moderne Zeitgeist
das Streben nach typischer Vollendung nicht mehr begünstigt,
so werden die Individuen zwar selbständiger, aber im gleichen
Verhältnis unausgeprägter, als sie ehedem waren. Am deutlichsten äußert sich dies bei der Frau. Ihr fällt es, entsprechend ihrer Natur, noch schwerer als dem Mann, ihre
Vollendung in und durch sich zu finden; die größten Frauen-
gestalten, die es gegeben, sind durch Hingabe erwachsen —
an einen Mann, an Gott, ein Ideal. Nun wollen sogar die
niedersten „ganz sie selbst" sein. Die Betörten begreifen
nicht, daß sie in viel höherem Grade sie selbst würden,
wenn sie sich stolz zum Typus bekennten, dem sie angehören, und in diesem ihre Vollendung suchten. Denn diese
Form, durch die Weisheit von Geschichte und Natur zugleich geprägt, würde gerade ihrem Individuum zu stärkerer
Verwirklichung verhelfen, als das meist nur undeutlich erschaute und selten mit genügender Konsequenz verfolgte
persönliche Ideal. Wie viel niedriger stehen die meisten
modernen Frauen als die einer noch nicht fernen Vergangen-

heit! Den höchsten Typus des heutigen Europa verkörpert die hochgeborene Französin. Sie allein eben wird noch so erzogen, daß sie darstellen soll, bis daß sie ist.

Nun habe ich so manche Nacht in japanischen Gast- und Teehäusern zugebracht, bin ich so manchen frischen Morgen in niedrigem, mattenbedecktem Raum erwacht. Japan bei Nacht ist voll des intimsten Reizes. Das äußere Bild der Straßen hält den Vergleich mit chinesischen wohl nicht aus; sie sind einförmig, dunkel und still, und selten wird das Auge, wie dort, durch malerische Volksbilder angezogen. Japans Nachtleben spielt sich jenseits der Straße ab. Hier, hinter papierenen Wänden, von außen noch als Schattenspiel erkennbar, hört heiteres Treiben von der Dämmerstunde bis zum späten Morgen nicht auf; nachtein, nachtaus klingt Lautenspiel und helles Mädchenlachen gedämpft auf die Gasse hinaus.

Wie stimmungsvoll waren jene Nächte in den ländlichen Herbergen, wo es selten gelang, eine Stunde des ungestörten Schlafes zu erhaschen, weil die Pilgerscharen unter und neben mir des Lachens und Plauderns nimmer müde wurden! wie stimmungsvoll jene späten Stunden in der Stadt, wo ich in abgelegenem Viertel von den Anstrengungen des Tages Erholung suchte, indem ich dem zirpenden Gesang der Geishas lauschte, oder der kunstvollen Pantomime geschminkter, bunter Kinder zuschaute! Wie stimmungsvoll ist hier gerade das, was in Europa des Stimmungswertes so sehr entbehrt! Flaubert behauptet zwar: *il manque quelque chose à celui, qui ne s'est jamais réveillé dans un lit sans nom, qui n'a pas vu dormir sur son oreiller une tête qu'il ne verra plus;* aber damit kann er nur das Schreckhafte gemeint haben,

dessen Höhepunkt die *danse macabre* ist, denn dem Leben
der Hetären Europas fehlt der Lieblichkeitsreiz, welchen
echter Frohsinn besitzt. Geächtet, erscheinen sie verbittert,
sofern sie nicht von Hause aus stumpfe Tiere sind; sie sind
zu bewußt, zu besorgt, um wirklich heiter zu sein, daher
wirkt ihre Fröhlichkeit aggressiv; und ihre Liebe steht, wie
groß ihre Kunst auch sei, doch immer im Zeichen des Gemeinen. In Japan scheint sogar den niedrigsten Dirnen
Gemeinheit fremd. Hier geht alle Weiblichkeit auf Anmut
aus, wird zur Anmut als Selbstzweck erzogen. Und da
das Weib nichts Entehrendes darin sieht, sich für Geld
dem fremden Manne hinzugeben, und der Mann nichts
Beschämendes darin, daß er Freudenhäuser besucht, so
herrscht in diesen eine Atmosphäre harmloser Heiterkeit,
wie bei uns etwa bei Kindern unter dem Weihnachtsbaum.
Es ist belehrend, die Europäer zu beobachten, die zum
erstenmal ein japanisches Lupanar besuchen: anfangs tragen
ihre Züge auch hier jenen häßlichen Ausdruck, der sich
auf dem Gesicht jedes Mannes zeigt, der den Pfad des
Lasters betritt; aber lange hält er bei den Stumpfesten nicht
an. Bald werden sie harmlos-heiter wie die Mädchen, und
ihnen schwindet jedes Bewußtsein dessen, daß sie, nach
den Begriffen ihrer Heimat, auf schlechten Wegen wandeln.
Hier ermißt man die Wahrheit des Wortes, daß den Reinen
nichts unrein mache. Für die Japaner versteht es sich von
selbst, daß die geschlechtlichen Bedürfnisse befriedigt werden,
im Akte selbst sehen sie nichts Häßliches; die Mädchen
kommen sich nicht ehrlos vor, die den Beruf wahlloser
Nächstenliebe ausüben. Und da sie also denken und empfinden, so haftet nicht allein ihnen selbst nichts Unreines,
Häßliches an — der Gast nimmt einen Abglanz ihrer Reinheit aus dem Bordelle mit nach Haus. Wie tief steht unser

typisches Empfinden in diesen Dingen unter dem japanischen!
Allerdings ist es ein objektiver Übelstand, daß es Prostituierte
gibt und Nachfrage nach ihnen, allein ganz abzustellen wird
er niemals sein; so wie die Menschennatur einmal beschaffen
ist, kann kein Versuch, den außerehelichen Geschlechtsverkehr zu unterdrücken, glücken, wird jeder aufgehobene
Übelstand durch einen neuen, häufig schlimmeren, ersetzt.
Ist es da nicht besser, dem Übel dadurch zu begegnen,
daß man ihm, wie in Japan, den Charakter eines solchen
nimmt? Ich weiß wohl, auch dieses hat Übles zur Folge,
wie denn alles in diesem Leben einiges Übel nach sich zieht.
Aber da die Männer vor der Ehe niemals enthaltsam leben
werden, und ihr polygamer Instinkt nie absterben wird;
da immerdar Weiber zur Welt kommen werden, die einzig
im Rahmen des Hetärendaseins existieren und glücklich
werden können: ist es da nicht ersprießlicher, dem Tatbestand eine Stellung entgegenzubringen, die ihn nicht noch
schlimmer macht, als er schon ist? In Japan steht nichts
dem entgegen, daß eine Dirne rein an Seele bleibe; so braucht
sie den, der sie besitzt, nicht zu vergiften. In Japan gibt
es einen Weg aus dem Freudenhaus ins bürgerliche Dasein
zurück. In Japan ist deren Ende nicht notwendig trostlos,
deren Daseinsmöglichkeit an Jugendfrische gebunden schien.
Der Kurtisanenstand ist öffentlich anerkannt. Er wird geachtet in seiner Art wie jeder andere. Gleich jedem anderen, ist auch er ein geschlossenes Ganzes einerseits, und
andrerseits auf Stoffwechsel angewiesen. Ja, er hat eine
öffentliche Aufgabe, was ihm jenes spezifische Selbstgefühl
gibt, dessen kein Stand entraten kann. Ich schrieb schon
von dem Privileg, das die Geishas besitzen, durch Bewahrung
der Tradition in Tanz, Gebärde und Spiel die Seele Altjapans wachzuerhalten. Eine ähnliche ideale Aufgabe, die

auch entsprechend gewürdigt wird, scheint sich mehr denn ein Bordell gestellt zu haben; in manchen von diesen wird das Höchste gepflegt, was an Stil und Bildung überliefert ist. Ein Mädchenhaus zu Kyōtō gehört zu den historischen Denkmälern. Seit Jahrhunderten steht es da, von der ursprünglichen Dynastie verwaltet. Hier pflegten die Großen des Landes einzukehren, um in heiterem Kreis der Sorgen zu vergessen, oder auch, um im Geheimen, vertraut, schwerwiegende Beratungen abzuhalten. Kostbare Wandmalereien berühmter Meister schmücken die Gemächer, von denen jedes, wie in Englands Königsschlössern, einen Namen hat. Unter den Bewohnerinnen aber herrscht die exquisiteste Etikette. Nirgends sind die Damen feiner erzogen, tragen sie geschmackvollere Gewänder, reden sie gewähltere Sprache; sie bewahren die Tradition des höfischen Stils. Und dieses Verdienst wird vom Staat insofern anerkannt, als sie das Recht haben, bei der kaiserlichen Jahresfeier als erste im Zuge zu schreiten.

Japans Stellungnahme geschlechtlichen Fragen gegenüber steht innerhalb der Grenzen, in welchen sich meine heutige Betrachtung bewegt, nicht niedriger, sondern höher als die unsrige. Wohl bezeichnet die bestehende Wirklichkeit nicht die höchstmögliche Verkörperung des Ideals — fern davon — aber das Ideal als solches ist das höhere; dem Sinne nach wüßte ich keine bessere Stellungnahme, als die japanische. Tatsächlich gravitieren denn auch unsere Reformbestrebungen, so wenig dies deren Vorkämpfer wahrhaben möchten, automatisch dem japanischen Ideale zu. Es soll die „Unmoral" ausgerottet werden, was schlecht gelingt, unterwegs aber wird Besseres erreicht: die gefallenen Frauen werden mit freundlicheren Augen angesehen; es wird das Möglichste getan, um das Selbstbewußtsein der Hetären zu heben;

der unverheirateten Mütter harrt weniger und weniger das
trostlose Los, das ihnen ehemals gewiß war. Was bedeutet
dieses anderes, als daß auch die christliche Menschheit einzusehen anfängt, daß einem naturgemäßen Übel nur dadurch abzuhelfen ist, daß man ihm den Charakter des Übels,
soweit als nur irgend möglich, nimmt? — Das gefallene
Mädchen, das sich seines Falles nicht schämt, braucht auf
der Stufenleiter der Wesen nicht niederzusteigen. Besser
als zu moralisieren, ist eine Welt zu erschaffen, in der alles
Negative zum Positiven umgewandelt wird. Jede Gestaltung
kann ein Positives bedeuten; an uns ist es, diese Sinngebung
zu vollziehen. Der neue Sinn erzeugt dann aus sich selbst
einen neuen, besseren Tatbestand.

Ich spinne die Betrachtungen von gestern weiter fort:
jener Chinese hatte doch nicht so unrecht, der da behauptete, der eigentliche Grund dessen, weshalb die Europäer sich zum Keuschheitsideale bekennten, sei ihre den
Asiaten gegenüber ungeheure Brutalität; ihnen müsse ein
Ideal vorgehalten werden, das ihrer eigentlichen Natur
stracks zuwiderläuft, während sich die sanfteren, meist
vegetarisch lebenden und daher weniger animalischen Bewohner des Ostens ohne Gefahr zu einer natürlicheren Auffassung bekennen dürften. Es ist wirklich wahr: so brutal-
sinnlich, wie der durchschnittliche Europäer, ist im Orient
kaum der abnorme Einzelne; wo der „Zeitgeist" keine künstlichen Schranken schafft, dort ist die Atmosphäre Europas
in einem Grade sinnenerregend, welcher jeden, der eine Weile
fern von ihr gelebt, pathologisch beeinflußt; es ist nicht zu
viel zu behaupten, daß die Luft auf einem *bal blanc* in
Frankreich schwüler ist, als die in einem japanischen Freuden-

haus. Nichts gibt es an der europäischen Frau, vom durch-
brochenen Strumpf bis zur Reinheit und Unschuld, die sie
zur Schau trägt, das nicht aufs raffinierteste darauf berechnet
wäre, das Begehren des Mannes zu reizen; jedes Kleidungs-
stück mehr, das sie anlegt, wirkt als eine Aufforderung mehr,
es ihr abzuzwingen. Und da unsere soziale Kultur, was
immer man sage, ihren eigentümlichen Charakter der Rolle
verdankt, die das Weib in ihr spielt, so ergibt das eine Zuspitzung des ganzen Daseins auf das Erotische hin. Man
denke ja nicht, letztere sei die Folge der freieren Auffassung
in Sachen der Liebe, die in der Neuzeit mehr und mehr
zur Vorherrschaft gelangt: Negation und Position weisen
psychologisch immer auf gleiches hin; die Prüderie des Puritaners bedeutet genau dasselbe wie der Zynismus des Liber-
tins. So sehr, daß, wie mein chinesischer Freund ganz richtig
bemerkte, unser Bekenntnis zum Ideal der Keuschheit recht
eigentlich der Exponent unserer maßlosen Sinnlichkeit ist.

Seine weitere Behauptung, daß wir des Keuschheitsideals
bedürften, um uns halbwegs im Zaume zu halten, trifft
freilich nur bedingterweise zu, schon deshalb, weil nichts
den Reizwert der Liebe so sehr steigert, als ihre vorausgesetzte
Sündhaftigkeit; gleichwohl enthält die These mehr Wahrheit als man denken sollte. Unter Franzosen, bei welchen
die erotische Betätigung den geringsten psychischen Widerstand findet, herrscht einerseits wohl mehr Aufrichtigkeit
und insofern Reinheit, als unter Engländern und Deutschen,
und eine Kultur der Sinne, die dort nicht entstehen kann,
wo das Dasein dieser aus Vorsatz ignoriert wird; aber andrerseits spielt das Erotische bei ihnen eine solche Rolle, daß
man sich wohl die Frage stellen mag, ob ein wenig mehr
Hypokrisie und Barbarei im ganzen nicht unschädlicher
wären, als eine Lebensanschauung, die gerade, weil sie der

gegebenen Natur genau entspricht, deren Veredelung große
Hindernisse in den Weg stellt. Ein gleiches gilt, abgeschwächt,
vom katholischen Deutschland und Österreich. Die Nord-
germanen nun sind gewiß nicht unsinnlicher als die vorher-
genannten; wo es so scheint, beruht dies auf geringerer
Differenziertheit, nicht auf Schwäche der Triebe. Aber da
bei ihnen, dank ihrer protestantischen Erbanlage, beim Lieben
zumeist das Gefühl des Sündigens mitschwingt, so daß die
Vorurteilsfreiesten es doch nur in Ausnahmefällen wagen,
sich die Zügel ganz schießen zu lassen, so benehmen sie sich
im ganzen erstens besser, als ihrer Natur entspricht, und
werden auf die Dauer auch wirklich besser, weil Erziehung
die Anlagen umwandelt. Die Brutalität setzt sich in Spannkraft um. Insoweit ist es wohl wahr, daß es uns gut tut,
an die Sündhaftigkeit des Beischlafs zu glauben.

Es gibt keine bessere Illustration der körperlichen und
seelischen Blindheit, welche die meisten Reisenden auszeichnet, als die von ihnen zu uns verpflanzte Anschauung
der „Sinnlichkeit" und „Laszivität" der Asiaten gegenüber
der Christenheit: das genaue Gegenteil hiervon ist wahr.
Niemand wird die Tiere, die keinerlei psychische Hemmungen kennen, der Sinnlichkeit im üblen Sinne zeihen.
Im gleichen Verstande sind die Völker des Ostens unsinnlich
im Vergleich zu uns Abendländern; sie sind es noch im
weiteren, daß ihre Triebe viel weniger brutal sind wie die
unsrigen. Wahrscheinlich wird im Osten verhältnismäßig
mehr kopuliert: unter den gegebenen klimatischen Verhältnissen ist dies natürlich. Wohl scheint bei einigen Nationen
— den Chinesen vornehmlich und den Indern — die *ars
amandi* in hohem Grade entwickelt: aber nicht die Tatsache als solche entscheidet, sondern die Bedeutung, welche
ihr beigelegt wird. Und das Erotische bedeutet dem Orien-

talen viel weniger als uns. Es versteht sich für ihn von selbst,
daß er geschlechtliche Bedürfnisse hat, von selber, daß er
sie befriedigt; und da dem so ist, beschäftigt es sein Bewußtsein kaum. Noch einmal: um wie viel unsinnlicher ist
die Atmosphäre eines östlichen Freudenhauses als die eines
europäischen Balles! Zeigt eine Frau bei uns nur ihren
Schuh, so bedeutet das mehr, als wenn eine Japanerin sich
auszieht; die feinstgebildeten Damen unserer Großstädte
sind aggressiver im Verkehr mit Männern, als eine Dirne
des Ostens es jemals wagen würde. Und denke ich gar an
Indien zurück! Wie wunderbar weise hat dieses Volk die
sexuelle Frage gelöst, wie weise gerade vom Standpunkt
spirituellen Fortschreitens, um das es ihm so viel ernster
zu tun ist, als der scheinheiligen Christenheit! Nie wird
dort versucht, der Natur Gewalt anzutun, weil man dort
seit Jahrhunderten weiß, was Freud erst seit kurzem entdeckt hat, daß verdrängte Vorstellungen verderblicher wirken
als noch so schlimme, die man sich unbefangen eingesteht.
Dort werden mönchische Anwandlungen bei jedem, der
nicht zum Yogi berufen scheint, übel angesehen, bevor er
Großvater ist, das normale Sich-Auswirken des Naturtriebs
wird nicht gehemmt, sondern begünstigt; alle Schranken
fehlen, welche die Voraussetzung der Sündhaftigkeit oder
Häßlichkeit der Liebe schafft. Dafür werden andere auf-
gerichtet durch die Voraussetzung ihrer Heiligkeit. Als
ein Göttliches gilt sie an und für sich, so daß erotische Bilder
in Indien nie zur Porno-, sondern zur Ikonographie gehören. In jedem Einzelfall aber wird sie noch besonders
geweiht. Der eheliche Verkehr ist mit so viel religiösen
Vorstellungen verwoben, daß das Sinnliche durch und durch
spiritualisiert, und eben das, was das Christentum als Konzession an das sündhafte Fleisch betrachtet, zum Mittel

geistlichen Fortschritts wird. Sogar der Umgang mit Dirnen
wird geheiligt dort, wo er unvermeidlich scheint (was er
in Indien, wo jeder früh heiratet, in viel geringerem Grade
ist als bei uns). Die Büßer, die das Gelübde der Keuschheit geleistet haben, sind nicht immer von den Fesseln
der Sinnlichkeit ganz frei. Unterdrücken sie diese künstlich, so besteht die Gefahr, daß ihre Phantasie, anstatt
reiner und reiner zu werden, je schmutziger und schmutziger
wird, wie beim Heiligen Antonius. So befriedigen sie ihre
Triebe als Opfer, indem sie Hetären benutzen, die sich
ihrerseits um Gottes willen hingeben. Nun bestimmt die
Sinngebung überall den Charakter des Tatbestandes: so
wird, dank dieser noch so sophistischen Auslegung, sofern
sie nur in gutem Glauben geschieht, das Zurückfallen in
die Bande der Natur nicht zur Fesselung des freiheitsdurstigen
Geistes. — Die Folge von dem allen ist die, daß in Indien,
von den Fürstenhöfen einzig abgesehen, eine Atmosphäre
der Nichtsinnlichkeit herrscht, die allein schon verständlich
macht, weshalb dort Philosophieren und religiöses Meditieren so wunderbar gut gelingen. Der Sinn aller Ein-
schränkung des Geschlechtslebens ist lediglich der, daß es
keine größere Rolle spielen soll in der Gesamtökonomie, als
ihm von Hause aus gebührt. Und besser als durch alle
Repression wird einer Hypertrophie des sexuellen Momentes,
die freilich zu einer richtigen Vergiftung führen kann, dadurch gesteuert, daß die normale Auslösung des Triebes
gesichert und gerechtfertigt wird. Bei uns geschieht dies
in der Ehe allein. Daß der Osten es verstanden hat, die
gleiche Regelung auch außerhalb der Ehe durchzuführen,
so daß in Freudenhäusern eine ebenso reine Atmosphäre
herrscht, wie in einer guten westlichen Familie, wird ihm
ewig zum Ruhme gereichen. Denn so ist es. Man führe

so viel Tatsachen als man will zum Beweis orientalischer Unmoral an — sie beweisen nichts und können nichts beweisen, weil die Bedeutung es ist, auf die allein alles ankommt, und die japanische Laxheit ungefähr gleiches bedeutet, wie die Keuschheit frigider Engländerinnen.

Dieses schöne System ist nicht anwendbar bei uns. Nicht weil wir besser, sondern weil wir einerseits zu roh, andrerseits von asketisch-christlichen Vorstellungen zu sehr befangen, und vor allem, weil wir zu matter-of-fact sind; uns scheinen Tatsachen an sich bedeutsamer als ihr Sinn. Aber wir bewegen uns doch größerer Unbefangenheit entgegen. Wenn zunächst einigermaßen übertrieben für die Schönheit des Liebens als solchen, das Sich-Ausleben, das Recht jeder Frau auf Mutterfreuden gestritten wird, wobei die althergebrachten Schranken in Bausch und Bogen als Vorurteile verworfen werden, so bedeutet dies das normale stürmische Vorstadium zur sachlich-freien Auffassung der Zukunft. Ohne Zweifel wird der Ehestand weniger und weniger als conditio sine qua non zum Kinderhaben gelten; weniger und weniger wird die Tatsache der Virginität über Unehr und Ehr des Mädchens entscheiden; immer freier wird das Weib, gleich dem Mann, seinem persönlichen Gesetze folgen können. Die alten sozialen Gestaltungen werden deshalb nicht aussterben, sie werden fortleben wie nur je zuvor, sogar quantitativ kaum eine Einbuße erleiden. Nur werden neben ihnen auch andere als normal gelten, wie denn der wesentlichste Kulturfortschritt darin besteht, daß der Mensch immer weniger Lebensformen abzulehnen braucht, um sein Sonderdasein als berechtigt zu empfinden.

Über die Japanerin kann seitens jedes, der nur ein bißchen Stilgefühl besitzt, der also vom Schmetterling nicht die Leistungen des Nilpferdes verlangt, nur eine Meinung sein: daß sie eines der vollendetsten, eines der wenigen ganz vollkommenen Produkte dieser Schöpfung ist. Ich will es nicht unternehmen, ihre Vorzüge im einzelnen zu schildern: dies ist schon oft von Meisterhand geschehen. Hier könnte ich auch schwer objektiv sein; die Atmosphäre japanischer Weiblichkeit ist mir dermaßen sympathisch, daß ich ihrer Nachteile kaum gewahr geworden bin. Es tut gar zu wohl, Frauen zu schauen, die nichts als Grazie sind; die nichts scheinen, als was sie sind, nichts vorstellen wollen, als was sie wirklich können, deren Gemüt bis zum äußersten gebildet ist. Im Grunde ihrer Seele wollen nicht allzuviele Mädchen Europas mehr und anderes, als ihre Schwestern im fernen Osten — sie wollen gefallen, weiblich-anziehend wirken, und alles übrige, die geistigen Bestrebungen inbegriffen, ist ihnen Mittel zum Zweck. Wie viele derer, die scheinbar nur geistig interessiert sind, atmeten nicht auf, wenn sie dieses umständliche Reizmittel, dessen sie in ihrer Welt schwer entraten können, lassen und sich wie Japanerinnen geben dürften! Aber gerade dieses gelänge ihnen schwer, gelingt denen nicht, die es versuchen. Die modernen Mädchen sind schon zu bewußt, um vollkommen zu sein in Form der Naivität, zu wissend zu einem Dasein reiner Grazie, vor allem als Naturen auch zu reich, um sich überhaupt leicht zu vollenden. An Lieblichkeit kann sich keine modern-westliche Schönheit mit einer wohlerzogenen Japanerin messen.

Nun ist freilich der ästhetische Wert nicht der einzige, welcher in Frage kommt, und kann als höchster dort nur gelten, wo die Form die Erfüllung des ganzen Gehalts

bedeutet, wie im Falle der besten Typen Altchinas. Bei
der Japanerin tut sie das nicht; diese kann als Persönlichkeit nicht ernst genommen werden, und insofern haben die
recht, die sie unter die Europäerin stellen. Dagegen aber
ist zu erinnern, daß jede Vollendung besser ist als keine.
So vollkommen manche Europäerinnen sind, deren Typus
vergangenen Zeiten angehört — unter modernen wüßte
ich noch keine, die mehr als eine flüchtige Skizze ihres
spezifischen Ideals bezeichnete. So muß ich für diese Zeit
der Japanerin die Palme zuerkennen.

Bald wird auch die Japanerin, die ich meine, der Ver-
gangenheit angehören, wie es die europäische Grande-Dame
schon heute tut. Kein ästhetisch empfindender Mensch
wird diesem Schicksal ohne Wehmut entgegensehen. Mit
ihr schwindet einer der süßesten Reize der Erde dahin,
und nichts Gleichwertiges wird sie so bald ersetzen, wie
sehr man sich darum bemühen mag. Gewiß nimmt die
Europäerin im Leben eine höhere Stellung ein als sie; mehr
Möglichkeiten stehen ihr offen, mehr Züge ihres Wesens
sind ausgebildet, und unser Familienleben zumal steht der
Idee nach viel höher als das asiatische. Aber was besonders
Japaner meist vergessen, ist, daß die Vorzüge unseres Zustandes zunächst hauptsächlich in abstracto vorhanden sind,
und daß der Wert abstrakter Wesenheiten ganz davon abhängt, inwieweit sie dem Konkreten angemessen sind; das
bessere System schafft nicht notwendig eine bessere Wirklichkeit. Dafür vernichtet es Wirklichkeit nur allzuleicht.
So wie sie ist oder war, erscheint die Japanerin vollkommen;
wo ihre Bewußtseinslage ihrem Zustande entspricht, ist sie
genau so glücklich wie die Amerikanerin; sie ist ferner,
ihren Vorzügen nach, das unmittelbare Produkt der herrschenden Verhältnisse. Wenn diese sich wandeln, werden jene

mit verschwinden. Ob sie dafür an die Stelle gewinnen wird, was ihr bisher fehlte, scheint desto fraglicher, als unsere Frauen noch nicht entfernt so weit sind, daß man sagen könnte: sie verdienen durchaus ihren neuen weiten Rahmen.

Jeder bestimmte Zustand wirkt positiv auf das Leben ein: dieser Satz hat axiomatische Gültigkeit; positiv in dem Sinne, daß er bestimmte Gestaltungen bedingt, die kein anderer ermöglicht hätte. Manche dieser Gestaltungen sind erfreulich, andere unerfreulich, im absoluten Sinne vollkommen ist keine, weil alle Bestimmungen zugleich Begrenzungen sind. Was aber nie übersehen werden sollte, ist, daß die Vorzüge etwas viel Positiveres bedeuten als die Gebrechen. Nach der negativen Seite hin scheinen der Natur nicht viele Möglichkeiten offen zu liegen. Einerseits erhält sich das Absteigende schwer und kann sich durch Vererbung nicht potenzieren, andererseits verdient das Negative auch insofern seinen Namen, als es Verkümmerung bedingt, weswegen alle Typen nach unten zu konvergieren; die gebrochenen oder verunglückten Existenzen sehen sich allerorts und zu allen Zeiten ähnlich. Nach oben zu hingegen scheint es gar keine Grenzen möglicher Mannigfaltigkeit zu geben. Man vergegenwärtige sich einmal den Reichtum an verschiedenartigen Qualitäten, den der Wechsel innerhalb schwieriger Verhältnisse im Menschen hat entstehen lassen: das aufsteigende Leben schafft sich überall Bahn; in Korrelation zu den sich wandelnden Verhältnissen blüht Mal auf Mal eine neue Schönheit auf, deren jede nur einmal, unter bestimmten, nie wiederkehrenden Verhältnissen möglich war. So ist die Vollkommenheit der Japanerin das unmittelbare Produkt der Stellung im Leben, die sie durch Jahrhunderte einnahm; was immer gegen diese einzuwenden sei — ihr, nur ihr verdanken wir die Japanerin, wie sie ist. Wie kläglich ist das Argument: sie verdiene, da sie so reizend ist, ein besseres Schicksal! Man verdient nie, was einem die Schönheit nimmt. Mögen die neuen Verhältnisse in abstracto unermeßliche Vorzüge haben — der Frauentypus von einst wird unter ihnen nicht fortbestehen, und Japan wird schwerlich einen neuen, dem einstigen gleichwertigen hervorbringen, jedenfalls nicht entsprechend dem jüngsteuropäischen Ideal, da das gegebene psychophysische Maß zu diesem Schnitt nicht ausreicht. Die Idee des Fortschritts mag in Form einer geraden Linie darzustellen sein: der wirkliche, soweit er sich nachweisen läßt, verläuft in Form einer bewegten und vielfach gebrochenen Kurve; diese bricht wieder und wieder ab, weil jeder Menschentypus in der Regel nur einer Art Vollendung fähig ist.

Noch ein Wort zur vielverschrienen Laxheit der Japanerin in erotischer Beziehung. Dem Europäer kommt es ungeheuerlich vor, daß ein Mädchen seine Reinheit verkauft, um anderen Pflichten nachzukommen. Sicher darf dies nicht so verstanden werden, das die Japanerin das ideale Wesen sei, das sein Höchstes um eines objektiv noch Höheren willen preisgibt (obgleich ihr anerzogener Mangel an Egoismus so groß ist, daß ihr Verhalten oft den Eindruck tiefsten metaphysischen Wissens macht; die Geisha erinnert oft täuschend an eine Heilige). Nein, ihr bedeutet Reinheit wirklich weniger als der Europäerin. Allen Völkern des Ostens gilt das Nachgeben dem Naturtriebe als ein Selbstverständliches; wird dieser eingeschränkt, so geschieht es aus äußeren Gründen, unsere inneren Hemmungen fehlen ihnen. Aber hier frage ich: ist das europäische Ideal der Reinheit wirklich so hoch? Seinen historischen Grund hat es an der frühchristlich-asketischen Anschauung, nach welcher Geschlechtsverkehr Sünde sei, und diese ist falsch; seinen

dauernden Halt findet es, soweit ich sehe, an rein utilita-
rischen Erwägungen; die Unberührtheit des Mädchens ist
einerseits eine Konzession an, andrerseits ein Spekulieren
auf den Egoismus der Männerwelt. An und für sich liegt
wohl nichts dem Weib normalerweise ferner, als die Unberührtheit zu idealisieren: ihm ist vielmehr Hingabe das
Ideal, muß es ihm sein, da die Gattungstriebe in seinem
Bewußtsein vorherrschen. Soll nun wirklich Unberührtheit
als solche ein Höchstes sein, dann läuft dies schnurstracks
auf eine Apotheose der Selbstsucht hinaus. Man idealisiere
wie viel man will: der Kampf des Weibes um seine Reinheit *à tout prix* ist nichts als Selbstbehauptung — und in
diesem Zusammenhang besteht wohl kein Zweifel, daß die
Japanerin, die sich einem Freudenhaus verkauft, um dem
Bruder durch ihren Erwerb das Kämpfen für das Vaterland möglich zu machen, das höhere Wesen ist. Die Europäer
würden anders urteilen, wenn sie feiner empfänden: selten
wissen sie zwischen Reinheit im Sinne von Treue und Reinheit im Sinne von Unberührtheit (als physisches Faktum)
zu unterscheiden. Im ersteren Sinne steht die Japanerin
keiner Europäerin nach: es gibt nicht keuschere Frauen als
sie. Und daß sie im letzteren laxer denkt — sollte das nicht,
anstatt auf Sittenlosigkeit, auf sicherere Instinkte und un-
befangeneres Denken schließen lassen? Beginnen nicht auch
unsere besten Männer und Frauen mehr und mehr in dieser
Hinsicht japanisch zu empfinden? — Man vergleiche unsere
Vorstellung von Dezenz mit der japanischen. Unsere Frauen
ziehen sich zum Ball beinahe nackend aus, mit der offen-
kundigen Absicht, zu reizen, würden aber vergehen vor
Scham, wenn ein Fremder sie im Bade überraschte. Die
Japanerin zeigt sich ohne Scham aller Welt entkleidet im
Bad, gewänne es aber niemals über sich, sich zum Feste

herausfordernd anzuziehen: auf die Absicht komme doch alles an ... Welche Auffassung ist die tiefere, die reinere? ...

ISĒ

Ich weile an der heiligsten Stätte des Shintō-Kultes, am Tempel Amaterasu O-Mikamis, der göttlichen Ahnfrau des Kaiserhauses. Wie viel mehr Atmosphäre hat dieser einfache, blockhausartige, strohgedeckte Bau, der alle zwanzig Jahre neu errichtet wird, als die goldstrotzenden Buddhatempel! Hier hat Japans bester Geist sein Heiligtum. Der Geist der Schlichtheit, der Reinheit, der Loyalität, der Aufopferung für Kaiser und Vaterland, zugleich der Kühnheit, des Wagemuts, des ritterlichen Abenteurertums; der Geist des Japaners, wie er sich selbst im Spiegel seines Idealismus sieht. Jeden Pilger, der dem Heiligtume naht, überkommt er; er ergreift, erhebt ihn, weitet ihn aus, entrückt ihn seinem kleinlichen Ich; nun fühlt er sich eins mit der unendlichen Reihe derer, welche vor ihm waren, eins in Japan, dem unsterblichen Reich. Auch mich ergreift dieser Geist. Aus der Tiefe meines Bewußtseins steigen kaum gekannte und doch vertraute Gefühle auf, schließen sich zusammen zu einer neuen Seele, der Seele etwa eines Griechen des Uraltertums. Ja, freilich bin ich nur ein Glied der unendlichen Lebenskette, freilich eins mit allen, welche vor mir waren; ja, freilich wurzelt mein Sinn nicht in mir, sondern im Überindividuellen, im Geschlecht, dem ich entstamme, das ich verkörpere und das ich fortzusetzen verpflichtet bin. Und suche ich nach einem Symbol dieses Überindividuellen, das ich so deutlich spüre und doch so schwer bestimmen kann, dann komme ich von selbst auf den Begründer meines Stamms, den fernen Ahn, dem alles spätere Leben seine

Entstehung dankt. Er ist es, der alle Nachfahren beseelt, der in mir fortwirkt; ihm schulde ich vor allem Ehrfurcht, Liebe und Dank. Und indem ich seiner betend gedenke, werden die edelsten Regungen meiner Seele wach. Ich will es ihm gleichtun, dem hochherzigen Heros, will seiner würdig sein. Er war aller Vollkommenheit teilhaftig, weit größer, als ich mir ihn ausmalen kann. Besser kann ich ihm nicht dienen, als indem ich dem Höchsten zustrebe, und aller Idealismus wird mir so Anlaß zum Kult. — Wie töricht, die Ahnenverehrung als Aberglauben zu belächeln! Wohl kennzeichnet sie ein frühes Stadium, allein sie bringt, wo sie echt und lebendig ist, ein Wirklichkeitsbewußtsein zum Ausdruck, wie auf höheren Naturstufen nur höchste Religiosität. Es ist wirklich so, daß der Mensch mit allem, was vor ihm war und nach ihm sein wird, innerlichst zusammenhängt; dies ist dem naturnahen Urmenschen bewußter als dem Spätling. Auf höheren Stufen ist es nur die Frau, in deren Bewußtsein die Urbezüge des Lebens lebendig fortleben; sie allein noch fühlt sich unmittelbar eins mit ihrem Geschlecht; ihr Verstand ist selten eigenwüchsig genug, um die naturhaften Gefühle zu ersticken. Und dann sind es die Erben einer alten Tradition, die bodenständigen Adelsgeschlechter, deren Sinn bewußt im Überindividuellen wurzelt: hier sorgen Verantwortungsgefühl und Stolz dafür, daß der Urgeist erhalten bleibt. Das Bewußtsein nun des Weibes und des Edelmanns ist nicht oberflächlicher, es reicht tiefer hinab als das des entwurzelten Intellektuellen. Wohl ist ihre Tiefe nur eine Tiefe — die der Natur; das Einheitsbewußtsein des Ahnenverehrers reicht nicht hinaus über sie: aber wo die Seele noch physiologisch gebunden ist, kann es kein unmittelbares Bewußtsein des Atman geben. Wohl sind die Vorstellungen, in denen sein Wirklichkeitsbewußtsein sich verkörpert, selten tiefsinnig: aber von primitiven Menschen ist nicht zu verlangen, daß ihre Gedanken ihren Ahnungen gleichwertig wären. Deshalb findet der verstandbefangene Betrachter an den Formen des Vorfahrenkultes selten Gefallen, zumal am japanischen, dessen Ideengehalt kaum zu fassen ist. Dem Japaner liegt das Denken so wenig, er hat so wenig Sinn für das Abstrakte, empfindet so wenig Verdruß über intellektuelle Unzulänglichkeit, daß es ein hoffnungsloses Beginnen erscheint, seinen Nationalkult eigentlich zu begreifen. Dieser ist, dem Äußeren nach beurteilt, ein seltsames Gemisch von Ahnen- und Naturverehrung, von Magie und von *point d'honneur*, von Sitte und Sehnsucht nach dem Höchsten, von rohem Aberglauben und urwüchsigem Wirklichkeitssinn; wenn einem von Japanern erklärt wird, die Mikadoverehrung basiere darauf, daß dessen Vorfahren über ihrer aller Vorfahren geherrscht hätten, so ist das keine Erklärung, kaum eine Erläuterung: es ist eine bloße Darstellung des Tatbestandes, den der, welcher nichts Ähnliches aus eigenem Erleben kennt, niemals begreifen wird. Nichtsdestoweniger ist die Mikadoverehrung ein Tiefstes, bedeutet sie wirklich ein metaphysisch Äußerstes. Die spezifische Erscheinung ist eben nur ein Ausdruck, und ein nur Japanern gemäßer, ihnen aber entspricht er wie kein anderer es täte. Dieser Tage wurde im bakteriologischen Institut von Tokyo ein Shintō-Schrein für Robert Koch enthüllt. Keiner der Professoren und Studenten, die alle vermutlich Agnostiker sind, dürfte annehmen, daß Koch ein Gott geworden sei; nicht viele vielleicht glauben an sein Fortleben nach dem Tode. Ihnen allen aber erschien die Errichtung eines Tempels und ein Kult nach dem Shintō-Ritual als entsprechendster Ausdruck ihrer Verehrung für den großen Gelehrten.

Freilich tut die Regierung gut, nach Kräften auf ein Wiederaufleben des Shintō-Kultes hinzuwirken: wie kein anderer ruft er die tiefsten Schwingungen der Japanerseele wach, oder bringt sie, wo vorhanden, zum Ausdruck. Es ist neuerdings von B. H. Chamberlain darauf hingewiesen worden, daß der Shintōismus, wie er heute als Staatsreligion herrscht, eine neue Erfindung sei; über 1000 Jahre entlang sei der Buddhismus die japanische Religion gewesen, und was heute als Urglauben gelehrt werde, sei ein künstliches Fabrikat. Die Tatsachen werden damit wohl richtig bestimmt sein — aber wie wenig ihr Sinn! Nur deshalb war es möglich, in weniger als 50 Jahren ein Artefakt als ererbten Glauben einzuführen, weil dessen Form dem innersten Leben der Japanerseele gemäß war; man hätte versucht, das Christentum also einzubürgern — nie wäre es gelungen. Auch ich bin der Meinung, daß die besonderen Kult- und Glaubensgestaltungen Erfindungen der Priester sind; irgendeiner muß sie doch erfunden haben. Aber dort, wo es jenen gelang, ihre Erfindungen einzuführen, brachten diese allemal eine allgemeine Tendenz zum bestmöglichen Ausdruck. Ja, die Regierung handelt weise daran, daß sie die Shintōreligion mit allen Mitteln kräftigt und unterstützt; und sie weiß sicherlich, weshalb sie dieses tut. Japan befindet sich in der nicht ungefährlichen Lage, daß ein ausgesprochen unindividualisiertes, unpersönliches Volk sich dem Einflusse einer Zivilisation, welche äußerste Individualisiertheit zur inneren Voraussetzung hat, unbedingt hingegeben hat. Deren Außenseite kann ihm nur Gutes bringen; das hat Japan bereits glänzend bewiesen. Aber wenn ihr Geist von den Japanern zu früh Besitz ergreift, dann steht Schlimmes bevor. Sie sind nicht so weit, daß jeder von sich aus im Sinn des Ganzen handeln könnte; ihr metaphysisches Wissen hat noch keine andere Äußerungsmöglichkeit, als die durch physiologisches Zusammenhangsgefühl hindurch. Verliert dieses Volk sein primitives Gruppenbewußtsein, sein Selbstgefühl im Sinn der *cité antique*, dann zerfällt sein Zusammenhang. Alle Japaner, in denen der Geist Altjapans (*Yamato damashii*) nicht mehr lebt, sind abstoßend oberflächlich.

MYANOSHITA

Zum erstenmal, seit ich in Japan bin, steigen Erinnerungsbilder aus den Himalayas auf in mir. Wie ich, in hochgelegenem Talkessel, vor einem Sturzbach träume, der sich von steilem Fels durch üppigstes Pflanzengeranke in die Tiefe ergießt, da muß ich an die Bergwälder zurückdenken, die ich seinerzeit mit solchem Entzücken durchstreift. Auch hier ist der Rahmen des Ganzen großartig an und für sich: die Höhen ringsum sind kahl und wild, von dampfenden Schwefelquellen durchsetzt; über die Vorberge winkt der Schneegipfel des Fuji herüber; dunkle Fichtenwälder bedecken die tiefergelegenen Abhänge. Und auch dort fehlt das Liebliche nicht: die überreiche Vegetation schafft wieder und wieder verschwiegene Lauben, wo nichts den farnumwucherten Quellen den idyllischen Charakter stört. Woher kommt es, daß ich hier dennoch gar nicht die Empfindung des Großartigen habe? — Daran tragen die listigen Menschlein die Schuld, die diesem Lande ihre Eigenart aufgeprägt haben: ihr Naturverständnis ist so ungeheuerlich groß, daß sie ihre Umwelt ästhetisch unterjocht haben. Wie ein einziger Farbenfleck den Sinn eines Gemäldes bestimmen und umwandeln kann, so hat der Japaner durch zielbewußtes Einfügen seines Daseins in das der ihn umgebenden Natur deren Grundton so völlig auf sich selbst hinüberverlegt,

daß das Große nur mehr als Füllung des Kleinen wirkt.
Damit aber ist das Großartige aus der Welt hinausverwiesen.

Gewiß stellt die Fähigkeit des Japaners, das Große im
Kleinen zu erkennen, zu erfassen, aufzusaugen und wieder-
zugebären, vom Standpunkte des Absoluten her gesehen,
etwas ganz Großes dar. Sein exquisites Naturgefühl bedeutet das gleiche, wie das Weltgefühl beim Inder oder
bei uns, also kann nur der Tor, in seinem Fall, im Nicht-
vorhandensein des letzteren ein Gebrechen sehen. Ja, man
kann weiter gehen: was will der Mystiker sagen, wenn er
behauptet, seine Seele gehe ins Unendliche ein? Nicht daß
der Tropfen im Ozean verschwindet, sondern umgekehrt,
daß das Weltmeer von einem Tropfen aufgesogen wird —
und eben das leistet in ihrer Sphäre, mit ihren Mitteln die
japanische Kunst. Doch ändert diese Überlegung nichts
daran, daß innerhalb der Möglichkeiten des Japanertums
das Großartige nirgends Platz findet; angestrebt mag es
werden, erreicht wird es nie, weil eben Kleines nie großartig wirken kann. Wenn das Ameisenvolk seinen Haufen
mit einer Todesverachtung verteidigt, die unter Menschen
vielleicht niemals zu finden ist, so bewundern wir das —
aber groß erscheint es uns nicht; alles kommt auf die Proportionen des Urzusammenhangs an. Beim Chinesen weist
jedes einzelne auf das Tao zurück; dementsprechend hat
auch die *chinoiserie* den Himmel zum Hintergrund. In
Japan bleibt alles im Rahmen des Menschenlebens beschlossen,
und die oberste Synthese ist Japan, nicht das All. Daher
wirkt das Mädchen wunderbar lebendig, das schluchzend
für den Liebsten in den Tod geht, und ebenso der strenge
Samurai, der aus gekränktem Ehrgefühl Selbstmord übt;
alle intimen Tragödien sind im Bilde. Heroismus im großen
weist über den Rahmen hinaus.

Man soll die Bedeutung des Quantitativen nicht unter-
schätzen. Steigen wir einmal vom Standpunkte des Absoluten herab — und das müssen wir tun, so oft wir der einzelnen Erscheinung gerecht werden wollen — dann müssen
wir zugeben, daß ein Unterschied besteht zwischen Totalität
und Einzelheit, zwischen dem Chrysanthemum und dem
weltenschaffenden Gott. Wohl ist alles Lebendige gottartig;
auf seine Weise tut jeder bei der Weltenschöpfung mit,
und da er im Zusammenhange schafft, offenbart jeder vollendete Ausdruck unmittelbar des Ganzen Sinn. Allein wer
im großen wirkt, ist von anderem Kaliber als der Kleinkünstler. Mit einem einzigen Gedanken ruft der Gott
Milliarden von Schwingungen hervor, und was die Biene
dann leistet, muß jener erst ermöglicht haben. Wahrscheinlich ist Gott im einzelnen unvermögend; schwerlich wäre
er ein guter Miniaturist. Sicher ist er auf seine Art beschränkt, eben weil er nur alles vermag und das Besondere
daher kleineren Leuten überlassen muß — wie er es denn,
wohl schwerlich ohne zwingenden Grund, von jeher getan
hat. Gewiß, das Große ist eben deshalb beschränkt, und
zwar im selben Sinn, wie dies vom Kleinen gilt; aber trotzdem ist es mehr als das Kleine. So lange wir in der Erscheinungswelt gefangen sind — und wer weiß, ob wir je
aus ihr hinaus gelangen? — so lange müssen wir das gelten
lassen; so lange der bloße Begriff einer Steigerung Sinn
besitzen soll, so lange bleibt dem Quantitativen sein objektiver Wert. Drum ist das Großartige mehr als das Liebliche, und sei dieses noch so vollendet. In den Himalayas
trägt die Natur Züge, die nur aus kosmischen Voraussetzungen
zu begreifen sind; die ganze Landschaft spottet menschlicher Maßstäbe; mag die Flora noch so üppig wuchern,
sie wirkt nur wie ein Anflug von Patina auf gewaltigem

ehernen Gefäß. In Japan wüßte ich nichts, was nicht vom
Menschen her verstanden werden könnte. Wohl trägt auch
hier die Natur gelegentlich große Züge, aber groß ist nur
der äußere Rahmen, und der Nachdruck ruht auf dem
Bild. Der einzelne Blütenzweig, gegen den Hintergrund
des leeren Raums gehalten — das Lieblingsmotiv so vieler
japanischer Künstler — ruft wohl das Gefühl der Unendlichkeit wach in uns. Aber es ist doch der blühende Zweig,
der dieses bewirkt, und er gibt dem Gefühle seine Färbung.

Die Begriffe unserer Zeit scheinen mir, was diese Fragen
betrifft, einigermaßen verwirrt zu sein. Im Bewußtsein der
Wahrheit, daß alles Vollendete das Unendliche zum Ausdruck bringt, ist man dahin gekommen, die Unterschiede
in anderen Dimensionen zu übersehen; der Blütenzweig
wird dem Gotte gleichgesetzt. Das wäre an sich noch kein
Unglück: was verschlägt es, was die Kritiker behaupten?
Aber es wird schließlich doch zum Verhängnis, insofern es
die Schaffenden verdirbt. Rainer Maria Rilke, eine feinfühlige, zarte Natur, hat gelegentlich, wo er von fallendem
Herbstlaub sang, die Gottheit geoffenbart. Doch wo er
direkt von dieser spricht, dort redet er an ihr vorbei. Rilke
gehört zu denen, welchen die Blume der greifbarste Ausdruck des Ewigen ist. Vom Göttlichen unmittelbar zu kün-
den, sollte er großzügigeren Geistern überlassen.

NIKKO

Es gibt doch Großartiges in Japan. Die Landschaft
Nikkos, mit ihren schroffen Felsen, ihren tosenden
Wasserfällen, ihren gigantischen Tannen und Cryptomerien
ist grandios; und sie wirkt so vor allem, weil sie gewaltiges
Menschentum einrahmt. Im Iyeyasu-Tempel weht ein Geist

der Großheit, wie ich solchen seit Peking nicht mehr wehen gespürt.

Iyeyasu, der Begründer der Tokugawa-Dynastie, die über zweieinhalb Jahrhunderte unter der Scheinoberhoheit der Mikados die Geschicke des Landes gelenkt hat, war ein gewaltiger Mann, den gewaltigsten aller Weltteile vergleichbar. Und wie quantitative Verschiebung in der ganzen Natur qualitative Veränderung mit sich bringt, so hat in ihm der japanische Herrschertyp eine grundsätzliche Metamorphose erfahren: nun war es weder mythischer Nimbus noch höfisches Prestige, weder der Vorteil der Geburt noch die Klugheit oder der starke Arm, welcher der Macht ihren Hintergrund gab — es war jene echt herrschaftliche Überlegenheit, die, alles einzelne in sich beschließend, doch über ihm thront; jene intrinseke Majestät, die alle ganz großen Könige auszeichnet. Diesen Geist hat Iyeyasu seinen Nachkommen vermacht; noch heute waltet er über Nikko, über den Grabdenkmälern der Tokugawas und ihrer Vasallen, eine psychische Atmosphäre bedingend, wie sie an keiner anderen Stätte Japans herrscht.

Wunderbar, daß dieser eine Mann einen Typus hat schaffen können, der gegenüber allem sonstigen Japanertum in einer anderen Dimension belegen scheint! Und wunderbar vor allem, daß dieser Typus fortgedauert hat! Ich kenne kein eindrucksvolleres Beispiel dessen, wie ausschlaggebend der Rahmen für den Charakter des Bildes sein kann. Je nach der äußeren Lage, in der ein Mensch sich befindet, werden andere Kräfte in ihm frei; das Lebensprinzip modifiziert seine Erscheinung entsprechend seiner Ausdrucksmöglichkeit. Prestige, Macht, Reichtum, das gläubige Aufschauen von Untergebenen sind ebensoviel gestaltende Kräfte, welche die Seele bilden und erziehen und oft von heute auf morgen

43*

eine radikale Metamorphose herbeiführen. Diesen Tatbestand erkennt der Volksmund an, indem er sagt: wem Gott
ein Amt gibt, dem gibt er auch den Verstand. Nur ver-
gißt er dabei eines Wesentlichen: daß nicht jeder, mit noch
so viel Verstand, jedes Amt gut verwalten wird. Das Entscheidende ist der lebendige Geist, welcher sich des Ver-
standes bedient, und dieser ist bei jedem ein Konstantes,
nur in seltenen Ausnahmefällen der Steigerung fähig; der
Geist, in dem einer erzogen ward, dominiert meist bis zuletzt. Dies ist der wahre Sinn des Legitimitätsgedankens,
zugleich des Mißtrauens gegen den *homo novus:* auf einen
Iyeyasu, einen Açoka, einen Napoleon kommen Tausende
von begabten Emporkömmlingen, die ihrer neuen Stellung
nicht gewachsen waren. Um die Kräfte, welche die Herrscher-
stellung vielleicht in jedem freiwerden läßt, voll auszunutzen,
muß diese einem selbstverständlich sein, muß das Herrscher-
bewußtsein mit dem normalen zusammenfallen. Und so
an sich zu glauben, wie dies erforderlich ist, auf daß einem
ein jüngst erst Undenkbares selbstverständlich würde, vermag nur der seltene Genius. Dies gibt dem in einer Stellung
Geborenen einen absoluten Vorzug vor dem Emporkömm-
ling, gibt dem unbedeutenden Erbherrn eines Staates noch
ein prae vor dem bedeutenden Parvenü. Ich habe im Laufe
meines Lebens die Mentalitäten der verschiedenen Menschen-
typen, mit denen mich das Schicksal zusammenbrachte, recht
aufmerksam studiert: regierende Fürsten, Staatsmänner,
Geldkönige, aufsteigende Talente: bei allen zum Herrschen
Geborenen, die nicht entartet waren, habe ich eine normale
Bewußtseinslage angetroffen, die einem gewöhnlichen Sterblichen wohl erreichbar, aber nie normal ist, und absolute
Überlegenheit bedingt. Natürlich hat auch sie ihre spezifischen Grenzen; wo der Rahmen dem Bilde nicht entspricht,

wie dies ja heute mehr und mehr der Fall wird, tritt die Überlegenheit als Unterlegenheit in die Erscheinung. Aber die Berufenheit geborener Herrscher zum Herrschen springt dennoch so sehr in die Augen, daß ich mich oft kopfschüttelnd gefragt habe, wie die Menschheit wohl so blind sein kann, wo sie Rennpferde und Milchkühe züchtet, die Regentenzucht aufgeben zu wollen. Die Gegenprobe führt zum gleichen Ergebnis. Wo ich Gelegenheit hatte, den Aufstieg eines bedeutenden Mannes zu verfolgen, dort konnte ich zunächst jedesmal ein Wachsen des Menschen konstatieren: sein eigenes Wesen fand mehr und mehr Ausdrucksmittel. Aber sobald die Erweiterung des Rahmens über einen gewissen kritischen Punkt hinausgeführt hatte, welcher je nach seinem Kaliber näher oder ferner lag, dort wurde er auf einmal wieder kleiner; seine Mittel waren größer geworden als er selbst. Die Grenze dieser Verkümmerung bezeichnet das Zerrbild des Parvenüs. — Iyeyasu hatte sein Geschlecht in eine Stellung emporgehoben, die der Bedeutung nach einzig dastand in ganz Japan. Er selbst war einer der wenigen Emporkömmlinge, der nicht nur zum Aufstieg, sondern dem Leben auf der Höhe prädestiniert waren. Seinen Lebensrahmen hinterließ er seinem Geschlecht. Und dieser Rahmen hat so viel formende Kraft bewiesen, daß die Shoguns über zweihundert Jahre lang einen großen Stil besessen haben, wie kein Japaner weder vor noch nach ihnen; und daß heute noch über ihren Gräbern der Geist der Großheit weht.

TOKYO

Die Kaiserstadt ... Sie ist ganz seelen- und stillos, trotz der großartigen Anlagen, die aus der Shogunzeit stammen, trotz all des Schönen, das sie sonst enthält; Tokyo ist eine moderne Stadt in des Wortes unliebsamster Bedeutung.

Und dabei ist sie, gerade sie, die Residenz eines mythischen Herrschers, eines Monarchen, dem sein Volk eine höhere Stellung zuerkennt, als die Chinesen dem Himmelssohne; eines Kaisers, dessen Gottesgnadentum recht eigentlich den Sinn der Göttlichkeit hat! Höchst seltsam, dieses Zusammenbestehen des Primordialen mit dem Modernen. Daß die Mikados ihr Prestige durch die Jahrhunderte hindurch bewahrt haben, wo sie fast gar keine Machtbefugnis hatten, wo sie Puppen in den Händen der Hausmeier waren und wie Unterbeamte ein- und abgesetzt wurden, erscheint nicht verwunderlich, wenn man die Bedeutung des Mikadotums in den Augen des Volkes richtig auffaßt: sie gehörten einer anderen Daseinsebene an, als ihre Untertanen, so verschlug es nicht viel, was im menschlichen Sinne mit ihnen geschah; sie galten jenen Göttern gleich, die man zerschlägt, wenn sie Mißfallen erregen, die aber gleichzeitig höhere Wesen bleiben. Aber daß ihr Prestige noch heute im alten Sinne fortbesteht, wo sie, wie andere Regenten auch, im Staatskörper eine bestimmte Rolle spielen, das ist ein wohl Niedagewesenes.

Japan ist fortgeschritten, weil ein mythischer Herrscher es ihm gebot; bis vor kurzem diktierte der Hof die öffentliche Meinung; die kaiserlichen Edikte noch so trivialen Inhalts wurden mit der Andacht gelesen, die Offenbarungen des Himmels gegenüber anständig ist; die bedeutendsten Staatsmänner alten Schlages empfanden hierin nicht viel anders, als das gemeine Volk. Es kann nicht geleugnet werden, daß dieser Zustand Japan zum Heil gereicht hat. Überall, wo die Individuen sich nicht emanzipiert fühlen, wo sie geneigt sind, höhere Mächte in persönlicher Sym-

bolik vorzustellen, wo überdies die Glaubenskraft genügt,
bedeutet Selbstherrschertum die beste Regierungsform. Dort
verkörpert der Herrscher buchstäblich den Eigenwillen der
Nation, dort wird sie sich buchstäblich in ihm ihrer selbst
bewußt; dort sind sie und er tatsächlich innerlich eins.
Denn dort wächst die Person des Autokraten, dank dem
schöpferischen Glauben seiner Untertanen, von selbst über
normales Menschenmaß hinaus. Die Weisen Indiens lehren:
genau so weit, wie eine Seele zu Gott hinanstrebt, komme
dieser ihr entgegen. Eben dieses ist wahr in bezug auf
das Verhältnis von Herrscher und Volk: je mehr dieses
dem Herrscher zugesteht, desto mehr entwickelt er sich
dem Ideale seiner Untertanen entgegen. Die russischen
Zaren stellten bis vor nicht gar lange einen höheren Menschentypus dar, als die konstitutionellen Monarchen Westeuropas,
denn sie wurden von einem gewaltigen Glauben getragen.
So hat sich Mutsuhito, von Hause aus eine Durchschnitts-
natur, als großer Mann bewährt, weil Göttliches von ihm
erwartet wurde.

Wieder einmal gedenke ich dessen, was mehr wert ist,
die Monarchie oder die Republik, und wieder einmal sehe
ich mich veranlaßt, mich zum monarchischen Prinzipe zu
bekennen. Wie gut bewährt es sich doch, wenn der Mensch
seinen Vorgesetzten überschätzt! Gleichviel ob dieser die
ihm gezollte Verehrung ursprünglich verdient oder nicht:
wenn er nicht gar schlecht ist, so verdient er sie auf die Dauer;
jeder wohlgesinnte Monarch ist im Laufe der Zeit zu einem
bedeutenderen Menschen herangewachsen, als es neun Zehntel
seiner Untertanen sind. Indem diese jedoch ihren Herrscher
als Wesen höherer Art verehren, handeln sie besser und
werden sie mehr, als sie unter anderen Bedingungen würden:
aus Rücksicht auf andere setzt auch der Mittelmäßige sein

Äußerstes dran, aus Rücksicht auf sich selbst nur der Höchstgebildete. In der Republik ist ferner jeder im Prinzip
souverän, kann jeder zum Ersten im Lande aufrücken: so
sieht sich keiner zur Selbstbeschränkung angeleitet; Ehrgeiz,
Herrschsucht, Wille zur Macht wuchern über alle Grenzen
hinaus, und diese Wucherungen gefährden die Seele. Wie
eindeutig alle Tatsachen die Vorurteile unserer Epoche
Lügen strafen! Die Japaner vom alten Schlage fühlen sich
nicht als Individuen im modernen Sinn, und sind menschlich doch viel wertvoller als die meisten Modernen. Ich
gedenke der Verse Lautses:

Der Himmel ist ewig und die Erde dauernd.
Die Ursache der ewigen Dauer von Himmel und Erde ist,
Daß sie nicht sich selber leben.
Darum können sie dauernd Leben geben.
Also auch der Berufene:

> Er setzt sein Selbst hintan,
> Und sein Selbst kommt voran.
> Er entäußert sich seines Selbst,
> Und sein Selbst bleibt erhalten.
> Ist es nicht also:
> Weil er nichts Eigenes will,
> Darum wird sein Eigenes vollendet?

Nun habe ich auch Große des Landes kennen gelernt: diese
sind mit den kleinen Leuten kaum auf einen Nenner zu
bringen. Die besten unter ihnen haben etwas Alt-Römisches,
Scharfes, Klares, Selbstverständlich-Überlegenes; alle aber
absolut nichts Künstlerhaftes, nichts Süßes, Feinsinniges,
Zierliches: sie sind vielmehr hart und könnten grausam sein.
Die allgemein-japanischen Eigenschaften der Merksch-

heit, des sicheren Blicks, des schnellen Verstehens alles Handgreiflichen scheinen bei ihnen einem anderen Zusammenhang einverleibt: was sonst den Künstler macht, kommt hier dem Spion zugute, die Fähigkeit, Rücksicht zu nehmen, dem Diplomaten, die Geschmeidigkeit dem Reorganisator; hier tritt die Zähigkeit der Rasse als stählerner Wille zutage, während ihre matter-of-factness Realpolitiker so extremen Charakters schafft, wie solche bei uns kein Macchiavellismus jemals erzeugt hat. Somit stellt sich das Problem, wie das Japan Lafcadio Hearns so großer politischer Leistungen fähig war, überhaupt nicht; dieses Japan hat die Umwandlung nur mitgemacht. Eingeleitet und durchgeführt ist sie durch andere worden, denen weitsichtiges Schaffen ebenso natürlich ist, wie dem kleinen Mann das Zwergen seiner Bäume.

Immerhin sind die Führer in Japan nicht ganz Führer in unserem Sinn, und das ist das Japanische an ihnen: sie sind weniger Faktoren als Exponenten; wie groß ihre individuelle Bedeutung zuweilen sei, ihre Wirkungskraft beruht auf ihrem Vertretertum. Im Fall des Kaisers liegt dieses Verhältnis auf der Hand: nicht nur in Japan, überall auf der Welt, wo diese Stellung noch mit einem mythischen Nimbus umwoben ist, kommt es mehr darauf an, daß einer, als wer der Herrscher ist; als Brennpunkt des Volksglaubens wirkt er auf alle Fälle schöpferisch. Das gleiche gilt von den Staatsmännern, die Japan groß gemacht haben. Höchstwahrscheinlich standen und stehen sie alle als Persönlichkeiten unter dem, was die Qualität ihres Werkes voraussetzen läßt; sie konnten es schaffen, weil sie vom Volk getragen wurden. Wo das Bewußtsein des einzelnen weniger Selbst- als Gruppenzugehörigkeitsbewußtsein ist, dort sieht er in seinen Führern keine Außer-ihm-stehenden, sondern recht

eigentlich Organe seiner selbst, und gehorcht ihnen, als ob
er sich selbst befehlen würde. So liegt die Gewähr für den
Führerberuf in Japan zum allergrößten Teil in der Vollendung der Volksorganisation. Das will sagen: solange
diese imstande ist, werden geborene Führer nicht aussterben.
Diese tragen hier denn auch eine Überlegenheit zur Schau,
wie sie anderswo heute kaum vorkommt; Graf Okuma ist
sich seines Einflusses im selben Sinne bewußt, wie ein Kaiser
seines Gottesgnadentums, und dieses Bewußtsein als solches
wirkt die Kraft.

Was ich hier über das tatsächliche Verhältnis zwischen
Führern und Geführten in Japan anführe, klingt wie eine
Darstellung des demokratischen Ideals. Ist es nicht bezeichnend, daß dieses noch von keiner Demokratie, wohl aber
schon oft von aristokratischen Gemeinwesen verwirklicht
worden ist? Solange das Individuum atomistisch denkt — und
das ist wohl das Hauptkennzeichen der Demokratie —, solange ist eine vollkommene Organisierung der Gesamtheit unmöglich. Freilich ist das Ideal im Prinzip auch dort ver-
wirklichbar, wo die Persönlichkeiten autonom geworden
sind. Aber dazu müssen diese einen Grad innerer Bildung
erreicht haben, von dem bei den heutigen Demokratien
noch das leiseste Voranzeichen fehlt.

Meine Eindrücke schließen sich mehr und mehr zu einem
Gesamtbild zusammen. Soviel ist mir ganz klar: die
Japaner, oder vielmehr die sozialen Schichten derselben,
die politisch in Frage kommen, sind keine Orientalen, wenn
deren Begriff so verstanden wird, daß er das Wesentliche
des Chinesen und des Inders auf einmal einschließt; sie stehen
uns näher als den Chinesen und haben insofern ein Götter-

recht, uns nachzueifern. Ihre Ähnlichkeit mit China beruht zum größten Teil auf der importierten chinesischen Kultur; der Naturanlage nach sind sie, gleich uns, ein fortschrittliches Volk, wie dies ja auch ihre Geschichte vom Anfang an bis auf heute unzweideutig zum Ausdruck bringt; genau in dem Sinn, wie sie uns heute nacheifern, sind sie vormals bei Korea und China in die Schule gegangen. Daher darf die Verwestlichung Japans nicht im gleichen Lichte betrachtet werden, wie diejenige Indiens oder Chinas. Als ich durch das Binnenmeer einfuhr, war ich nicht wenig überrascht durch den Eindruck, in eine mir ganz neue, von der chinesischen durch eine tiefe Kluft geschiedene Welt hineinzukommen; mir schien, als umwehte mich eine Luft wie die im griechischen Archipel, eine Luft unternehmenden Seefahrertums; ich spürte nicht allein nichts von der kosmischen Ruhe, dem majestätischen Frieden des Chinesentums, sondern auch nichts von dem Japan, das Lafcadio Hearn geschildert hat. Dieses Japan existiert allerdings. Aber doch darf ich heute sagen, daß mein erster Gesamteindruck richtig war: das Wesentliche am Japanervolk ist das Unternehmende, Ausnutzende, Praktisch Geschmeidige, nicht die *Japonerie*.

Der Japaner ist typischerweise kein Schöpfer, aber er ist auch kein Nachahmer, wie gemeiniglich behauptet wird — er ist wesentlich ein Ausnutzer, und zwar im Sinne des Jiujitsukämpfers: der Jiujitsu ist d a s Symbol des Japanertums. Wessen bedarf es, um Meister dieser Kunst zu sein? Keiner schöpferischen Initiative, dafür einer außerordentlichen Beobachtungsgabe, des augenblicklichen Verständnisses für die empirische Bedeutung jedes Eindrucks und der Fähigkeit, aus diesem sofort den größtmöglichen praktischen Nutzen zu ziehen; es bedarf im äußersten Maß jenes besonderen Zusammenarbeitens von Kopf und Hand, wo

alle Erkenntnis momentan zur zweckmäßigsten Reaktions-
bewegung führt, wo alle Erinnerung sich motorisch äußert.
Auf gleichem Können beruht alle spezifisch-japanische
Kultur, gleiches bedeutet das japanische „Nachahmen".
Der Japaner ahmt eigentlich gar nicht nach — er profitiert,
wie der Ringkämpfer aus einer Gebärde seines Gegners
Vorteil zieht; er kopiert nicht, sondern er wechselt seine
Einstellung; ihm ist es gegeben, sich mit unvergleichlicher
Leichtigkeit aller Erscheinung dergestalt einzubilden, daß
er ihre Sonderart (nicht ihr Wesen!) innerlich versteht,
zu sich selbst in organische Beziehung bringt und sie dann
nutzt, soweit sie zu nutzen ist. So hat er einst die chinesischen Kulturgestaltungen ausgenutzt. Vielleicht hat er sie
nie wesentlich verstanden, aber bloß äußerlich nachgeäfft hat
er sie auch niemals — er hat sich in ihre Erscheinung vollkommen hineinversetzt und dann in chinesischer Einstellung
gelebt. Allen Formen sind spezifische Möglichkeiten immanent, die sich verwirklichen in relativer Unabhängigkeit davon,
ob ihre jeweiligen Träger sie verstehen, ob sie ihnen etwas
bedeuten oder nicht: so haben die Japaner vieles Chinesische
dessen eigenstem Geist entsprechend fortgebildet. Sie waren nie
vom chinesischem Geiste beseelt; sie trugen bloß chinesische
Leiber. Drum sind sie innerlich fast unberührt geblieben.
Schon früher wies ich darauf hin, wie wenig sie sich innerlich
verwandelt haben trotz aller Einflüsse, denen sie sich hingaben: das liegt an ihrer vorher gekennzeichneten Anlage.
Der Japaner darf von allen Menschen der Erde am meisten
Fremdes sich aneignen, ohne Schaden befürchten zu müssen,
weil er im tiefsten unbeeinflußbar ist.

Die chinesische ist Ausdrucks-, die japanische Einstellungs-
kultur: ein schrofferer Gegensatz läßt sich kaum denken; wo
jene in der Tiefe wurzelt, erschöpft sich diese an der Ober-

fläche. Der Japaner ist unsubstantiell, kein Zweifel: wo die
Attitüde die letzte Instanz ist, dort fehlt es an innerem Gehalt. Eben hierin aber liegt Japans Bedeutsamkeit begründet:
es zeigt, wie weit man kommen kann, ohne wesenhaft zu
sein. Man kann unglaublich weit kommen. Die Japaner
haben Werte in die Welt gesetzt, die ohne sie unverkörpert
geblieben wären, eine Kultur der Oberfläche geschaffen,
wie es keine reizvollere je gab. Darum ist es ungerecht, bei
ihren Unzulänglichkeiten zu verweilen. Substantialität ist
überall nicht häufig; auch unter Indern kommen Japaner
vor, soweit diese durch ihr Negatives definiert werden;
aber die unsubstantiellen Nicht-Japaner haben die Vorzüge
des Japaners nicht. Kein Wesen kann etwas für seine Anlage;
es gibt Geschöpfe, die das letzte Wesen zum geistigen Ausdruck bringen, es gibt andere, deren Äußerstes die Einstellung ist. Gott gelten sie allesamt gleich, sofern sie vollendet sind in ihrer Art. Wir Menschen aber sollten endlich
lernen, jedes Geschöpf dessen Eigenart gemäß zu werten,
nur das von ihm zu verlangen, wessen es fähig ist.

Die Japaner dürfen sich getrost verwestlichen, welches
Inder und Chinesen nicht dürfen, weil es sich bei ihnen um
keine wirkliche Verwandlung, sondern nur um eine fechte-
rische Neueinstellung handelt. Immerhin ist mit dieser Erkenntnis ihr Problem nicht erschöpft: bei aller Umstellungs-
fähigkeit hat der Japaner ein Seele, und scheint diese auch
geringeren Gefahren ausgesetzt, als von den meisten gilt, die
sich fremden Einflüssen hingeben, so ist sie doch nicht gefeit;
wird sie aber überhaupt getroffen, dann steht es schlimmer
mit ihm als mit jedem anderen. Zwei Grundgefühle dürfen
nie zersetzt werden, wenn Japan nicht zugrunde gehen
soll: das eine ist sein Naturgefühl, das andere sein spezi-
fischer Patriotismus.

Über beide Punkte habe ich mich schon ausgesprochen; hier brauche ich nur Gesagtes zusammenzufassen und meinem heutigen Zweck entsprechend zuzuspitzen. Das Naturgefühl des Japaners entspricht dem Weltgefühl des Inders und dem Harmoniebewußtsein des Chinesen; es ist die gleiche Synthese *en miniature*, hat den gleichen tiefen Grund. Entschwände sie nun seinem Bewußtsein, so verlöre er eben damit den Zusammenhang mit seinem tiefsten Selbst. Alles, wodurch er das Ursprüngliche zu ersetzen versuchen wollte, wird eine Oberflächenerrungenschaft bleiben, ohne unmittelbaren Zusammenhang mit seiner Seele. Ein Inder versuche sich zum Griechen umzuwandeln: er würde dadurch sicherlich flach; nicht deshalb, weil seine ursprüngliche Art, den Menschen als Teil der Natur zu sehen, gegenüber der hellenischen, welcher diese ein Äußerlich-Bildhaftes bleibt, die objektiv tiefere ist, sondern weil er die griechische Weltanschauung auf sein Tiefstes zu beziehen außerstande wäre. Beim Japaner ist die gleiche typische Gefahr bedeutend größer, weil sein Gesichtskreis viel beschränkter ist, weil ungleich weniger Phänomene einer Verknüpfung mit seiner Seele fähig sind. So würde Naturalismus die japanische Kunst nicht allein herunterbringen, wie bei uns, sondern buchstäblich töten, so macht Unhöflichkeit den Japaner nicht bloß unangenehm, wie jeden anderen, sondern flach. Pflegt also Japan sein Naturgefühl nicht desto mehr, je intensiver es uns in anderen Hinsichten nacheifert, so kann es geschehen, daß sich sein Organismus eines Tages entseelt befindet. — Das andere Gefühl, das Japan um keinen Preis verlieren darf, ist seine Vaterlandsliebe; die eigentümliche, in Europa ausgestorbene, nur in Kriegszeiten kurzfristig wiederauflebende Gefühlssynthese zwischen Individuum, Gruppe, Heimat und Herrscherhaus. Die Japaner sind noch

nicht Individuen in unserem Sinne; ihr Zentrum ruht in der
Gruppe; daher wird ihnen Verwestlichung zunächst nur so
lange frommen, als die neue Organisation auf die alte Basis
bezogen werden kann. Während das Fortschreiten bei uns
eine Folge der Individualisierung war, ist es in Japan bis
heute ein Ausdruck unter anderem des unindividualisierten
Gruppenbewußtseins gewesen, und könnte zum Stillstand
kommen oder zur Zersetzung führen, wenn der Einzelne sich
seiner selbst im westlichen Sinne bewußt würde. Letzteres
beginnt schon; und es beginnt zu früh. Die junge Generation
gibt den Führern viel zu denken, denn bedenklich neigt sie
dazu, ihre alte Basis zu verleugnen. Sollte dieser Prozeß sich
nicht aufhalten lassen, so kann es geschehen, daß der be-
wundernswerte Bau Mutsuhitos und seiner Minister zu-
sammenstürzt. Also muß er aufgehalten werden um jeden
Preis. Das bezweckte Nogi, indem er sich entleibte — er
hoffte, seine Tat möchte die angestammten Samuraigefühle
bei den Jungen aufs neue zum Aufflammen bringen; das betreibt die Regierung, indem sie sich nach Kräften bemüht,
eine Renaissance des Shintō herbeizuführen. Möchte es ihr
gelingen; Japans Zukunft macht mit Sorge. Je unvermeid-
licher es scheint, daß die alte Basis zerfällt, desto mehr muß
das Mögliche dafür getan werden, daß neue Verknüpfungen
zwischen Körper und Seele entstehen, damit ein haltbarer
Neubau wenigstens begonnen worden ist, wenn das alte
Haus zu Staub zerfällt . . .

Ja, Japan darf sich verwestlichen. Aber nachdem ich
so lange streng objektiv gewesen bin, drängt es mich, auch
meinem persönlichen Empfinden Luft zu machen, und da
spreche ich's denn aus: persönlich bedaure ich es tief, daß
dieses Land sich verwestlicht; das modernisierte Japan ist
ganz reizlos; die Atmosphäre Tokyos zumal ist niederdrückend

trivial. Die normale Entwicklung führt leider nicht aufwärts. Gleichwie einzelne Individuen als Kinder im besten
Sinne sie selbst sind, weitere als Erwachsene, wieder andere
als Greise, so gibt es für jedes Volk einen Entwicklungs-
zustand, der ihm am besten liegt; entwächst es diesem in
noch so günstiger Richtung, so verliert es an Reiz, Bedeutung
und Wert. In diesem Sinne ist es mit den Franzosen seit dem
18. Jahrhundert abwärts gegangen, obgleich von Entartung
noch heute nicht die Rede sein kann; im gleichen Sinne
wird England, dessen Höhepunkt das 19. war, fortan an
Kulturbedeutung abnehmen. Jeder bestimmte Zustand gibt
der Seele bestimmte Ausdrucksmittel, von denen nur einige
ihr in dem Verstand gemäß sind, wie ein bestimmtes Können
einem spezifischen Geist. Der Augenblick oder die Epoche,
wo innere Anlagen und Gelegenheiten sich entsprechen,
bezeichnet den Höhepunkt einer Nation; da äußert sich das
Nationalgenie. Später gleicht sie, mehr oder weniger, einem
Raphael ohne Hände.

Die Japaner leisten auf ihrer neuen Bahn Erstaunliches;
was die Leistung als solche betrifft, so ist nicht einzusehen,
warum sie es uns dereinst nicht gleichtun sollten. Aber
dieses Leisten bedeutet nichts. Hier arbeiten sie mit dem
Verstand allein, oder allgemeiner, mit den Werkzeugen ihrer
Seele, ihr inneres Wesen spricht nicht mit; und ich kann mir
nicht vorstellen, daß die Zeit eine wesentliche Besserung
bringen wird. Aller Wahrscheinlichkeit nach wird sich die
japanische Seele in der Sprache okzidentalischen Könnens
nie unmittelbar und vollwertig ausdrücken lernen; sie wird
günstigstenfall stammeln in ihr, und es ist nicht ausgeschlossen,
daß sie verstummt; aus dem feinsinnigsten, künstlerischsten
Menschen mag noch der dürrste werden. Vom Standpunkte
seiner Substanz her beurteilt, tut der Japaner unrecht, gar

zu ernsthafte Dinge zu treiben: er realisiert sich am besten, indem er spielt; alles wirklich Originale liegt auf der Linie des ἀγών, des Sports, der heiteren Künstlerschaft: Hier offenbaren sich die Tiefen seiner Seele. Wo er Wichtiges anstrebt im Sinne der Welt, dort wirkt er abstrakt.

Einige der führenden Geister des japanischen Buddhismus weilen in Tokyo. Ich habe die Gelegenheit benutzt, meine aus Gesprächen und Lektüre der heiligen Schriften gewonnenen Anschauungen zu berichtigen und zu erweitern, und will nun versuchen, ein zusammenfassendes Urteil über ihn abzugeben.

Je eingehender ich mich mit der Mahāyāna-Lehre befasse, desto mehr beeindruckt mich ihr philosophischer Wert. Gegen den Sinn ihrer Grundlagen wüßte ich gar nichts zu erinnern, wie vieles an der Einzelgestaltung verfehlt und veraltet sei, und in ihrer Entwicklung konvergiert sie so sehr mit dem, was mehr und mehr aus der christlichen Weltanschauung wird, daß man beinahe sagen kann, sie bezeichne den Indifferenzpunkt zwischen östlichem und westlichem Geist. Die Philosophie Açvagoshas verhält sich zur altindischen ungefähr wie diejenige Hegels zu Parmenides oder diejenige Bergsons zu Spinozas; das heißt, in ihr erscheint abstrakter Statismus durch lebendigen Dynamismus ersetzt, und das bedingt einen absoluten Erkenntnisfortschritt. Die alten Inder meinten ja wohl gleiches wie die Begründer der Mahāyāna-Lehre, allein sie wußten sich nicht entsprechend auszudrücken; dem letzten Sinn des Geschehens zugewandt, sahen sie von diesem ab und gelangten so zu einer Theorie des ewigen Seins, das im Gegensatz zum Fluß des Erscheinenden bestände. Açvagosha hat dann die gleiche

methodologische Tat vollbracht, die später Hegel und Bergson, einen jeden auf seiner historischen Stufe, zu Bahn-
brechern gestempelt hat: er hat den Zusammenhang von
Sein und Werden wieder hergestellt, den ein vorläufigeres
Denken gewaltsam zerrissen hatte. Açvagosha erkannte,
daß Sein und Werden nur verschiedene Aspekte einer identischen absoluten Wirklichkeit bedeuten; daß also das metaphysische Sein und das „Werden und Vergehen" zusammenfallen und die Dauer in der Zeit insofern ein Absolut-Wirk-
liches ist. So ist er auch zu eben dem kritischen Ergebnisse
gelangt, zu dem eine gleiche prinzipielle Erkenntnis in unseren
Tagen Bergson geführt hat: daß der metaphysische „Sinn"
nicht außerhalb des konkreten Werdens zu suchen sei. Bergson ist bisher nicht weitergegangen; das Reich des Sollens
hat er noch nicht berührt. Aber tut er es einmal, dann wird
er wohl gleiches behaupten, was Açvagosha vor 1700 Jahren
verkündet hat: daß, sintemalen der metaphysische Sinn nicht
außerhalb des konkreten Werdens zu suchen ist, auch alle
idealen Forderungen innerhalb desselben zu verwirklichen
seien. Damit wird Bergson freilich nichts Neues lehren, da
eben diese Anschauung das Leitmotiv aller christlichen Weltanschauung ist. Als jener aber ein gleiches tat, beschrieb er
gegenüber der alt-indischen Weltanschauung, so logisch die
Entwicklung war, die ihn dahin geführt hatte, eine regel-
rechte *volte-face*: die Stimmung der Weltverneinung schlug
in eine der Weltbejahung um. Wenn das Höchste innerhalb
des Werdens — gleichviel, auf wieviel höheren Stufen, der
des Arhat, des Bodhisattva, des Buddha — verwirklicht
werden soll, dann ist den Idealen des Yogis, die alle auf den
Wunsch, aus der Erscheinung hinauszugelangen, zurückgehen, ihr eigentlicher Seinsgrund genommen; dann erscheint
die Färbung des Samsāra als keine düstere mehr, ja dann ist

der Geschichte ihr Sinn zurückgegeben, oder vielmehr ein neuer, höherer Sinn verliehen. Nach der altindischen Weltanschauung fehlte dem Historischen an sich jeder Sinn, da sie ein Fortschreiten nur im Verstande des Sich-Befreiens aus der Erscheinung würdigte und keinen empirischen Zustand als solchen über einen anderen stellte; dem Gläubigen der Mahāyāna-Lehre stellten sich geschichtliche Aufgaben. So setzte eine Entwicklung ein, die derjenigen des Christentums bis ins Einzelne parallel geht. Der nördliche Buddhismus eroberte unaufhaltsam die Welt; er empfand es als seine Mission,· die Menschheit zu bekehren, während der südliche, gleich dem Hinduismus, sich nie solche Aufgabe zugesprochen hat. Dementsprechend paßte er seine Lehren und Methoden den gegebenen Verhältnissen an, und der Geist der Menschenkenntnis und der Politik vermählte sich mit dem der Religiosität. Dieses führte mit Notwendigkeit zur konfessionellen Organisation und weiter zur Sektenbildung; und je mehr der pragmatische Gesichtspunkt das Erkenntnisstreben überwog, desto ähnlicher wurde die jeweilige Dogmatik der christlichen. Die Lehren des Christentums und der meisten Sekten des höheren Buddhismus sind dermaßen ähnlich, daß die führenden Missionare zur Ansicht neigen, dieser sei tatsächlich Christentum; eine Fortbildung der Lehre Jesu Christi, nicht Gautama Buddhas[1]).

---

[1]) Man lese: Timothy Richard, *The new testament of Higher Buddhism* (Edinburgh 1910, T. & T. Clark), Arthur Lloyd, *The Creed of Half Japan* (London 1911, Smith, Elder & Co.) und das schon empfohlene Werk E. A. Gordons „*World Healers*" *or the Lotus Gospel and its Bodhisatvas, compared with early christianity.* Von diesen Werken ist das erstgenannte das geistig bedeutendste, während das letzte den Vorzug hat, von einer Frau zu stammen, die sich mit tiefster Sympathie in die japanischen Glaubensvorstellungen hineingelebt hat. Die spezifische „Farbe" des japanischen Buddhismus wird derjenige, der selbst nie in Japan war, aus ihrem Werke am ehesten herausfühlen.

Bis zu einem gewissen Grade mag sie zutreffen: Aber die
erstaunliche Konvergenz innerhalb der Dogmenentwick-
lung kann sehr wohl auch ohne direkte historische Abhängigkeit zustande gekommen sein: die Geister des Mahāyāna
und des Christentums waren nahe verwandt; so kam es unter
ähnlichen Verhältnissen notwendig auch zu ähnlichen Bildungen. Immerhin: von Gleichheit beider Religionen kann
schon deshalb nicht die Rede sein, weil die konfessionelle
Gestaltung im Falle des Buddhismus keine letzte Instanz
bedeutet; sie ist ihm, der hierin bis zuletzt echt indisch geblieben, ein Vorläufiges, ein Übersteigbares. Will man durchaus seinen christlichen Charakter betonen, so muß man
sagen: die Mahāyāna-Lehre ist das Christentum, wie es sich
unter indischen Weisen entwickelt hätte. Philosophisch steht
sie turmhoch über den Westländerglauben; aber an Effikazität hält sie den Vergleich mit ihm nicht aus. Sie ist zu allumfassend, um eindeutig zu wirken. Die Kirche zumal, die
auf ihrer Grundlage in Japan besteht, ist gar unsubstantiell,
mehr Kunst als Leben, mehr schöne Form als Sinn: Aber an
der ist die indische Lehre unschuldig: diese Kirche ist einzig
Japans Werk.

Von allen überlieferten Religionen steht der Mahāyāna-
Buddhismus in der Idee der Lehre am nächsten, welche die
Gottsucher unserer Tage als Religion der Zukunft herbei-
beschwören: er ist wesentlich undogmatisch, hat tiefes Verständnis für den Wert des Kults, schließt keinerlei Erkenntnis
aus, hat allen Temperamenten etwas zu bieten; er ist weit und
tief, wie der Brahmanismus, und zugleich weltkundig und
tatkräftig, wie das Christentum. Aber eben, weil er vielleicht ein Zukunftsideal verkörpert, ist er dem gegenwärtigen
Zustande nur bedingt gemäß; dies erkenne ich desto deutlicher, je mehr ich mit Vertretern dieses Glaubens zusammen-

komme. Seine Form ist zu weit, zu wenig anliegend, um
Durchschnittsmenschen zu formen; er ist kein entsprechendes
Gefäß für eine beschränkte Spiritualität, zumal eine so wenig
intellektuell geartete, wie die japanische.. Ich glaube nicht,
daß irgendeiner unter Japanern, weder unter den heutigen
noch unter denen von einst, dem philosophischen Gehalt der
Mahāyāna-Lehre je gerecht geworden ist. Sie haben diese
einst zu sich importiert, wie sie heute unsere Technik bei
sich einführen; von jeher haben sie das beste auf jedem Gebiet schnell und sicher erkannt und sich nach Möglichkeit
zunutze gemacht. Aber assimilieren kann sich der Mensch
doch nur das, was seinem eigenen Naturell gemäß ist, und
das tat im Fall des Japaners die indische Mystik nie; nur das
Emotionelle und das Praktische der Mahāyāna-Religion sind
in Japan zu Lebenskräften geworden. Alle spezifisch japanischen Sekten des Buddhismus sind wesentlich unphilosophisch, und die unter den geistlichen Herren von heute, die
sich mit dem spekulativen Element in ihm befassen, tun es als
reine Gelehrte; das Lebendige in ihm verstehen sie nicht.
    Im übrigen aber sind die Japaner nicht wesentlich irreli-
giöser als wir, denen sie überhaupt viel ähnlicher sehen als
Chinesen und Indern. Die Gebildeten unter ihnen glauben
in der Regel an keine bestimmte Religion, wie die meisten
Europäer von heute auch, und hier wie dort sind die einfachen Leute köhlergläubig; beide werden, im Gegensatz zu
Indern, meist zu Agnostikern, sobald ihr Denken sich emanzipiert, weil ihnen der Weg zu Gott durch die Erkenntnis
hindurch noch nicht gangbar ist und das Denken die Unmittelbarkeit des Erlebens zunächst beeinträchtigt; ganz gleich
den japanischen, haben auch unsere religiösen Führer fast
ausnahmslos zu den Typen des Emotiven und des Praktikers
gehört, und waren mittelmäßige Denker und Erkenner. Nur

tritt das für beide Welten Typische in Japan extremer in die
Erscheinung. Vielleicht nur einmal, in der Gestalt des
Heiligen Franz, hat der Bhakta bei uns eine vollendete Verkörperung erfahren; unter Japanern unzählige Male; ihr
zartsinniges, weiblich nuanciertes Empfindungsleben bot
der Liebe eine einzigartige Verkörperungsmöglichkeit. Und
selten waren unsere religiösen Führer so extreme Praktiker,
wie nicht wenige unter denjenigen Japans. Mir ist heute das
Glück zuteil geworden, mit dem bedeutendsten Vertreter
dieser letzten Gattung bekannt zu werden, dem Abte Soyen
Shaku von Kamakura, dem Haupte eines Zweiges der Zen-
Sekte[1]). Die Zen-Sekte ist die philosophischste des höheren
Buddhismus; sie lehrt unmittelbares Versenken in Gott, unabhängig von Bücherweisheit und Kult; ihre Theorie ist
fast identisch mit der Shankaras, ihre Praxis richtige Yoga-
Praxis. Diese Lehre, von Bodhidharma in China eingeführt,
war ursprünglich die reinst-indische von allen. Aber gerade,
weil sie Verinnerlichung und nichts anderes lehrt, hat sie
bei verschieden beanlagten Nationen grundverschiedene Ergebnisse gezeitigt, wie denn Yoga immer die vorhandenen
Anlagen potenziert. Ihre indischen Bekenner machte sie
als Erkenner tief. In China bewirkte sie ein einzigartiges Aufleben des Naturgefühls; die größten Meister der Landschaftsmalerei waren Adepten der Zen-Methodik. In Japan ward
sie zur Hauptschule des Heroismus. Die Japaner, denen
Philosophie wenig sagt, haben früh erkannt, daß nichts die
Seelenkräfte mehr steigert und stählt, als solches Training;
so gingen gerade die Krieger, die Samurais, besonders gern zu
Zen-Mönchen in die Schule. Hōjō Tokimune, der Held, der

---

[1]) Seine von Suzuki unter dem Titel *Sermons of a buddhist abbot* ins
Englische übertragenen und 1906 in Chicago bei der Open Court Publishing Company erschienenen Predigten sind überaus lesenswert.

die Mongolen-Horden Kublai-Khans zurückschlug, pflegte
Stunden in Meditation zu verbringen. Noch heute gilt
gleiches: mehrere der ersten Männer des heutigen Japan
sind Schüler Soyen Shakus gewesen. Ich besuchte ihn in
seinem Tempel zu Kamakura. Nie habe ich den Eindruck
solcher Innerlichkeit gehabt, gepaart mit gleich martialischer
Tatkraft; dieser zartgebaute Mönch ist eine durch und durch
militärische Erscheinung. Wie muß er die Truppen begeistert haben, die er durch die Mandschurei hindurch begleitete! — Die Art, wie er das Meditieren lehrt, ist hart.
Die Schüler sitzen in einem großen leeren Raum in Buddha-
stellung beisammen; dazwischen promeniert der Abt, einen
Stock in der Hand, und schläft einer ein, so setzt es Schläge;
ermüdet einer, so darf er nicht etwa vor Ablauf der Stunde
rasten, sondern nur ein paar Male mit erhobenen und
gefalteten Händen ernst und schweigend in die Runde gehen.
Nachher aber stellt der Lehrer in erbarmungslosem Kreuz-
verhör fest, ob der Schüler sein Thema wirklich gemeistert
hat. — Ich sprach mit dem ehrwürdigen Abt über den Sinn
dieses Übens. Er ist ein philosophischer Kopf, der die geistige
Bedeutung der Zen-Lehre voll versteht. Aber seine Gesinnung ist die eines Praktikers. Nicht das sei das Ziel, im
Lichte zu verharren, sondern im Streben nach ihm seine Kräfte
so zu stählen, daß sie allen idealen Aufgaben dieses Lebens
gewachsen würden. — Wie „westlich" ist der Geist, der aus
ihm sprach! Ich denke an den amerikanischen *New thought:* nicht
viel anders faßt dieser das Christentum auf, wie Soyen Shaku
die Lehre Sakyamunis. Und dann gedenke ich lächelnd-
resigniert der Relativität des Wertes aller Begriffsbil-
dung . . .

Gestern, meinem vorletzten Tage auf japanischem Boden,
hielt ich den Professoren und Studenten der philosophischen Fakultät einen Vortrag über meine Erfahrungen in
der indischen Yoga und über die lebendige Bedeutung dieser
Kunst. Die Fragestellung kam meinen Zuhörern befremdlich vor; anscheinend war es ihnen bisher nicht eingefallen,
die Weisheit der Alten nicht bloß textkritisch, von außen her,
sondern von innen her zu studieren. Aber was einer der
Herren mir erwiderte, war sehr beachtenswert: sie (die Japaner) wären an die buddhistischen Grundvorstellungen dermaßen gewöhnt, daß sie unwillkürlich über dieselben hinweg-
läsen. Genau so, in der Tat, geht es vielen unter uns mit den
christlichen, und dies ist gewiß ein wichtiges Motiv des
Interesses, das Europa jüngst den Religionen des Ostens
entgegenbringt. Es ist das Christentum überdrüssig geworden, wie solches irgendeinmal allem Vertrauten gegenüber geschieht, vermag seine Tiefen nicht mehr zu würdigen.
Nur das Nicht-Gewohnte wirkt anregend; es löst lebendigere
Schwingungen aus selbst dann, wenn die Gleichsinnigkeit
des Neuen mit Gewohntem zutage liegt, welche Wirkung sogar bestehen bleibt, wenn unverzüglich (wie häufig geschieht)
daran gegangen wird, gewohnte Vorstellungen in das Un-
gewohnte hineinzudeuten. So finden die japanischen Gelehrten mehr Anregung am Christentum als am Buddhismus
und überschätzen jenes dementsprechend, während wir heute
zum entgegengesetzten Fehler hinneigen. Aber bedeutet dies
einen Einwand gegen das Interesse am Fremden? Freilich
nicht; am wenigsten im Fall der Religion. Hier kommt es
auf Realisieren an, auf das allein, und wenn eine fremde
Form hierzu bessere Dienste leistet als die ererbte, so ist sie
selbstverständlich zu übernehmen. Meist bedeutet dies
Übernehmen ja doch nur einen Umweg zum Alten zurück,

wie denn im Westen schon heute ersichtlich ist, daß die Begeisterung für Indien letzthin dem Christentum zugute kommt
(keine seiner jüngsten und tiefsinnigsten Auffassungen wäre
möglich gewesen ohne noch so unbewußte Beeinflussung
durch den Geist der indischen Philosophie). Im übrigen aber
beweist dies Phänomen einmal mehr den Segen der Nicht-
Einförmigkeit. Der Mensch bedarf eines Fremden, das er
überschätzen mag, um seiner Eigenart nicht satt zu werden,
sie lebendig zu erhalten und am Erstarren zu verhindern, und
dieses Wechselspiel bedingt im großen die Harmonie. Könnten
Dichter gedeihen, wenn sie zu Helden nicht aufschauten?
und Staatsmänner, wenn sie jene nicht überschätzten? wären
die Deutschen, was sie sind, die universellst gebildete Nation,
ohne ihren vielgerügten Fehler, das Fremde dem Eigenen vorzuziehen? Gerade der, dem es um Zusammenarbeiten zu tun
ist, hat am wenigsten Ursache, dem Wahnideal der Uniformierung anzuhangen, denn eine lebendige Harmonie ist nur
möglich in der Bewegtheit von Satz und Gegensatz. — Mir
wurde, um auf meinen Vortrag zurückzukommen, nach dessen
Abschluß eingewandt, daß ich die Belehrung, die mir die
Brahmanen gaben, auch von den christlichen Mystikern hätte erfahren können. Darin irrten sich nun freilich die Herren. Wie
wahr es im allgemeinen auch sei, daß das Fremdartige als
solches stimulierend wirkt, wie häufig es vorkommen mag,
daß der Vorliebe für das Indische kein tieferes Motiv zugrunde
liegt — die christliche Yoga hat nicht die gleiche Bedeutung
für uns Moderne wie die indische; und zwar, weil jene ausschließlich mit der objektiv-emotionalen Sphäre operiert, und
durch das Gefühl keine Erkenntnis zu gewinnen ist. Wer sich
in Inbrust nach der Mutter Gottes sehnt, wird diese einmal
vielleicht zu sehen bekommen — aber nie wird sich feststellen
lassen, ob das Gesicht einer objektiven Wirklichkeit entspricht.

Das Wunderbare an der indischen Yoga nun ist die vollendete
Rationalität ihrer Methodik. Wohl wissen wir noch nicht, ob
sie mit Sicherheit dahin führt, wohin sie führen soll, und ob
die Erscheinungen, die mit ihr zusammenhängen, richtig erkannt und gedeutet sind; aber in allen Fällen besteht die prinzipielle Möglichkeit, die Exaktheit der Behauptungen an der
Hand der Lehre selbst zu prüfen. Dies sichert den indischen
Lehren zur Selbstvervollkommnung gegenüber den gleich-
sinnigen christlichen den größeren Wert. Die heutige Menschheit ist schon so sehr intellektualisiert, daß nur mehr Verstandenes Aussicht hat, ihr Innerstes zu ergreifen; und die
Inder allein haben verstanden, was aller tiefen Menschen
einige Erfahrung war.

Wir Europäer sehen dies mehr und mehr ein. Werden
die Völker des Ostens, sofern sie ihrem Erbe untreu wurden,
gleiches tun? — Vielleicht nicht; denn das scheinbar bloße
Abwechslungsbedürfnis, welches unserer Indomanie und der
japanischen Christomanie zugrunde liegt, beruht seinerseits auf
einem Tieferen: dem Gesetz, nach dem ein bestimmte Gestaltung einem gleichen Volk nie zweimal zum Gefäß des
Höchsten wird. Die griechische Kunst ist noch heute der
Welt ein geistiger Sauerteig, aber nicht Griechen sind es, die
sie fortpflegen; das gleiche gilt von der Formenwelt der
Renaissance, der byzantinischen und buddhistischen Kunst,
eben das von Denk- und Glaubensformen. Auch hier gilt jenes
Prinzip der Einmaligkeit, welches alles Leben regiert:
jedes bestimmte Wesen als solches muß sterben, und sein
Unsterbliches beharrt allein in fortwährender Neuverkörpe-
rung. Soviel ist jedenfalls gewiß, daß unsere Orientalisierung
die Okzidentalisierung des Orients, welche heute im weitesten
Sinne vor sich gehen, ein viel Tieferes bedeuten als bisher
erkannt worden ist: sie bedeuten jene Erneuerung der Aus-

drucksmittel, die allein Verjüngung möglich macht. Daß
aber ein allgemeines Verjüngungsbedürfnis vorliegt, beweist,
daß die Welt tatsächlich wieder neu wird; eine Zeit, die bloß
fortsetzt oder abschließt, kennt kein Erneuerungsstreben.
Weder Buddhisten noch Christen in ihren historischen
Formen stellen Schlußstadien dar, Niedagewesenes will entstehen und sucht krampfhaft, gleich der zum Erdenleben
wiederkehrenden Seele, nach passenden Eltern. Offenbar
stehen wir am Eingang einer ähnlichen Epoche, wie sie die
ersten Jahrhunderte nach Christo bezeichneten. Auch damals fand allseitige Wechselwirkung statt, auch damals ver-
mählten sich Ost und West, und wie damals so wird auch diesmal der Erfolg eine Erweiterung der Lebensbasis sein. Denn
wenn die Gestaltungen, die aus der Verschmelzung hervor-
gingen, an sich noch so ausschließlich waren — Christentum
sowohl als Buddhismus sind, was sie sind, nur als Erben alles
des, was ihnen vorausging.

Allein die verschiedenen Entelechien an sich werden ewig
verschieden bleiben; die jeweiligen Gründe von Ost und West
sind unvertauschbar, unübernehmbar[1]); assimilieren wir uns
das Wissen jener, so bedeutet das nicht, daß wir uns seine
Seele aneignen, sondern daß wir unserer eigenen neue Organe
schaffen, und gleiches gilt mutatis mutandis für den Orient.
Betrachten wir das Problem der Beeinflussung, wie solche zu
kritischen Zeiten stattfindet, hinsichtlich dessen, was sie für
eine gegebene Seele bedeutet, so gilt der Satz: fern davon,
Wesensveränderung zu bedeuten, stellt Übernahme des Fremden vielmehr den zu gewissen Perioden kürzesten Weg zur
Selbstverwirklichung dar. Wir wären nie zu „Westländern"

---

[1]) Man vergleiche hierzu meine Rede *Über die inneren Beziehungen
zwischen den Kulturproblemen des Orients und Okzidents*, Jena 1913,
wieder abgedruckt in *Philosophie als Kunst*, Darmstadt 1920.

geworden, wenn die Germanen nicht einst einen syrischen Glauben übernommen hätten; wir werden uns auf unserer vollenden erst nach Befruchtung und Verjüngung durch den indisch-chinesischen Geist. Hoffentlich liegen die Dinge in Japan ebenso. Die Regeneration, die der fremde Einfluß auf die Dauer bewirkt, wird unabwendbar durch eine Periode scheinbaren Niedergangs eingeleitet; so wird es wohl noch ein Weilchen dauern, bis daß die Japaner mit unseren Mitteln selbständig schaffen werden: heute wirken sie noch unlebendiger als wir. Auch wir sind ja noch Sklaven unserer Erkenntniswerkzeuge. Die spezifisch-europäische Yoga (die Beobachtung der Außenwelt) hat zur Erschaffung eines ungeheuren Apparats geführt, den zu beherrschen es einer gleichwertigen Innerlichkeit bedürfte. Und diese fehlt auch uns noch eben deshalb, weil unser Streben bisher nach auswärts gerichtet war; auch wir werden, Goethes Zauberlehrling gleich, von den Geistern geknechtet, die wir erschufen. Daß nun unsere Gebrechen bei den Japanern noch deutlicher zutage treten, ist nur natürlich. Früh oder spät, und wahrscheinlich schneller als man denkt, werden auch sie sich, auf ihre Weise, von Knechten zu Herren hinaufarbeiten.

Für uns nun aber ist gerade die Unzulänglichkeit der Japaner auf unserem Wege interessant; sie ist vielleicht bedeutsamer für die Menschheit überhaupt, als ihre größten Triumphe wären: sie illustriert mit unvergleichlicher Deutlichkeit das Haupt- und Grundgebrechen der Zivilisation, welche heute die Welt erobert. In der Tat, die Enthusiasten des Fortschritts zielen auf eben das, was den modernen Japaner entwertet, als auf einen Idealzustand hin. Was sie überwinden wollen, ist nicht ihre Roheit, sondern ihre Menschheit, den ererbten Glauben, daß kein irdischer Gewinn der Seele Schaden aufhebt; wonach sie streben, ist jenes Dasein

rein-instrumentalen Charakters, das der verwestlichte Ostasiate verkörpert. Dieser steht heute ohne jeden kulturellen
Ballast da; er sieht in seinem Menschen nur ein Mittel, um
mächtig und reich zu werden, glaubt schlechterdings nur an
den Erfolg. Und hat vollkommen recht damit, sofern seiner
„Weltanschauung" überhaupt Berechtigung zugestanden
wird, denn von allen Menschen, die es je gegeben, hat er bei
weitem die schnellste Karriere gemacht. Dank absoluter Hingabe an das rein Äußerliche hat er in einigen dreißig Jahren
vollendet, wozu das idealbeschwertere Europa Jahrhunderte
benötigt hat: also liegt es in der Natur dieser Zivilisation,
dem Seelenlosen am holdesten zu sein;

VII

NACH DER NEUEN WELT

AUF DEM STILLEN OZEAN

Langsam gleitet das Schiff in jenes Weltmeer hinaus, über welches der Mensch nicht größere Macht besitzt als der Delphin. Wie wonnevoll, seine Sonderstellung vergessen zu dürfen! Wie sehr erweitert es die Basis des Erlebens! Nie habe ich länger in Kulturzentren geweilt, ohne daß zuletzt ein Gefühl des Widerwillens von mir Besitz ergriff: nicht gegen die Kultur als im Gegensatz zur Natur, sondern gegen das Menschliche. Allerdings hat der Mensch allerlei für sich anzuführen, aber wozu dabei verweilen? Was bedeuten die Vorzüge einer Tierart im Zusammenhang der Welt? Man lacht gern über den Gelehrten, dessen Lebensinteresse sich in der Ameise erschöpft; ich finde den einseitigen Kulturforscher genau so lächerlich. Sintemalen man Mensch ist, muß man, wohl oder übel, seine Menschenbestimmung erfüllen: Kinder zeugen, Vieh züchten, Staaten lenken, Bücher schreiben, je nachdem; genau im selben Sinne, wie man Tannennadeln zusammenzutragen hätte, wenn man als Ameise zur Welt gekommen wäre. Aber überdies sein freies Interesse im Menschentum aufgehen lassen — das ist zu viel.

Die andauernde Selbstüberhebung zumal des weißen Menschen ruft in mir als Reaktion die Neigung wach, ihn über Gebühr gering zu schätzen. Der Asiate nun überschätzt sich nicht annähernd so sehr wie jener; in Indien habe ich auch gar keinen Widerwillen gegen den Menschen gespürt. Aber

in Indien hat er seine Spezifität der Erscheinung kaum aufgeprägt; dort heben sich die Menschen von der übrigen
Schöpfung nicht anders ab, wie eine Tierart sich von der
anderen abhebt. In Japan dominiert ihre Eigenart; zwar
nicht entfernt so unangenehm-aufdringlich, wie bei uns, aber
doch. Drum freue ich mich, so lieb ich Japan gewann, daß
die Stunde der Abfahrt gekommen ist.

Schon sinken die Höhenzüge unter den Horizont hinab.
Die Möven, die uns begleiteten, kehren um. Noch eine kurze
Stunde, und die letzte Erinnerung an das Festland wird ver-
schwommen sein.

Das ist das Weltmeer. Seit Tagen kein Dampfer, kein
Segler; vor Tagen werden wir keinem begegnen. Ich verbringe die längste Zeit am Bug, um mich von meiner menschlichen Umgebung möglichst loszulösen. Immer wieder stelle ich
mir vor, wo ich bin, was der Ozean bedeutet; wie hier, nur hier,
das Leben vom Silur ab ununterbrochen fortgedauert hat. Und
immer mehr fängt mich der Zauber des Unermeßlichen.

Ich fühle mich sehr, sehr glücklich. Das ist, weil ich vollkommen einsam bin und nichts mich hindert, alle Grenzen
und Schranken zu verleugnen. Wie kann man sich nur vereinzelt fühlen, solange man einsam ist? Vereinzelungsbewußt-
sein ist ja gerade das Ergebnis von Zusammensein. Nur wo
man sich zu mehreren befindet, wird man an seinen Grenzen
festgehalten, erbarmungslos auf diese zurückverwiesen. Ist
man allein, so schwindet alle Einzelheit. Dann entschwingt
sich das Bewußtsein der Person. Dann kehrt keine Richtung
in sich selbst zurück. Dann wird man weit wie die Welt.

Und wenn ich nun, anstatt auf zielbewußtem Dampfer, auf
steuerloser Planke triebe — würde mir da nicht anders zu-

mute sein? Wohl kaum, solange der Körper nicht gar zu
vernehmlich spräche und seine Not der Seele aufdrängte.
Denn was für ein Unterschied besteht, vom Geiste her betrachtet, zwischen dem Ozean und jenem Ich, auf dem ich
zeitlebens getrieben bin? Die Menschen vergleichen ihr Leben
gern mit einem Schiff, das vom Ich gesteuert, im Strom des
Geschehens dahin schwimmt: ich kann dieses Bild nicht gegenständlich finden. Mein Ich ist schon Meer genug; mein Ich
ist das Meer im Sinn des üblichen Gleichnisses; je nachdem,
welchen Kurs ich darauf einhalte, gestaltet sich mein sicht-
bares Leben. Über meine Vorstellungen und Gefühle bin
ich ursprünglich nicht Herr — die kommen und gehen, nach
unübersichtlichem Naturgesetz; mein Wille ist eine unpersönliche Macht, mein Intellekt desgleichen; und mein Bewußtsein ist ein weites Reich, dessen Grenzen ich nicht kenne,
kaum ahne. Mir ist wirklich innerhalb meiner selbst wie auf
dem Meere zumute. Unentwegt muß ich zwischen meinen
Trieben hindurchsteuern, das Ziel fest im Auge, sonst könnte
ich Schiffbruch leiden. Meine Person ist Außenwelt in bezug
auf mein Subjekt; ich bin sie nicht, ich bewege mich bloß
in ihr. Und habe ich einen inneren Fortschritt gemacht, so
bedeutet dies, daß ich auf dem Meere weitergekommen bin;
der frühere Ort steht da in der Erinnerung. Der Mensch
durchreiset seinen Körper; die Materie wechselt, nur die
Richtung beharrt. Er durchpilgert gleichermaßen seine Seele:
Je mehr er aufnimmt, erlebt, erfährt, desto besser kennt er
sich. Am Ziel ist, wer das Reich seiner Seele so kennt und
beherrscht, wie der Wiking das Meer.

Gestern habe ich gar seltsamen fliegenden Fischen zu-
geschaut, die erschreckt aus dem Kielwasser aufstoben. Ähnliche Erscheinungen produziert meine Psyche auch. Auch in
meinem Bewußtsein schnellen gelegentlich Einfälle empor,

45*

die im Unterbewußten wahrscheinlich zu Hause sind, mir
selbst aber überraschend kommen; und auch in mir leben
Wesenheiten, die Rochen und Haifischen ähneln. Ich weiß
es wohl: die gefährlichen Elemente, die früher so oft von mir
Besitz ergriffen, jetzt aber kaum je mehr in die Erscheinung
treten, es sei denn, ich lasse mich im Traume gehen, sind
nicht gestorben; ich begegne ihnen bloß nicht mehr. Jeder
totgeglaubte Dämon würde im selben Augenblick mit unverminderter Kraft auf mich losstürzen, wo ich ahnungslos
seinen Wechsel beträte. Weiß ich freilich, wohin ich mich
wage, dann brauche ich die Dämonen nicht zu scheuen. An
sich sind sie überaus sehenswert. Man muß sie nur kennen,
dann kann man mit ihnen sogar spielen.

Nicht ohne Befriedigung denke ich an die Fehltritte zurück, die ich mir in meinem Leben habe zuschulden kommen
lassen: hätte ich sie damals nicht begangen, ich stünde heute
als ein Schlechterer da. Auch das kann ich nicht im tiefsten
bedauern, daß anderen durch sie Schmerz widerfuhr. Ein
bestimmtes Quantum Schuld ist jedem von vornherein zugemessen, der ernsthaft nach Vollendung strebt; das soll er
auch von vornherein auf sich nehmen. Damit tut er, metaphysisch verstanden, eben das, was Jesus im Sinne der Geschichte leisten wollte, als er die Sünde der ganzen Menschheit auf seine Schultern nahm. —

In der Tat, wer bin ich? — Wieder klingen die alten Probleme an; nur dieses Mal undeutlicher, unbestimmter als
sonst, als würden die geistigen Schwingungen von den Schwel-
lungen des Weltmeeres gedämpft. — Vom Phänomen her
gesehen, bin ich die Vorstellung, die mich jeweilig beherrscht.
In metaphysischem Sinne existiere ich, Hermann Keyserling,

wohl überhaupt nicht. Es gibt nichts Konkretes in mir, das nicht in mir entstanden wäre und vergänge, nichts, dem sich nicht entwachsen, das sich nicht ändern ließe, mit dem ich mein Ewiges identifizieren könnte. Alle und jede Erscheinung ist „Natur", vom Charakter bis zur Stimmung des Augenblicks; was ich als „mich" betrachte, ist der Fluß meiner Vorstellungen, wie er sich darstellt in einem gegebenen Augenblick. Diese Vorstellungen nun sind bald inneren, bald äußeren Ursprungs, und welche von ihnen zum Träger meines beharrlichen Ichbewußtseins wird, hängt nicht von ihrer Herkunft ab, sondern davon, mit welcher Intensität ich sie verkörpere; die Verkörperung ist das ausschlaggebende Moment. Danach bestände, vom Atman her gesehen, zwischen der Originalität des Genies und dem Gehorsam des Kindes kein Unterschied. Nun ist aber keine Verkörperung dauerhaft; das einzig Beständige ist die Richtung, welche die Serie der Inkarnationen einhält. Diese allein also wäre schlechthin inneren Ursprungs, könnte allenfalls als das „Selbst" gelten; oder dieses Selbst wäre das, was eine Wandlung in bestimmter Richtung bedingt. Allein mit dieser Auffassung sind die Verständnisschwierigkeiten nicht gehoben. Gesetzt, ich wäre die Richtung oder das richtunggebende Moment: dieses Selbst ist dann jedenfalls nichts Persönliches; gleichviel, ob es im letzten Grunde eine Ansicht des Alleins oder eine selbständige Monade sei — hierüber sind alle Auseinandersetzungen müßig — es ist nicht das, was irgendein Mensch als „Ich" empfinden könnte. Hier setzen denn die Schwierigkeiten des Unsterblichkeitsgedankens ein. Das Problem der Fortdauer ist natürlich ein phänomenologisches, kein metaphysisches Problem, aber gerade als solches spottet es jeder greifbaren Lösung, weil das, was als persönliches Ich empfunden wird, der Knotenpunkt unendlich vieler Tendenzen ist, von denen

das Selbst nur eine bezeichnet, und gerade die unter ihnen,
die an meisten persönlich betont erscheinen, so die Meinungen, Gefühle, Gedanken und Wissensentschlüsse, nachweislich nicht ins Unendliche auslaufen. Am einfachsten
läge die Frage, wenn ich mich als meine Aufgabe oder mein
Ideal oder meinen Weg zu ihm betrachten dürfte; in dem
Falle lebte ich buchstäblich fort in der fortschreitenden
Wirkung meiner Ideen; in dem Falle fiele die Unsterblichkeit Jesu z. B. mit der Entwicklung des Christentums zusammen. Heute liegt mir diese Auffasung näher als jede
andere. Seit meiner frühesten Kindheit diene ich einem
Ideal, das ich zwar anfangs nicht bewußt erkannt hatte,
das aber doch damals schon meinem Leben die Richtung
gab; von Anbeginn an habe ich das intime Bewußt-
sein des Sollens gehabt (das sich im Einzelfalle als ein solches
des „Dürfens" oder „Nichtdürfens" äußerte), und dieses Bewußtsein dominiert so sehr, daß ich noch heute, obgleich sonst
durchsetzerisch genug und ohne jede Neigung zur Aufopferung,
meine Person unbedenklich hingeben würde, wenn ich einem
begegnete, als dessen Diener oder Werkzeug ich die Aufgabe
glaubte besser fördern zu können. Meine Aufgabe also wäre
mein eigentliches Ich; als die Wirkung, welche die gelöste
Aufgabe ihrerseits auslöst, würde ich nach meinem Tode fort-
dauern. Im Falle ich nun meine Aufgabe nicht ganz er-
fülle und mich folglich in meiner Wirkung nicht erschöpfen
könnte, wäre das Eintreten einer weiteren Fortlebensmöglich-
keit denkbar: mein persönliches Bewußtsein fiele mit der
gleichen Aufgabe ein zweites Mal zusammen. Daß es keine
solche Wiederverkörperung gibt, kann niemals bewiesen,
werden, da der Nächste, der die gleiche Aufgabe antritt,
wiederum als „Ich" empfände und also die Form sowohl als
der wesentliche Inhalt des Bewußtseins in beiden Fällen

identisch wären — wenn es auch ebenso wenig zu beweisen ist, daß sie tatsächlich stattfindet. Mir persönlich liegt, wie gesagt, keine Auffassung heute näher als die, daß eine objektiv wirkliche Idee durch verschiedene Verkörperungen hindurchschreitet; daß der Mensch genau so unsterblich ist wie sein Ideal, und genau so wirklich wie die Kraft, mit der er ihm dient; ich kann nicht glauben, daß Fortdauer unvermeidlich sei. Die Meisten sind nach dem Tode wirklich tot, d. h. sie sind keine Bewußtseinsträger mehr, gleichviel, ob sie objektiv fortexistieren; nur wenige überdauern eine begrenzte Geschichtsperiode. Ersteht aber einer, der eine grundlegende Weltidee in seiner Person zu veerkörpern weiß, wie dies Buddha und Christus vermocht haben, dann lebt er persönlich fort in alle Ewigkeit.

Das sind „indoide" Gedanken. Nichts ist charakteristischer für eine Weltanschauung, als welchen physischen Hintergrund sie fordert, hervorruft oder verträgt. Ich wollte hier auf dem Ozean mit der Lektüre der Bibel beginnen, um auf diese Weise auch geistig nach dem Okzident zurückzuschwenken; allein aus diesem Plan ist nichts geworden und wird nichts werden, solange mir das Weltmeer gegenwärtig ist. Gegen diese Weite gehalten, wirkt die Zuspitzung, die das Bewußtsein im Christentum erfahren hat, als Beschränkung, die das ganze Ambiente Lügen straft. Ich habe es schon ausgesprochen und wiederhole es hier, daß vom Standpunkte des Handelnden, Schaffenden das Christentum tiefer als der Buddhismus ist, weil jene Lehre den Handelnden tiefer macht; die Gottheit ist auch so zu finden, daß man die Erscheinung zur äußersten Vollendung zu bringen trachtet, ja für jeden Nicht-Kontemplativen ist dies der kürzeste Weg zu Gott. Wer nun auf Leistung bedacht ist, der muß auch auf sich halten, der muß sich sogar überschätzen, da sonst die

Tatkraft erlahmt; daher ist es kaum zu vermeiden, daß sich der Karma-Yogi als Individuum überschätzt und mißversteht ... Aber auf dem Ozean ist die Stimmung des Handelnden nicht lebensfähig; dort zentriert sich das Bewußtsein unwillkürlich im All, wie der Tropfen im Meer, allen Eigenwillen verleugnend. Nicht so zwar, daß es sich über alle Erscheinung hinausschwingt, sondern so, daß es nur bei den ganz großen phänomenalen Zusammenhängen verweilen mag. So entstehen auf dem Weltmeer unwillkürlich buddhistische Gedankengänge: denn keiner hat den Zusammenhang der Erscheinungen tiefer erfaßt und eindrucksvoller dargestellt, als der Tathāgata.

Nicht satt sehen kann ich mich am Flug der Albatrosse, deren uns nun schon sieben das Geleit geben. Manchmal bleiben sie auf Stunden zurück, wohl um abseits belegene Jagdgründe abzusuchen oder ein wenig auf den Wellen einzunicken; dann sind sie auf einmal wieder da, als wäre der Dampfer indes überhaupt nicht weiter gekommen. Und wie sie segeln! Dieser Gleitflug scheint mir die Vollkommenheit selbst zu sein. Sind sie einmal im Schwung, wird nie mehr eine Ruderbewegung vollführt: durch bloßes Ändern des Winkels, den ihre Schwingen mit dem Meeresspiegel bilden, durch rhythmisches Sichheben und Sichsenken, durch kluges Benutzen der Luftströmungen erzielen sie, mit geringstem Kräfteverbrauch, eine Geschwindigkeit, der die Zeit nichts anzuhaben scheint. Wunderbar sieht es aus, wie diese lebendigen Segelschiffe kreuzen; am schönsten vielleicht, wenn eine scharfe Kurve beschrieben werden soll und der Vogel zu dem Zweck, sich überwerfend, einen Flügel tief ins Wasser taucht, um stärkeren Widerstand zu finden.

Diese Hochseevögel gehören zu den bewundernswertesten
Naturschöpfungen. Wesen, die, ohne Wassertiere zu sein, des
Festlands nicht bedürfen; die auf den Wellen rasten, vom
Wind getragen werden; denen die einförmige Weite des Welt-
meers ein ebenso übersichtliches Gebiet ist, wie dem Städter
der Bezirk, den er bewohnt. Ohne Zweifel sind sie mit Sinnen
ausgerüstet, von denen wir keine Vorstellung besitzen. Die
Grundtatsachen der Geographie sind ihnen irgendwie a priori
bekannt; sie sind Meister der Meteorologie; unmittelbar empfinden sie die Entfernung, die sie jeweilig von fester Erde
scheidet. Dabei sind sie für unsere Begriffe dumm. Ohne
Sextant, ohne Verstand, ohne irgendeins der Werkzeuge, die
dem Kulturmenschen zur Verfügung stehen, und vermutlich
ohne deutliches Bewußtsein, weiß der Albatros doch besser
auf dem Meer Bescheid, als der erfahrenste Kapitän.

Es wäre gut, wenn die Menschheit etwas zurückhaltender
würde mit dem Herabsehen auf die Fähigkeiten des Tieres.
Es gibt viele Arten, zur Welt in Beziehung zu stehen, und die
unsere ist nicht in allen Hinsichten die beste. Jedes Wesen ist
eingespannt in den Totalzusammenhang und besitzt in allgemeinen Umrissen die Eigenschaften, deren es zur Selbstbehauptung bedarf. Wo die Stellung nun eine sehr ungünstige
ist, dort bedarf es der bedeutendsten Fähigkeiten. Die Amöbe
ist in vielen Hinsichten begabter als wir; der Wurm, welchem
ständig Zerstückelung droht, regeneriert sich wie ein indischer
Gott; wahrscheinlich kann der Mensch mancherlei, um das
ihn die Götter beneiden. Absolute, unkompensierte Vorzüge
sind in diesem Universum nicht nachzuweisen. So mag man
im Albatros ein Ideal verehren, das dem Menschen unerreich-
barer ist, als der Zustand des Gottes.

HONOLULU

Das Aquarium zu Honolulu gilt mit Recht als eins der Wunder dieser Welt. Dort gibt es Fische, so glänzend wie Juwelen, so seltsam umrissen wie die Gebilde japanischer Groteskenzeichner, bunt und farbenfroh wie Schmetterlinge und Kolibris. Dort lebt im Wasser all die gleißende Pracht, welche sonst nur das Luftreich bevölkert.

Ich bemühe mich, den Sinn dieser Gestaltung zu durchdringen. Biologisch handelt es sich insofern um kein Sonderproblem, als die Farben nicht wirklich extravagant sind; vielfach tragen sie zur Deckung bei. Die tiefblauen, samtglänzenden Fische mit den Vogelschnäbeln müssen in der Tiefe unsichtbar sein, gleichermaßen wohl die gelben; die bunten jedoch, die sich im kahlen Glasbehälter dem Auge fast schmerzhaft aufdrängen, verlieren gewiß, gegen den Hintergrund der Korallen betrachtet, ihren auffälligen Charakter. Sodann bewegen sie sich mit äußerstem Geschick. Als Hauptmerkwürdigkeit der Sammlung gilt ein mondförmiger, zweidimensionaler schwarzgelb gebänderter Fisch, dessen Rückenflosse sich zu Flagge verlängert. Diese ist so unverhältnismäßig lang, daß sich ihr Träger nur schwerfällig bewegen kann, denn der Wimpel wird zum Spiel jeder Strömung. Nun hält sich aber das schlaue Geschöpf grundsätzlich nur in Felstorwegen auf und bewegt sich darin auf solche Weise, daß das Farbenspiel seiner Schuppen dem Glitzern des Glimmers gleicht, und die Flagge als Cölenteratenfangarm wirkt, dem jeder Räuber behutsam ausweicht. — Soviel liegt auf der Hand. Allein das Problem der lebendigen Gestaltung ist mit dem Hinweis auf deren Zweckmäßigkeit nicht gelöst. Die Farben der hawaianischen Fische sind nicht von allen denkbaren die zweckmäßigsten — das aber müßten sie sein, wenn die Zweckmäßig-

keit alles erklären sollte; sie bezeichnen durchaus keine Notwendigkeit, denn auch mit weniger Aufwand hätten Schutz-
färbungen erzielt werden können; ja sicherer wäre ein geringerer vorteilhafter gewesen, denn alle die aufgeputzten
Wesen, die sich an keinen festen Standort halten, die ihren
Hintergrund häufig wechseln, sind in den Wassern des Pazifik
kaum weniger sichtbar und gefährdet, als es der Hakengimpel
in nordischer Schneelandschaft ist. Der Zweckmäßigkeits-
charakter definiert nur die Grenze nach unten zu; das heißt,
kein Organismus ist so ausgestattet, daß er nicht fortkommen
und sich fortpflanzen könnte. Aber wenn das Leben
mancher unter ihnen nicht leichter ist, als das des hilflos Aus-
genutzten unter Menschen, sind andere wiederum unverhältnismäßig günstig gestellt. Ich kann mir die Farbenpracht der
pazifischen Meeresfauna nur dahin deuten, daß die Natur
nicht minder als der Mensch ihre Freude am Phantastischen
hat. Indem ich diese Tiere auf mich einwirken lasse, ist
mir, als spürte ich den gleichen Geist, der einen Gauguin und
einen Robert Louis Stevenson beseelt hat. „Geist" ist ja in
allem Lebendigen wirksam; bei den Pflanzen und Tieren besitzt er in der physischen Sphäre noch die Freiheit und Erfindungsgabe, die beim Menschen beinahe ganz auf die psychische beschränkt erscheint. So entstehen jene Wunderwerke
der Organisation, gegenüber welchen der Menschenleib so
unbefriedigend wirkt, so erklärt sich die vollkommene An-
gepaßtheit der Tiere an ihre Umgebung, ihre Wandlungs-
fähigkeit, ihr Regenerationsvermögen; diese Erscheinungen
bedeuten in der physischen Sphäre eben das, wie Erfindungen
und Kunstschöpfungen in der psychischen. Und wie der
Mensch bald rein Praktisches schafft, bald wieder Praktisches,
das gleichzeitig gefällt, und auch Gefälliges als Selbstzweck,
oszilliert auch die Natur zwischen den Polen des Nützlichen

und des Erfreulichen und versagt es sich nicht, wo die allgemeinen Verhältnisse dies gestatten, der Phantasie ein wenig
die Zügel schießen zu lassen. Aber um wieviel sicherer sind ihre
Instinkte! So phantastisch ihre Einfälle seien — nie setzt sie
In-Sich-Unwahres, Lebensunfähiges, Sinnloses in die Welt, sie
hat nichts Futuristisches; sie leidet auch nie an der Unart so
vieler Künstler, es bei der Skizze bewenden zu lassen. Manche
Fische erwecken wohl die Vorstellung, als verdankten sie mehr
einer Laune des Augenblicks als einer wurzelhaften Idee ihren
Ursprung, als seien es gleichsam Gelegenheitsgedichte; und das
sind sie insofern wohl auch, als ihre sinnvolle Daseinsmöglichkeit an eine bestimmte Situation gebunden erscheint, wie der
schwarzgelbe Flaggenfisch an enge Felsspalten. Aber als Ausdruck sind sie gleichwohl vollendet; nirgens hat die Ausführung versagt.

Wieder einmal führen meine Betrachtungen zu einem ab-
fälligen Urteil über das Menschentum. Natürlich verkörpern
wir reichere Möglichkeiten als die Tiere, aber wie wenige
haben wir bis heute in Wirklichkeitswerte umgesetzt! Wir
wirken als reine Barbaren den Fischen der Südsee gegenüber:
Uns eignet die Gabe der Selbstbestimmung: wer nützt sie aus?
Bei Benares sah ich einmal dem Heimtreiben einer Perlhuhn-
herde zu: der Hirt, einen Wedel in der Hand, fegte sie buchstäblich vor sich her, und genauer paßt sich kein Segel der
wechselnden Windrichtung an, als seinen Kapricen diese
hundertköpfige Vogelschar. Sind wir Menschen irgendwie
anders? Insofern vielleicht, daß uns nicht jeder führen kann;
steht kein Berufener an unserer Spitze, dann tun wir selbständig genug. Aber auch die Perlhühner hätten nicht so gute
Ordnung gehalten, wenn kein Mensch, sondern ein Hund hinter
ihnen her gewesen wäre. Sobald der richtige Mann die Führerschaft übernimmt, verzichten neunundneunzig unter Hundert

begeistert auf ihre Autonomie... Wie kläglich überschätzt sich der Mensch! Die Dichter glauben ein Monopol darauf zu besitzen, dem Sinn der Dinge Ausdruck zu verleihen: tatsächlich hat es vom Altertum an bis zum heutige Tage noch keine zehn gegeben, die einer beliebigen Rose hierin gleichgekommen wären. Wohl ließe sich in der Sphäre des Psychischen mehr erreichen, als in der schwerfälligeren, unbiegsameren Körperwelt, aber wird es erreicht? Nur zu selten.

Doch ich kehre noch einmal zur Frage der Zweckmäßigkeit zurück. Es ist lehrreich, unter den seltsamen Wesen, die dieses Aquarium bevölkern, einer Gestalt zu begegnen, die nicht naturgemäß wirkt. In einem der Glasbehälter sind japanische Zierfische untergebracht. Die sind ebenso herangezüchtet worden, wie gefüllte Nelken; es sind Produkte der menschlichen Phantasie. Lieblich genug schauen sie aus den schöngeschwungenen Vasen, in denen sie in Japan zur Schau gestellt werden, aber in eine weitere Umgebung passen sie nicht hinein. Ihre Schwänze taugen nicht mehr zum Steuern, sind zu kraftlosen Anhängseln ausgewachsen; ihre Augen sind müde und übergroß, wie die von Schoßhündchen; die allzu gerundeten Leiber können kaum mehr das Wasser zerteilen. Wie hilflos benehmen sich solche Wesen schon in einem Meer *en miniature*! Die können nur durch Kunst erhalten werden; sich selbst überlassen, stürbe ihr Geschlecht in wenigen Wochen aus. Diese Anschauung macht einem recht deutlich, was es mit dem Ideal der Naturgemäßheit für eine Bewandtnis hat: Freilich sollen wir nicht „zurück" zur Natur, denn sie selbst bleibt ja nimmer stehen; aber wir sollen nur in solcher Richtung vorwärts schreiten, die in keine Sackgasse ausläuft. Bei den Vorfahren der japanischen Zierfische war letzteres der Fall.

AM KILAUEA-KRATER

Ein Schauspiel wie dieses mochte der Mond wohl bieten, bevor er erloschen war; auf Erden gibt es nichts Ähnliches. Ein Vulkan, jedoch kein feuerspeiender Berg, sondern ein Feuermeer; ein Meer, wie es manchmal im Norden tobt, wenn die Frühlingsstürme die Eisdecke zerschlagen haben. Ein wildes Gewoge, Geschäume, Gespritze, Gewirbel um die schmelzenden Schollen herum. Und die Lava rauscht und singt, als ob sie die See wäre.

Bei Tage ist das Schauspiel nicht allzu eindrucksvoll; der Kessel ist weit, aber doch begrenzt, das Material wirkt so übermächtig, daß man unwillkürlich an Hochöfen denkt und die aufgestörte Phantasie ihre Steigerung nicht dem Unendlichen zu, sondern nach der Richtung des Begrenzten hin vollendet. Aber seitdem die Sonne sank, wird das Bild von Stunde zu Stunde gewaltiger. Der Kraterrand ist unsichtbar geworden; die Schlacken sind undurchsichtig; es scheint, als hebe das Feuer sich vom unendlichen Weltraume ab; man glaubt aus nächster Nähe dem Gesiede der Sonne zuzusehen. Einen Augenblick wird mir unheimlich zumut: solches zu sehen, ist dem Menschen eigentlich versagt; ich sollte beim ersten Hinblicken verzehrt worden sein. Statt dessen liege ich ungefährdet am Rande des Feuerschlundes und sehe gemächlich, wie ein Gott, dem Beginn der Dinge zu:

Jemand spricht von der Hölle. Dies ist ein Gleichnis, das mir hier nie in den Sinn käme. Der Vesuv mag es wohl heraufbeschwören, weil er einer reichen Welt des Lebens mit Verderben droht; dort symbolisiert das Feuer wirklich den Tod. Hier jedoch kann vom Tode nicht die Rede sein, weil Leben noch gar nicht vorhanden ist; hier wohnt man jenen Urereignissen bei, zu deren Zeit es noch keines gab. So empfindet man am Kilauea weder Entsetzen noch

Entzücken, keine menschliche Stimmung kann hier bestehen;
mir ist zumute, wie dem Urgeist zumute gewesen sein mag,
da er über den Wassern schwebte. Ich denke mir: wenn ich
mich in dieses Feuer hinabstürzte, unmöglich könnte ich
dadurch zu Schaden kommen. Denn da ich hier zuschauen
kann, so bin ich offenbar ein Geist. Dieses Feuer hat überhaupt nichts Feindliches; kein Urfeuer hat dieses an sich
selbst. Wenn alle westliche Mythe das Vulkanische mit
der Hölle assoziiert und ihre häßlichsten Ausgeburten dem
heiligsten der Elemente zugeteilt hat, so liegt das daran,
daß deren Erfinder zum Vulkanischen nie in ein Verhältnis
getreten waren; sie kannten es nicht. Wozu später die bar-
barisch-christliche Gepflogenheit trat, alle Natur nur als
Mittel zum Zweck zu deuten, als Werkzeug zur Belohnung
oder zur Bestrafung. Die Hawaianer haben hier besser
gedichtet. Der Mythos des Kilauea lautet wie folgt: Pele,
eine wunderschöne Maid, hat sich einst in das Feuermeer
gestürzt, um einem häßlichen Freier zu entrinnen. Seitdem lebt sie darin als dessen Seele, zugleich als Schutz-
göttin des ganzen Archipels. Nie bricht der Kilauea aus
ohne triftigen Grund: in Weisheit lenkt Pele des Landes
Geschicke. Sie hat Kamehameha auf den Thron gebracht,
indem sie dessen Feinde im Schwefeldampf erstickte, und
nie tut sie dem Schuldlosen ein Leid. Sie ist eine gütige
Göttin; kommt je und je der Augenblick heran, wo sie
aus inneren Gründen aufbrausen muß, dann warnt sie ihre
Kinder beizeiten. Sogar den Weißen, die doch schlecht
mit ihr umgehen und ihr mehr als einmal näher kamen,
als Ehrfurcht erlaubt, ist noch nie durch sie ein Unglück
widerfahren; mehr als einmal sind verwegene Steiger, die schon
im Abstürzen begriffen waren, dem Tode doch noch entronnen,
was ohne übernatürlichen Eingriff nie geschehen wäre.

AUF DEM LAVAFELDE VOR DEM KILAUEA

(Früh morgens.)

Jedesmal, wenn ein neuer Morgen anbricht, scheint mir, als hübe das Weltgeschehen von vorne an. Die Dämpfe und Nebel verwischen die Einzelgestaltung. Die Grenzen zwischen den Dingen verschwimmen. Und die große, heilige Stille, betont, nicht gestört durch den Ruf eines einsamen Vogels, verbreitet über die Natur die Stimmung des Urbeginns. Noch nie aber habe ich so stark den Eindruck des Uranfangs gehabt wie hier. Drüben in den Wolken spiegelt sich das Feuermeer; Feuer strahlt von der Sonne auf die Felsvorsprünge herüber; von der erstarrten, violettfarbenen Lava steigen zögernd gelbe Schwefeldämpfe auf. Und wie die Sonne ein wenig höher gestiegen ist, gewahre ich silberne Tropikvögel, gleich Geistern aus einer anderen, besseren Welt über der weiten, dunklen Einöde kreisen.

Primordial wirkt auch die Vegetation. Was hier fortkommt, sind nur Pflanzen, welche den Schwefel lieben; seltsame, fleischige Gewächse von fahlen Farben, aber mit brennendroten Blüten geschmückt. Hier und da ein Riesenfarn, oder ein verkrüppeltes Bäumchen von neuerem Muster, das offenbar zu früh zur Welt gekommen ist. Nicht viel anders mag es damals ausgesehen haben, als die Erde zuerst zur Wohnstatt des Lebens ward. Wie mag dieses entstanden sein? Hierüber nachzusinnen, verlohnt sich nicht; es ist doch nicht auszudenken. Vielleicht ist die Darstellung der Genesis noch die gegenständlichste. Darüber kommen wir ja doch nicht hinaus, daß das Leben hier aufgetreten ist, sobald es möglich war, und dann gleich in mannigfaltiger Gestalt. Wie sehr lächerlich macht sich die Wissenschaft, indem sie das Wunder hinwegerklären will! Wäre es nicht noch viel wunderbarer, wenn Wagner von ungefähr einen Homunkulus zustande brächte, als wenn die Weltschöpfung dem Bericht der Bibel gemäß verlaufen ist? Wenn das wesentlich Zweckmäßige und Sinnvolle — das Leben — ein Ergebnis reinen Zufalls wäre? Wie es entstanden ist, das weiß ich nicht. Auch Brahma weiß es nicht, wie die schöne indische Sage bezeugt. Und ich gestehe, daß es mich verdrießen würde, wenn der Hergang je plausibel gemacht werden könnte. Ich liebe das Wunder, ich will es; wohl gerade deshalb, weil ich in so vielen Hinsichten ein Fanatiker der Exaktheit bin. Kant liebe ich vor allem deshalb, weil seine Grenzbestimmung mittelbar das Dasein einer schlechterdings unbegreiflichen Wirklichkeit erwiesen hat; denn mir ist es, wie allen ehrlichen Leuten, ganz unmöglich, mir eine Welt vorzustellen, die wesentlich anders wäre, als die menschliche, unmöglich, in concreto zu verstehen, was es heißt, daß Raumentfernungen z. B. nichts transient-Wirkliches seien. So bin ich auch jedesmal, wo ich dessen gedenke, recht herzlich dankbar dafür, daß der Urbeginn auf keine Weise erklärt werden kann, daß hier wenigstens der Mythos wohl für immer das letzte Wort behalten wird. Nun ist ein Mythos so wahrscheinlich wie der andere, sofern er nur in sich wahrscheinlich ist: warum sollte der Anfang nicht so gewesen sein, wie es das Grauen dieses Morgens war? — Lautlose Stille; Feuerschein; Wasser- und Schwefeldämpfe über dunkler, erkaltender Flur. Und plötzlich, zum erstenmal, und doch als könnte es nicht anders sein, tönte aus unbestimmter Ferne der Lockruf bes ersten Vogels herüber.

Ich versetze mich in jene Zeiten zurück, da ich als junger Geolog die Gebirge durchstreifte. Lange währten sie nicht; unaufhaltsam zog es mich fort vom Gestein zum lebendigen

Wort. Wie widerwillig leistete ich zuletzt die übernommenen Arbeiten! Heute hätte ich nicht übel Lust, zu meinem Ausgangspunkt zurückzukehren. Wieviel größer, hoheitsvoller, weiter ist selbst die tote Natur als alles Menschenwerk! Hier ist alles im großen erschaffen worden, wird alles im großen erhalten. Mir kommt das Wort Mohammeds in den Sinn: „Wahrlich, die Erschaffung des Himmels und der Erde ist ein Größeres als die Erschaffung des Menschen; aber die meisten verstehen dies nicht." Ja, sicher bekommt es uns besser, uns in die Werke der Natur hineinzuversetzen, als in die gewaltigsten des menschlichen Genies. Der Geolog, der die Alpen betrachtet, übersieht mit einem Blicke des Verständnisses Billionen ereignisvoller Jahre; er schaut förmlich, im Spiegel des verdichtenden Augenblicks, wie die Berge geworden sind, wie eine Fauna die andere abgelöst, wie es schließlich zum Bilde von heute kam. So erlebt er im Geiste die Uraufführung der grandiosen Symphonie des Lebens: erst wurden einige wenige Töne angeschlagen, dann fielen immer mehr, immer reichere, vollere Stimmen ein, es entstanden komplizierte Melodien, die wieder und wieder von anderen abgelöst wurden, nach einem zeitlichen Plan, der nur vom abgeschlossenen Ganzen her verständlich ist. Ihn befremdet nicht die scheinbare Antinomie von Simultaneität und Sukzession, von Veränderung und Beharrlichkeit: in den unwandelbaren Typen ist der Kontrapunkt realisiert, der alle Melodik innerlich beherrscht, ohne diese in ihrer Freiheit zu behindern. So bedeutet ihm das Schauspiel der Natur weit mehr als dem empfänglichsten der Künstler. Wenn ich vor vielen Denkern einen Vorzug habe, so ist es der, daß ich Naturforscher im großen gewesen bin. Philosophen studieren sonst wohl Griechisch, oder Sanskrit, oder vergleichende Literatur ...

das ist gut, aber förderlicher scheint, sich in das Werden
der Welten zu versenken. In den Gesetzen der vernunft-
losen Kristallbildung schlummert schon die ganze Musik;
alle künstlerischen Ideen sind im Keimplasma symbolisch
vorgebildet. Von der ersten Regung der Sehnsucht, die
das gestaltlose Chaos durchzitterte, führt eine ungebrochene
Kette der Entwicklung bis zur Ilias und zum Parthenon:

NACHTS AM KRATER

Heute nacht halte ich Wache bei der Weltschöpfung:
Über mir in der Unendlichkeit glitzern die Sterne; in
unermeßlicher Ferne unter mir rauscht das Feuermeer —
so fern, daß seine Grenzen ein Universum einschließen
mögen. Ich ermüde nicht. Was sich da vor mir abspielt,
ist mehr als das gewaltigste Schicksal.

Seit Stunden schaue ich gespannt in den Krater hinab
und suche mich in sein dynamisches Prinzip hineinzuversetzen. Im qualitativen Verstande ist die Aufgabe nicht
schwer: die Kräfte, die hier ihr Spiel treiben, sind sämtlich
in meinem Körper wirksam, ihre Gesetze sind auch meine
Gesetze. Allein ihr Maß macht die Aufgabe dennoch unmöglich. Ein großes Quantum bedingt ein neues Quale.
Mag das Atom noch so sehr „an sich selbst" ein Sonnensystem sein — es besteht gleichwohl ein Unterschied zwischen
ihm und dem Stern, dessen Bruchteil es bildet. Den Inten-
sitätsgrad bekannter Kräfte nun, der im Wirken des Vulkans
zum Ausdruck kommt, vermag ich nicht innerlich zu erleben; zu beschreiben, zu begreifen, zu erklären ist er leicht.
Doch das meine ich nicht.

Wieviel leichter wäre die Weltentstehung im Sinne
irgendeiner Mythe zu erfassen! Jede, auch die kindlichste

46°

unter ihnen, ist menschlich wahrscheinlicher als die Phäno-
menologie des Radiums, denn die Schöpfung aus dem Nichts
durch den Willen eines Gottes ist das gesteigerte Spiegelbild dessen, was jeder Mensch in jedem Augenblick vollführt. Ich denke an irgend etwas — sofort steht es da in
meiner Vorstellungswelt; das heißt doch, ich habe aus dem
Nichtsein spontan ein Sein gebildet. Ich habe ein genau
so Ungeheures vollbracht, wie Jahveh, als er die Welt er-
schuf. Und was ich so erschaffe, ist auch immer von vornherein „sehr gut“, jedenfalls viel besser, als ich es jemals
ausdenken könnte. Das „Nicht-sein“, aus dem ich ein „Sein“
hervorzauberte, ist natürlich nur stofflich zu denken; also
stehe ich auch in diesem Sinne dem Demiurgen prinzipiell
nicht nach. Freilich ist der Gedankenstoff bedeutend bild-
samer als der, welcher die Berge zusammensetzt. Doch wenn
es überhaupt möglich ist, die Materie durch den Geist zu
beeinflussen, dann muß es auch mit schwereren Massen gelingen, ganz abgesehen davon, daß diese letztlich wohl auch
aus Gedankenstoff bestehen. Mittelbar leistet der Mensch
in dieser Hinsicht schon viel, aber ich bin überzeugt, daß
er auch unmittelbar weit mehr vermöchte, als heute für
möglich gilt — kaum weniger, als die indischen Yogis behaupten. Konzentration der Aufmerksamkeit ist Verdichtung psychischer Energie; der Neurastheniker kann sich nicht
konzentrieren: wo klafft also der Bruch, welcher Schöpfung
im Sinne Jehovahs prinzipiell als unmöglich dartäte? Wenn
ich mit vollkommener Verdichtung sämtlicher Kräfte, über
die mein Bewußtsein günstigstenfalls verfügt, den Befehl
gäbe: es werde Licht, so würde es wohl Licht werden.

Ich halte diesen Gedanken für den Augenblick fest: Es
macht mir Vergnügen, zu versuchen, durch meinen Willen
die Eruption im Schach zu halten. Ein klein wenig ärgert

es mich, daß mir dies nicht gelingt, so leid es mir andrerseits
täte, wenn das herrliche Schauspiel unter mir ein vorzeitiges
Ende nähme. Woran hängt mein Unvermögen? Vermutlich
an einer Kleinigkeit, einem Kniff; wahrscheinlich ließe sich,
bei genügender Kenntnis der Natur, ein Vulkan mit ebensowenig Kraftanstrengung zum Erlöschen bringen wie eine
elektrische Birne; wahrscheinlich gelänge dies sogar unmittelbar, ohne Hilfsapparate. So ungeheuer die Kräfte da unten
sind — die größte von allen, die intraatomistische Energie,
ist nicht im Spiel. Gelänge es mir, was sicher nicht schwierig
ist, nur ein Kubikmeter Lava zu zersetzen, so könnte der
Vulkan schön zusehen, wo er bliebe.

— Nein, von Leben ist hier keine Spur. Was ist Leben?
Ein immaterielles Prinzip, das die Materie gestaltet. Dann
müßte es eigentlich gelingen, dem Vulkan eine Seele zu
erschaffen. Immer mehr neige ich zur Auffassung, daß das
Leben ein Allgegenwärtiges ist, das sich äußert, sobald die
nötigen materiellen Bedingungen erfüllt erscheinen (welche
Bedingungen es freilich, zum Teil wenigstens, selber schafft).
So offenbart sich die geistige Persönlichkeit, sobald das
Gehirn herangereift ist; so durchseelt der Ausdruck ein
Gebild, sobald eine bestimmte Linie gezogen ward; so
schleicht sich tiefer Sinn in einen nichtssagenden Satz hinein,
wenn ein einziges Wort geändert wird. Und das Befremd-
liche, Beängstigende ist: diese Beseelung kann durch reinen
Zufall geschehen. — Übrigens wüßte ich kaum größere
Wonne, als Seelen zu schaffen. Mit jeder Idee, die der
Mensch in die Welt setzt, erhält die Materie einen neuen
Sinn. Allen Ernstes: wie wäre es, wenn ich diesen Vulkan
beseelte? — Aber vielleicht ist er es bereits, dem hawaianischen Mythos entsprechend, und mir fehlt bloß das Organ,
dies zu erkennen.

— — Nun ist es tiefe Nacht. Die Lava ist stetig gestiegen, in immer weiteren Kreisen das Festland einschmel-
zend. Je dunkler der Hintergrund wird, desto heller erglänzen die Flammen. Die rote Farbe — bei Tag die herr-
schende — ist nun verschwunden. Jetzt ist das Ganze
eine Symphonie in Schwarz und Gold. Seltsam! Hier, angesichts dieses Weltenbrandes, kommt mir japanische Lack-
arbeit in den Sinn. Offenbar ist es ein gleiches Prinzip,
das im einen Fall das Gold, im anderen das Magma auf
dunklem Grunde verteilt.

— — — Ich bin doch ein wenig eingeschlummert. War
es das Echo eines unbewußten Traums, den die Gespräche
der Touristen angeregt: wie ich die Augen auftat, erschien
das Flammenmeer von nackten Leibern bevölkert. Das soll
wohl die Hölle sein. Aber nein: keiner der brennenden
Sünder scheint gequält. Die Flammen tun ihnen nichts;
sie haften an ihnen harmlos wie Schatten.

— — — Der Morgen graut. Wieder, wie am ersten
Schöpfungstage, werden Himmel und Erde voneinander
abgeteilt. Unsicher und bleich eilt der verspätete Mond
in hohem Bogen vor der lachenden Sonne fort. Drunten
im Kessel ist auf die Hochflut die Ebbe nachgefolgt. Das
Meer ist zusammengeschrumpft, erscheint träge, wie ab-
gelebt. Das Gold hat sich in trübes Rot verwandelt. Der
schwarze Hintergrund, vor kurzem eine endlose Welt, entpuppt sich nun als schmutzig-graue Schlackenkruste.

AN DER BAI VON WAIKIKI

Die Hellenen wiesen den Seligen eine Insel zur Heim-
statt an: was bewiese wohl besser ihr naturhaft-sicheres
Einbildungsvermögen? — Im menschlichen Sinne möglich

ist nur das Vorstellbare; vorstellbar aber erscheint ein Dasein, wie es die Seligen führen sollen, nur auf einsamer
Insel im Meer. In vollendeter Abgeschiedenheit sind schwei-
fende Wünsche nicht lebensfähig; dort ereignet sich nichts,
was zur Geschichte werden könnte, dort bedeutet die Zeit
nichts mehr. Der erdgebundene Mensch, zumal der Grieche,
mit seinem unbezähmbaren Schaffensdrang, würde seelisch
verschmachten an solcher Statt; den Seligen, Wunschlosen,
Zeitentrückten bedeutete es das Paradies.

Das Leben auf Hawai nimmt unwillkürlich den Charakter
der Mythe an. Der Europäer, der wesentlich geschichtliche
Mensch, wirkt hier wie eine Fliege auf einem Aquarell.
Die Hawaianer jedoch, die im Bilde sind, kommen mir
seltsam unwirklich vor; oder wirklich vielmehr im Sinn des
Traumerlebnisses. Es besteht kaum ein Unterschied zwischen
dem, was ich mit Augen sehe und dem, was ich in den alten
Heldensagen lese. Diese Menschen sind so, wie sie nur im
Mythos lebensfähig scheinen: warmherzig und sorglos, leichtsinnig und gut, von Fest zu Fest ihr Leben vertändelnd;
dabei aber furchtbar im Krieg, grausam, mitleidslos, wenn
es einmal zum Streite kommt. Sie leben einerseits von dem,
was Baum und Strauch ihnen gutwillig darbringen, harmlos
wie Schmetterlinge, — sind andererseits Menschenfresser,
waren es wenigstens vor hundert Jahren noch. So waren
auch die olympischen Götter. König Kamehameha, der
Alexander der Südsee, dessen Taten tausend Lieder feiern,
war ein Herrscher wie Zeus, groß, gewalttätig, grausam,
dabei aber auch gut und harmlos, leichten Sinnes, im ganzen
unverantwortlich wie ein Kind. Die Kämpfe, die unter
seiner Führung stattfanden — Kämpfe blutigster Art, bei
denen ganze Stämme zugrunde gingen —, waren doch mehr
als Turniere gemeint, denn als ernste Schlachten; oder

als Schlachten, wie die Götter sie vor Troja untereinander geschlagen haben. Diese Menschen von Fleisch und Blut nahmen den Tod nicht ernster als die Olympier.

So sollen die ersten Menschen gewesen sein, nach den gleichlautenden Berichten aller Mythen. Daß sie wirklich so gewesen wären, ist wohl auszuschließen, aber höchst bedeutsam scheint mir, daß dies der Charakter ist, den die Dichtung ihnen ausnahmslos beigelegt hat. Die ersten Menschen waren nicht primitiv, sondern Götterkinder, und das heißt: mehr und weniger zugleich, als es die Menschen sind. Daß die Götter — oder genauer diese Götter, die Divinitäten vom Schlage der Olympier — sowohl mehr, als auch weniger sind als wir, geht aus allen Mythen gleich-sinnig hervor. Aber die Inder allein haben zu zeigen ge-wußt, worin dies Plus und dies Minus bestehen: von den drei Elementen, *sattwa*, *rajas* und *tamas*, welche die Welt zusammensetzen sollen, geht das zweite, *rajas*, die Energie, im Übermaß in den Bestand der Götter ein, während das dritte, die Inertie, ganz fehlt. Sintemalen nun gar keine Trägheit vorhanden ist, die Kraft also gar keinen Wider-stand findet, sind die Götter, bei allen Vorzügen, die voll-kommene Ungebundenheit gewährt, in zwiefachem Sinne doch beschränkt: sie sind oberflächlich, unverantwortlich, da kein Tun sie innerlich berührt, was immer es in anderen Sphären anrichten mag; und sie sind unfähig, über das Göttertum hinauszuwachsen. Während also der Mensch gerade dank dem Geiste der Schwere sich bis zur Erleuchtung (dem Vorherrschen der *Sattwa*) durchringen kann, gelingt dies dem Gotte nur dann, wenn er als Menschenkind wieder-geboren wird und die Gelegenheiten dieses Standes aus-nutzt. Ich wüßte keine bessere Bestimmung dessen zu denken, was dem Begriff eines Naturgottes entspricht; genau im

indischen Sinne ist ein solcher wirklich weniger als der
Mensch. Und genau in dem Sinne ist der Urmensch, das
Götterkind, sowohl mehr als auch weniger denn wir. Uns
aber fällt vor allem das „mehr" in die Augen, wie solches
denn immer geschieht, wo ein wirklicher Zustand mit einem
bloß vorgestellten verglichen wird; deshalb bedeutet uns
der mythische Urzustand ein Ideal. Wir sehnen uns nach
Unbeschränktheit, nach Verantwortungslosigkeit, gleichviel
welchen Preis wir dafür zu zahlen hätten — eben weil
unser Leben ganz Verantwortung ist. So ertappe auch ich
mich dabei, daß ich den Hawaianer bewundere. Es dünkt
mich bloß übermenschlich, nicht auch untermenschlich, so
göttermäßig leben zu können.

Dieses schreibe ich in tiefer Nacht, von einem hawaianischen Festmahl eben heimgekehrt. Es war wild und stimmungsvoll zugleich. Mit seltsam ergreifender Stimme trug
ein Barde uralte Sagen vor, während wir Gäste, um eine
einzige Schüssel geschart, wie Tiere mit den Händen die
Fische zerrissen und federngeschmückte Tänzerinnen ihre
Unterleiber in wahnsinnigen Kurven einherschwenkten, ohne
daß Oberkörper und Kopf nur die leiseste Bewegung dabei
verraten hätten.

Dies ist freilich die Insel der Seligen. Tagaus, tagein
scheint die Sonne gleich belebend auf Berg und Tal
hernieder. Abend für Abend spielen kühlende Winde mit
den Wipfeln der Kasuarinen. Jahraus, jahrein stehen Bäume
und Sträucher in Blüte, sind die Früchteträger von Früchten
bedeckt. Der Ozean aber gehört vollends der Welt der
Unsterblichen an. Donnernd und drohend rollen die Bran-
dungswellen heran — und doch spielt der Mensch mit ihnen,

als ob sie nur aus Schaum beständen. Da draußen am Riff
sind sie so hoch, daß sie einen Walfisch erschrecken möchten.
Allein die ewig heiteren Hawaianer fürchten sich nicht:
sie benutzen die Wellen als Reittiere, sie jagen auf ihnen
dem Ufer zu, auf dem Kamme balancierend, voltigierend,
gleich Tritonen in einem Meeresidyll.

Sind diese schönen, bräunlichen Männer, die sich im Ozean
wie Fische zu Hause fühlen, Menschen wie wir? — Ganz
sind sie es wohl nicht; ein jedes Element bildet besondere
Wesen heran. Der Mensch als Reiter oder als Taucher,
als Bewohner der Wüste und der Berge, ist jedesmal ein
anderes Geschöpf. An wasserbewohnenden Menschen kannte
ich bisher nur den Wasserbezwinger, d. h. das Landtier,
das sich durch List auch das Wasser unterworfen hat; der
wirklich amphibische Mensch kommt heute allein in der
Südsee vor. Hier nun ist er so vollkommen in seiner Art,
daß er deshalb übermenschlich wirkt. Der Hawaianer, der
mir im Ozean die Wege weist, ist schön wie ein Gott, von
riesenhafter Gestalt und ein berühmter Haifischkämpfer;
noch soll er jeglichem Hai, der ihm begegnet, mit seinem
Speer die Augen ausgestochen haben. Dabei ist er sanft-
mütig und mild, und abends, wenn die Kokospalmen seufzen,
singt er schwermütige Weisen vor sich hin. — Wieder
einmal schweifen meine Gedanken nach Griechenland hinüber. Wie wunderbar sicher schuf doch die hellenische
Phantasie! Was die Natur in der Südsee gebildet, ist ein
Abbild des griechischen Ideals. Wahrscheinlichere, lebens-
fähigere Götter, als diejenigen Griechenlands, sind auf Erden
nie erdichtet worden.

Das hätte kaum anders kommen können. Die elyseischen Gefilde sind das Reich der Subjektivität; hier schafft die Stimmung Wirklichkeit, setzt alle Wirklichkeit sich in Stimmung um; hier wird die Welt augenblicklich so, wie die Willkür des Augenblicks sie vorstellt. Was sonst nur meteorhaft mein Bewußtsein durchzieht, verweilt nun; Capricen ballen, leichte Wünsche vertiefen sich; aus unsicherem Nebel verdichtet sich ein Stern. So ist inmitten des Wellenspiels, im Paradiese der Palmenhaine und der purpurnen Riesenblumen, eine Neigung in mir aufgegangen.

Bedeutet sie ein Ernsthaftes, ein Wirkliches? Wie soll ich das wissen? Die Grenze zwischen Realität und Phantasieschöpfung ist mit Sicherheit nirgends zu ziehen. Wie oft ist mir eine Wirklichkeit zum Traum zerronnen, und umgekehrt, wie oft ein Traum zur Wirklichkeit geworden! Wie oft habe ich ins Leben bewußt hineingedichtet, indem ich beliebige Menschen in fiktive Zusammenhänge hineinbezog: solange diese standhielten, waren jene höchst bedeutsam für mich. Und wie oft hat umgekehrt eine Situation genügt, um ein Gefühl zu wecken, das dahinschwand, sobald sein Anlaß vergangen war! Wesentlich anders ist es nie. Eine Liebe, deren Grundmotiv wildes Begehren ist, ist nicht tiefer und sicherer begründet, als ein Caprice des Intellekts; auch hier hängt das Gefühl von äußeren Umständen ab und verflüchtigt sich, wenn diese sich verändert haben. An sich sind psychische Wirklichkeit und Einbildung gegeneinander kaum abzugrenzen; die entscheidende Frage ist die, wo des Menschen Bewußtseinszentrum ruht. Identifiziert er sich mit seinen Trieben, dann ist er natürlich seine Leidenschaft; identifiziert er sich mit einer Fiktion, dann ist ihm diese höchste Wirklichkeit; fußt sein Bewußtsein wesentlich in Gattungsbezügen, dann bedeutet die

Familie sein eigentliches Ich. Auf daß nun Liebe überhaupt ein absolut Wirkliches bedeuten könne, muß der Mensch sich unbedingt mit seiner Person identisch fühlen. Dies vermag ich aber nicht mehr. Wohl geschieht es in rhythmischen Abständen, daß bestimmte Triebe die Oberhand gewinnen und ein sekundäres Zentrum sich zum Mittelpunkt meines Seins konstituiert. Allein dieser Zustand dauert nicht; ist die Periode vollendet, dann nimmt mein Bewußtsein seine normale Lage wieder ein. Von dieser aus aber erscheint meine Person mir als Außenwelt, die ich nicht ernster nehme, als irgendwelche äußere Verhältnisse, mit denen ich zu rechnen habe . . .

Nun weile ich im Reich der Subjektivität. So wird die Neigung, die in ihm entstand, mehr denn je eine Dichtung sein; wahrscheinlich hat sie gar keinen objektiven Hintergrund. Allein im Augenblick, da sie mich beherrscht, dünkt sie mich wirklich genug. Wieder erlebe ich jenen wunderlichen Zustand, wo das Weltall durch wenige persönliche Koordinaten vollkommen bestimmt erscheint, wieder überkommt mich jene Unsicherheit, die sich wohl jedes Mannes bemächtigt, der sich plötzlich auf dem Meer der Gefühle schwimmen sieht — einem Elemente, das ihm, im Gegensatz zum Weibe, von Hause aus so wenig vertraut ist. Aber doch erkenne ich, mitten im Schwimmen drinnen, daß ich in diesem Meere nie ertrinken könnte. In dieser mythischen Umgebung nimmt alles Leben mythischen Charakter an. Nereiden und Tritonen sind mit der Liebe nicht unbekannt, doch was dem Menschen Ernst ist, bedeutet ihnen ein Spiel; ihrem Lieben fehlt das Element der Trägheit, das Irdisch-Bindende, das Gemüt. Nicht anders steht es mit der, die mir heute Herz, Seele und Sinne beherrscht. Wohl transfiguriert sie mir im Augenblick die Welt; allein ich zweifle, daß ich litte, wenn ihr Objekt auf einmal nicht mehr wäre . . .

NACH AMERIKA

Jetzt gilt es, keine Zeit verlieren: bis ich in Kalifornien angelangt bin, muß meine Seele sich allen Bindungen des Ostens entwunden haben; sonst erklingen dort unreine Töne in mir, wie wenn ein noch so schöner Akkord durch das Pedal in eine Melodie anderer Tonart hinübergedehnt wird. Es gilt, mich zusammennehmen, denn leicht wird mir die Umstellung nicht werden. Nicht allein keine Sehnsucht zieht mich nach Amerika — ich fürchte mich, mir graut vor diesem Land. Aber persönliche Neigungen und Abneigungen sind niemals ernst zu nehmen, sie beweisen immer nur die Beschränktheit dessen, der sie hat. Ohne Zweifel sind die Vereinigten Staaten sehenswert, finden sich dort Möglichkeiten verwirklicht, wie nirgends sonst, und nur beim Positiven lohnt es zu verweilen.

Aber wenn ich nun in ablehnender, unsympathetischer Stimmung in San Francisco lande, dann werde ich dieses Positiven nicht gewahr werden, werde ich mich in den Geist des Landes nicht hineinversetzen können. Es ist nicht möglich, ohne liebende Hingabe auch nur irgend etwas zu verstehen; solange die leiseste Neigung zur Kritik im Mittelpunkte des Bewußtseins lebt, ist es aussichtslos, einem Fremden gerecht zu werden. Wie stelle ich's nur an, um im Lauf einer knappen Woche meine Verfassung von Grund aus zu verändern? Ich muß eine Psychoanalyse vornehmen; feststellen, was der sachliche Grund meines persönlichen Empfindens ist. Wenn ich diesen erkannt habe und damit die Unmotiviertheit meines ablehnenden Verhaltens — denn es gibt nichts, was eine subjektive Verstimmtheit objektiv rechtfertigte — dann werde ich meiner unersprießlichen Stimmung wohl Herr werden.

Wenn ich mir's nun recht überlege, so finde ich, daß ich nicht dem Amerikanischen als solchem Antipathie entgegenbringe, sondern dem Abendländertum überhaupt; und jenem nur insofern, als es dessen extremster Ausdruck ist. Wir Europäer dünken uns von den Amerikanern durch mehr als den Ozean geschieden: desto lehrreicher war mir die Erfahrung, daß der Asiate nur insoweit einen Unterschied bemerkt, als diese ihm die typischeren Europäer scheinen; seiner Ansicht nach verkörpern sie keinen anderen Geist als wir, sondern den gleichen in eindeutigerer Gestalt. Ohne Zweifel ist er im Recht; das Wesentliche eines Volkes im Sinn des Unterschiedlichen erkennt der Fremdling immer am besten. Also muß ich wohl voraussetzen, daß ich in der Erscheinung des Amerikanertums das Wesen des Westländers verabscheue.

Was ist nun dieses Wesen im Unterschied von dem des Asiaten? Die üblichen Schlagwörter vom materialistischen Westen im Gegensatz zum spiritualistischen Osten, von unserer Würdelosigkeit, Hast und Gier im Gegensatz zur Weltüberlegenheit, Würde und Ruhe der Orientalen, von unserem Tatendrang gegenüber ihrer Erkenntnistiefe ergreifen es nicht. Allen noch so berechtigten Einwänden gegen unsere Art begegnet der Hinweis darauf, daß unsere Idealität unzweifelhaft die größere ist, weswegen alles, was bei uns nicht ist, noch werden kann; leicht kann es geschehen, daß der Materialismus unserer Zeit noch einmal als günstiges Stadium auf dem Wege zur Spiritualisierung betrachtet werden wird, denn das Materielle verkörpert dem Westländer ein Ideal und zieht ihn daher, ob er will oder nicht, hinan. — Auch daß er auf die Mittel zum Leben größere Aufmerksamkeit verwendet, als auf das Leben selbst, unterscheidet ihn nicht wesentlich vom Orientalen. Auch wir

sehnen uns letztlich nach dem „Einen was not tut", diese
Sehnsucht wird immer mehr zur Dominante unseres Strebens,
nur wollen wir überdies die Erscheinung vervollkommnen,
und wenn dieser Wille zurzeit im Vordergrunde steht, so
liegt das daran, daß der Mensch nicht zwei Ziele zugleich
mit gleicher Energie verfolgen kann. Falsch ist es auf jeden
Fall, uns unsere Sucht, die Erscheinungswelt zu vervollkommnen, zum Vorwurf zu machen: hierauf beruht vielmehr unsere Überlegenheit, denn das östliche Verfahren,
sich von ihr um des Sinnes willen abzuwenden, ist billig
im Vergleich zu dem unserigen, das allen Sinn in der Erscheinung zum Ausdruck bringen will. Freilich haben wir
unser Ideal noch nicht verwirklicht, aber wir werden es
sicher dereinst verwirklichen, denn wir bewegen uns geradeswegs ihm zu. — Nein, die Umstände, welche die üblichen
Schlagwörter bezeichnen, bestimmen nicht meine Antipathie; das weiß ich gewiß, denn die durchsetzerische Macht
unserer Zivilisation habe ich nie als negatives Moment empfunden. Lärm und Hast gibt es auch im Osten übergenug;
aber im Westen führen sie zu mehr.

Es handelt sich offenbar um ein anderes; und dieses
andere, das mein ablehnendes Verhalten tatsächlich bedingt,
ist, wenn ich recht sehe, der Umstand, daß im Westländer
alle Formen flüssig geworden sind; das muß es sein, denn
ich empfinde keine Abneigung gegen die, welche, als Individuen oder als Klassentypen, eine vollendete Gestaltung
darstellen. Der Gegensatz zwischen Orient und Okzident,
mit dem ich mich in diesen Betrachtungen zu befassen habe,
stammt ja erst aus der Zeit, da wir im Eilmarsch fortzu-
schreiten begannen oder genauer: hat immer nur zu den
Perioden bestanden, da wir in schneller Umwandlung begriffen waren. Zwar hat er der Idee nach immer existiert:

im Prinzip ist der Westen immer beweglich gewesen, auf
Neuschöpfung und Neugestaltung bedacht, der Osten immer
einem statischen Gleichgewichtszustande zugeneigt; wie vom
Standpunkt der griechisch-orthodoxen Kirche Katholizismus und Protestantismus als eines Geistes Kinder erscheinen
(die Reformation mit ihren Folgen nur als äußerste Konsequenz jenes Triebes zur Erneuerung und Wandlung in der
Zeit, welcher die weströmische Kirche von jeher gekennzeichnet hat), so läßt sich wohl überall und jederzeit wenigstens der Keim zu dem Gegensatze nachweisen, der heute
zwischen Ost und West besteht. Aber dieser Keim ist erst
neuerdings ausgereift. Zwischen der Antike und den Glanz-
zeiten asiatischer Kultur, zwischen dem Frankreich des
17. Jahrhunderts und dem China etwa der Sungdynastie
bestand, soweit das Aktuell-Gegebene in Frage kommt,
nur ein Unterschied der Erscheinung, nicht des Wesens;
auch im Abendlande hat bis zum Anbruch der Neuzeit
das statische Ideal dominiert, sogar im alten Hellas und
dem Italien der Renaissance, denn das Leben daselbst, so
bewegt es war, orientierte sich doch an zeitlos gültigen
Werten. Wenn wir moderne Europäer Ost und West als
prinzipielle Gegensätze einander gegenüber stellen, so halten
wir tatsächlich weniger den Orient dem Okzident, als das
klassisch-mittelalterliche Ideal dem der Moderne entgegen,
das ein wesentlich protestantisches ist; und das heißt: das
Ideal der Vollendung dem Fortschrittsideal. Hiermit habe
ich es wohl: ich ziehe das Orientalen- dem Okzidentalen-
tum vor, weil ich die Vollendung in jeder Form höher
schätze als den Erfolg.

Im modernen Menschen, und in erster Linie dem Amerikaner, sind alle Formen flüssig geworden. In der neuen Welt
gelten die altbewährten Unterschiede zwischen den Klassen

und Typen nicht mehr; was einstmals ein Definitives war, stellt sich heute, wo überhaupt vorhanden, als Stufe dar, auf welcher jeder hinauf- oder hinabsteigen mag. Damit sind aus Lebensformen Bühnenrollen geworden. Eine Rolle nun besitzt keine Bildungskraft; man legt sie an und ab wie ein Gewand; sie ganz ernst zu nehmen scheint unmöglich. Dieses ironische Verhältnis zur Gestaltung wäre ein Höchstes dann, wenn vertieftes Seinsbewußtsein mit ihm zupaar ginge und der Akzent des Lebens auf diesem ruhte. Beim Modernen aber liegt er auf einem anderen: dem Rollenwechsel an sich, dem Vorwärtskommen. Deshalb ist er kein höherer Mensch.

Hie und da sind mir Geister begegnet, die den Haupteinwand gegen die Moderne in dem erblicken, daß sie die Quantität der Qualität vorziehe; daß sie keinerlei Grenzen anerkenne, wo doch Selbstbescheidung in irgendeiner Form die Grundbedingung aller Werteverkörperung sei. Freilich trifft dieser Einwand zu; was ich selber gesagt, ist dem Sinne nach wesentlich das gleiche. Allein die Fassung, welche Quantität und Qualität in gleichsam ewigen Grundsatz setzt, verfälscht die Wahrheit. Daß der Moderne unersättlich scheint, bezeichnet kein Unglück, weil auch dieses ἄπειρον mit Unvermeidlichkeit an irgendeinem Punkt seine Grenze finden, was seinerseits automatisch Selbstbescheidung einleiten wird; und indessen wird die quantitative Norm gehoben. Der Zug ins Reinquantitative ist ein Vorläufiges, wird sich aus äußeren sowohl als inneren Gründen von selbst in andere Tendenzen umsetzen, sobald die neue Menschheit ihre Flegeljahre hinter sich hat. Es beweist Phantasielosigkeit, im Überschreiten der altbewährten Grenzen ein Verhängnis zu sehen, denn keine verkörpert als solche ein Ideal. An sich bezeichnen alle einen Nachteil; je weiter

sie hinausgeschoben werden, desto besser. Das wirklich
Bedenkliche ist, daß unsere Zeit Erfolg und Vollendung
verwechselt; daß sie die alten Werte nicht verleugnet, sondern dieselben auf einer höheren Stufe, als alle früheren
Epochen, zu verwirklichen wähnt; daß sie ihren Zustand
nicht als vorläufig, sondern ideal beurteilt. Dieser Umstand bedingt die Minderwertigkeit ihrer Vertreter.

Die Natur verwirklicht und vollendet sich in der Gestaltung. Wo sie noch ungestaltet, d. h. unfertig ist, dort
tritt das Wesen nicht rein zutage: daher das Unreife des
Okzidentalen im Vergleich zum Orientalen. Nun kann ein
noch so unreifer Bengel, wo er nicht mehr als ein Bengel
sein will, sehr liebenswert erscheinen; abstoßend wirkt er
nur, wo er sich als Vollmensch gibt, dies aber kennzeichnet
das Amerikanertum. In Europa erkennt man es mehr und
mehr, daß das Flüssige, so wie die Menschen einmal sind,
nur als Übergangszustand nicht vom Übel ist, und strebt
daher über die Flüssigkeit hinaus, denn noch liegen uns die
Beispiele höheren Menschentums nicht fern. Der Amerikaner ahnt nur in Ausnahmefällen, daß es ein Höheres als
den Fortschritt gibt. Deshalb wirkt er wie kein anderer
barbarisch.

Hiermit hätte ich wohl festgestellt, weshalb ich dem West-
ländertum nicht hold bin, und mein Empfinden schelten
kann ich nicht. Hiermit hätte ich aber zugleich den Ansatz
gefunden, von dem aus ich mein negatives Verhalten in
ein positives dürfte umwandeln können.

Ich war in China zum Ergebnis gelangt, daß die Chinesen
auf einer höheren Kultur-, aber auf einer niedrigeren Naturstufe ständen als wir; daß der höhere Grad der Vollendung
bei ihnen mit einem geringeren Grad des Fortgeschritten-
seins zupaar ginge. Hieraus folgt, daß, wenn wir von unserer

Naturstufe aus den gleichen Grad der Vollendung erreichten, wie die Chinesen, wir diesen durchaus überlegen sein würden, was seinerseits den Übergangszustand rechtfertigt. Von einer fertigen Gestalt zu einer neuen führt der Weg nur durch Gestaltloses hindurch, von einer Vollkommenheit zu einer anderen nur durch Unzulänglichkeit. Das moderne Europa hat die alten Formen zerbrochen. Damit begab es sich auf lange Zeit der Möglichkeit, vollendet zu erscheinen; es verfiel zurück in die Barbarei, in der es noch mitten inne steckt, ja vermutlich noch lange immer tiefer einsinken wird; im Sinn der Vollendung geht es gewiß nicht vorwärts mit uns. Aber ebenso gewiß geht es vorwärts im Sinn der Naturentwickelung, und damit treten Vollendungsmöglichkeiten in die Welt, welche den Kulturvölkern des Ostens nicht innewohnen. Diese Möglichkeiten sind der Verwirklichung noch so fern, daß nur der Embryolog sie mit einiger Sicherheit vorausbestimmen könnte; was sich heute dem Blick zeigt, ist meistens häßlich. Aber unser Zustand ist vielversprechend, kein Einsichtsfähiger kann das leugnen. Von diesem Gesichtspunkte aus will ich fortan dem Abendländertum entgegentreten.

In Adyar, wenn ich nicht irre, habe ich mich des längeren über die allgemeinen Beziehungen zwischen Vollendungs- und Fortschrittsstreben auseinandergesetzt. Damals legte ich den Hauptnachdruck darauf, daß der Ehrgeiz, biologisch weiterzukommen, direkt abführt von der möglichen Vollendung, daß indes Vollendungsstreben umgekehrt den Fortschritt indirekt begünstigt. Aber diese einfachen Bestimmungen erschöpfen die Frage nicht; der Zusammenhang zwischen beiden Entwicklungsrichtungen ist vielfältig und verstrickt. Heute will ich mir über die merkwürdigste Beziehung, die ich zwischen ihnen erkennen kann, Klarheit verschaffen.

Vergleiche ich die fertigen Kulturen des Orients mit unserer werdenden, so finde ich, daß der innere Mensch innerhalb jener wohl ungleich gebildeter ist, daß in dieser dafür das, was im Orient die höchste Subjektivität kennzeichnet, zur objektiven Macht exteriorisiert erscheint. Ich glaube nicht, daß irgendein nicht hochbegabter Christ so tief zu lieben weiß, wie ein indischer Bhakta, so human empfindet, wie der typische Buddhist, von moralischem Sinn so tief beseelt ist, wie ein hochstehender Konfuzianer; dafür sind bei uns die Liebe, die Moralität und die Humanität zu objektiven Mächten geworden, und das sind sie im Osten nicht. Während bei uns der innerlich noch so Rohe bis zu einem gewissen Grade gezwungen ist, im Sinn des Höchsten zu handeln, zwingt nichts den Asiaten, gebildet zu erscheinen, wo er es nicht ist, weshalb das praktische Verhalten östlicher Durchschnittsmenschen mehr zu wünschen übrig läßt, als das der westlichen. Wir handeln im ganzen besser als wir sind.

Wir sind mit unseren Institutionen unserem Wesen vorausgeeilt. Unser Verstand hat als für alle wünschenswert erkannt, was aus innerem, persönlichem Drang nur ein Heiliger anstreben würde, und eine Maschinerie erfunden, welche die Realisierung des Ersprießlichen automatisch sichert. Die Nachteile dieses Weges liegen auf der Hand: die Möglichkeit, das Gute von außen her zu verwirklichen, macht oberflächlich, denn wo sie vorliegt, dort gewöhnt der Mensch sich daran, alles Heil von äußeren Umständen zu erwarten und vernachlässigt entsprechend seine innere Bildung. Aber unser Weg hat auch sehr große Vorzüge, und bei diesen

allein will ich heute verweilen, da mir ja darum zu tun
ist, eine sympathetische Stimmung dem Westen gegenüber
in mir zu wecken. Jede Seele ist vielfacher Gestaltung fähig,
entwickelt sich verschieden, je nachdem, welche ihrer Be-
standteile zur Vorherrschaft gelangen, und die Form, die
sie schließlich gewinnt, hängt im hohen Grade davon ab,
in welcher Umwelt sie wächst — wie in wilden Zeiten die
meisten verwildern, weil alle Gelegenheiten der Bestie hold
sind, so gewinnt in günstiger Umgebung bei den Meisten
das Beste die Oberhand; deshalb ist es ein Glück, wenn die
äußeren Verhältnisse möglichst gute sind. Es ist unzweifelhaft möglich, von außen nach innen zu wirken, ja, im Falle
uneinsichtiger Wesen gibt es nur diesen einen Weg, sie des
Höchsten teilhaftig werden zu lassen. Die alten Kulturen
verlangten in diesem Sinn, daß der Unmündige dem Wissenden blind gehorche, und allerdings war es besser, die Masse
also zu bevormunden, als sie ihrem eigenen Gutdünken zu
überlassen, um so mehr, als sie eine dritte Möglichkeit nicht
kannten. Unsere Zivilisation nun hat eine solche ins Leben
gerufen: innerhalb der modernen Organisation des äußeren
Lebens erweist sich das Gute als immer zweckmäßiger; selbst
Schurken macht heute die Klugheit in Geschäften solid;
der stumpfste Geist wird durch die Erfahrung zur Erkenntnis
genötigt, daß es in unserer Welt im ganzen und auf die
Dauer vorteilhafter ist, sich dem Ideal entsprechend zu
verhalten. Mag dieser Umstand noch so sehr einem gröbsten
Utilitarismus zugute kommen, — immerhin wirken die idealen
Forderungen als reale Mächte und formen die Seelen, so
daß ein unter halbwegs günstigen Verhältnissen erwachsener
Durchschnittsmoderner unwillkürlich humaner und recht-
licher denkt als seine Altvorderen. Nun findet eine naturnotwendige Höherentwicklung der Menschheit in moralischer

Beziehung nachweislich nicht statt; ihre moralische Erbanlage ist im ganzen die gleiche wie vor Jahrtausenden;
aller ethische Fortschritt der Massen geht auf geistige Einflüsse zurück, die als solche nur den einzelnen betreffen
können und, von seiner Physiologie her gesehen, außenher
stammen. Deshalb bedeutet der durch unser System bewirkte Erfolg, daß der seelisch Unmündige sich — gleichviel weshalb — aus eigenem Antrieb zum Guten bekennt, ein überaus Wichtiges.

Denn damit erwacht in ihm eine innere Kraft, die frei
dem gleichen zustrebt, worauf der Druck von außen hinarbeitet, und auf diese Weise hebt sich, langsam, aber unaufhaltsam, das allgemeine Niveau. Nach dem orientalischen
System muß der unmündig Geborene unmündig bleiben,
und so hoch der Mündige stehe — ein Erwachsen der Masse
erscheint ausgeschlossen; die Menschheit als Ganzes verharrt
auf der ursprünglichen Daseinsstufe. Innerhalb des unserigen
besteht die Möglichkeit, daß gerade die Masse dahin gelangte,
wo bisher nur Bevorzugte standen; und die ist eben dadurch
geschaffen worden, daß die äußeren Umstände es dem Un-
mündigen nahelegen, aus eigenem Antrieb dem Guten
nachzueifern, so daß geistige Mächte ihn nun hinausführen
können über die Grenzen seiner ererbten Natur. Dank
diesem Umstand ist ein erstaunlich hoher Prozentsatz nicht
hochgeborener Weißer innerhalb eines Jahrhunderts auf
eine Stufe hinangestiegen, wie solche die Shastras dem indischen Çudra erst nach Jahrtausenden rastlosen Strebens
durch unzählige Wiedergeburten hindurch in Aussicht stellen.

Von hier aus wird nun sehr deutlich, inwiefern das Streben
nach Fortschritt der Vollendung doch zugute kommt. Wohl
ist diese auf jenem Wege nicht zu erreichen; dies bedingt
das Barbarentum des Modernen. Aber das Streben nach

Fortschritt innerhalb eines Kultursystems, in dem die höchsten Ideale als objektive Mächte wirken, bringt es andrerseits dahin, daß mehr und mehr Menschen auf die Naturstufe gelangen, auf der in Indien allein der Brahmane steht. Auch dieser wird ja nicht vollendet geboren — was seinen Vorzug macht, ist eine bessere Erbanlage, die ihm ermöglicht, unmittelbar, ohne Umwege dem Irdisch-Höchsten nachzustreben; unser Kultursystem kann es einmal dahin bringen, daß alle Menschen als Brahmanen anheben werden.

Dies muß dem Gleichheitsideal zugute gehalten werden, so sehr es die Menschheit sonst herabdrückt und oberflächlich macht. Stellte der jetzige Zustand einen Endzustand dar, dann müßte er bekämpft werden; das Nivellement nach unten zu, das die Demokratie zunächst mit Notwendigkeit bewirkt, zieht eine ungeheure Entwertung der Menschheit mit sich, deren Andauer den Ruin bedeuten würde. Allein sie wird nicht andauern; die Demokratie bedeutet nur eine Arbeitshypothese, die sich, wenn die Zeit dazu gekommen, von selbst erledigen wird. Kaum daß das Gesamtniveau sich genügend erhoben hat, werden neue Schichtungen entstehen, neue Berge sich auftürmen, neue Talkessel sich bilden; nur wird die neue Aristokratie auf höherem Niveau beruhen, als es die alte tat, deren Eigenschaften nunmehr zum Erbteil der Masse geworden sein werden.

Überhaupt hat der Demokratismus viel Gutes; jede auf dem Entwicklungsgedanken aufgebaute Weltanschauung formt optimistische Menschen, und nichts beschleunigt den Erfolg so sehr, wie Selbstvertrauen. Was nun den modernen Evolutionismus von allen bisherigen auszeichnet, ist die Kürze des zur Entwicklung verlangten Zeitmaßes. Die alt-

indische Weltanschauung, welche ganz gleich der modern-
demokratischen lehrt, daß jeder im Prinzip des Höchsten
fähig sei und daß die Kasten nur Etappen auf dem Wege
des Fortschritts bedeuten, verklausulierte ihren Freibrief
dahin, daß jedes gegebene Leben in seinem angeborenen
Rahmen verharren müsse und ein Durchbrechen der Kaste
nur von Leben zu Leben, durch den Übergangszustand
des Todes hindurch, denkbar sei; im gleichen Sinn räumt
jeder nicht ganz borniert Aristokrat wohl ein, daß ein Aufrücken der Familien stattfindet, so daß es ungerecht wäre,
den Vorgeschrittensten die Aufnahme in seine Standes-
gemeinschaft zu versagen — hält aber zugleich daran fest,
daß es mindestens dreier Generationen bedarf, um einen
Gentleman hervorzubringen. Der moderne Demokratismus
hiergegen behauptet, daß der Prozeß in einem Leben durch-
laufen werden kann.

Es ist nun einerseits wohl gewiß, daß derart schnelles
Wachstum nicht ersprießlich ist; ganz wenige Menschen
vertragen es, aus einem engen in einen weiten Rahmen
hinüberversetzt zu werden; wäre es anders, die modernen
Europäer und Amerikaner wirkten weniger roh. Aber andrerseits potenziert der demokratische Glaube den Optimismus
so ungeheuer, daß dieser zu einer elementaren Kraft erwächst,
deren Tugend das scheinbar Unmögliche möglich macht:
Er bewirkt, was noch immer nicht selten der „ursprünglichen
Gleichheit aller Menschen" zugeschrieben wird, daß die
alten, durch die Geburt gesetzten Schranken heute wirklich
weniger als früher gerechtfertigt erscheinen; dank ihm ist
wirklich wahr, daß der Entwicklungsprozeß sich abkürzen
läßt. Und wenn zunächst mehr die Nachteile des Flüssig-
gewordenseins der alten Formen ins Auge fallen, so bedenke
man, daß dieses nach kurzer Zeit voraussichtlich schon

anders sein wird; bald wird es in den vorgeschrittensten
Ländern ganz niedere Volksschichten überhaupt nicht mehr
geben; alle werden geschult, bis zu einem gewissen Grade
sogar gebildet sein. Und wenn über diesem Ereignis auch
nur eine Generation verstrichen sein wird, dann werden
Emporkömmlinge im alten Sinn nicht mehr erstehen, denn
ganz unvorbereitet zu einer höheren Lebensstellung wird
keiner mehr sein. Das demokratische Ideal bedingt ein geistiges
Aufkreuzen der niederen Volksschichten; bald werden sie in
weitem Maße veredelt sein. Ist dieses aber erreicht, so wird
der Glaube an die Gleichheit aller von selbst vergehen und
die Basis geschaffen sein für die aristokratische Ordnung der
Zukunft.

Unter den Weisen Altindiens galt als eine der Grund-
eigenschaften, die ein Jüngling besitzen mußte, um der
Aufnahme als Chēlā wert zu gelten, die Genußfähigkeit.
Das ist wohl nur ein anderer Ausdruck für optimistisches
Temperament. Wer nun geeignet erschien zur Aufnahme,
dem wiesen sie den Weg, im Laufe eines Lebens so weit
zu kommen, wie er sonst nur im Laufe der Jahrtausende
durch viele Körper hindurch gelangt wäre; auch die indische Weltanschauung gibt also die Möglichkeit zu, die
Entwickelung abzukürzen. Aber sie statuiert sie nur für
einen unter Millionen; die demokratische setzt sie für alle
voraus: Das scheint verwegen. Doch wenn man bedenkt,
wie niedrig das höchste Ideal, das die Demokratie bisher
aus sich entwickelt hat, im Vergleich zum indischen ist,
dann neigt man zur Zustimmung. Dieses Ideal können
wohl alle vielleicht erreichen. Und sind sie erst dort, so
werden höhere von selbst an ihrem geistigen Horizonte
aufgehen.

Wo mehr als zehn Amerikaner versammelt sind, kann man sicher sein, daß einer unter ihnen ein *crank* ist; ein Original von der exzentrischen Sorte. Auch auf diesem Dampfer habe ich einen entdeckt: einen Missionar, dessen Spezialität der Dämonenglaube ist. In China will er gesehen haben, wie die Geister toter Mädchen von anderen Besitz ergreifen, und wie Taufe allein diesem Verhängnis vorbeugen könne; auf diese Idee und deren Ableitungen reist er seither. — Während ich heute, in sympathetischer Verfassung, dieser Erscheinung nachsann, fiel mir ein, daß ich unter Asiaten auch nicht einem *crank* begegnet bin. Der Fakir könnte, äußerlich betrachtet, wohl als Exzentrik gelten: aber seine Art ist ganz unpersönlich; er folgt einem exzentrischen System, ohne selbst nur im mindesten exzentrisch zu sein. Die spezifisch individuelle Note fehlt.

Diese Note dominiert unter uns; desto mehr, je typischerwestlich wir sind. Und im gleichen Verhältnis blüht unter uns der *crank*. Das Streben nach Individualisiertheit kann unter Durchschnittsmenschen nicht zu wertvollen Ergebnissen führen; diese werden nur exzentrisch, wenn sie „sie selbst" sein wollen, und wirken unvollkommener als noch so beschränkte Klassentypen, weil die Tradition immer weiser ist als der mittelmäßige Einzelne. Ja, aber andrerseits können nur dort, wo alle „sie selbst" sein wollen, wo die Rechtmäßigkeit dieses Strebens vorausgesetzt wird, wirklich große Neuerer emporkommen; im alten China wäre ein Edison undenkbar gewesen. Dieselben Umstände, welche das Zerrbild des Exzentrik begünstigen, kommen auch dem Genius zugute. Oberflächlich betrachtet, ist eben auch dieser ein *Crank*. Das Streben nach Anderssein ist die notwendige Voraussetzung aller erfinderischen Originalität.

Somit müssen wir uns wohl dabei bescheiden, unsere im Einzelfalle höhere Originalität durch eine größere Unvollkommenheit des Durchschnitts erkauft zu sehen. Jede Neuerung *qua* Neuerung ist ein Kulturfeindliches, insofern als Kultur das Fleischgewordensein eines gegebenen Geistes bedeutet und einem Neuentstehenden das Fleisch noch fehlt. Neuerungsstreben macht ferner oberflächlich; wessen Aufmerksamkeit auf die Verwandlung der Erscheinung geheftet ist, verliert leicht indes die Fühlung mit seinem Grund. Je erfinderischer wir wurden, desto mehr sind wir verflacht, und sollten wir noch lange diese Entwicklungsrichtung einhalten, so könnten wir verderben. Allein ich kann nicht glauben, daß es noch lange so fortgehen wird. Ich bin vielmehr überzeugt, daß unser Verlieren an Tiefe den gleichen Sinn hat, wie das vorläufige Minusmachen dessen, der ein Landgut verbessert: es handelt sich in Wahrheit um Investierung. In uns werden, unter ungeheueren Kosten, neue Organe herangebildet; wo früher die Gruppe der Träger aller Kulturgedanken war, soll es fortan der Einzelne sein. Diese Neuorganisation bedingt ein vorläufiges Verzichten auf die Erträge, die durch die alte Ordnung gesichert schienen. Aber wenn die neuen Betriebe erst im Gange sind, dann wird das Gut vielleicht das Zehnfache abwerfen. Wohl schwerlich wird die weiße Menschheit der Zukunft aus lauter Edisons bestehen; aber aller Wahrscheinlichkeit nach wird die Zahl der *cranks* stetig abnehmen und einem neuen Typus Platz machen, der einerseits so wurzelecht, wie der alte Klassentypus, andrerseits so selbstbestimmt erscheinen wird, wie der extremste moderne Individualist. Nur der Oberflächliche bekennt sich nämlich zum Individualismus, der Vertiefte fühlt unmittelbar den Zusammenhang. So wird die Zukunft scheinbar wohl zu

einer Wiederherstellung der alten Ordnung führen. Die
Exzentriks werden abnehmen, die Durchschnittsmenschen
ausgeglichener erscheinen. Und doch wird es sich um ein
völlig Neues handeln: alle werden Individualitäten sein.
Dann wird die individuelle Form der Masse die gleiche
Vertiefung ermöglichen, wie bisher nur die typische.

Dieser Tage schreibe ich, als wäre ich Evolutionist, als
glaubte ich so fest an den Fortschritt, wie ein Yankee. Das
tue ich wirklich, sofern es sich um Abendländer handelt,
und soweit von Fortschreiten überhaupt die Rede sein kann.
Daß unser Fortschrittsbegriff dem Naturprozeß unangemessen
sei, erscheint gewiß, und diese Erwägung erledigt Spencers
Theorie. Nicht bloß Pflanzen und Tiere bleiben von sich
aus durch Äonen die gleichen, und verwandeln sich bloß
in Reaktion auf eine sich wandelnde Außenwelt — auch
von den Menschen gilt gleiches überall, wo kein „Jenseits"
des Physiologischen ihr Leben regiert; so weist die russische
Geschichte vom fünfzehnten Jahrhundert bis auf gestern,
vom Menschen und seinen Motiven her besehen, nur Wiederholungen auf. Aber jene Theorie hätte so großen Anklang
nicht gefunden, wenn sie dem Intellekte nicht gemäß
wäre. Dieser ist wesentlich zielstrebig, notwendig fortschreitend; er steht nie still, ist unfähig sich zu bescheiden,
jedes Erkannte weist auf neue Erkenntnisse hin, die sich
schnurstracks dem Ideale zu bewegen. Wo Intellekt daher
das Leben dominiert, muß dieses fortschreiten, den Normen
jenes gemäß. Wir Westländer haben uns dem Intellekte
ganz verschrieben; unsere besondere Natur ermöglicht uns,
seiner Eigenbewegung in hohem Grad zu folgen, seine Ideale
sind unsere Ziele; also verändern wir uns gemäß dem Fort-
schrittspostulat. Wie weit dies gehen wird, bleibt abzuwarten; die an sich konservativ gesinnte Physis mag den

Forderungen des Geistes Schranken setzen, die er nicht
überwinden kann. Immerhin ist Fortschreiten ins Unbegrenzte hinaus denkbar. Und da Glaubensinhalte reale
Mächte sind und Ideale überaus mächtige Attraktionszentren,
so mag die Zukunft der weißen Menschheit noch Erfüllungen
bringen, die keine Gegenwart versprach.

Mit den Missionaren kann ich mich aber trotz besten
Willens nicht befreunden. Freilich gibt es große und
edle Menschen in diesem Beruf, aber sie sind undicht ge-
säet und erfüllen ihn dann auch entsprechend schlecht:
sie wollen nie eigentlich „bekehren". Es ist und bleibt
eine Beschränkung, seine Meinung anderen aufzudrängen,
was sich praktisch deutlich genug darin erweist, daß alle
richtigen Missionare beschränkt sind. Hier an Bord habe
ich mich mit einigen unterhalten, welche jahrelang in China
gewohnt haben: die haben es tatsächlich zuwege gebracht,
von den Vorzügen des Konfuzianismus nichts zu merken!
Solche Blindheit ist wahrlich gottbegnadet, nur auf über-
natürliche Weise zu erklären. Die christlichen, zumal die
protestantischen Missionare sind mit verschwindenden Aus-
nahmen verständnislos, engherzig und seelisch roh. Wie
kläglich wenig gilt von ihnen, was von den Aposteln des
Bahaitums gilt, denen Baha'u'llah, ihr Messias, die schöne
Weisung gab: „O Kinder von Baha! Verkehrt mit allen
Völkern der Welt, mit den Bekennern aller Religionen im
Geist vollkommener Freudigkeit. Erinnert sie daran, was
allen frommt, aber hütet euch davor, das Wort Gottes
zum Stein des Anstoßes oder zur Quelle gegenseitigen Hasses
zu machen. Wenn ihr wißt, was der andere nicht weiß,
so sagt es ihm mit der Zunge der Freundlichkeit und Liebe.

Nimmt er es an und auf, so ist das Ziel erreicht; weist er
es ab, so betet für ihn und überläßt ihn sich selbst; nie
dürft ihr ihn belästigen ..."

Wahrscheinlich sind die Missionare des Anfangs unserer
Zeitrechnung nicht viel besser gewesen. Und wenn ich nun
dessen gedenke und der Höherentwicklung, die sie trotzdem eingeleitet haben, dann wird meine Stimmung denen
von heute gegenüber milder. Freilich ist es ein Unglück,
daß sie Indien und China heimsuchen, denn die Bewohner
dieser Länder stehen teilweise geistig, teils moralisch und teils
spirituell zu hoch über denen, die sie belehren kommen, als
daß sie irgendwie förderlich wirken könnten. Aber zu roheren
Völkern mögen sie gehen; denen werden sie ebenso nützen
können, wie ihre Vorgänger unseren barbarischen Vorfahren
genützt haben. Ja, denen werden sie sich förderlicher erweisen, als die Verkünder tieferer Weisheit es vermöchten,
denn unzweifelhaft eignet dem Christentum eine einzigartige formende Macht; es ist die einzige spiritualistische
Religion, welche solche besitzt. Und sie besitzt diese anscheinend ganz unabhängig von der Qualität derer, welche
sie verkünden, und von dem geistigen Wert ihrer Dogmen,
denn dieser Wert ist, verglichen mit dem des Brahmanismus und beider Buddhismen, gering. Er hat sich sogar
stetig verringert im Lauf der Jahrhunderte, denn wenn die
frühesten Kirchenväter spirituelle Einsicht besaßen, so gilt
dies schon wenig von Luther und Calvin, und gar nicht
von den Handwerkern und Schwarzarbeitern, die in Amerika
als Religionsstifter auftraten. Aber nahezu im gleichen
Verhältnis, wie der geistige Wert des Christentums sank, ist
der praktische, die Effikazität, gestiegen. Es kann nicht geleugnet werden, daß der Protestantismus Menschen von
größerer Idealität formt als der Katholizismus, und daß

—

die noch so alberne Dogmatik der amerikanischen Sekten den Geist des Christentums in ihren Bekennern zu einer Macht herangebildet hat, wie er dies früher nie gewesen ist. Wie ist dies zu verstehen? — Eben dahin, daß der Geist des Christentums ein Geist der Praxis ist, weswegen es nicht allzuviel bedeutet, an welche dogmatische Vorstellungen er jeweilig geknüpft erscheint.

Von hier aus allein ist es möglich, dem Christentum gerecht zu werden. Es ist nicht wahr, daß die Lehren Jesu Christi an philosophischem Tiefsinn ein Maximum bedeuteten; selbst das Johannesevangelium wirkt unzulänglich, verglichen mit der Bhagavat-Gîta. In den Lehren Sri Krishnas und der Mahāyāna-Religion stehen die Grundideen des Heilands des Westens in tieferer Fassung da, erscheinen überdies in einen Zusammenhang hineinbezogen, der jenem wohl ganz verborgen geblieben war, und ihnen doch erst ihren eigentlichen Sinn gibt. Vom Standpunkt metaphysischer Erkenntnis her betrachtet, stellt das traditionelle oder buchstäbliche Christentum sich als ein ganz Vorläufiges dar. Aber es ist überhaupt keine Religion der Erkenntnis, sondern eine der praktischen Tat, und als solche überragt sie alle anderen. Wie ich's schon schrieb: unter den christlichen Völkern allein sind die Ideen der Liebe, der Barmherzigkeit, der Humanität zu objektiven Mächten geworden, und dies bedeutet, daß das noch so unvollkommen erkannte Metaphysisch-Wirkliche durch das Christentum in der Erscheinung besser verwirklicht wird als durch irgendeinen anderen Glauben. Dessen Stifter waren eben wohl oberflächlichere Erkenner, aber tiefere Täter als Krishna und Açvagosha; ja, insofern beide Teile die Erscheinung gestalten wollten, waren jene die tieferen schlechthin, denn in der Sphäre des aktuellen Lebens ist die Fassung einer

Idee die absolut beste, die sich am besten bewährt — gleichviel, wieweit sie geistig befriedigt. Dies ist der Sinn jener
Überlegenheit des Christentums, welche die Geschichte
beweist, so sehr der einseitige Geistesmensch an ihr zweifeln
mag.

Und dieses rechtfertigt zugleich die Mission. Die beschränkten Menschen, welche ausziehen, ihre unmaßgeb-
lichen Meinungen anderen Leuten aufzudrängen, verkünden
durch ihr Sein doch ein echtes Evangelium: das der Arbeit
und der schöpferischen Tat. Sie geben ein Beispiel hohen
Opfermuts, nie ermüdender Initiative, unbeirrbarer Konsequenz, des festen Willens, dem Guten zum Sieg zu verhelfen. Das ist ja das Wesentliche der westlichen Kultur,
daß sie nichts als unabänderlich gelten läßt. Wir halten
für möglich, die Welt von Grund aus umzuwandeln, unsere
höchsten Ideale der Wirklichkeit einzuverleiben. Dieser
Geist der Kampflust, des Muts, des Optimismus ist dem
Orient fremd; er steht Menschenkraft zu skeptisch gegenüber, er weiß zu viel . . . Oder hat er am Ende Wichtiges
übersehen? Hätte ich, bei meinen bisherigen Betrachtungen,
den Nachdruck auf den falschen Ort gelegt? — Die ersten
amerikanischen Möwen kommen geflogen. Die psychische
Wasserscheide ist überschritten, unaufhaltsam zieht es mich
zu okzidentalischer Seinsgestaltung zurück. Und nun erkenne ich, daß die praktische Überlegenheit des Christentums ihrerseits Ausdruck eines unbedingten metaphysischen
Vorzugs ist: es verkörpert, wie keine andere Religion, den
Geist der Freiheit. Auf zwei Weisen allein kann der natur-
bedingte Mensch sich frei erweisen: indem er innerlich ja
sagt zum Geschehen, und indem er ihm initiatorisch die
Richtung gibt. Dementsprechend resümieren die christliche
Ethik zwei Gebote: daß jeder sein Kreuz auf sich nehmen

soll, und jeder furchtlos und opferfreudig kämpfen für den Sieg des Guten: Diese leiten wahrhaftig einen jeden zu einem Leben der Freiheit an: Wenn die Inder, die tiefsten Erkenner, praktisch versagen, so liegt dies daran, daß sie innerhalb der Erscheinung ihr freies Wesen nicht auszuprägen wissen: Anstatt ihr Kreuz auf sich zu nehmen, gedenken sie seiner Unwesenhaftigkeit, was sie ebensowenig entbindet, wie das Verleugnen eines unliebsamen Verwandten die Verwandtschaft aufhebt; anstatt ihre Erkenntnis ihrer Wesenseinheit mit Brahman, der sich in dieser Welt immer voller und voller manifestieren will, zur Tat werden zu lassen, indem sie überall Initiative bekunden im Sinn des Gottgewollten, schauen sie bloß zu, wie Gott sich selber hilft: Wir nun wissen nicht entfernt so viel wie jene; aber Christi Lehre leitet uns an, unbewußt im Sinn ihres Wissens zu leben: So sind wir zur Tat berufener als sie. Wir sind Gottes Hände. Diese Hände als Hände sind blind, und ihre Blindheit hat viel Unheil angerichtet. Aber werden sie einst geführt vom erkennenden Geist, so wird ihnen gelingen, soweit solches überhaupt möglich ist, das Himmelreich auf Erden zu begründen.

VIII.

AMERIKA

SAN FRANCISCO

Im Westen zurück. Wie gut, daß ich als erstes den fernen Westen zu Gesicht bekam! Diese Welt ist so extrem okzidentalisch, daß die innere Umstellung, deren es bedarf, um in sie einzudringen, die Bilder des Orients selbsttätig verdrängt. So sehe ich mich über den unglücklichen Übergangszustand, da das Bewußtsein von Altem und Neuem in unreinem Gemenge übervölkert ist, auf einmal hinausgehoben:

Am ersten Tage nahm ich den Tee, in der Vorstellung, ich müßte noch am Gestern haften, in dem entzückenden japanischen Teehaus, das dem Spaziergänger am goldenen Tore Rast gewährt. Was kam mir da als erstes in den Sinn? Daß die gezwergten Bäume sich danach sehnten, zu Riesen auszuwachsen! Nie kam mir solche Vorstellung in Japan; sie ist dessen Geist zuwider. Also hatte ich schon am ersten Tag das Verhältnis zum Orient verloren: Die Luft Kaliforniens muß eine ungeheure Bildungskraft besitzen: Ich beobachte, was in mir vorgeht: es ist eine richtige Metamorphose: Das Bewußtsein des Seins tritt zurück, es potenziert sich dasjenige des Werdens; und schon treten die Imperative in den Vordergrund, die im Subjektiven überall die objektiven Naturtendenzen spiegeln: man soll werden, soll wachsen, soll fortschreiten; offenbar lag dieses Sollensgefühl meinem Eindruck zugrunde, der vom so ganz un-

wahrscheinlichen Wachsenwollen der japanischen Zwerg-
pflanzen kündete: Dabei fällt mir ein, daß ich im Osten
niemals „gesollt" habe: Wäre ein Kant, ein Fichte im
Orient möglich gewesen? Ich glaube nicht: Wo das Bewußtsein des Seins überwiegt, dort ist die Not des Ent-
stehenwollens unbekannt; dort können Homunkulusgefühle
nicht aufkommen; dort scheint es unnötig, zu gebieten:
„Werde, was du bist." Der Tatbestand ist dort wie hier
prinzipiell der gleiche, allein der Mensch stellt sich anders
zu ihm: Der Missetäter im Osten kennt kein Sündigkeits-
gefühl, der Streber hat dort dennoch Geduld; wer sich da
noch so brünstig nach Vollendung sehnt, sich der Unzulänglichkeit der Gegenwart noch so bewußt ist, verspürt
doch selten den inneren Drang, die Entwickelung abzukürzen: Man sagt, der Orientale habe Zeit. Die Wahrheit
ist, daß ihm das Zeitbewußtsein fehlt; deshalb stellen sich
ihm die Wesensprobleme unabhängig von ihrer temporellen
Aktualisierung: Nie würde ein Chelā es aushalten, ein
Menschenalter bei seinem Guru abzuwarten, ob er nicht
der Erleuchtung teilhaftig würde, wenn die Zeit ihm ein
Wirkliches wäre; wo sein Bewußtsein überhaupt an der
Erscheinung haftet, also z: B. im Zustand der Verliebtheit,
ist der Hindu nicht geduldiger als wir: Das Typische für
den Inder ist eben, daß er sich seines eigentlichen Seins
als solchem normalerweise bewußt ist, so daß der Sünder
sich wesentlich als Heiliger fühlen kann, der Anfänger als
Vollendeter, der Narr als Weiser, weshalb es nicht unerläß-
lich erscheint, das Sein im Werden auszuprägen: So haben
weder die indischen noch die chinesischen Weisen in unserem
Sinn Gebote aufgestellt: Sie haben gesagt: wenn du das
tust, so wirst du vollendet; wenn du so bist, dann hast du
es erreicht; wenn du den Fehler begehst, dann wird deine

Entwickelung aufgehalten; Nie sagten sie: du sollst das
tun; Der Orient kennt kein „Sollen", weil er „ist"; wir,
die unaufhaltsam Werdenden, sehen das Sein in der Form
eines „Gesollten" vor uns;

Wie seltsam, wieder einmal zu sollen! Nun werden neue
Werte zu bestimmenden: die Leistung wird entscheiden
über den Wert des Seins, der Erfolg über den des Wollens;
Nun erhält die Erscheinung einen absoluten Sinn, da das
Absolute in ihr zum Ausdruck kommen soll. Die Zustände
des Daseins stellen sich nicht mehr als gleichwertige Gegebenheiten dar: nun ist der Reiche mehr als der Arme,
der Starke mehr als der Schwache, der Weise mehr als der
Narr; Es gilt nicht mehr, eine gegebene Stellung auszu-
füllen, sondern die denkbar günstigste zu erringen. Welche
Daseinsform ist vorzuziehen, die östliche oder die westliche?
Darf ich noch urteilen? Schon bin ich nicht mehr unbefangen. Schon will ich so stark wieder werden, entstehen,
erschaffen, gestalten, vollenden, schon füllt das Wollen als
solches so sehr mein Bewußtsein aus, daß ich mich in eine
andere Existenzart nur schwer hineinversetzen kann: Aber
so viel scheint wohl unbestreitbar: für diese Welt hat der
Westen das bessere Teil erwählt; Um das Recht, das ideell
ewig gilt, zur Geltung zu bringen, bedarf es der Gewalt,
an sich selbst ist es machtlos; zur Darstellung noch so wahrer
Ideen sind materielle Mittel nötig; So sehr die östliche
Lebensmodalität dem Erkenner frommt, zur Umsetzung
des Erkannten in Taten ist die westliche besser; Vom Standpunkte dieser Welt ist es Schimäre, wenn der Sünder sich
als Heiliger fühlt — er muß heilig werden, seine Erscheinung ändern, wenn er sein Wesen hier verwirklichen
will. Das Werden aber beherrscht nur, wer es ernst nimmt,
sich bewußt mit seinen Phasen identifiziert; nur der be-

schleunigt es, wer seinen Willen fest aufs Ziel richtet, und
dies vermag nur, wer es in Form eines irgendwie Gesollten
vor sich sieht. Die Inder, in der Ideenwelt zu Hause, haben
sich nur treiben lassen vom Strom des Geschehens. Wir
wissen ihn zu lenken.

IM YOSEMITE-TAL

Wirklich entrückt bin ich dem Orient doch noch nicht:
er bildet den Hintergrund meines Abendländerer-
lebens, dank welchem dieses ein Relief erhält, das ihm sonst
abging. So finde ich es nicht selbstverständlich, es fällt
mir auf, daß mein Selbstgefühl sich mehr und mehr in den
Grenzen meiner Person zusammendrängt. Großartig ist die
Natur, die mich umgibt; in gleicher Landschaft, in Indien
oder in China, hätte ich mein Ich schon längst im All verloren. Mit den Felsen würde ich mich lasten fühlen, die
in steiler Mauer das Schwemmland des Yosemite einfassen;
ich erlebte mich als Seele der Fälle, deren Wassermassen
nach vielhundertfüßigem Sturz das Tal als zartes Nebel-
bild erreichen; in jeder Tanne strebte ich himmelwärts.
Hier bin ich nicht selbstverständlich eins mit dem, was
mich umgibt. Ich scheide zwischen mir und den Felsen,
die Wasserfälle sehe ich außer mir, der Geist der Wälder ist mir
ein Du. Und versetze ich mich absichtlich in das hinein,
was doch wesentlich zu mir gehört, so ist mir, als eroberte ich
es. Mein Weltgefühl äußert sich als Trieb zur empirischen
Expansion. Ich kann nicht mehr hinein in die Natur, ohne
mein Ich mit hineinzunehmen; dessen Gewebe scheint zu dicht
geworden, als daß es sich als Geist in ihr verbreiten könnte.

Dementsprechend gesteigert erscheint mein Daseinsgefühl.
Die Kraft, welche jüngst erst den Weltraum ausfüllte, ist

nun in den Grenzen meines Individuums zusammengedrängt.
Dadurch erhält dessen Energie einen Stärkegrad, wie ich
ihn in Indien niemals erlebt habe. Wohl bin ich ursprünglich nicht eins mit der Welt rings um mich her, doch was
sollte mich hindern, es zu werden? Warum sollte ich den
Himmel nicht erstürmen, den Erdkreis nicht einnehmen?
Mir ist, als vermöchte ich alles, was ich nur will, und es
drängt mich, es zu beweisen. — Dieses also wäre der Sinn
des westlichen Eroberertums! Wir stellen das Problem im
Rahmen von Raum und Zeit, das der Inder unabhängig
davon zu lösen trachtet, aber es ist doch ein gleiches Problem!
Ich fühle mich auch nicht oberflächlicher geworden, als
ich in östlicher Gestaltung war, wenngleich die bestimmten
Aufgaben, die sich mir stellen, allesamt an der Oberfläche
der Dinge haften. Wie seltsam, daß ein gleicher innerer
Sinn so grundverschiedenen Ausdruck finden kann: dort
als mystische Erkenntnis, hier als Trieb zur Eroberung;
dort als allverstehendes Genügen, hier als blinder Drang
zum Erwerb. Aber der Sinn ist wohl überall Einer, und es
hängt von den Umständen ab, ob er als Raubtier oder als
Reh, als Selbstlosigkeit oder Begehren, als Verstehen oder
Tun zutage tritt.

In Kalifornien wird mir zum erstenmal deutlich bewußt,
welcher Art die Verhältnisse sind, die das Phänomen des
Westländers ermöglichen, denn hier treten sie in extremer
Ausprägung zutage. Diese Luft ist ungeheuer vitalisierend;
noch nie habe ich über gleich viel kinetische Energie verfügt. Und fasse ich den Eindruck meines inneren Erlebens
mit der Anschauung der Pflanzenwelt zusammen, dieses
wahrhaftigsten Ausdrucks der elementaren Lebensbedingun-
gen, so erkenne ich unmittelbar, inwiefern das Vitalisierende
dieser Welt anderen Sinnes ist als das der Tropennatur.

Nirgends scheinen die äußeren Verhältnisse der Flora günstiger zu sein als in der Treibhausatmosphäre Ceylons; dennoch bedeuten sie für das Leben, von dessen Standpunkte
aus, kein Optimum: Dort ist es niemals stark; das Individuum ist nicht ausgeprägt; unaufhaltsam wuchern die Elemente über den Plan des Ganzen hinaus, das vereinigende
Band erschlafft, der Intensitätsfaktor leidet. Bei Gewächs
und Mensch tritt Gleiches in die Erscheinung: bei abnormem
Ausbreitungsvermögen Konzentrationsmangel. Die Grenze
zwischen Individuum und Gattung verschwimmt, das Einzelne verliert sich in der Masse. Gleich den Lianen wuchern
die Geschlechter, wie das Unkraut die Gebilde der Phantasie; nur ausnahmsweise kommt es zu scharf umrissenen,
innerlich festen, starken und eindeutigen Gestalten. — In
Kalifornien drängt alles zur Individualitätenbildung; So
günstig die äußeren Umstände seien, das innere Moment
dominiert. Der fabelhaft fruchtbare Boden treibt keinen
Dschungel, sondern einzelne Baumriesen hervor.
  Die größere Individualisiertheit, die den Westen dem Osten
gegenüber auszeichnet, bedeutet sonach weniger Beschränkung, als Potenzierung der Lebensmöglichkeiten; oder genauer ausgedrückt: der Verlust an üppigem Reichtum kommt
der inneren Spannkraft zugute. Gleichwohl spüre ich es
hier mehr denn je, gerade hier, wo sich die Natur dem
Westländersinn am holdesten erweist, inwiefern der Orient
uns voraus ist: Es fällt mir über die Maßen schwer, ein
geistiges Dasein zu führen; nur mit übergroßer Anstrengung
kann ich mich hier auf Ewigkeitsprobleme konzentrieren;
die große Natur um mich herum findet kaum ein Echo
in meiner Seele. Dies liegt nur zum geringen Teil daran,
daß ich mich in der Wildnis befinde, in einer Welt, in der
noch nie gedacht ward; es liegt hauptsächlich an den in-

timen Vorgängen, die sich in meinem Organismus abspielen
und dem Bewußtsein übermächtig aufdrängen. Ich spüre
mich wiederum wachsen, als ob ich mein physisch-orga-
nisches Leben neu begänne; ich fühle mich in den Zustand
zurückversetzt, da meine Lebenskraft mit der Bildung des
Körpers vollauf beschäftigt war. Aller Geist scheint im
Körperlichen gebannt. Dementsprechend ist alles Streben
stoffgebunden; wollte ich jetzt himmelan, ich könnte es
nur im Sinn der Tanne tun. — Unsere Welt ist eine Kinder-
stube, verglichen mit der östlichen. Seltsam, daß derartiges
einem an Bäumen so deutlich werden kann. Sie sind doch
alt genug, diese Riesen, die doppelt und dreimal so hoch,
wie in Europa, über den Erdboden hinausragen. Aber sie
gehören einer jungen Rasse an. Sie sind ein Urausdruck
des Lebens, gleich den vorsintflutlichen Riesentieren. Ich
würde mich kaum sonderlich wundern, wenn hier ein Mega-
therium meinen Weg kreuzte, und kein Schauer der Ehrfurcht vor grauem Altertum überkäme mich dabei, sondern
ein Gefühl heiterer Befriedigung darüber, wie jung diese
Welt noch ist.

Wir sind mehr materiell als spirituell gesinnt, weil wir
aus der Periode physischen Wachstums noch nicht heraus
sind; wir sind Materialisten im Sinn von Kindern. Aus
eben dem Grunde äußert sich unsere Energie zunächst
hauptsächlich in blindem Tätigkeitsdrang. Lebte ich länger
in diesem Land, auch ich entwickelte mich wohl zum Unter-
nehmer; mein Geist bildete sich mehr und mehr der Materie
ein, und die Idealität des Philosophen verwandelte sich in
die des Konquistadors. — Ich kann nicht behaupten, daß
diese Welt mir persönlich kongenial wäre. Und doch bin
ich mir über eines klar: ist es das Streben des Geistes, die
Erscheinungswelt zu durchdringen, ist es Bestimmung des

Menschen, diese Durchgeistigung herbeizuführen, dann hat
unser Materialismus mehr Zukunftswert als der Spiritualis-
mus Hindustans. Dieser steht der Natur machtlos gegenüber. Er meistert sie nicht; darum kann er sie nicht spiri-
tualisieren. Uns kann dies gelingen. Nur führt unser Weg
zunächst ins Herz der Materie. Wir müssen hinein, hindurch
durch alles das, worüber der Osten sich hinausschwang.
Wir müssen zeitweilig Materialisten sein.

In diesen Wäldern ist kein höherer Menschenschlag denkbar,
als derjenige Lederstrumpfs. Prachtvoll heben sich Rough-
riders, Indianer und Cowboys vom Hintergrund der wilden
Landschaft ab, in der alles so groß und so weit und zugleich so einfach ist; geistigere Typen wirken als Kümmerer.
Hier gilt es kühn und geschwind, entschlossen und skrupel-
los sein; die Prospektortugenden sind die Tugenden schlechthin. Wie sehr lebt der Conquistador im modernen Amerikaner fort! Raubwirtschaft treibt dieser mit Wald und Feld,
Raubwirtschaft mit den Menschen. Er ist kaum weniger
freizügig und ungebändigt, wie einst der Trapper.

Ich versetze mich in jene Knabenjahre zurück, da nichts
mich mehr vergnügte, als im Walde zu schweifen, da die
Jagdpassion meine stärkste Leidenschaft war, und der reisende
Abenteurer in fernen Weltteilen mein verstiegenstes Ideal
verkörperte. Jeder ordentliche Junge hat diesen Zustand
durchgemacht; er bezeichnet den normalen Bewußtseins-
exponenten der Periode stärksten Wachstums. Was soll man
denn anderes erstreben, wo der Arm täglich länger wird,
als täglich weiterzugreifen? und erstrebte man es nicht —
wie sollte er genügend erstarken? Allzu früh allzu hohe Ideale
zu bekennen, tut nicht gut. — Ja, jugendlich wirkt er, fast

primordial, der Mensch des Fernen Westens. Danach
sollten auch die wirklichen Schwächen der Amerikaner
beurteilt werden. Allerdings sind sie Barbaren und trotz
beneidenswert vorgeschrittener Institutionen höchst gefähr-
lich für den Bestand unserer Kultur: dem Schulbuben sind
gewisse Begriffe noch fremd, er kann nichts Schlimmes
daran sehen, daß er einen kostbaren Gegenstand zerschlägt.
Allerdings wirkt es mitunter recht komisch, wenn eine so
unreife Nation die Allüren einer erwachsenen annimmt:
aber noch habe ich keinen Bengel gesehen, der sich nicht
weiser als seine Eltern gedünkt hätte. Die auswärtige Politik
der Vereinigten Staaten ist Schülerpolitik, ihre Poesie Pri-
manerromantik. So soll es im Augenblick auch sein; wer
kein richtiger Junge war, reift nie zum Manne heran. Und
dann versagen Kinder doch nur dort, wo sie es mit Erwachsenen zu tun haben, diesen unverständlichen und ver-
ständnislosen Wesen; wo sie untereinander verhandeln, unter
ihren eigenen natürlichen Voraussetzungen, dort machen
sie es meistens sehr gut; ihre größere Unbefangenheit läßt
sie mitunter sogar als die absolut Weiseren erscheinen. So
hat Amerika eine Reihe innerpolitischer Probleme besser
als wir gelöst, ist das öffentliche Gewissen dort unbestech-
licher. Die Massen urteilen dort eben, wie Knaben in
moralischen Fragen urteilen: primitiv, in Bausch und Bogen,
von wenigen einfachen Voraussetzungen aus, insofern häufig
unweise und meistens grausam, doch dem Sinne nach selten
ganz falsch.

Der Europäer kommt sich leicht alt vor, wenn er sich
mit dem Amerikaner vergleicht. Er fühlt, wieviel er hinter
sich hat, wie sehr seine mögliche Zukunft von der Geschichte vorausbeschränkt ist. Viele naheliegende und in der
Theorie leicht durchführbare Verbesserungen in unserem

Zustand werden nicht mehr durchzuführen sein, es sei denn durch zerschlagende Gewalt. Wenn dieses Bewußtsein den Europäer niederdrückt, dann gedenke er des Orients und der Art, wie unsere Welt sich diesem darstellt. Der sieht keinen anderen Unterschied zwischen Europäer- und Amerikanertum, als daß ihm dieses typischer erscheint; auch wir muten ihn als ungefüge große Kinder an, die noch viel, viel zu lernen, und viel, viel Zeit vor sich haben. Und er hat recht. Wir modernen Westländer sind wesentlich jung. Reicht unsere Tradition auch fast so weit zurück, wie diejenige Indiens — heute vertreten wir eine Welt, die erst gestern entstand. Die Weltanschauung des Fortschritts, der Demokratie ist ein vollkommen Neues, steht der, welche sie ablösen kam, kaum näher als der chinesischen; sie aber hat uns geformt. Die letzten hundert Jahre haben die weiße Menschheit wieder jung gemacht. Indem sie den Akzent sozialer Bedeutsamkeit von den Ober- auf die Unterschichten verlegten, die am Erbe der Jahrtausende kaum teil hatten, haben sie Gleichsinniges bewirkt, wie zu Beginn unserer Ära der Barbarenansturm. Indem sie das Ideal aus dem Reich des Seins in das des Werdens hinüberzogen, haben sie auch den ältesten, sofern diese ergriffen sind vom modernen Geist, die Lebensmodalität der Jugend mitgeteilt. Der ganze Westen steht heute in den Flegeljahren. Und ist das nicht erfreulich? — Aus Jugendgebrechen wächst man heraus; das Dekadententum, die Neurasthenie unserer Tage sind im ganzen keine Alterserscheinungen, sondern Wachstumskrisen, gleich Bleichsucht und Weltschmerz; was als zunehmende Verrohung beklagt wird, bedeutet in Wahrheit, daß neue, urwüchsige Kräfte ins Dasein treten. Freilich schmerzt der Gedanke, daß die historische Rolle des Bildungsadels Alteuropas ausgespielt ist; allein irgendwann muß jeder Jüngeren Platz machen. Und dieses Abtreten bedeutet ja nicht den Tod: in edler Muße, unbekümmert um weltliche Ziele, mag das abendländische Kulturmenschentum noch lange fortblühen und dabei eine Abklärung erleben, die es im tätigen Leben nie gefunden hätte. Ja, es mag dann erst sein Bedeutsamstes leisten vom Standpunkt der Zukunft: gedenken wir des, wenn uns Wehmut übermannt, daß es Juden und Griechen waren, nicht Goten und Vandalen, denen die germanische Welt ihre richtunggebenden Impulse dankt.

IM MARIPOSA-HAIN

Hier stehen die gewaltigsten Bäume der Welt. Gegen sechshundert Exemplare der *Sequoia gigantea*, zwei- bis dreihundert Fuß hoch, fünf bis zehn Meter stark, bilden zusammen einen heiligen Hain, wie ihn ehrfurchtgebietender keine Romantik erdichten könnte. Es ist düster drinnen und kühl, trotz der Augustsonne, die im Mittag steht, ihre Strahlen finden den Weg durch die buschigen Kronen kaum hindurch; wie in ewiger Abendbeleuchtung glänzt das Rot der Stämme durch die Dämmerung. Die Giganten stehen da, aufrecht und frisch, als wären seit dem Tage ihres Aufkommens nicht Jahrtausende dahingestrichen. Nicht einsam, denn unter ihnen drängt sich das junge Volk; nicht abgestorben der Gegenwart, denn Jahr für Jahr fällt ihre Saat zur fernen Erde hernieder; nicht alt, denn ihnen droht kein natürlicher Tod.

Mich überquillt eine Welle tiefsten Glücksgefühls. Die Erde ist doch noch nicht altersschwach! Noch vermag sie Gewaltiges zu erhalten, Gewaltiges zu schaffen! Zum ersten Male schaue ich ohne Wehmut zu Großem auf. Nie habe

ich in paläontologischen Sammlungen ohne Bitternis die
Reste vorsintflutlicher Herrlichkeit betrachtet, nie ohne
Schmerz der Riesen gedacht, die unsere Zeit noch hie und
da, aus Atavismus oder Zufall, hervorbringt: denn nur zu
sicher dünkte es mir, daß die Schöpferkraft unseres Planeten
abstirbt, daß bald nur mehr Zwerge und Kümmerer auf
ihm werden dauern können. Nun sehe ich, daß der jüngste
der Erdteile noch die Urkraft der Urzeit besitzt. Dankbar
begrüße ich ihn als den Hort unserer Zukunft.

Keine Menschheit war je so sehr von physischen Verhältnissen abhängig, wie die weiße von heute; das ist, weil
diese sich ein Problem gestellt hat, wie keine vor ihr: sie
will sich ad indefinitum fortverändern. Anstatt sich an
vorgegebenen Zuständen Grenzen zu setzen, strebt sie über
alle hinaus, so daß keine erfolgte Anpassung ihr ein Endgültiges bedeutet. Nun ist aber nur der jugendliche Körper
veränderungs- und anpassungsfähig, und auch er nur bis
zu einem gewissen Punkt; deshalb kristallisieren alle Erwachsenen irgend einmal aus, haben alle Kulturvölker ihre
Entwickelung an irgendeinem Punkte eingestellt, ferneres
Neuwerden frischerem Blute überlassend. Für uns ist ideell
keine solche Grenze abzusehen; der besondere, flüssige
Charakter unserer Zivilisation läßt jedes feste Ziel, jeden
Stillstand undenkbar erscheinen, verlangt Neueinstellung
schier jeden Augenblick, mutet jedermann zu, solange er
mittun will, veränderlich zu bleiben — dies aber bedeutet:
vollkommen jung zu bleiben sein Leben lang. So ist unser
Problem in erster Linie ein physisches. Das ahnen viele:
wie nie vorher wird heute das Körperliche idealisiert. Schon
werden Evangelien gepredigt, in welchen Gesundheit eben
die zentrale Stellung einnimmt, wie die Liebe im christlichen. Aber was diese Apostel meist vergessen, ist, daß der

Mensch als physisches Wesen tief verwoben ist in den Zusammenhang der Natur und ohne sie wenig vermag. Schon
Verjüngung gelingt selten anders als durch Verpflanzung in
jüngeren Boden: ewige Jugend wäre nur denkbar in einer
Welt, welche selbst ewig jung bliebe. Um Körper zu gewinnen, wie wir sie heute brauchen, von grenzenloser Spannkraft, von nie versagender Plastizität, bedürfte es einer
unendlich vitalisierenden Umwelt, einer Welt, so jung, wie
sie am fünften Schöpfungstage war. — Diese scheint hier
vorhanden; die amerikanische Natur besitzt noch unge-
schwächt der Urzeit Schöpferkraft. Wie sie es schon vermocht hat, widerstehendste Rassen einzuschmelzen und in
kurzer Frist aus schier beliebigen Typen Amerikaner zu
machen — keine Menschenvarietät, sondern eine richtige
Menschenart — so mag ihr auch zugemutet werden, daß
sie den Körper erschafft, welcher der stetig steigernden
geistigen Spannung gewachsen und fähig wäre, sich immerdar
fortzuverändern.

In Amerika, wenn irgendwo, werden wir unsere Entwickelung vollenden. Bald wird Europa sein letztes historisch-
bedeutsames Wort gesprochen haben. Tradition an sich ist
eine Fessel, die von Geschlecht zu Geschlecht fester bindet,
zuletzt erstickt, und Europas Geschichte ist schon so lang,
daß ein radikales Frei- und Neuwerden auf seinem Boden
kaum mehr glücken wird, mögen sich seine Einwohner
noch so sehr verjüngen, durch noch so gewaltsame Umwälzungen dem Verhängnis zu steuern trachten. Auch dieses
Mal wird sich die alte Wahrheit erweisen, daß neue Kulturen
nur auf neuem Boden wachsen; auch am jüngsten historischen
Wendepunkt wird das Problem der neuen Form nicht vom
Reifsten, sondern vom Rohesten gelöst werden. Und daß
es so kommen muß, leuchtet für diesen Fall unmittelbar

ein: indem wir Abendländer es unternahmen, nicht, wie
alle Kulturen bisher, unser Leben bloß am Ideenreich zu
orientieren, sondern dieses dem Erdreich einzuverleiben, beginnen wir recht eigentlich eine neue Schöpfungsepoche;
wir heben als geistig-seelische Wesen eben dort an, wo die
Physis in der Trias anhub. Deshalb paßt der neuweltliche
Mensch in den Sequoia-Hain, diese Oase der Vorwelt, besser
hinein, als in die Ruinenfelder Roms.

Ich blicke die Baumriesen entlang: wie symbolisch ist
diese Gestaltung! Persönlichkeiten wie sie brauchen Raum;
sie können nicht so dicht nebeneinander wohnen, wie geringere Wesen, sind notwendig hochfahrend und exklusiv.
Das Unterholz des Mariposa-Hains, verkümmert, zukunftslos, würfe gewiß, wenn es denken könnte, die soziale Frage
auf. In den Tropen verfiele es nie darauf. Dort ist es nicht
soweit individualisiert, um aus dem Naturzusammenhang
hinauszustreben, wird sich darum etwaiger Bedrücktheit
kaum bewußt. Weshalb hat das Ideal der Gleichheit den
Westen entzündet, wo es unter den bedrücktesten Orientalen
noch nie aufrichtige Anhänger fand? Weil unsere Ent-
wickelungsrichtung immer wachsender Ungleichheit zuführt,
im Orient hingegen die äußerste Gleichheit der Gelegenheiten besteht, die auf Erden überhaupt denkbar erscheint:
der Zustand, wo jeder, wer er auch sei, an der Stelle verharren muß, in der er geboren ward, wo keiner besondere
Chancen hat. Im modernen Westen darf jeder das Äußerste
wollen; dieses erreichen immer nur ganz wenige, und die
übrigen murren dann. Unsere Art, das Problem des Lebens
zu stellen, ist nicht falsch, aber sie schließt eine endgültige
Lösung aus. Will man keinen statischen Gleichgewichtszustand unabänderlich ungleicher Lebenslagen gelten lassen,
so muß man sich immerdar fortbewegen, denn Gleichheit

im Sinn eines statischen Gleichgewichtszustandes unabänderlich gleicher Lebenslagen kann es nicht geben; sie widerspricht der Natur der Dinge. Die modern-okzidentalische Stellung des Lebensproblems — gleiche Gelegenheiten für jedermann — bedingt ewigen Kampf.

AM GRAN CAÑON DES COLORADO

Vor dem ungeheueren ·Bilde des Gran Cañon muß ich an Kants Definition des Erhabenen denken: erhaben sei ein Gegenstand, dessen Betrachtung das Gemüt dazu bewegt, sich die Unerreichbarkeit der Natur als Darstellung von Ideen zu deuten. Hier sind die Ideen, die das anorganische Geschehen regieren, mit einer Klarheit, Großzügigkeit und Kraft zur Darstellung gebracht, wie nirgends sonst. Hier hat ein einziger Strom in rastloser, stetiger Arbeit ein weites Hochplateau so tief und gründlich erodiert, daß der Mensch, der.vom Gesimse des Cañons, vom ursprünglichen Flußbette her, auf das heutige blickt, nach unten zu ein ähnliches Bild gewahrt, wie himmelwärts in den Vorbergen der Himalayas; was er sieht, ist eine Hochgebirgslandschaft in der Unterwelt. Dieses Werk eines ruhig dahingleitenden Flusses wirkt erhabener als alles, was plutonische Gewalten je vollbracht, weil es ohne außerordentliche Mittel erschaffen ward; hier erkennt man, ehrfürchtig erschauernd, wie allvermögend die Kräfte des Alltags sind. Am Gran Cañon des Colorado treten die Bahnen, die das Geschehen wandelt, mit unvergleichlicher Klarheit an den Tag, denn die entscheidende, bestimmende Kausalreihe wird von anderen kaum durchkreuzt. Hier hat keine Katastrophe vorgearbeitet, kein Leben die Ecken abgerundet und übermalt. Alles erscheint im ganz Großen unternommen und ausgeführt. Der Colorado hat sämtliche Formationen, von der glazialen bis zur archaischen hinab, durchstochen. Nur seine Anfangsbeschleunigung und die Schwerkraft auswirkend, ist er zielbewußt, schlicht und geradeaus, vorgegangen, ohne andere Werkzeuge, als die er von Natur besaß, ohne kleinliche Rücksicht und ohne Gewaltsamkeit. Wo die Bahn ihm gleichmäßig freilag, hat er sich` ausgebreitet, ganze Provinzen flachen Landes dabei zu Gebirgen umwandelnd; wo nur ein Weg in Frage kam, dort hat er seine Kraft zusammengefaßt und die Ausdehnung in Spannung umgesetzt; überall aber war das Ergebnis sehr gut. Hier hat wohl die Idee der Wasserkraft, wie Plato sagen würde, ihren vollendeten Ausdruck gefunden. Die Wasserkraft ist leblos: symbolisch-wirkungsvoller könnte dies kaum zum Ausdruck kommen, als hier geschieht, in diesem größten aller geologischen Aufschlüsse, in dem sich der Strom durch das Leben aller Zeiten hindurch seinen Weg gefressen hat. Die anorganischen Kräfte sind abwärts gerichteten Sinns, sie laufen wie ein Uhrwerk ab, unvermögend sich selbst aufs neue aufzuziehen: in grandiosem Sinnbild stellt dies der Cañon dar, wo das Hochgebirge dem Hades angehört und nicht aufgetürmt, sondern ausgeschnitten erscheint. Hier steckt hinter dem Werk kein lebendiger Geist, hier tritt kein Zweck in ihm zutage. Planlos ist es begonnen, planlos vollendet worden. Und doch ist es ein Denkmal höchster Weisheit. So klug als nur irgendein Techniker hat der Strom alle Hindernisse überwunden, tiefer als jeder Architekt den Eigensinn der Materie verstanden, nicht schlechter als ein größter Landschaftsmaler das Einzelne zum Ganzen in notwendige Beziehung gesetzt. Die Gesetze des berechnenden Verstandes sind eben keine anderen als die Normen der Weltordnung selbst; die Natur handelt immer vernunftgemäß;

sie bedarf keiner vernünftigen Leitung. So ist Vollkommenheit ihr Schicksal überall, wo sie Begonnenes ganz durchführen darf.

Der Gran Cañon des Colorado ist nicht allein in diesem Sinne schön: die strengen, von kosmischer Vernunft gezogenen Linien erglänzen in einer Farbenpracht, wie kein Venezianer sie hätte reicher, kein Turner phantastischer erdichten können. Diese tote Welt scheint des ewigen Lebens teilhaftig. Jeden Augenblick drückt sie neue Stimmungen aus, jede Stunde wechselt ihr Charakter. Was unterscheidet die Schönheit, nach der wir streben, von der, die in der toten Natur so herrlich verwirklicht erscheint? — In dieser ist sie ein mechanisches Ergebnis; der Kosmos ist der Endzustand des Chaos, es gibt kein „über ihn hinaus". Das Ideal der Schönheit ist eine treibende Kraft, es weist uns himmelwärts. Das letzte Wort der Natur, ihr Vermächtnis gleichsam, ist die Zauberformel, die dem Geiste höhere Welten erschließt.

Wie ein Lächeln spielen die zarten, schmelzenden Farben auf dem tiefgefurchten Antlitz des Gran Cañon. Schaut nicht auch manches Menschengesicht im Todesschlaf verklärter aus, als je im Leben? Ich stelle mir vor, daß, wie heute wir Menschen ehrfurchtsvoll vor diesem Wunder des Todes stehen, so einst höhere, verklärtere Geister voll Andacht über der Leiche der Erde schweben werden. Unsere mächtigsten Denkmäler werden noch ragen, wenn es längst keine Menschen mehr gibt. Bisweilen werden ihnen die Strahlen der röter gewordenen Sonne den Abglanz des Lebens verleihen. Vielleicht werden die Taten des Geists am erhabensten wirken, wenn ewiger Tod des Lebens Unrast abgelöst haben wird.

Sinnend blicke ich in die Unterwelt. Kant spricht von der Unerreichbarkeit der Natur, die erhaben wirke ... : Ist die Natur noch unerreichbar? Hat der Mensch sie nicht schon heute übertroffen? Gelänge ihm nicht, was der farbige Strom in Jahrmillionen geleistet, in einem Jahr? — Morgen glückt es ihm sicher. Es gibt keine materiellen Hindernisse mehr, die prinzipiell unüberwindlich wären. Selbst der Wunsch des Archimedes, sein δός μοι ποῦ στῶ, wird dereinst wohl erfüllt; am Ende der Zeiten zieht dieser Planet, um der Schmach der Zerkrümelung zu entgehen, vielleicht vor, zu freigewählter Stunde zu zerspringen.

Allein der heutige Mensch herrscht nicht als Gott, sondern als Erdgeist. Materiell dominiert er die Natur, er übersieht sie nicht; anstatt sie seinen Idealen gemäß zu lenken, tut er meist nur das, was die Elemente selber von ihm heischen. Er gleicht jenen Flußgöttern, an welche die Alten glaubten, deren Herrscherwille mit dem natürlichen Gefälle zusammenfiel. Ja, er ist unweiser als diese insofern, als er den Umständen weniger Rechnung trägt, weniger schön und weniger dauerhaft bildet; hätte er den Gran Cañon gegraben, dieser wäre kein Wunder der Schönheit, er gliche einer Fabrik in Ruinen, und die Ruine hielte nicht lange stand. Der moderne Mensch läßt sich von der blinden Natur, deren Eigenwillen er nur halb versteht, sein Streben diktieren. Über grenzenlose Kräfte verfügend, strebt er ins Grenzenlose, des uneingedenk, daß sein Leben streng an Grenzen gebunden ist. Sein Ideal paßt er seinem Vermögen an, nicht umgekehrt; er will unendlichen Reichtum, unendliche Macht, und da er diese für sich nicht zu nutzen weiß, so verschreibt er sich ihnen. Das Geld wird dem Geschäftsmann zum Selbstzweck, dem er sich opfert, den Völkern die Macht; das Interesse des Kapitals verfügt bewußtlos Missetaten, die kein

Verbrecher willkürlich vollführte, das Machtstreben der Staaten, in Rüstungen objektiviert, führt zu Vernichtungskriegen, ob auch alle Individuen nur Frieden wollen. Was Jahrhunderte organisch aufgebaut, wird in Sekunden zersprengt; was bewußter Wille geschaffen, dient dem Geist nicht des Lebens, sondern des toten Stoffs. Unser Zeitalter ist eins der Zerstörung wie keins zuvor, weil der Mensch Kräfte nutzt, die für ihn zu groß sind.

Die Mahatmas, die stillen Übermenschen des Himavat, beherrschen sie seit je; doch überantworten sie ihr Geheimnis nur dem Chelâ, der sie wohltätig zu brauchen weiß. Nun ist es der törichten Masse verraten worden ... Dennoch ist dies, so wie die Dinge heute liegen, nicht zu beklagen. In einem Zeitalter, wo keine Kastenunterschiede gelten, wo es heißt: gleiche Gelegenheiten für jedermann! kann nicht mehr die Rede davon sein, daß dem Menschen nur das zuteil wird, wozu er innerlich reif ist: er muß vielmehr heranreifen an der Erfahrung. Deren harte Schule macht schließlich sogar den Narren klug. Sicher bezeichnet sie, wo es nicht einzelne, sondern alle zu belehren gilt, auch den kürzesten Weg. Die Erfahrungswissenschaft hat für die Aufklärung der Massen mehr getan, als die Weisheit der Adepten; die Freiheit, welche jeden seine Dummheit ausleben läßt, hat jene schneller gefördert als brahmanische Bevormundung. So wird gerade der Mißbrauch der Naturkräfte am schnellsten zu ihrer weisen Benutzung führen. Wenn die Mittel zur Zerstörung allzu groß geworden, wird kein Volk mehr leichtfertig den Krieg erklären; die Folgen grenzenloser Ausbreitung werden klar beweisen, daß der Mensch zur Selbstbeschränkung geboren ist. Die Natur der Dinge führt am Ende überall zu eben dem, was die Erkenntnis der Weisen antizipiert hatte.

So darf man nicht verzagen; unsere Zukunft ist licht,
wie furchtbare Prüfungen uns auch inzwischen heimsuchen
mögen. Hat der Mensch einmal gelernt, die Kräfte außer
sich so zu regieren, wie der Weise seine Leidenschaften
beherrscht, dann wird der Erdgeist sich zum Halbgott verwandeln. Dann werden die blinden Mächte ein dankbares
Mittel sein, das Ideal in der Erscheinung zu verwirklichen.

DURCH KALIFORNIEN

Indem mich der Zug durch Kaliforniens Obstfelder trägt,
muß ich ans Gutachten Mong-Tses zurückdenken: besser,
als gute Ackergeräte beschaffen, ist günstiges Wetter abwarten. Hätten die Einwohner also gedacht, Kalifornien,
heute der Garten der Erde, wäre Wüste geblieben; von
der Natur ist es zur Wüste bestimmt. Die Niederschläge
sind dermaßen spärlich, daß nur Wüstengewächse, Yuccas
und Zwergkiefern, von selbst gedeihen; der Boden ist von
der Sonne ausgedörrt; die Wasser, die im Frühjahr und
Herbst von der Sierra Nevada herabstürzen, haben sich längst
tiefe Betten ausgegraben und berieseln die weite Fläche
nicht mehr. Der Mensch nun hat ihnen neue Wege gewiesen; wo sie nicht ausreichen, pumpt er aus künstlichen
Brunnen das nötige Naß herauf; so ist Kalifornien heute
die vielleicht fruchtbarste Landschaft der Welt. — Das ist
unser, westlicher Natursinn im Gegensatz zum ostasiatischen.
Wir fügen uns nicht ein in ihr Bestehendes, wir wandeln
sie um. Um dieses jedoch zu erreichen, müssen wir sie
tief verstanden haben; nur ihren eigenen Gesetzen gemäß
läßt sie sich unterwerfen und regieren. So sind auch wir
ihrem Herzen nicht fremd. Nur verhalten wir uns anders
zu ihr. Der Ostasiate ist ihr innigster Versteher. Der Chinese

behandelt sie wie ein liebender Sohn, der voll Pietät und
Aufopferung auch die väterliche Härte gern erträgt, und
sich nie eine Kritik gestattet; der Japaner wie eine Freundin
die andere; er läßt sie gelten, liebt sie, so wie sie ist, doch
er hilft ihr, sich möglichst vorteilhaft darzustellen. Unser
Verständnis ist dem des — Schulmeisters vergleichbar.
Wir versetzen uns in ihre Eigenart hinein, doch nur zu dem
Zweck, sie unseren Idealen entsprechend umzuwandeln.
Sie soll anders, besser werden als sie war. Gleich allen
Schulmeistern leiden wir an Verständnislosigkeit für das
Individuelle. Es gelingt uns wohl, allgemeine Typen heran-
zuzüchten — also Äcker, Wiesen, Wälder als solche, Beamte
zu bestimmter Funktion — auch eine durchschnittliche
Natur zu ihrer höchsten Vollendung zu bringen (ein fruchtbares Wiesenland ist schöner als ein unfruchtbares), aber
eine bestimmte, außerordentliche Natur ihr selbst entsprechend zu behandeln, glückt uns, dem Schulmeister-
schicksal entsprechend, schlecht. Überall, wo absolute Zweckmäßigkeit erreicht erscheint, ist Schönheit der unabwend-
bare Erfolg. Die amerikanischen Kulturländereien sind
meistens häßlich, weil hier auf das Eigenartige noch gar
keine Rücksicht genommen wird.

Aber das wird kommen. Die Amerikaner sind noch
Kinder, große ungefüge Buben, tief drinnen in den Flegeljahren; von ihnen ist nicht zu verlangen, daß sie so rücksichtsvoll wie Ostasiaten seien. Sie werden es werden mit der
Zeit. Denn das ist ein Mißverständnis, daß unser Verhältnis zur Natur diese notwendig verunzieren muß: sie
tut es nur deshalb, weil wir unseren Weg noch nicht bis
zum Ende durchmessen haben. Die japanische Landwirt-
schaftskunst entzückt das Auge, weil in ihr das spezifisch-
japanische Verhältnis zwischen Mensch und Natur seinen

vollendeten Ausdruck fand — nicht weil dieses Verhältnis
an sich das günstigste wäre. Ob ich mich als ihr bestimmter
oder bestimmender Bestandteil verhalte, ist gleichgültig im
Prinzip; nur darauf kommt es an, daß ich die harmonische
Proportion entdecke. Und das wird uns einmal allgemein
gelingen, wie es uns im besonderen schon vielfach gelang.
Es ist falsch, die Stellung des wissenschaftlich verstehenden
Europäers der des künstlerisch verstehenden Ostasiaten ent-
gegenzustellen: die wissenschaftliche ist die vorläufigere
Attitüde. Wenn der Japaner nicht als Forscher scharf beobachtet hätte, nie hätte er es zur Technik gebracht, die ihn
heute als Gärtner unvergleichlich macht. Das Wissenschaftliche fällt bei ihm nur weniger auf, weil er weniger weit
darin gegangen ist als wir, und sich somit auf einem früheren
Stadium der produktiven Synthese zugewandt hat. Wir
dringen tiefer ein in die Natur; mit dem schöpferischen
Zusammenfassen haben wir noch kaum begonnen. Aber
sind wir einmal so weit, sind wir zugleich so weit herangereift, daß Freude an der Natur die Gier überwiegt, dann
zweifle ich nicht, daß wir das spezifische Verhältnis, in dem
wir zum Nichtmenschlichen stehen, nicht minder vollkommen
darstellen werden, wie die Japaner das ihre.

IM YELLOWSTONE PARK

Ich blicke von einem schimmernden Sinterhügel, den die
Geysirn im Lauf der Jahrtausende aufgeschichtet, auf die
weite Prärie hinaus. Es ist die Stunde, da die Bisons ihre
Abendwanderung antreten. Sie schreiten vereinzelt, jeder
für sich, in weiten Abständen voneinander; aber alle halten
den gleichen Kurs ein, unbeirrbar, wie wandernde Vögel.
Was ist es, daß diese Tiere alle Länderkunde vorwegnehmen

läßt? Ich weiß es nicht; keiner weiß es wohl. Denn auch
die Menschen, die gleiches vermögen, wissen es nicht.

Vor wenigen Jahrzehnten war eine einzige Herde Büffel
nicht selten viele tausend Kopf stark; heute leben keine
hundert auf der weiten Fläche des Yellowstone Parks und
in ganz Amerika weniger, als vormals eine mittelgroße Herde
ausgemacht hätte. Wir haben sie ausgerottet. Und wie
ich nun den letzten dieser Riesen zuschaue, die in die Prärie
so wunderbar hineinpassen, da erbebe ich vor Empörung.
Was wird die Welt um unseretwillen arm! Wohl um-
friedigen wir zum Besten der Tiere weite Landstriche,
weisen wir den Rothäuten Reservationen an; aber das hält
ihren Untergang nicht auf. Die Büffel verkümmern in der
Umzäunung, die Indianer entarten, seit sie den Kriegspfad
nicht mehr betreten dürfen; beide sterben unaufhaltsam
aus. Bald werden alle malerischen Typen der Vorzeit angehören, wird die ganze Erdoberfläche mitteldeutschem
Kulturland gleichen — gleichmäßig abgeteilt, schablonen-
mäßig bebaut, nur von Menschen und Rassevieh bewohnt. Ich
weiß: ohne Selbstmord zu begehen, werden wir diese unsere
Wirkung nicht hindern. Aber welche Verblendung, solchen
„Fortschritt" erfreulich zu finden! Es ist entsetzlich, daß
die Erde von Tag zu Tag einförmiger wird. Denn dies
bedeutet ja keine Umsetzung der vorhandenen Energie,
sondern absoluten Energieverlust, weil für das, was verloren geht, kein Ersatz an die Stelle tritt. Das Leben ist
nicht im selben Sinn verwandelbar wie die Elektrizität.
Jeder Typus bedeutet ein einziges, verkörpert eine Möglichkeit, die es nur einmal gab, nie wieder geben wird. Mag
daher das Geschlecht der Europäer, der Kühe, Pferde und
Edelschweine in Zukunft noch so gesegnet werden — damit
würde die Lücke nicht ausgefüllt, welche die Ausmerzung

der übrigen Gestaltungen in die Schöpfung hineingefressen
hat. Die Welt wird mit jedem Tag ärmer. Daß dies der
eigentliche Sinn des Fortschritts ist, illustriert mit erschrecken-
der Deutlichkeit Amerika, weil hier der Weiße am stärksten
im Sinn des Zweckmenschen typisiert erscheint. Nirgends
ist die Natur so großartig wie hier; hier scheint alles im
großen erschaffen, alles Große lebensfähig, nur das Große
den Verhältnissen gemäß; dieses Grundverhältnis hätte, so
sollte man glauben, alle geistigen Werte potenzieren müssen:
statt dessen sind alle aus dem Auge verloren worden, bis
auf den einen, einzigen der Quantität. Nur Größen und
Zahlen beeindrucken den Yankee, nur ihnen strebt er nach.
Diese Verarmung seiner Psyche ist die notwendige, unab-
wendbare Folge des ausschließlichen Strebens nach Erfolg.
Und was er tut, wird immer mehr auch zum Streben Europas.
Schon hat eine vielverbreitete neue Philosophie das „ökono-
mische Prinzip" zum Ideal des Denkens ausgerufen — somit
das Selbstverständliche zum höchsten Gut. Wir werden
immer dürftiger und ärmer, und diese Dürftigkeit rottet
den Reichtum aus. Jede bestimmte Entwickelungslinie ist
ausschließlich, aber unsere wohl die erste, welche die anderen unwillkürlich zerstört. Sie ist mit dem Fluche be-
lastet, über die blinden Kräfte der Natur so große Gewalt
zu besitzen, daß sie vernichten muß, sogar wo sie erhalten
will. Der moderne Weiße hat mehr bewußte Freude an
der Natur als irgendein Mensch, er interessiert sich tiefer
als irgendeiner für fremde Eigenart; trotzdem stirbt das,
was er nicht ist oder braucht, wohin er sich wende, unaufhaltsam aus.

Die arisch-europäische Menschheit hat nicht viel weniger
Verderben und Mord auf ihrem Gewissen, als die türkisch-
mongolische, obgleich nur diese vielleicht Zerstörung als

Selbstzweck betrieben hat. Die Römer errichteten ihr Weltreich auf den Trümmern der alten, so eigenartigen Mittelmeerstaaten. Darauf schleiften die Germanen dessen ganzen Bau. Deren Urenkel vernichteten die Kulturschöpfungen der Araber, dann die der Inkas und Azteken. Und wenn seither die Absichten besser wurden, so haben sich die Zerstörungsmittel dermaßen vervollkommnet, ist ferner unsere Zivilisation an sich so totbringend geworden für alle, die nicht in und zu ihr geboren sind, daß vom Erfolg eher das Gegenteil gilt. Hegel lehrt nun, Fortschreiten über Leichen sei eben der Weg, den der „objektive Geist" zu wandeln habe, um sich vollkommen zu verwirklichen, das jeweils führende Volk, als Träger der „Idee", komme allein in Betracht und sei berechtigt, alle übrigen zu zwingen oder auszurotten: er hätte recht, wenn geschichtliche Bedeutsamkeit wirklich alle Werte in sich beschlösse. Allein, ganz abgesehen davon, daß diese ohne Vorurteil überhaupt nicht bestimmt werden kann, überdies nur nachträglich und unter der sehr zweifelhaften Voraussetzung, daß, was irgendwie geschah, zum besten geschah und notwendig so kommen mußte, welche Voraussetzung ihrerseits impliziert, daß materieller Erfolg ein Gottesurteil zum Ausdruck bringt, darf als gewiß gelten, daß historische Führerschaft in keinerlei notwendiger Beziehung zum spirituell und geistig Bedeutsamen steht. Indien und China, beide von ungeheurer Bedeutung, haben doch in der weltgeschichtlichen Bewegung, wie Hegel sie versteht, keine Rolle gespielt. Daß Christus und Buddha zu historischen Machtträgern wurden, erscheint zufällig in bezug auf sie. Der geschichtliche Prozeß an sich ist eines Sinnes mit dem biologischen; an diesem Umstand ändert nichts, daß unter Menschen nicht allein physische, sondern auch psychische Organismen (Ideale, Glaubensin halte) sich gegenseitig ergänzen und bekämpfen. Sintemalen der ideelle Prozeß, an sich unabhängig vom biologischen, doch vermittels dieses verläuft, läßt sich a posteriori überall, wo Bewegung statthat, zwischen diesem und jenem eine Beziehung herstellen. Aber wesentlich besteht sie nicht; das Biologische ist nur ein Mittel, und werden dessen Normen zu geistigen Zielen hypostasiert, so wirkt dies Unheil. Dann kommt es zu menschenunwürdigen Anschauungen wie die, daß es nichts Höheres als das Staatswohl gibt, daß Macht Selbstzweck ist, jedes Mittel erlaubt im Völkerverkehr, daß eine bestimmte Rasse das Recht hat, alle anderen zu knechten, und daß der moderne homo technicus, der zum Zweck seiner persönlichen Bereicherung die ganze Schöpfung ruiniert, damit Gottes Willen erfüllt. Fern davon, daß Macht (im Sinn von Zwingenkönnen und -wollen) an sich Gutes bedeute (wie alle Fortschrittsgläubigen stillschweigend annehmen müssen, denn nur dank der materiellen Macht siegt Hegels „Idee" sowohl als die „christliche" Zivilisation), ist sie vielmehr, wie dies Jakob Burckhardt bisher am tiefsten begriffen hat, wesentlich böse und macht auch böse. Noch keine irdische Macht ward ohne Verbrechen begründet, noch keine behauptet ohne Gewaltsamkeit in irgendeiner Form; ihr Lebensgesetz ist teuflischer, nicht göttlicher Art. Deshalb will und wird es niemals gelingen, Weltgewaltigkeit zum sittlich und geistlich Guten in naturnotwendige Beziehung zu setzen. Unsere westliche Zivilisation, als die weltgewaltigste von allen, die es je gab, ist von Hause aus nicht gut, sondern böse: deshalb bringt sie nicht nur Verderben allen denen, die sich ihr nicht anzupassen wissen — sie verdirbt auch ihre Träger. Diesem typischen Erfolg wird dort gesteuert, wo die Macht geistige und sittliche Ideale zu verwirklichen dient, und hierzu dient sie glücklicherweise immer mehr. Wo sich der Mensch ihrem eigensten Geist verschreibt, wird er zum Teufel.

Nun ist gewiß, daß das Böse seine bestimmte und notwendige Funktion hat in der Weltökonomie. Vernichtung allein bahnt den Weg zu radikaler Erneuerung. Wenn es ernstlich vorwärts gehen soll, muß der Naturprozeß des Werdens und Vergehens zuweilen beschleunigt werden. Nur Revolutionen sprengen altersstarre Formen, nur das vorzeitige Ende von Generationen, wie der Krieg es bedingt, zerreißt den Faden bindender Tradition. Weltkulturen wären niemals entstanden, wenn eine Menschenart andere nicht bezwungen und so, aus dem Dschungel wildwachsender Formen, bestimmten zur Herrschaft verholfen hätte. Endlich sind — um das Äußerste nicht ungesagt zu lassen — Tod und Töten normale Naturvorgänge. Raubtiere müssen rauben und scheinen ebenso daseinsberechtigt wie Pflanzenfresser; die durch Kriege, Katastrophen und Seuchen bedingte Beschleunigung und Vergrößerung des Lebensumsatzes ändert qualitativ gar nichts am Charakter des Geschehens und quantitativ wenig insofern, als sich im großen das meiste kompensiert; die Ablösung der Faunen und Floren durch die geologischen Epochen hindurch beweist allein schon, daß jede bestimmte Gestaltung irgend einmal notwendig zugrunde geht, und ob solches langsam, durch die Macht der sich wandelnden Verhältnisse geschieht, oder plötzlich, dank dem Einbruch eines Attila, bleibt sich wohl gleich. Die höchsten Ewigkeitswerte sind wesentlich sterblich im Sinn der Zeit. Offenbar steht der indische Mythos, nach welchem Schaffen und Zerstören korrelative Attribute der Gottheit darstellen, der Wahrheit sehr nahe: zu Zeiten ist das Böse gottgewollt. Allein der Mensch soll nie Shivas Stellung usurpieren; was diesem frommt, darf

er nicht wissentlich wollen; die Unabwendbarkeit des Sterbens
rechtfertigt den Mörder nicht. Gleichwie Geburt und natürlicher Tod jenseits der Machtsphäre persönlichen Wollens
liegen, so übersteigt der Plan, nach dem das Lebensganze
fortwird, individuelle Beurteilung. Im Reich der vernunft-
losen Geschöpfe gelangt er überall, wo kosmische Zufälle
oder menschliche Willkür ihn nicht durchkreuzen, zu vollkommener Verwirklichung; wunderbar weise wirkt die Selbstregulierung der Natur. Unter Menschen ereignete sich
gleiches dann, wenn jeder einzelne das ihm gemäße täte.
Dann wirkte Gott sich mittels freien Menschenwollens aus,
es geschähe das von Ihm her erforderliche, kein notwendiger
Konflikt, kein Fatum bliebe aus, doch der einzelne wäre
ohne metaphysische Schuld, und im großen diente alles
zum Besten. Allein der Mensch tut nur selten, was er
sollte, desto seltener, je bewußter er handelt. Und unternimmt er es gar, vom Plan des Ganzen aus, den er zu kennen
wähnt, das Geschehen zu bestimmen, so beschwört er Unheil. Es kommt zu wahnwitzigen Kriegen, zu allvernichten-
den Umwälzungen; die Selbstregulierung der Natur wird
zerstört, der Unsinn siegt. In vielen, nur zu vielen Beziehungen hat der weiße Mann also auf Erden gehaust.

Immerhin ist sein Wirken in anderen dennoch gottgewollt.
Offenbar hat sich das allgemeine Gleichgewicht der Kräfte
soweit verändert, daß wir, sofern wir ja sagen zu uns selber,
vorherrschen müssen; offenbar ist vieles Wertvolle, das
wir zerstören, in unserer Welt ohnehin nicht lebensfähig,
ist eine Zeit gekommen, in der auf Kosten des noch so
schönen Alten Neues entsteht, und kein Hadern mit dem
Schicksal dies aufhalten kann. Dies aber bedeutet, daß es
tatsächlich so etwas gibt, was man ein „Recht des Stärkeren“
heißen mag. Um moralisches Recht handelt es sich hier

freilich ebensowenig, wie bei irgendeinem materiellen Kräfte-
ausgleich, im Gegenteil: Vergewaltigung, an Lebendigem
ausgeübt, ist immer böse, jede Gewalttat schlägt als solche
dem Recht ins Gesicht, der gerechteste Strafvollzug verletzt
das sittliche Gefühl in irgendeinem Sinn. Aber Kräfte sind
eben Wirklichkeiten, die sich auswirken ihren Eigengesetzen
gemäß; auf ihrer Daseinsebene gelten ausschließlich diese.
Und, so oft Böses das Gute bezwingt, Rohes das Vollkommene, so oft das moralische Bewußtsein dadurch verletzt wird und das Denken versagt im Versuch, den Sinn
der Aνάγκη zu begreifen — manchmal gelingt es doch,
die Heilsamkeit des an sich Bösen nicht allein im kleinen,
wie beim Rechts- und Strafzwang, sondern im ganz großen
einzusehen. So gerade hinsichtlich des „Rechts des Stärkeren". Die Geschichte lehrt, daß aus den gewalttätigsten
Kriegerstämmen oft die idealgesinntesten Kulturvölker werden. Dies aber erklärt sich, wenn ich nicht irre, folgender-
maßen: Physische Überlegenheit ist nur auf moralischer
Basis dauerhaft. Ohne Mut richtet Kraft nichts aus; ohne
Opferwillen, Disziplin, Organisiertheit hilft auch Mut nicht.
Handele es sich hier um noch so einseitige Vorzüge — sie
grenzen die Naturbasis ab, die einer Fortentwickelung zum
Höchsten am fähigsten scheint. Die Germanen, welche die
alte Welt zerstörten, waren grausam und roh, aber auch mutig,
loyal und opferfreudig; dies befähigte sie, bei vorhandener
Geistesbegabung, im Lauf der Jahrhunderte stetig besser
zu werden, während Griechen und Römlinge, verfeinert
aber feige und falsch, an Zersetzung verdarben. Nur der
Stolze, der sich selbst achtet, respektiert auch andere; aus
den gewalttätigen Angelsachsen hat sich das rechtlich ge-
sinnteste Volk Europas entwickeln können, weil alle Tugend
beim Ich anhebt und von ihm aus ihren Kreis erweitert,

weil der primitive Glaube an persönliches Vorrecht den Keim enthält einer Anerkennung von Recht überhaupt — während unter den Russen, die von jeher gutherzig waren und sich niemals ein Recht zur Unterdrückung anderer zuerkannten, denen die Weltanschauung des Urchristentums im Blute liegt, noch heute Willkür herrscht. Die Natur des Starken allein gewährt geistigen Mächten ein zukunftsreiches Verkörperungsmittel. Insofern wird es, solange irdische Entwickelung anhält, zumal so oft es neuanzuheben gilt, auch ein Recht des Stärkeren geben.

... So urteilt der Verstand. Doch als ästhetisches Wesen beklage ich es tief, daß der Weltprozeß so und nicht anders verläuft. Gern gäbe ich alle technischen Errungenschaften hin dafür, daß ich die Prärie in ihrer alten Herrlichkeit, so, wie sie war, bevor das Bleichgesicht der Rothaut den Vernichtungskrieg erklärte, auch nur für einen Abend schauen dürfte.

Immer mehr, in dieser wilden, vitalisierenden Natur, werde ich mir meines Gewaltmenschentums bewußt. Wir Abendländer sind Kämpfer, wesentlich dies. Während der Chinese an eine prästabilierte Harmonie zwischen Mensch und Kosmos glaubt, die es zu wahren gilt um jeden Preis, während der Inder, was er auch tut, sich selbst zurückbehält, und so nicht teilnimmt innerlich am Daseinskampfe, stehen wir überzeugt mitten in ihm. Uns kümmert nicht der Zusammenhang, wir sind Elemente, wollen es sein und uns als solche durchsetzen. Dem Geist des Kampfes entsprießt unser Schlimmstes wie unser Bestes. Ihm entsproß unser Eroberer- und Räubertum, ihm die Reformbewegung, die Wissenschaft, die soziale Gesinnung. Weil wir wesentlich

Kämpfer sind, bescheiden wir uns bei keiner Autorität, wollen wir frei forschen, jeder für sich entscheiden. Der Krieger kennt keinen Kompromiß, er will siegen oder unterliegen, seine Devise ist: er oder ich.

Solang ich im Orient weilte, erschien unser Kämpfertum mir durchaus in ungünstigem Licht. Wie sollte es nicht? Der Kämpfer ist wesentlich Zerstörer, wesentlich blind, parteiisch, ungerecht, verständnislos. Der Weise — und an ihm ist alles Leben des Ostens orientiert — kämpft nie; er steht über den Parteien, den Zusammenhang aller Gestaltung übersehend, in ihm zentriert, und wäre unwahr gegenüber sich selbst, indem er sich mit irgendeiner identifizierte. Aber woher seine Überlegenheit? — Diese Frage hatte ich mir im Orient niemals gestellt. Beantworte ich sie nun, so erweist es sich, daß ich dem Westen damals Unrecht tat. Nicht der farblose Skeptiker ist ja der Weise, nicht der Gleichgültige, der Kalte, der Unentschiedene, im Gegenteil: von allen Wesen steht der leichtfertige Zweifler dem Weisen am fernsten. Wenn dieser nicht kämpft, so geschieht dies nicht, weil er Streiten von vornherein als zwecklos abwiese, sondern weil er schon ausgekämpft hat, weil er mit sich und der Welt im reinen ist; der Diskussionsprozeß, der sonst draußen verläuft und selten zu einem endgültigen Abschluß führt, hat sich für ihn im Stillen seiner Seele vollendet. Und von dieser Erkenntnis aus erfasse ich erst den ganzen Tiefsinn der indischen Mythe, daß die Vorstufe des Brahmanen der Kschattrya, der Ritter sei: ohne Kampf gibt es keine Erkenntnis; erst wer als Krieger ehrlich gefochten hat, erscheint reif zum Gottesfrieden der Weisheit.

Dies erklärt sich dadurch, daß die Entscheidung eines Streits nicht bloß ein mechanisches Ergebnis ist, sondern

zugleich organische Veränderung bedingt. Wenn Überzeugungen im allgemeinen erst nach erfolgter Diskussion
klar feststehen, wenn Völker, nachdem die Waffen entschieden, Veränderungen in den Machtverhältnissen willig
anerkennen, die sie kurz vorher als unannehmbar abwiesen;
wenn der von jeher Starke erst in der Widerwärtigkeit zum
Helden erwächst, so beruht dies darauf, daß die Seelen im
Kampfe anders werden. Und nur so werden sie es. Bloß
theoretische Einsicht beeinflußt das Innere nicht. Man kann
noch so deutlich die Notwendigkeit einer Neuordnung
einsehen, und doch unfähig erscheinen, auf sie in praxi
einzugehen; man mag alle Tugend erkennen und doch ein
Schurke bleiben. Wahrscheinlich besaßen Christus und
Buddha ihre Weisheit mit dem Verstand, lange bevor sie
erleuchtet wurden; trotzdem datiert ihre Mission erst von
dieser Stunde. Sie aber war eine solche des bitteren Kampfs.
Vom Bösen versucht, mußten beide ihn erst besiegen: dann
erst waren sie frei. Das heißt, dann erst war ihre Menschenseele so weit verwandelt, daß sie dem höchsten Wissen
zum Werkzeug dienen konnte.

Nur einem unter Milliarden ist es beschieden, zum Buddha
zu werden, in den wenigsten liegt es, über ihren Ausgangsort
überhaupt erheblich hinauszukommen; deshalb gewährt eine
statische Gesellschaftsordnung, die den natürlichen Rang-
klassen leidlich Rechnung trägt, für jede Gegenwart das
erfreulichste Bild. Der einzelne, an seinem Typus orientiert,
findet leicht seine Vollendung, und im ganzen herrscht
Harmonie. Aber solche Ordnung ermöglicht kein Fortschreiten: nur der geborene Weise wird weise in ihr, jeder
verharrt auf der Stufe, auf welche die Natur ihn stellte,
die Menschheit bewegt sich gar nicht von der Stelle. In
einer Kampfeswelt stehen jedem alle Möglichkeiten offen.

Indem jeder für sich, in voller Aufrichtigkeit, dafür ein-
tritt, was er für richtig hält, und das anstrebt, wozu er
sich berufen glaubt, erprobt er an der unmittelbaren Erfahrung, was in ihm liegt, jedem Keim volle Entwickelungs-
gelegenheit bietend. Und indem alle sich auf gleiche Art
erproben, findet im großen eine Auseinandersetzung statt,
welche notwendig vorwärts führt. Die Natur der Dinge
bedingt, daß jeder Fehler sich irgend einmal rächt, alles
Falsche sich schließlich als falsch erweist, alles Morsche
irgend einmal verdirbt, und umgekehrt, daß alles Wertvolle
seinen Wert bewährt und jede Wahrheit sich selber beweist
— wenn jener Natur nur Gelegenheit geboten wird, sich
auszuwirken. Diese aber wird ihr geboten, sobald die Menschen den Mut zum Wagnis haben. Da die besonderen
Kämpfer immer blind sind, beweist der Prozeß im einzelnen wenig genug. Reaktionäre und Umstürzler, Sozia-
listen und Individualisten, Altgläubige und Freidenker —
wie viele der Faktoren immer seien, deren Widerstreit die
Dialektik des modernen Werdens ausmacht —, haben sämtlich recht zu irgendeinem Teil, und im ganzen sämtlich
unrecht. Sie sind jeder nur ein Element eines gewaltigen
Prozesses, dessen Plan kein Sterblicher zu übersehen vermag,
und keiner erreicht je das, wofür er kämpfte. Aber auch
kein Kampf war jemals umsonst. Jeder Idealgesinnte tut
in noch so bescheidenem Umfange mit bei der Verbesserung
der Welt, jedes Widerstreben dem Übel schwächt dessen
Macht, jedes Opfer kommt der Zukunft zugute. Und das
Ganze entwickelt sich, stetig trotz aller Reaktionen, in der
Richtung aufwärts, die von der Natur der Dinge gewiesen
wird, in dem Sinne zwar, daß die Zustandsbesserungen, die
zu gegebener Zeit und an gegebenem Orte möglich sind, auch
wirklich eintreten. Weder die Männer von 1790, noch die

von 1848 haben erreicht, was sie erstrebten, und das war gut, denn sie begehrten vielfach Unsinniges; aber dank ihnen sind wir erheblich weiter als sie waren. Die sozialistische Doktrin als solche ist verfehlt, allein ohne sie wären wir der gerechteren Neuordnung der Verhältnisse, welche möglich scheint, nicht schon so nahe. Fortschritt ist aber nur möglich in einer Kampfeswelt; in einer statisch-friedlichen gibt es keine Evolution.

Jeder einzelne soll nur aufrichtig sein, den Mut zum Irrtum, zum Wahn, zur Beschränkung, ja zum Verbrechen haben; das weitere besorgt die Natur der Dinge, oder auf indisch ausgedrückt, das Karma-Gesetz. Der Weg des Kämpfers mutet arg mechanisch an, und ist es auch; der einzelne figuriert hier nur als Element, ohne Verständnis für das Ziel, und das Heil kommt von außen. Allein der Masse ist ein höherer Weg nicht gangbar. Mögen Entwickeltere den der Erkenntnis oder der Liebe wandeln — für jene kommt nur Karma-Yoga in Frage. Nun ist die von uns erdachte und betriebene von allen die tiefsinnigste. Bei ihr handelt es sich nicht um passive Hingabe an vorgesetzte Normen, um die erwartete Rückwirkung von Dogmen, Übungen, Riten, sondern um opferfrohe Initiative. Und keine nur denkbare führte die Menschenmehrheit schneller zum Ziel. Wie prahlerisch die Behauptung im ganzen sei, daß wir es so herrlich weit gebracht — zugegeben muß werden, daß, seitdem unsere beschleunigte Entwickelung begann, unglaublich viel geschehen ist. Man vergegenwärtige sich die Lage der englischen, oder gar der irischen unteren Volksklassen vor hundert Jahren, die der Fabrikarbeiter überall vor noch weit kürzerer Frist, und gedenke dabei vor allem der Rückwirkung, die das Elend auf ihre Seelen ausübte: man wird nicht leugnen können, daß wir heute in einer neuen, besseren Welt leben, einer Welt höheren Wohlstands nicht allein, sondern würdigerer Gesinnung. Diese aber ist erschaffen worden durch Kampf allein, durch durchsetzerischen Egoismus; sie wäre unerschaffen geblieben, wenn chinesische Ordnungsliebe oder urchristliches „Nichtwiderstreben dem Übel" die Willen gelenkt hätten. In einer Kampfeswelt führt Egoismus am schnellsten zum Ziel. Wie ist dies möglich, wo er im letzten doch ein Mißverständnis bedeutet? Eben darum: die Natur der Dinge erweist ihn als solchen und bildet ihn um; aus mörderischer Konkurrenz entsteht notwendig, früh oder spät, Kollaboration. Wie schon zu Beginn dieses Jahrhunderts die sich bekämpfenden Eisenwerke Belgiens und Deutschlands ein Abkommen trafen, welches jedem ein bestimmtes Maß, und nicht mehr, zu produzieren gestattet, so wird es einmal überall kommen in unserer Welt. Gerade deshalb, weil wir geborene Gewaltmenschen sind.

Somit lassen sich Bedeutung und Eigenart der modern-okzidentalischen Kultur mit einem Begriff erschöpfend bestimmen: sie ist Kultur der Aufrichtigkeit. Mehr als alle Menschen gestehen wir uns ein, was wir wollen und sind. Was immer wir vorläufig gelten lassen mögen — eigentlich und letztlich glauben wir an uns selbst allein und rasten nicht, bis unsere Stellung in und zu der Welt mit unserer individuellen Überzeugung übereinstimmt. Demgemäß sind Überzeugungstreue und empirische Wahrhaftigkeit uns höchste Ideale. Wir wissen nicht, wie die Inder, metaphysische Wahrhaftigkeit mit Lügenhaftigkeit nach außen zu vereinen, oder gleich den Chinesen, unverbrüchlich treu eine vorgeschriebene äußere Ordnung einzuhalten,

ohne zu fragen, inwiefern sie uns selbst entspricht: unserer
Gesinnung gilt als besser, an persönlichem Irrtum zugrunde
zu gehen, als einer unverstandenen Wahrheit zu dienen,
besser durch mutiges Auswirken dessen, was wir glauben,
in metaphysischem Sinn zu lügen, als eine empirische Unwahrheit zu reden. Auch hier leitet uns die Grundidee, die aller
westlichen Kulturgestaltung zugrunde liegt: daß Menschenbestimmung sei, den Sinn der Erscheinung restlos einzubilden.

In China verweilte ich bei den Nachteilen der Aufrichtigkeit. Diese fördert den einzelnen weniger als blinde Hingabe an ein Äußeres, sofern dieses einem objektiven Optimum
entspricht und die persönliche Meinung irrig ist; in diesem
Sinn rührt unsere Roheit zum großen Teil von unserer
Aufrichtigkeit her. Aber unsere Barbarei hat andrerseits
mehr Zukunft, als jede auf Autorität begründete Kultur,
weil Mut und Wahrhaftigkeit, und sie allein, notwendig
vorwärtsführen, weil vor allem sie allein den Entwickelungs-
prozeß beschleunigen. Der Natur der Dinge nach müssen
auch unsere Irrtümer Segen bringen.

Ich überfliege im Geist die Geschichte unserer Wissenschaft und Philosophie. Auf wieviel Abwegen sind wir nicht
schon gewandelt, wie viele Umwege haben wir nicht gemacht!
Wie vieles Vorläufige haben wir als letztes Wort gefeiert,
mit wieviel einseitigen Formeln den Sinn der Welt zu erschöpfen gewähnt! Aber jeder Fehltritt hat doch Gutes
zur Folge gehabt. Indem die einen nur Sein anerkannten,
die anderen nur Werden, erfuhr jede Möglichkeit im Kampf
der Schulen eine so scharfe Herausarbeitung, daß ihr Zusammenhang heute vollkommen deutlich scheint. Indem
kühne Revolutionäre die überkommene Moral verwarfen
und unbefangen die Selbstsucht zum Panier erhoben, zwangen
sie die übrigen, die Gründe ihrer entgegengesetzten Über-

zeugung aufzusuchen, wonach das Wahre sich als desto wahrer erwies und mancher Irrtum aufgehoben ward. Der Kirchenfeindschaft, der Freigeisterei, der Antireligiosität verdankt man's vor allem, daß heute endlich der Sinn religiösen Glaubens einzuleuchten beginnt, womit denn das, was vormals dunkler Glaubensinhalt war, zur lichten Erkenntnis wird. Jede Kritik bringt Segen auf die Dauer, so einseitig sie sei, soviel Schönes sie im Augenblick zerstöre. Denn auch hier heißt es: stirb und werde! Nur aus zersetztem Samen erwächst neues Leben, nur aus der Zersetzung des blind Übernommenen entsteht deutliches Wissen. Wenn der Mensch autonom werden soll, voll verantwortlich für alles, was er will, denkt und tut, dann muß er seiner Gründe voll bewußt werden. Alle Dogmen als solche muß er sprengen, alles Vorurteil, auf alle Rückversicherung in der Rassenerfahrung verzichten. Diesem Prozeß war die Neuzeit gewidmet. Der geistige Kosmos ist damit wieder einmal in ein Chaos zurückverwandelt worden, es gärt und kocht in ihm, und was schließlich kommen wird, ist im einzelnen nicht abzusehen. Aber das allgemeine Ziel ist schon gewiß: unsere Kultur der Aufrichtigkeit muß dahin führen, daß die auf Heteronomie beruhende Harmonie sich zuletzt in eine auf Autonomie begründete umsetzt, daß alles Wahre, was vormals auf Autorität hin geglaubt ward, zur persönlichen Erkenntnis wird, und das persönliche Selbstbewußtsein durchaus zum Träger des Menschheitswillens. Und sie allein kann dahin führen. Mögen das indische, das chinesische, das katholisch-christliche System noch so erfreuliche Bilder erreichter Vollendung darbieten — sie bergen keine Entwicklungsmöglichkeit. Ein Neues kann nur auf unserem Wege werden.

Der jüngste und typischeste Abendländer, der Amerikaner, ist der aufrichtigste Mensch; dies erkauft seine Unkultur.

Aus ihm kann noch alles werden. Wie wenig das Vorläufige als solches den Vergleich mit dem Vollendeten aushält — in einer Welt des Werdens hat es Daseinsberechtigung. Und schließlich steht dieses Vorläufige der äußerst denkbaren Vollendung näher in der Idee, als die indische Vollkommenheit. Ich rufe mir meine Betrachtungen über deren Eigenart ins Gedächtnis zurück: der Inder, des Sinnes tief bewußt, hat nie für notwendig befunden, bei dessen Ausdruck den Eigen-Sinn des Mittels zu berücksichtigen, nie Kongruenz beider Bedeutsamkeiten gefordert. Dementsprechend gelten ihm Tatsachen und Einbildungen, Wirklichkeiten und Mythen, Lügen und die Wahrheit reden, Aberglauben und exaktes Wissen als gleich, sofern nur der Sinn an sich erfaßt erscheint. Allein dieser realisiert sich ganz nur dort, wo er restlos die Erscheinung durchdringt, wo keinerlei Widerspruch zwischen Innerem und Äußerem besteht. Deshalb sind Einbildungen und Tatsachen, Lügen und Wahrheiten nicht gleichwertig; der widerstreitende Ausdruck nimmt dem Sinn seine Wirkungskraft; hierher rührt das Versagen der Inder als Menschen und im praktischen Leben. Der Abendländer nun ist Fanatiker der Exaktheit; daher sein beispielloser Erfolg in der Erscheinungswelt. Vom Sinn weiß er noch wenig. Allein erfaßt er ihn je, dann wird er ihm auch zu vollkommenem Ausdruck verhelfen, die vollkommene Harmonie herstellen zwischen Wesen und Phänomenalität.

SALT LAKE CITY

Wie ich im Bureau des Mormonentempels, des Beginns des mittaglichen Orgelkonzertes harrend, in den ausgestellten Büchern und Traktaten blätterte, wandte sich die Verkäuferin zu mir und fragte, ob mir das neue Evangelium schon gepredigt worden sei? — Ich erwiderte, daß mir die Schriften der Mormonen allerdings bekannt seien. — Sind Sie davon schon überzeugt, daß sie Gottes Wort enthalten? Und ohne mir Zeit zur Antwort zu lassen, fuhr sie fort: das eben ist das Wunderbare unserer Religion, daß sich über den göttlichen Ursprung ihrer Offenbarung ohne Umschweif Sicherheit erlangen läßt. Gott hat durch Joseph Smith verheißen, daß Er jedem, der Ihn in Wahrhaftigkeit um Auskunft angeht, unmittelbar Bescheid erteilen wird. Und Er hält Wort: so bin ich bekehrt worden. Ich bin ein Münchener Kind; zufällig gelangte ich dazu, einem Mormonenmissionar zu lauschen; der wies mir den Weg, wie ich mir über den göttlichen Ursprung des Buches Mormon Gewißheit verschaffen könne. So fragte ich Gott — und siehe da: Er antwortete mir sogleich mit einem vernehmlichen Ja. Seitdem bin ich hier und sehr glücklich. — Gerührt sah ich sie an. Sie gehörte dem üblichen Typus der Bekehrten an, wie er gleichsinnig und gleichartig alle Erweckungskirchen füllt; aber so rührend simplistische Vorstellungen hatte ich noch nie mit eigenen Ohren bekennen gehört. In dieser Hinsicht steht die Mormonenkirche ohne Zweifel an der Spitze aller geistlichen Institutionen. Wie pathetisch ist die Geschichte der Mormonenpolygamie! Es war Joseph Smith geoffenbart worden, daß die Familienbande im Himmel fortbeständen; damit war die Vielweiberei insofern als bestehend anerkannt, als der, welcher auf Erden nacheinander mehrere Frauen heiratet, dieselben im Himmel alle auf einmal besitzen werde. So bedeutete die nächstfolgende Offenbarung, daß der Mann auch auf Erden viele Frauen haben solle, dem Sinn nach nur ein Korollar zur vorhergehenden. Gleichwohl wirkte dieses Gebot auf die Gemüter der Frommen niederschmetternd; es widerstritt allen Vorurteilen ihrer biederen Angelsachsenseelen. Allein die Gottesfurcht siegte, und schweren Herzens legten sich alle mehrere Frauen an. Bald setzten die Nachstellungen ein; es begann eine Zeit so erbitterter Verfolgung, daß die Kirche vernichtet zu werden drohte. Da erbarmte sich der Herr; Er offenbarte dem Präsidenten Wilford Woodruff, daß die Vielweiberei nunmehr aufhören dürfe. „So sind die Heiligen der letzten Tage", heißt es in einer kanonischen Schrift (*Mormonism, by B. H. Roberts, published by the Church p. 57*), was die Vielweiberei betrifft, weder für ihre Einführung noch auch für ihre Abstellung verantwortlich. Der Herr hat sie erst geboten, allen menschlichen Vorurteilen zum Trotz; dann, sich der Leiden erbarmend, die der Gehorsam über seine Getreuen brachte, erlaubte Er zur Monogamie zurückzukehren. Es ist Gottes Sache, für die von ihm ausgehenden Befehle einzustehen." — Ich muß über das Urteil denken, das der Swami Vivekananda über alle ihm bekannten Religionsstifter des Westens fällte: bei ihnen allen sehe man echte Erleuchtung auf seltsame Weise mit possierlichem Aberglauben verquickt; sie seien wohl von Gott inspiriert, aber psychisch zu ungebildet gewesen, um das Geoffenbarte rein aufzufassen und richtig zu verstehen. So ist es. Im Mormonentum tritt in extremer Form zutage, was im Prinzip von aller religiösen Gestaltung der westlichen Menschheit gilt. Unzweifelhaft waren Joseph Smith und Brigham Young ebenso echte Propheten, wie Moses, Wesley, Luther und Calvin; sie waren nur überaus unwissend und ungebildet. Aber wesentlich unterscheiden sie sich darin, darüber sei man sich klar, von unseren Größten nicht. Was soll man z. B. zu Luther sagen, welcher das, was allen tief religiösen Geistern vor ihm das Wesen der Religion verkörperte, als vorübergehende, sekundäre, ja·bedenkliche Erscheinung verworfen und eben das, was vor ihm stets als abgeleitete Wirkung ihrer galt, als ihr Wesen beurteilt hat? welcher gelehrt hat, daß Religion nichts anderes sei und nichts Höheres bedeuten könne, als blinden Glauben an Gott und Benutzen der Heilmittel Wort und Sakrament[1])? Man kann nur verlegen schweigen ob des Verständnismangels dieses großen Mannes. Herrlich tief war seine persönliche Religiosität, doch seine Gedanken über das Religiöse hafteten sämtlich an der Oberfläche. Und nun Calvin: ist seine Dogmatik nicht ungeheuerlich? Ungeheuerlich fürwahr ist die Idee einer ewigen Verdammnis, die von Ewigkeit her von einem allbarmherzigen Gott zu seiner Ehre über die machtlose Seele verhängt sein soll. Allein Calvin war ein sonst hochgebildeter Mann, und Luther ein Genius: deshalb leuchtet aus ihren noch so flachen Vorstellungen immerhin der Geist der Tiefe hervor, so daß man durch alle Torheit hindurch fühlt: sie wußten's besser als sie's aussprechen konnten. Bei den angelsächsischen, zumal den überseeischen Reformern, spürt man nichts Ähnliches. Die angelsächsische Rasse, in vielen Hinsichten die entwickelteste der Welt, steht religiös auf einer ganz primitiven Stufe. Sie ist so unphilosophisch, so unpsychologisch, überhaupt so undifferenziert und unreflektiert, was das Leben der Seele betrifft, daß sonst bedeutende Briten sich anstandslos zu Religionsformen bekennen, die unserem Urteil nach kaum mehr Köhlern gemäß sein sollten. Kein angelsächsischer Religionsstifter war je philosophisch urteilsfähig, und gehörte er gar den niederen Volksschichten an, war er überhaupt ungebildet und ungeschult, wie die meisten amerikanischen Reformatoren, dann entstanden Systeme wie

[1]) Vgl. Adolf Harnack, *Reden und Aufsätze*, II, S. 300, 302.

das mormonische. Noch einmal: wer da Indien kennt oder
sonst weiß, was religiöse Bildung bedeutet, dem stellen sich
Auswüchse, wie sie in Rußland die Duchobortsen, in Nord-
deutschland die Pietisten und in Amerika die Mormonen
verkörpern, als nichts Außerordentliches dar; vielmehr als
leidlich typische Ausdrucksformen der religiösen Erfahrung
im Westen.

Wir Okzidentalen sind nicht Versteher, sondern Täter.
Dieselben Mormonen, deren religiöse Vorstellungen so kindisch wirken, haben eine Kulturarbeit geleistet, wie kaum
ein Volk; in knapp einem halben Jahrhundert haben sie die
Salzwüste in einen Garten umgewandelt. Sie sind ferner
ausgezeichnete Staatsbürger, rechtschaffen, ehrlich und fortschrittlich. Solch praktische Vorzüge eignen den Indern
nicht, bei all ihrer größeren Einsicht. Offenbar besteht
kein notwendiger Zusammenhang zwischen dem philosophischen Werte einer Idee und ihrer Bedeutung für das Leben,
läßt sich von jenem aus über diese nichts präjudizieren:
Der Prädestinationsgedanke ist eine Monstrosität: er hat
gleichwohl die stärksten Männer der Geschichte gebildet;
die ganze Wirkungsmacht des modernen Menschen geht
auf die Weltanschauung Johann Calvins zurück. Die lutherische Auffassung der Religion ist befremdlich flach: aus
ihr oder innerhalb ihrer ist gleichwohl die tiefste Gemüts-
kultur Europas erwachsen, und ihr Geist liegt der Musik Johann
Sebastian Bachs sowohl, als der großen deutschen Spekulation
zugrunde. Die katholische Kirche mit ihrem Gegensatz
gegen alle Selbständigkeit, mit ihrer primitiven Mythologie
und ihrer Fortschrittsfeindlichkeit bedeutet noch heute die
beste psychologische Bildungsanstalt, mithin die beste Schule
der Selbsterkenntnis, die wir haben. Und der Brahmanismus mit seiner wunderbaren Erkenntnistiefe hat sich als

unfähig erwiesen, nicht allein das praktische Leben der
Masse auch nur annähernd so günstig zu beeinflussen, wie
die roheren Religionsformen des Westens, sondern er hat
auch die Erkenntnis im ganzen weniger gefördert als das
Luthertum. Es geht eben nicht an, bei der Beurteilung
einer religiösen Idee von den empirischen Verhältnissen abzusehen, innerhalb derer sie wirken soll. Ihre Wirkungskraft
hängt ab von dem Grade, in welchem sie den Willen der
Menschen beeinflußt; dieser seinerseits von der prästabilierten
Sympathie zwischen den religiösen Vorstellungen und den
Neigungen; diese ihrerseits von dem Milieu, in dem sie auf-
wuchsen, und so fort. Allgemein läßt sich allenfalls das
folgende sagen: wo die Geistesbildung gering, die Intensität des Wollens groß ist, erweisen sich primitive Vorstellungen als die besten; wo das umgekehrte Verhältnis waltet,
dort sind alle Vorstellungen wirkungslos; nur wo beide auf
annähernd gleich großer Höhe stehen, entscheidet der geistige
Wert mehr oder weniger über die Effikazität. Auf diesem
letzten Stadium befindet sich neuerdings ein Teil der europäischen Menschheit. Aber dieser Teil ist geringer, als man
denkt; auch unter uns frommen den meisten primitive Vorstellungen am besten.

Wesentlich interessanter erscheint das amerikanische
Sektenwesen, wenn man es nicht an sich selbst, sondern als Exponenten und Repräsentanten okzidentalischer Religiosität betrachtet; denn hier wie überall treten die typischen
Züge des Abendländers in Amerika stärker zutage, als in Europa,
und haben vorgeschrittenere Entwicklungsstadien erreicht.
Was unterscheidet unsere Religiosität grundsätzlich von
der indischen? Daß in ihr, im Gegensatz zu dieser, das

Principium individuationis die Gestaltung herrschend bedingt. Die Religion hat es im Westen mit dem Verhältnis
des einzelnen als solchen zu Gott zu tun; über dem einzelnen, zum Menschen zu, gibt es keine Instanz. Damit
wird das Individuelle zum Wert. Gleichviel, wie dies Verhältnis im besonderen verstanden werden mag — im Sinn
eines unendlichen Werts der Menschenseele schlechthin
(Christus), der Persönlichkeit als höchsten Glücks (Goethe),
des Übermenschen (Nietzsche), des Gottmenschen (Johannes
Müller, *New thought*), den jeder einzelne aus sich heraus-
bilden oder in sich wecken soll — es ist die Wertbetonung
des Individuellen als solchen, die der okzidentalischen Religiosität ihren eigenartigen Charakter gibt. Hierauf sind die
meisten und jedenfalls die wichtigsten Unterschiede zwischen
östlichem und westlichem religiösen Wesen zurückzuführen.
Nirgends gibt es mehr Sekten als in Indien; nirgends sind
die Unterschiedsmerkmale bestimmter herausgearbeitet. Aber
da das Unterschiedliche nicht wertbetont erscheint, so ergeben sich aus dem Tatbestand die Konsequenzen nicht,
die ein gleiches im Westen immer zur Folge gehabt hat.
Bei uns hat Unterschiedlichkeit immer Feindschaft bedingt,
sieht eine Sekte auf die andere herab, bekriegt sie, verfolgt
sie, sucht sie auszurotten oder zu bekehren; wenn der Wert
an die individuelle Form gebunden sein soll, dann entwertet natürlich die jeweilig anerkannte sämtliche anderen,
woraus sich die Berechtigung, ja die Pflicht ergibt, diese
so oder anders aus der Welt zu schaffen. Wo hingegen das
Individuelle nicht als Wert, sondern als Sonderausdruck
eines Höheren aufgefaßt wird, dort ist der Intoleranz, der
Ausschließlichkeit, der Bekehrungswut, ja dem bloßen Mis-
sionseifer der Boden unter den Füßen entzogen. Deshalb
hat sogar die Mahāyāna-Religion, die ihren Anhängern Mis-

sionieren zur Pflicht macht, nie Intoleranz geübt: dem indischen Geist widerstrebt es absolut, eine Sondergestalt an
sich als Wert zu beurteilen.

Nun ist kein Zweifel, daß die indische Auffassung prinzipiell die richtige ist: das Individuelle ist an sich kein Wert.
Aber es kann zum Träger von Werten gemacht werden,
und geschieht solches, so erhält es eine spirituelle Dichtig-
keit, die sein Wesen von Grund aus verwandelt. Daher
die ungeheure, einzigartige Wirksamkeit, die den westlichen
Geist in all seinen Äußerungen kennzeichnet. Was hat die
bloße Tatsache des „Verschiedenseins" bei uns von je für
Kräfte entfesselt! Man denke an die Kämpfe zwischen
Christen und Ungläubigen, Katholiken und Protestanten,
Traditionalisten und Fortschrittlern: so wenig sie innerlich
berechtigt erscheinen, so ungeheure Wirkungen haben sie
ausgelöst, und zwar segensreiche Wirkungen. Jeder Kämpfer
sah eben in seinem Sonderbekenntnis das einzig mögliche
Gefäß der absoluten Wahrheit, er füllte es mit dem gesamten Gehalt an Idealen, den er besaß, und ward sich
derer so deutlicher und innerlicher bewußt, als dies möglich gewesen wäre, wenn er sie an sich und parteilos kon-
templiert hätte. Hierher rührt es, daß unsere beschränktere
Erkenntnis für den Menschheitsfortschritt mehr bedeutet
hat, als die tiefere und weitere der Inder: was wir wußten, ˙
haben wir unserem persönlichen Leben eingebildet und
auf diese Weise unseren Ideen die ganze lebendige Kraft
persönlichen Wünschens und Strebens mitgeteilt. Auf diese
Weise löst sich das Rätsel, weshalb Albasche und Crom-
wellsche Unduldsamkeit mehr zum Sieg der Gewissens-
freiheit beigetragen haben, als eines Erasmus Allverstehen:
Toleranz läuft praktisch auf Gleichgültigkeit hinaus, kann
die Welt daher von sich aus nicht verändern, während

jedes einseitige Wirken dank den Gegenwirkungen, die es auslöst, darauf hinarbeitet, daß sich der alte Gleichgewichtszustand in einen neuen umsetzt. Auf diese Weise löst sich auch das Paradoxon, auf das ich im Laufe dieser Aufzeichnungen öfters hinzuweisen Gelegenheit fand — das Paradoxon, daß der Wert einer Idee als Idee so wenig ihren praktischen Wert garantiert, daß beschränkte, ja ungeheuerliche Vorstellungen sich oft segensreicher erwiesen haben, als tiefere —: wo der Akzent des Wesens auf der Erscheinung ruht, ist diese transfiguriert; sie bedeutet nun, was zu ihrem Eigensinn in gar keinem Verhältnis, ja kaum in Beziehung steht; sie wird zum Ausdruck des Absoluten. So haben die Völker des Westens, trotz ihrer Seelenblindheit, ihrer Beschränktheit, ihrer Einseitigkeit und Intoleranz, ja man kann beinahe sagen, w e g e n ihrer, von allen am meisten bisher für die Menschheit als Ganzes geleistet; sie allein haben es unternommen und verstanden, die Ideale, die sie fortschreitend erkannten, in dieser Welt auch fortschreitend zu verwirklichen.

Das Medium dieser Verwirklichung war nichts anderes als der Parteigeist, das Grundmotiv der Glaube an den absoluten Wert und die Substanzialität des Individuellen; aber die wirkende Kraft war das Ideal. So führt der normale Weg des Fortschreitens von selbst aus den Beschränkungen hinaus. Niemand wohl ist in engerem Sinne religiös gewesen, als die amerikanischen Pilgerväter; lange hat jenseits des Ozeans die grausamste Intoleranz geherrscht; furchtbar zumal waren die Verfolgungen, welche die Mormonen ausstehen mußten. Aber weil das Principium individuationis in Amerika auf die Spitze getrieben ward, brach diese dort am frühesten ab. Sekten über Sekten entstanden dort, jede wähnte sich zuerst im Alleinbesitz der Wahrheit, schloß sich streng von allen

übrigen ab. Aber da von allen Amerikanern die schlecht-
hinige Freiheit des Individuums als Grundprinzip einer politischen Weltanschauung anerkannt ward, so konnte es auf
die Dauer nicht fehlen, daß ein Individuum das andere gelten
ließ; Duldsamkeit löste langsam aber auch unaufhaltsam die
ursprüngliche Unduldsamkeit ab. Damit nun war etwas angebahnt, was unzweifelhaft einen Höhepunkt in der bisherigen
Menschheitsentwicklung bezeichnet: eine Praxis, welche ideell
auf der indischen Weitherzigkeit fußt, die alles Besondere
als selbstverständlich gelten läßt, aber de facto von der
ganzen Kraft beseelt wird, die persönliches Wollen beruft.
Mit anderen Worten: die neueste Entwicklung der westlichen
Menschheit führt unter Wertbetonung des Individuellen zum
gleichen Zustand, wie unter Indern die Nichtachtung des
Individuums.

Wird die westlich-christliche Lebensstimmung jemals vom
Geist metaphysischen Wissens beseelt, dann mag sie wohl
noch dereinst das vollkommenste Leben aus sich hervorbringen, das hienieden theoretisch denkbar erscheint. Wenn
die christliche Liebe bis heute ebensoviel Unheil wie Heil
verursacht hat, so liegt dies daran, daß sie noch allzusehr
mit dem naturhaften Gefühl zusammenfällt, das mehr ein
Nehmen- als ein Gebenwollen ist, und beinahe durchaus
mit einem weiteren Egoismus zusammenfällt. Wenn die
christliche Stellung zum Sterben im ganzen unedler wirkt
als die buddhistische, so beruht dies darauf, daß sie den
Nachdruck nicht auf das Opfer, sondern das Behalten legt,
auf Vergeltung des Leids und ein Wiederfinden alles Ver-
lorenen in einer besseren Welt. Allein keine dieser Auffassungen hängt mit unserer Lebensanschauung notwendig
zusammen. Was diese wesentlich kennzeichnet, unabhängig
von allen zeitbedingten Vorstellungen, sind die Wertbetonung

des Individuellen und das Jasagen zum persönlichen Schicksal;
diese jedoch, vom Geiste wahren Wissens beseelt, bedingten
ein höheres und volleres Leben, als das indische Detache-
ment. Auch die Inder reden vom Opfer, das jeder bringen
soll: doch was bedeutet das Aufgeben dessen, woran einem
nichts liegt? Wer das Leben nicht ernst nimmt, hat leicht
verzichten. Das Nichternstnehmen aber beweist, außer in
seltenen Ausnahmefällen, Unaufrichtigkeit. Wir sind nun
einmal Individuen, irdische, leidensfähige Wesen, hängen
mit unserem ganzen empirischen Bewußtsein zusammen
mit dieser Welt. Also lügen wir, indem wir behaupten, sie
wäre uns nichts; oder lügen wir nicht, so offenbaren wir
damit in den meisten Fällen nicht, daß wir weltüberlegen,
sondern stumpf und gefühllos sind. Jedenfalls aber beweisen
wir physiologische Opferunfähigkeit. Als Opfer kann nur
das Hingeben gelten, welches weder auf größeren Gewinn
hin geschieht, noch ein als wertlos Erkanntes betrifft. Im
freudigen Opfernkönnen und -wollen allein nun sind wir
„entworden", wie Meister Eckhart sagt, unseres Ich entkleidet, und insofern praktisch eins mit Gott — keine Lebensstellung aber legt solch wahres Opfern näher als die westlich-christliche. Sie ermöglicht in der Idee die weitaus
freieste zum Tod. Wer da stirbt, gibt wirklich sein Leben
hin; denn mag seine Seele fortleben — der Mensch, als
welcher er sich kennt und anderen lieb ist, ist auf immer
dahin. Im vollen Bewußtsein dessen gern zu sterben, oder
ein geliebtes Wesen willig hinzugeben, bedeutet buchstäblich ein Überwinden des Todes, denn wer so schenken
kann, rein hingeben ohne wieder nehmen wollen, ist hinaus
damit über alle Natur. — Nicht anders steht es mit der
christlichen Liebe. Besser entschieden, als sich und die
Welt gleich gering zu schätzen, ist seinen Nächsten zu

lieben wie sich selbst, schon deshalb, weil sich selbst doch jeder liebt. Nur muß die Liebe, um einen Ausdruck metaphysischen Wissens zu bedeuten, rein geberisch sein, ein sonnenhaftes Strahlen, Wärmen, Lebenspenden, ohne Vorbehalt, Absicht und Ausschließlichkeit. Weil sie dieses nicht ist in der christlichen Welt, sondern im ganzen ein Ausdruck von Selbstsucht, bietet diese ein häßlicheres Schauspiel dar als die gleichgültigere des Orients. Allein sie kann es, muß es werden bei fortschreitender Erkenntnis; der psychische Körper ist da, bedarf bloß der Durchgeistung, und diese geschieht schon. Ist sie aber vollendet, dann wird das göttliche Licht an der christlich gestimmten Seele ein vollkommenes Medium besitzen. Anstatt, wie in Indien, nur in der geistigen Sphäre zu leuchten, oder in der des Empfindens, wie im buddhistischen Japan, oder allein, wie im Westen bisher, dem Handeln die Richtung zu weisen, wird es den ganzen, vollen Menschen beseelen.

OSTWÄRTS

Nun durchschneide ich den Kontinent in eilendem Zug; in Windeshast fliegt die neue Welt an mir vorüber. Und wieder einmal erfahre ich's: zur Auffassung des Wesentlichen ist die Zeit nur hinderlich. Die großen Linien treten desto schärfer hervor, je mehr das einzelne verflimmert und verschwimmt.

Dem Idealzustand, dem unsere jüngste Entwicklung zustrebt, ist Amerika, trotz des vorläufigen Charakters des meisten in ihm, entschieden näher als Europa. Hierbei habe ich selbstverständlich nicht den alleskaufenkönnenden Kulturprotz im Auge, der sich selbst für die Krone der Schöpfung hält — der ist unwesentlich in jeder Hinsicht, kaum echter in seinem Gewand europäischer Bildung, als der anglisierte Hindu; sondern den hartarbeitenden, dem Erfolg im großen nicht allzu nahen kleinen Mann, auf den die demokratische Weltanschauung eigentlich zugeschnitten ist. Der ist seinem transozeanischen Genossen menschlich weit überlegen. In Amerika fehlt eben das meiste dessen, was den in ungünstiger Lebensstellung geborenen Europäer verbittert und verringert. Hier sind die Verhältnisse so weit, daß jeder einzelne Aussicht hat, seinen Weg zu machen, und so bestärkt wird in seinem Mut und seiner Aufrichtigkeit; hier bieten sie ihm andrerseits die harte Schule, deren jeder von Hause aus Unmündige bedarf, um das moralische Recht zur Selbstbestimmung zu erringen. Und kommt hier einer aus kleinen Anfängen hoch hinauf, so mag er zu seiner höheren Stellung ebenso reif erscheinen, wie der in ihr Geborene, weil Zurücksetzung und Furcht vor solcher vielfach die Haupthindernisse sind einer sonst naturgemäß der äußeren nachfolgenden Seelenerhebung, und, umgekehrt, freudig anerkanntes echtes Verdienst das Selbstbewußtsein ähnlich beeinflußt wie ererbter Adel; denn unzweifelhaft bedeuten Klassenschranken und -vorurteile ein reines Übel überall, wo sie nicht wirklich, d. h. physiologisch bestehenden Unterschieden entsprechen. Hier, wenn irgendwo, wird auf demokratischer Basis echte Kultur erblühen.

So gilt in Amerika schon in hohem Maße die Anschauung, die überall wird gelten müssen, wo die moderne Entwicklung ihrer Vollendung naht: daß alle Arbeit gleich ehrenvoll sei. Natürlich beruht dies zunächst auf *force majeure*, nicht auf höherer Einsicht, weshalb es nicht zu verwundern ist, daß hier andrerseits krassere Kastenvorurteile herrschen, als bei uns. Aber die Konstellation der Umstände, daß jeder, ganz auf sich selbst gestellt, sein Brot verdienen muß, ferner jeder der höchsten Bildung teilhaftig werden kann, und jeder sich selbst als souverän fühlt, bringt es notwendig mit sich, daß in den Augen des amerikanischen Volkes die Ausfüllung einer noch so niederen Stellung das Gentlemansein nicht ausschließt, was seinerseits zur Folge hat, daß alle Arbeit geadelt und das Selbstbewußtsein des Geringsten gehoben erscheint. Damit ist der Weg zu einem Idealzustande betreten: wird er erreicht, so würde damit die Wahrheit, daß alles Äußerliche gleichgültig ist, ihre höchstmögliche Verkörperung finden. Dem Inder ist das Äußerliche in dem Sinn gleichgültig, daß ihm alle Erscheinung als gleich wertlos gilt: ersprießlicher ist unzweifelhaft, alle Erscheinung als gleich wertvoll zu beurteilen, und das ist die Richtung, in welcher die amerikanische Entwicklung sich bewegt. Beide Stellungnahmen bedeuten metaphysisch gleiches, da durch beide die empirischen Rangordnungen aufgehoben werden, aber durch letztere wird die Erscheinung sinnvoll gemacht — „das Himmelreich wird auf Erden verwirklicht" —, während erstere sie vollends aushöhlt. Die orientalische Auffassung der Gleichgültigkeit alles Äußerlichen drückt die, welche gezwungen sind, in äußerlicher Betätigung aufzugehen, also sämtliche arbeitenden Klassen, zu sinnlosen Existenzen herab; die amerikanische ermöglicht es dem geringsten Kuli, sich als Vollmensch zu fühlen und zu betätigen. Hier, im amerikanischen Arbeitertypus, erscheint ein Fortschritt verwirklicht, der mehr als Fortschritt im üblichen Sinne ist: hier handelt es sich um ein Vorwärtsgekommensein nicht bloß im Sinn des Erfolges, sondern vor allem der Vollendungsmöglichkeit. Wenn jeder äußere Rahmen als gleich wertvoll gilt, dann ist der Beweglichkeit ihr Verhängnischarakter genommen; dann mag im Durchschreiten der Lebensordnungen dieselbe innere Bildung ge-

wonnen werden, wie sonst nur durch Verharren in den gegebenen. Und sie wird schon erzielt. So sehr der „gebildete" Amerikaner noch Barbar ist, so gebildet wirkt das
einfache Volk. Die Schaffner, mit denen ich hier und da
Unterhaltung pflege, imponieren mir mehr, als mir irgendein
Westländer seit Jahren imponiert hat.

Eine weitere Hinsicht, in welcher Amerika uns auf unserer
Bahn voraus erscheint, ist die, daß hier die Demokratie
nicht notwendig Herrschaft der Inkompetenz bedingt. Natürlich strebt sie danach als nach ihrem Ideal: schon brand-
marken die *Labour-Unions* den, der mehr leistet als seine
Mitarbeiter, als *unfair*, schon werden, wie in Europa, gleichmäßig hohe Löhne unabhängig von der Leistung gefordert,
und zeitweilig wohl auch erzielt werden. Aber schwerlich
wird es in der Neuen Welt zu so trostlosen Dauerzuständen
kommen, wie sie uns mit Sicherheit bevorstehen. Das Mäch-
tigerwerden der niederen Volksschichten in Europa ist deshalb so unheilschwanger, weil der noch so selbstbewußt
und selbstbestimmt gewordene Proletarier doch an der überkommenen Vorstellung festhält, daß die höheren Schichten
verpflichtet seien, für ihn zu sorgen. Diese Vorstellung
war berechtigt, solange kein freies Vertragsverhältnis zwischen Arbeitgebern und -nehmern bestand, sondern ein
patriarchalisches oder sonst bevormundendes. Sobald der
Arbeiter als selbständiger Kämpfer in die Arena tritt, entbehrt sie der Grundlage und führt, wo sie im Gesellschafts-
organismus dennoch fortbesteht, zu verhängnisvollen Folgen.
Bei uns streben die Proletarier nichts Geringeres an, als
den Ruin aller Wohlhabenden. Offiziell tun sie das in
Amerika auch, aber dort werden sie nicht viel Unheil damit
anrichten, weil gerade die Vorstellung, die alles Unheil bei
uns von innen her bedingt, dort fehlt: es setzt keiner als

selbstverständlich voraus, daß die Wohlhabenden für die
Ärmeren zu sorgen verpflichtet seien; dort besteht das
Vertragsverhältnis zwischen Arbeitgeber und -nehmer rein;
dort erwartet jeder alles von sich selbst allein, und der
scheinbare Klassenkampf ist in Wahrheit ein Kämpfen der
Interessen. Amerika hat den ungeheuren Vorteil vor uns,
daß dort die Entwicklung von vornherein individualistisch
eingesetzt hat, während sie in der Alten Welt nur ganz
allmählich zu einer solchen wird. Jeder Auswanderer, der
sich über den Ozean begab, war mit Überzeugung sich selbst
der Nächste; er wies es ab, für andere zu schaffen. Aber
ebensosehr widerstrebte es seinem Stolz, von anderen Hilfe
zu erwarten. In einem armen Lande hätte diese Grundverfassung auf die Dauer wohl zu mißtrauischer Verbissen-
heit geführt. Im überreichen Amerika entwickelte sie sich
zu immer freimütigerem, optimistischerem Selbstvertrauen,
so daß das Gefühl des Neides und des Ressentiments daselbst
noch heute zu den Seltenheiten gehört. Der Amerikaner
setzt nicht voraus, daß andere für ihn zu sorgen
hätten: dieser Satz resümiert den Vorzug, den die neue
Welt vor der alten hat. Nur unter dieser Voraussetzung
kann freier Wettbewerb zu Gutem führen; auf dieser Grundlage allein kann eine dauerhafte Gesellschaftsordnung aufgebaut werden, in welcher alle gleiche Rechte besitzen. Denn
nur, wenn jedem das Recht zugestanden wird, seinen eigenen
Vorteil rücksichtslos zu wahren, kann der Herrschaft der
Inkompetenz vorgebeugt werden, kann die Idee der Demokratie eine effektive Aristokratie herbeiführen.

Freilich ist das psychologische Moment, mittels dessen
allein die neue Ordnung verwirklicht werden kann, nichts
anderes als der Egoismus: dies erklärt den Tiefstand alles
dessen in Amerika, was das Bewußtsein höherer Synthesen,

als es das Individuum ist, voraussetzt. Humanität im tieferen
Sinne ist unter Amerikanern selten zu finden, so wohlwollend
und gutmütig und sogar hilfsbereit sie meistens sind; selten
fühlt sich einer innerlich verpflichtet, einem anderen bei-
zustehen, es sei denn, er sei Humanitätsspezialist; wer nicht
zu arbeiten vermag, nun, der mag Hungers sterben. Aber
es gilt zu begreifen, daß dieser Mangel die unvermeidliche
vorläufige Erscheinungsform einer sich festigenden Selbst-
bestimmtheit bezeichnet und, vom Standpunkt einer besseren
Zukunft her betrachtet, menschlich wertvoller ist als Huma-
nitätsduselei. Eine individualistische Gesellschaftsordnung
ist undenkbar auf Grundlage von Mitleidsmoral; nur dort
kann sie Gutes bedeuten, wo jeder alles von sich, und nichts
von anderen erwartet. Diese Grundverfassung setzt eine
völlige Ummodelung der Europäerpsyche voraus, und bis
diese vollendet ist, werden die Schattenseiten mehr als die
Lichtseiten der neuen Lage dem Beobachter auffallen. Aber
hier und da ist sie schon vollendet, und dort bietet sich einem
ein durchaus erfreuliches Bild. Die Menschen, welche ungebrochen durch die grausame Schule des amerikanischen
Daseinskampfs hindurchkommen, sind hart und elastisch
wie Stahl; sie sind innerlich gespannt, wie sonst niemand.
Aber da sie alles von sich, und nichts von anderen erwarten,
so geben sie, wo sie edel sind, desto lieber; so wird Humanität,
bisher eine Rückversicherung, zum reinen Geschenk. Es ist
nicht unmöglich, daß in Amerika, nachdem die Flegeljahre überstanden, der allzu wildwüchsige Egoismus vom Leben zurecht-
gestutzt ward, eine vom westlichen Standpunkt höchste Zivilisation erblühen wird, die eben nur unter diesen historischen
Voraussetzungen denkbar scheint: eine schlechterdings individualistische Zivilisation, wo keiner etwas vom anderen erwartet,
und dennoch alles, was er nur kann, für die Gesamtheit tut.

Nun trägt mich die Bahn durch endlose Felder und Weiden-
gelände dahin. Noch nie habe ich so extensive Wirt-
schaft gesehen, und selten rationeller betriebene. Kein Landwirt von Kansas scheint Sport in der Ökonomie zu treiben, wie
es der europäische immer noch tut, der aus Freude an der
Sache so häufig teurer wirtschaftet — zu großartig baut,
Unvorteilhaftes erhält, fruchtbares Land aus ästhetischen
oder Pietätsrücksichten nicht nutzt usw. — als ihm ersprießlich wäre; aber auch keiner scheint kleinlich praktisch,
pennywise, bauernschlau, reaktionär aus Mangel an Wagemut: nur das unbedingt Zweckmäßige geschieht, dieses
aber aus voller Hand. Und seltsam: diese großzügigen Wirt-
schaften, die nichts als Betriebe zum Zweck des Gelderwerbs
sein sollen, bieten häufig schönere Landschaftsbilder dar
als die nordeuropäischen, an denen so viel mehr Liebe beteiligt ist. Das macht, daß nicht nur der oberste praktische,
sondern auch der oberste ästhetische Grundsatz der Ökonomie ihre Rentabilität ist, weshalb unpraktische Verschöne-
rungen gar oft als Verhäßlichungen wirken.

Ich denke an die Gespräche amerikanischer Landwirte
zurück, die ich im Laufe meiner Reisen hier und da zu
überhören Gelegenheit fand. Ja, das sind großzügige Leute,
und zwar typischerweise, während einer es bei uns bisher
nur ausnahmsweise ist. Ihnen allein unter Landwirten erscheint es selbstverständlich, daß Initiative das beste Betriebs-
kapital ist, daß Weitblick, selbst auf Kosten des Nächstliegenden, einträglicher ist als noch so scharfäugige Kurz-
sichtigkeit. Es sind starke, zielbewußte Männer. Aber ihnen
fehlen alle die moralischen Eigenschaften, die den Landwirt, der auf ererbter Scholle sitzt, in Ländern alter Kultur
so sehr adelt. Dem Erbherrn eines Rittergutes, dem be-
sitzenden Sproß eines alteingesessenen Bauerngeschlechts ist

sein Betrieb, und leite er ihn noch so sehr nach rein ökonomischen Gesichtspunkten, eine Herzensangelegenheit; er
fühlt sich ihm verpflichtet. Melioriert er seine Äcker und
Wiesen, so geschieht dies mehr um dieser- als um seinet-
willen; oder denkt er an sich, so meint er nicht seine Person,
sondern sein Geschlecht. So hat sein Tun den tiefen Hintergrund, den das Wurzeln im überindividuellen Naturzu-
sammenhang allein verleiht, so werden in seinem Wesen die
Eigenschaften großgezogen, welche das Bewußtsein dieses
Wurzelns zum Ausdruck bringen, und das sind die besten.
Das ist es, weshalb der Beruf des Landwirts bei uns mit
Recht als von allen praktischen der edelste gilt: daß er den
Menschen wie keiner vertieft und wurzelecht macht. Aber
mit gleichem Recht gilt er in den Vereinigten Staaten
Amerikas nur als eine Industrie unter anderen: bedeutet
Landwirtschaft nichts außer dem, daß Geld mit ihr zu
verdienen ist, dann hat sie auch nicht mehr Sinn. So steht
der amerikanische Landwirt menschlich nicht höher, als der
Industrielle auf der ganzen Welt, und das will sagen: er ist
als Typ vollkommen oberflächlich; eine Gelderwerbsmaschine;
ja er stellt vielleicht den unangenehmsten Ausdruck des
modernen Industrierittertums dar, weil man bei ihm unwillkürlich nach den Zügen ausschaut, die den Landwirt sonst
vorteilhaft vom Industriellen unterscheiden, und durch ihr
Fehlen entsetzt wird. — Und von hier aus nun denke ich
an China zurück. Welch überwältigender Unterschied!
Wenn die Landwirtschaft in Amerika ein Gewerbe unter
anderen, in Europa ein Gewerbe auf moralischer Grundlage
ist, so ist sie in China ein Ausdruck des Moralischen schlechthin; dort fällt ihr materieller Vorteil kaum ins Gewicht.
In China gehört der einzelne der Familie, die Familie dem
Geschlecht, das Geschlecht dem Grund und Boden, auf

dem es sitzt; denn dieser ist ja seinerseits nichts Unleben-
diges, sondern das irdische Symbol aller Vorfahren, um deren
Grabhügel der Pflug im Zickzack fährt. Vom Standpunkte
des materiellen Vorteils betrachtet, erscheint die chinesische
Landkultur als sinnlos; sie bedeutet ein Minusmachen ohne
Ende. Aber sie soll auch kein Erwerbsmittel sein: sie soll
nur der moralischen Natur des Menschen ihre normale
Betätigung sichern. Ihr verdankt der Chinese in der Tat
seine einzigartigen moralischen Eigenschaften. Und betrachtet
man von hier aus seine Betriebsart, dann erweist sie sich
der amerikanischen als überlegen. Diese macht reich, aber
sie macht flach und dürr; jene fristet nur Elend fort, aber
sie züchtet überlegene Menschen.

Und doch ruht in der amerikanischen Auffassung der
Landwirtschaft der Keim zu einem höheren Zustande, als
er in den Ländern alter Kultur jemals verwirklicht ward:
dem Zustand, wo das Bewußtsein der tiefsten Zusammenhänge des Lebens an kein materielles Substrat mehr gebunden erscheint. Je freier und tiefer selbstbewußt ein
Mensch, desto mehr naturhafte Schranken darf er verleugnen, unbeschadet seines inneren Werts. Der höchste
Mensch, den wir vorstellen können, ist vollkommen déta-
chiert; er kennt keine geographische Sentimentalität, keine
Vorliebe für diese oder jene Sitte, kein Vorurteil gegen
irgendeinen Beruf, überhaupt keine Ausschließlichkeit in
seinen Gefühlen; und dies bedeutet bei ihm nicht, daß er
kalt und gleichgültig wäre, sondern daß er das Stadium
innerer Durchbildung erreicht hat, wo der Mensch im Sinne
Gottes lieben kann, welcher auch keine Unterschiede gelten
läßt. Die Richtung aller Kulturentwicklung weist dahin.
Immer mehr befreit sich der Geist von der Materie, in der
er ursprünglich involviert war, in jedem folgenden Kultur-

stadium steht der einzelne ungebundener da. Geschähe
diese Entwicklung nun so, daß die alten Formen zersprengt
würden, nachdem der neue Inhalt ausgereift ist, dann führte
sie geradlinig aufwärts. Aber sie geschieht nicht also, und
aus guten Gründen. Auf daß das Neue sich entwickeln
könne, muß das Alte vergehen, wenn jenes erst als Keim
existiert. Deswegen bedingt aller äußere Fortschritt zunächst einen inneren Rückschritt, desto mehr, je weiter die
Entwicklung der Form derjenigen des Gehalts vorausgeeilt
ist. Dies ist der Sinn der fortschreitenden Barbarisierung,
die mit der weißen Rasse eben jetzt vor sich geht. Wir
haben über der neuen Form das Bewußtsein des Gehaltes
überhaupt verloren. Über ein Kleines aber wird es wieder
wachsen, und dann wird es auch innerlich mit uns vorwärts gehen. Deswegen darf es nicht allzu tragisch genommen werden, wenn die Landwirtschaft, indem sie sich
modernisiert, ihrer erzieherischen Kraft verlustig geht, wenn
die Familienverbände sich lockern, der Berufs- und Klassen-
idealismus abflaut, ja der Patriotismus in Friedenszeiten
immer weniger als Dominante der Volksseele erscheint:
überall handelt es sich um ein Zerfallen der Form, auf daß
ein neuer Inhalt sich heranbilden könne. Wenn einerseits
die Form, wo sie gefestigt ist, den Inhalt meist überdauert,
eilt andererseits die neue dem Inhalt voraus; dies aber ergibt
ein schlimmes Übergangsstadium. Wir sind in einem solchen
mitten drinnen. Wir sind oberflächlicher als irgendeine
Menschenart, materiell gesinnter, dürftiger; dieses allgemeine
Charakteristikum unserer Zeit tritt in Amerika karikiert in
die Erscheinung. Aber wir sind nur deshalb oberflächlicher,
weil unser Tiefstes in die neue Gestalt noch nicht hinein-
gewachsen ist, nur deshalb materieller, weil unserer Spiritualität das entsprechende Ausdrucksmittel noch fehlt, nur

deshalb dürftiger, weil wir unseren Reichtum nicht aufzu-
schließen wissen. Und die Amerikaner wirken nur deshalb
schlimmer noch als wir, weil bei ihnen die Spannung zwischen
Form und Gehalt noch größer ist. Aber irgendeinmal wird
das unerfreuliche Stadium hinter uns liegen. Und am frühesten wahrscheinlich in der Neuen Welt, weil dort im Kampf
mit dem Alten keine Kraft vergeudet zu werden braucht,
und der innere Gehalt sich, ohne Rückblick, der neuen Form
wird einbilden können.

Je weiter ostwärts ich gelange, desto intensiver erscheint die
Kultur, desto selbstherrlicher der Mensch im Naturzusammenhang; fast möchte man glauben, hier bestimme er
durchaus, ohne seinerseits bestimmt zu werden. Geringeren
Witterungszufällen hat er durch regulierende Eingriffe
(Wasserableitung, Stauung, Düngung) vorgebeugt, kata-
strophalen durch Versicherung; sein Acker trägt nicht, was
er mag, sondern was er soll, seine Kühe sind milchergiebiger
als ihrer Natur entspricht, fehlende Hände ersetzen Maschinen. Und durch vorausschauende Abstimmung seiner Privat-
produktion auf die Erfordernisse des Weltmarkts hat er recht
eigentlich im ökonomischen Weltzentrum Fuß gefaßt, so
daß er sich ohne weiteres dem anschmiegen und dergestalt
zu seinem Vorteil nutzen kann, wem er sonst als einem Fatum
unterläge. Meine Gedanken ziehen zaumlos diesen Möglichkeiten nach, ich verliere sie aus den Augen. Auf einmal entdecke ich, daß sie zum Gegenpol des amerikanischen Lebens
hinübergeschweift sind, dem Zustande, der nicht in schöp-
ferischem Tun, sondern in Hinnehmen und Erleiden wurzelt.
Und wie es in solchen Fällen leicht geschieht, sehe ich diesen
jetzt in einseitig günstigem Licht. Die spezifische Kultur,

welche dort erwächst, wo der Mensch sich der Natur nicht
überlegen dünkt, wo er sich, im Gegenteil, unterworfen fühlt
einem übermächtigen Geschick, wird in Amerika niemals
entstehen, — und doch umfaßt sie einen großen Teil des
Höchsten, was die Menschheit für sich anzuführen hat. Wie
edel ist der Stolz des Wüstensohns, der sich vom Schicksal
schlechthin abhängig glaubt! Wie tief ist das Naturgefühl
des indischen, des russischen Bauern, die sich beide als geringste Elemente fühlen im All! Und wie Erhabenes hat das
gleiche Wurzelbewußtsein in China hervorgebracht! Nein:
Demut, Bescheidenheit, Nichtigkeitsgefühl bedeuten nicht,
wie Amerika wähnt, ein durchaus Negatives, auch sie können
Quellen sein der höchsten Kraft. Sie waren es zu allen Glanz-
zeiten des Christentums. Ich gedenke der Bachschen Musik:
diese Tiefe, diese Kraft offenbart sich nur dort, wo der
Mensch sich nicht als Herr, sondern als Knecht empfindet;
nicht als wesentlich Handelnder, sondern als einer, mit dem
wesentlich geschieht. Die Bewußtseinseinstellung, die der
jüngsten Weisheit des Westens als einzig richtige gilt, ist in
Wahrheit nur eine unter vielen, und ihre Vorzüge ändern
an der Tatsache nichts, daß sie die Erlebnisse eines Laotse
und eines Augustin, eines Bach und eines Luther, eines
Tolstoi und eines Buddha ausschließen.

O über die Relativität aller Gestaltung! Jede ist fähig, das
Tiefste zum Ausdruck zu bringen, aber keine sagt alles und
keine absolut mehr als andere, scheinbar geringwertige. Gewaltiges wirkt das Bewußtsein, mit der Gottheit eins zu sein:
gewaltiges nicht minder der Glaube an die eigene Erbärmlich-
keit. Beide Auffassungen des Verhältnisses von Mensch und
Gott sind eben empirisch gleich richtig, oder können es doch
sein. Sündbewußtsein entsteht notwendig bei seelischer Vertiefung, weil bei deutlicherem Innewerden des Atman auch

die persönliche Unzulänglichkeit fortschreitend deutlicher wird; wer sich mit seiner Person, nicht seinem überpersönlichen Selbst identifiziert, der muß erfahren, daß nicht er handelt, sondern daß mit ihm geschieht, daß er allen Fortschritt der „Gnade" dankt. Keine Form faßt den Atman an sich selbst: nur darauf kommt es an, wie tief der Mensch sich selbst in beliebiger Form realisiert. Wie die Mystiker Persiens aus den rohen Suren des Koran sublime Weisheit herrauslasen, wie die Ilias den Griechen als Moraltextbuch galt, und die züchtigste Christenheit an den verfänglichsten Stellen ihrer Bibel niemals ein Ärgernis fand, so kann jede Gestalt zum Ausdrucksmittel des Höchsten werden; aber in jeder stellt dieses sich besonders, ausschließlich und einzig dar. Die jüngste Auffassung des Christentums wird die älteren nie überflüssig machen. Unheilbar Kranken frommt Leugnen des Krankseins nicht; die kommen geistlich weiter durch den Glauben an eine Prüfung. Als Jüngerin der christlichen Wissenschaft wäre Adele Kamm nie zur Heiligen geworden, sie hätte sich im Gegenteil verhärtet in fruchtlosem Widerstand. Den Vorzügen der Karma-Lehre stehen die Nachteile entgegen, daß diese alles Unglück als Sühne, mithin als Abschluß deutet, wodurch dieses seines produktiven Einflusses verlustig geht und in ihren Bekennern die schlimme Neigung großzieht, in jedem Mißgeschick eines anderen eine verdiente Strafe zu sehen. Wer mit dem New Thought den positiven Charakter des Übels leugnet, macht die günstigen Wirkungen, die es als Strafe, Prüfung oder Ansporn aufgefaßt, ausübte, erst recht unmöglich und wird im übrigen der Tatsache nicht gerecht, daß es unstreitig kein absolut Negatives ist: des einen Unheil bedeutet immer zugleich eines anderen Heil, denn kein einzelnes hat seinen Sinn in sich, es empfängt ihn vom Ganzen. Hinnehmen, Ausharren, Mit-Sich-Geschehenlassen hat sein absolut Gutes. Und es erweist sich als einzigersprießliche innere Stellung zum Weltprozeß zu kritischen Zeiten, wo Naturkatastrophen, Revolution und Krieg alles Wollen des Einzelnen zunichte machen, wo das Fatum alle Menschenordnung zerreißt. Denn es gibt wirklich ein überpersönliches Schicksal, fasse man es als Vorsehung auf im christlichen Sinn, als Rassen-Karma oder, unbefangener und gegenständlicher, als Moira, eine allgemeine kosmische Notwendigkeit, die Resultante alles des, was je geschah, die meist unmerklich waltet und oft zusammenfällt mit den Ergebnissen menschlicher Voraussicht, sich manchmal jedoch zu souveräner Persönlichkeit verdichtet und völlig eigene, unerkennbare Ziele verfolgt, — der Moira gegenüber aber hilft alles Pochen auf Selbstherrlichkeit nichts. Und selbst wenn es anders wäre, selbst wenn die ganze moderne weiße Menschheit sich zum amerikanischen Optimismus bekehren könnte, bedingte dies doch keinen absoluten Fortschritt: es bedeutete nur, daß zu gewisser Zeit eine bestimmte Gestalt dem Leben die besten Gelegenheiten bietet, daß der Hippos dem Hipparion gefolgt ist; und bewirkte zugleich das Aussterben der Form der Größe, die uns an Luther, Augustin und Bach so einzig verehrungswert scheint.

Der selbstherrlich-selbstbewußte Mensch, gleich allen Vollendungstypen, schließt die übrigen nicht ein, sondern aus. Gleichwohl ist es gut, daß er zum Ideal ward: dies bezieht aller Dasein auf einen tieferen Grundton. Der Atman ist schöpferische Spontaneität; wer sich selbstherrlich weiß, wurzelt tiefer in ihm, als wer sich abhängig fühlt. Indem der Mensch sich aus einem wesentlich bestimmten zum bestimmenden Teil der Natur verwandelt, durchmißt er in der Sphäre des praktischen Lebens die gleiche Entwicklung, die den Theisten zum Mystiker hinaufführt. Empirisch hat

jener so recht wie dieser; Gott wird als Du oder als Ich erlebt,
je nachdem, wo das Bewußtzentrum ruht; doch wer Ihn als
Ich erlebt, erlebt Ihn tiefer. So wurzelt der selbstherrlich
Bestimmende überhaupt unmittelbarer im Sein als der hin-
nehmend Erleidende. Und daß dem so ist, beweist hier nicht
allein, wie beim Mystiker, das subjektive Gefühl, sondern
die objektive Erfahrung: diese tut dar, daß der Mensch
wirklich zum Herrn der Schöpfung berufen ist. In unserer
Welt besitzt die Moira nicht ein Tausendstel der Macht,
über die sie unter den Griechen verfügte, welche hemmungslos ihre Leidenschaften auslebten und dergestalt selbst die
Gewalten schufen, die sie verdarben; die Elementarkräfte
haben wir uns zum großen Teil botmäßig gemacht. Gewinnen
wir je gleiche Herrschaft über uns selbst und üben sie mit
vollem Verständnis aus, so mag es dahin kommen, daß einer
pessimistischen Weltansicht, weil kein Erleiden mehr ver-
hängnisvoll erschiene, aller Boden entzogen sein wird; daß
der Mensch, äußerlich Herr der Natur, über allen Zufällen
innerlich erhaben, des Sinns des Guten wie des Bösen voll
bewußt, der Vorsehung Amt übernimmt.

In Amerika schweift meine Einbildungskraft unaufhaltsam in
eine bessere Zukunft voraus. Dies beweist, wie sehr der
Fortschrittsbegriff dieser Welt gemäß ist. Hier hat das reflek-
tierende Bewußtsein das ganze Leben so weit durchdrungen
und erfaßt, daß seine Eigenart bestimmt, seine Normen das
Geschehen regulieren und seine Ideale als schöpferische
Kräfte wirken. Wieviel Macht besitzt der Geist über die
Natur! An Originalität, Beweglichkeit, Erfindungsgabe
stehen die führenden Völker der Moderne den alten Griechen
hundertfältig nach. Allein die Entwicklung dieser, so viel-

dimensional sie war und so weit sie führte, fand nicht unter dem Zeichen des Fortschritts statt. Sie lebten richtungs- und hemmungslos ihre Gaben aus, unbefangen wie die indische Phantasie, und nach knapp zwei Jahrhunderten der Herrlichkeit waren sie am Ende; seitdem faulten und verdarben sie nur, soviel geistige Fermente sie auch weiter ausschieden. Jene nun pflanzten ihre Ideale unter dem Fortschrittsgesichtspunkt systematisch dem Leben ein, was den physiologischen Prozeß, der an sich endlich ist, dem unendlichen geistigen unterordnet. Darum ist keine Ursache abzusehen, weshalb sie je im ganzen verderben und sich fortzuentwickeln aufhören sollten.

Die neue fortschrittliche Menschheit hat zum Beruf, in progressives Leben umzusetzen, was von den Ideen aller Zeiten im guten irgend fortwirken kann. Zu diesem Umsetzen ist sie, ihrer besonderen Physiologie nach, einzig begabt, so sehr sie in anderen Hinsichten versage. Die hellenischen Ideale sind realere Mächte in unserer Welt als in der antiken; irgendeinmal wird gleiches von den indischen Einsichten gelten. Heute freilich sind kaum die Vorarbeiten zum ersten Anfang dessen erledigt, was unsere Bestimmung scheint; die gegenwärtigen Zustände bedeuten embryonale Phasen. Wer in diesen aufgeht, leistet wenig für die Dauer. Ich persönlich bin von zu alter Kultur, um an Vorläufigem Befriedigung zu finden; ich könnte nicht Bastillen stürmen, auf Barrikaden kämpfen, weil ich weiß, daß es dabei nichts Wesentliches gilt. Zum Revolutionär-, zum Pioniertum bedarf es der Blindheit. Allein wo ständen wir, gäbe es die Blinden nicht? Die Phagozyten, die im Blut todbringende Mikroben bekämpfen, wähnen gewiß, dieser Krieg sei ein Endzweck; und dächten sie anders, kein höheres Wesen könnte leben. Mehr als alle haben die Sehenden Grund, die Blinden

zu achten, denn ihnen danken sie ihre Daseinsmöglichkeit;
der Versteher ist möglich nur deshalb, weil Millionen von
Unverständigen sich opfern. Eine Welt, in der deren Meinung dominiert, kann ihn freilich nicht freuen, aber worauf
hat er auch Anspruch? *Nous n'avons pas le droit d'être fort
difficiles*, schrieb schon Renan. *Dans le passé, aux meilleures
heures, nous n'avons été que tolérés. Cette tolérance, nous l'obtien-
drons bien au moins de l'avenir. Un regime démocratique
borné est, nous le savons, facilement vexatoire. Des gens d'esprit
vivent cependant en Amerique, à condition de n'être pas trop
exigeants. Noli me tangere est tout ce qu'il faut demander à la
Démocratie. Et peut-être la vulgarité générale sera-t-elle un
jour la condition du bonheur des élus.*

CHICAGO

Meine freundliche Stimmung ist dahin. Chicago ist
fürchterlich. Alles Leben hier geht auf in maschi-
nellem Betrieb, so sehr, daß selbst der Zugereiste sich ihm
unwillkürlich einfügt, aus Furcht, sonst zugrunde zu gehen.
Und sein Instinkt irrt nicht: wer in Chicago nicht Apparat
sein kann oder will zu bestimmter Funktion, mit seinem ganzen
Wesen ihr verschrieben, der muß verderben.

Ich bin tief deprimiert. Gegen die Mechanisierung des
Lebens an sich habe ich nichts, im Gegenteil: ich wünschte,
daß alles Mechanisierbare möglichst bald, möglichst vollständig mechanisiert würde, auf daß der Geist für das Übermechanische desto mehr Kraft und Muße übrigbehalte;
wie die antike Kultur ihren hohen Vollendungsgrad dem
dankte, daß Sklaven den Gebildeten alle Arbeit abnahmen,
die ohne freie Initiative geleistet werden konnte, so wird die
moderne erst dann zu vergleichbarer Reife gelangen, wenn

Maschinenbetrieb den Menschen entlastet haben wird. Das
Fürchterliche an dieser Welt ist der Umstand, daß sich das
Leben im Mechanisierbaren erschöpft; hier knechtet das
Werkzeug den Menschen, der es beherrschen soll. Wie kam
es dahin? — Der Menschenmangel machte es zunächst zur
Notwendigkeit, alles Mechanisierbare zu mechanisieren;
dann bannte die Rentabilität dieser Betriebsart alles Interesse
mehr und mehr, so daß das Übermechanische zum Leben
immer überflüssiger erschien und immer mehr im Bewußtsein
zurücktrat. Leider ist es ja nicht wahr, daß ein seelenloses
Leben kein volles Lebensbewußtsein geben könne: alle verfügbare Kraft und Intensität kann im Maschinenmäßigen
aufgewandt werden, so sehr, daß eben der, welcher mir un-
säglich dürftig vorkommt, sich subjektiv als Vollmensch
fühlt und herabsieht auf die blutlosere „Seele“. Der Vorwurf gegen die Mechanisierung ist unberechtigt, daß sie die
Menschen im biologischen Verstande unlebendig mache:
der Chicagoaner ist durch und durch vital, wähnt seine
Lebensführung eben deshalb allen anderen überlegen, weil sie
das Daseinsgefühl wie keine andere steigere. Das tut sie wirklich, weil sie alle vorhandene Kraft in einen engsten Kanal
der Betätigung hineinzwängt, wodurch jene eines ungeheuren Intensitätsgrades teilhaftig wird. Die amerikanischen
Geschäftsleute sind echte Yogis insofern, als sie alle Aufmerksamkeit auf eines konzentrieren, und alle typischen
Früchte der Yoga werden ihnen im Prinzip auch zuteil, als
da sind: Potenzierung der Lebenskraft und des Lebensge-
fühls, Steigerung der Fähigkeiten, Vergrößerung des psychischen Betriebskapitals. Das Entsetzliche an diesem Amerikanertum ist nicht, daß es die Menschen unlebendig macht,
sondern daß es den psychischen Organismus in unerhörtem
Grade vereinfacht. Dieses Amerikanertum beweist, daß sich

ohne Seele, ohne geistige Interessen, ohne Gefühlskultur ein innerlich volles Leben führen läßt. Natürlich läßt sich das; kein Molch, kein Wurm sehnt sich über seinen Zustand hinaus. Wenn es heißt, die beschränkten Menschen seien die glücklichsten', so besagt das gleiches: es ist viel einfacher, sich in kleinem Rahmen der Ganzheit seines Lebens bewußt zu werden, als in großem. Aber die Beschränktheit verkörpert kein Ideal; ideal wäre der Zustand allein zu nennen, in dem der Mensch sich vermittels des Weltalls seiner Ganzheit bewußt würde, in dem er nichts auszuschließen brauchte, um ganz er selbst zu sein.

Das Furchtbare am Amerikanismus ist, daß er den Menschen arm macht. Wie er alle Werte auf den einen der Quantität reduziert, so reduziert er die ganze Psyche auf einen Apparat zum Geldverdienst. Damit drückt er den Menschen zurück auf die Stufe des niederen Tieres. Betrachtet man den Tatbestand in diesem Licht, so erscheint er dermaßen entsetzlich, daß man ihn für gefahrlos halten möchte. Tatsächlich besitzt er ungeheure Werbekraft, gewiß die größte dieser Art zu unserer Zeit. Er besitzt sie erstens, weil jedem am Erfolg liegt, und die amerikanische Lebensformel diesem am günstigsten ist; wer keine Zeit mit Idealen, Ideen und Gefühlen verliert, wer keine gemütlichen und moralischen Hemmungen kennt, kommt am schnellsten vorwärts. Allein nicht hierin liegt die Hauptanziehungskraft: diese beruht darauf, daß in der Form des Amerikanismus jeder, auch der dürftigste Geselle, sich der Fülle seines Daseins bewußt wird; diese Formel ist so eng, so beschränkt, daß sie jedes Lebenskraft spannt. Hierin nun liegt eine furchtbare Gefahr: heute leuchtet der Menschheit ein niederer Zustand als höchster voran. Wird dieses Ideal nicht bald entthront, so führt es uns unfehlbar zur Barbarei, keiner vorläufigen, sondern einer endgültigen.

Meinen Besuch im Schlachthof habe ich gemacht; kein erfreuliches Unternehmen. Und doch bin ich's zufrieden: in größerer Vollkommenheit werde ich Maschinerie kaum wieder funktionieren sehen; in den Stock Yards scheint mir das äußerst Denkbare an Ausnutzung von Menschen und Zeit erreicht. So wenig Zeit geht hier verloren, daß ein Schwein in einigen zwanzig Minuten vom Leben zur Wurst befördert, ein Schaf in sechsundzwanzig Minuten, und ein Ochs in fünfunddreißig zerlegt wird. Jeder Arbeiter tut ein Bestimmtes, in festgesetzten Abständen; jeder tut es auf die bestmögliche Art. Von Mensch zu Mensch vermitteln Maschinen. So kann ein einziger Schlächter in einer Stunde bequem ein halbes Tausend an ihm vorbeigehißter Schweine abstechen, und entsprechend geschwind geht alles Übrige vor sich.

Wie ich dastand und zuschaute, fiel mir die Parabel Dschuang-Tses vom Metzger ein. Der Fürst Wen Hui hat einen Koch, der für ihn einen Ochsen zerteilte. Er legte Hand an, drückte mit der Schulter, setzte den Fuß auf, stemmte das Knie an: ritsch! ratsch! trennte sich die Haut, und zischend fuhr das Messer durch die Fleischstücke. Alles ging wie im Takt eines Tanzliedes, und er traf immer genau die Gelenke.

Der Fürst Wen Hui sprach: „Ei vortrefflich! das nenn' ich Geschicklichkeit!"

Der Koch legte das Messer beiseite und antwortete, zum Fürsten gewandt: der Sinn (das Tao) ist's, was dein Diener liebt. Das ist mehr als Geschicklichkeit. Als ich anfing, Rinder zu zerlegen, da sah ich eben nur Rinder vor mir. Nach drei Jahren hatte ich's soweit gebracht, daß ich die Rinder nicht mehr ungeteilt vor mir sah. Heute verlasse ich mich ganz auf den Geist und nicht mehr auf den Augenschein. Der

Sinne Wissen hab' ich aufgegeben und handle nach den Regungen des Geistes. (R. Wilhelms Übersetzung.) — Ja, es ist
wahr, solche Geschicklichkeit hat metaphysischen Sinn: sie
bezeugt, daß die Bewegungen der Hände unmittelbar vom
Prinzip des Lebens gelenkt werden; ob die Einheit mit ihm
sich in vollkommenem Schlachten, in vollkommener Erkenntnis oder in vollkommenem Sein manifestiert, hängt von
dem Ziele ab, das einer sich steckt. Auch die Schlächter von
Chicago, gleich dem Koch des Fürsten Wen Hui, müssen sich
dem Tao ergeben haben, um so Außerordentliches zu leisten.
Aber entsetzlich wäre es, wenn ihre Art der Vollkommenheit
fortan als Ideal menschlicher Entwicklung gelten sollte. Die
Stock Yards sind ein schreckhaft lehrreiches Sinnbild, was
an den Zielen der modernen Zivilisation verfehlt erscheint.
Das ideale Verhältnis zwischen Körper und Geist wäre dort
erreicht, wo mit jeder Gebärde die Seele zu vollendetem
Ausdruck käme, wie beim Bühnenspiel der Duse. In unserer
Welt stellt es sich mehr und mehr so dar, daß die ganze verfügbare Kraft in ein Werkzeug überfließt, wodurch dieses wohl
Fabelhaftes leistet, der Mensch jedoch zu existieren aufhört.
Der moderne Zweckmensch verkörpert den genauen Gegenpol des indischen Weisen: zieht dieser sich aus dem Äußeren
ganz zurück, um in sich desto wirklicher zu sein, so verzichtet
jener auf die Innerlichkeit, um in der Außenwelt Äußerstes
zu leisten. Ihm verdanken wir die Wunder der Technik,
eine unbedingte Bereicherung dieses Wandelsterns; insofern
muß man ihn gelten lassen. Man muß ihn gelten lassen,
wie man den Fakir gelten läßt, den Clown, den Schlangen-
bändiger. Aber aufblicken darf man zu ihm nicht. Ihm
fehlt das, was allererst den Menschen macht ... Die Spirale
der geschichtlichen Entwicklung hat auf erhöhter Stufe zu
einer Wiederherstellung der Sklaverei geführt. Wieder wird

der Mensch nach seiner Leistung allein beurteilt, wieder hat
er nur Marktwert, und zwar gilt dies heute nicht bloß von
Zwangsarbeitern, sondern von allen, denn im griechischen
Verstande Freie gibt es nicht mehr; wer sich bei uns am un-
abhängigsten wähnt, sieht sich doch selbst kaum anders an,
wie ein Phöniker seine Kriegsgefangenen. Wird auch der
Kannibalismus wieder aufleben? In unserer aufgeklärten
Welt stehen diesem gewiß weniger seelische Hemmungen
entgegen, als unter abergläubischen Wilden. Es ist allzu
wahr, was Tagore sagt: nirgends war Menschenfleisch und
-seele je so billig wie im modernen Westen. Keine Zivilisation hat je der ganzen Schöpfung gegenüber eine so ent-
wertende Stellung eingenommen wie die unsere, die ausschließlich des Nutzens gedenkt. Überantworten wir uns
ganz der Logik dieser Entwicklungsrichtung, so wird der
Verstand, je mehr sie sich entfaltet, desto mehr das Menschengeschlecht entseelen.

Ist nicht das ideale Ziel der Evolution, die in den Schläch-
tern von Chicago einen vorläufigen Höhepunkt erreicht,
— der künstliche Mensch? — Helmholtz pflegte zu sagen,
daß er dem Optiker, der ihm einen so unvollkommenen Apparat, wie die Linse des Menschenauges, überbrächte, die
Tür weisen würde: im selben Sinn ist denkbar, daß alle objektive Leistung durch ein Artefakt besser ausgeführt werden
könnte, als durch einen lebendigen Organismus, und in der
Idee kann diese Ersetzung durch ein Besseres bis zum ganzen Menschen gehen. Ein solches Kunstprodukt ist einmal
konzipiert worden: es ist Halady, die Heldin von *Eve future*,
der visionären Dichtung Villiers de l'Isle Adams. Villiers
setzte willkürlich nur die Möglichkeit, einen künstlichen Men-

schen zu erschaffen, in dem Mechanismen von absoluter
Präzision die lebendigen Organe ersetzen; und siehe da: aus
ihr ergab sich mit Notwendigkeit, daß sein lebloser Automat
an Leistungsfähigkeit das höchste Leben übertreffen müßte.
Während der begabteste Geist doch irrt, war Halady irrtums-
unfähig; sie reagierte auf jede Situation auf die absolut beste
Art, antwortete unfehlbar richtig, tat immer das unter den
gegebenen Umständen schlechthin zweckmäßigste, und so
fort. Sie wäre Gott gewesen — wenn sie ein Ich besessen
hätte.

In der Tat strebt die fortschrittliche Entwicklung gleich
notwendig zwei entgegengesetzten Zielen zu, dem Automaten und dem Gott; und der Weg, der an den Stock Yards
sein Sinnbild hat, führt schnurstracks zu jenem. Wenn die
Leistung alles, die Seele nichts bedeuten soll, dann steht ein
vollkommener künstlicher Mensch unstreitig über dem
natürlichen. Diese Erwägung scheint mir lehrreich. Unsere
fortschrittliche Entwicklung, welche wesentlich unabhängig
vom inneren Weiterkommen verläuft, hat ihren psychologisch-
technischen Seinsgrund an der fortschreitenden Intellektuali-
sierung des Lebensprozesses; diese nämlich bedingt eine un-
aufhaltsame Vergegenständlichung dessen, was ursprünglich ein rein Zuständliches war. Indem der Mensch sich
begrifflich klar wird über das Geschehen in und außer sich,
über das, was es bedeutet, wohin es führen könnte und sollte,
erhebt er sich darüber, sieht er es außer sich, gewinnt an
seinen Begriffen die Mittel, es anzupacken, und gleichzeitig
die Macht, ihm von sich aus die Richtung zu geben. Nun
mag er seine Wünsche in Betriebe, und seine Ideale in reale
Mächte umwandeln. So sind bei uns Liebe und Gerechtigkeit in Institutionen, das Wissen in der Technik objektiviert,
das Können in Organisationen und Fabriken. Dieser Prozeß,

bis in seine äußerst denkbaren Konsequenzen durchgeführt,
ergäbe eine vollständige Objektivation aller Lebenskräfte, so
daß Subjektivität überhaupt nicht in Frage käme und alles freie
Streben durch Automatismen vorweggenommen erschiene.

Halady, der Idealautomat, wird kaum je erschaffen werden;
aber unzweifelhaft verkörpert sie nicht allein das Arbeiter-
ideal jedes Betriebsbesitzers (man denke an das Taylorsche
System!), sondern das persönliche so manches sich frei-
dünkenden modernen Menschen. Solche Einseitigkeit ruft
naturgemäß die komplementäre Gegenbewegung hervor: so
verehren heute viele, und nicht die Schlechtesten, ihr Ideal
im russischen Bauern, dem urwüchsigen Menschen, welcher
jeder Organisation schlechthin unfähig erscheint, bei dem
keinerlei Objektivation, nicht einmal die des Pflichtbegriffs,
Verständnis findet, welcher ausschließlich seiner planlosen
Subjektivität gehorcht. Allein weiser wohl wäre es, sein
Ideal weder im Automaten, noch im Mushik, sondern im
Gott zu begründen: einem Wesen, dessen vergeistigte Seele
allen intellektualen Objektivationen überlegen wäre, sie frei
von innen her beherrschte. An und für sich ist Intellek-
tualisierung ein Gutes. Mag sie vorläufig manches Wertvolle zersetzen — aus dem Zersetzten geht Wertvolleres hervor, denn unstreitig ist es besser, klar zu wissen, als nicht zu
wissen, was man tut. Ein höheres Bewußtsein bedingt notwendig eine höhere Welt. Was den Fluch unserer Intellek-
tualisierungsphase ausmacht, ist, daß wir, der Gegenstände
außer uns Herr geworden, uns nun selbsterschaffenen Ver-
gegenständlichungen unterworfen haben. Bald werden wir
uns über sie erheben, bald — hoffentlich — erkennen, daß
unser Fortschrittsstreben, vom Geist des Wissens gelenkt, anstatt dem Unbewußtsein des Automaten, der Allwissenheit
zuführen kann.

NEWYORK

Die moderne Großstadt ist immerhin ein Wunderbares. Wir Menschen haben heute keinen Grund mehr, zu Ameisen und Bienen aufzuschauen: was die an Zusammenarbeiten leisten, leisten wir auch. Und auch wir sind ohne Frage im ganzen zu kollektivem Dasein geschaffen. Wem frommt die Einsamkeit? Dem Heiligen, dem Denker; schon dem Künstler nur zeitweilig; sämtliche übrigen leben zu vielen voller als allein. Viele Formen der Vergesellschaftung gab und gibt es; jede weist spezifische Vorzüge auf. Das moderne Großstadtleben nun ist wie kein anderes dem modernen Durchschnittsmenschen angemessen. Hier entsprechen sich Lebenstempo und Gelegenheiten, Bedürfnisse und Befriedigungsmöglichkeiten, Notwendig- und Wünschbarkeiten wirklich ganz so gut, wie dies für Ameisen in ihrem Haufen gilt.

Noch nie habe ich es so leicht gefunden, mich in einer Metropole zu orientieren, wie in Newyork. Die äußeren Lebensnotwendigkeiten sind so vollkommen hergerichtet, daß es scheint, man habe nur irgendwohin zu wollen — und schon ist man dort. Alles geschieht mit ungeheurer Schnelligkeit, und doch empfindet man gar keine Hast — weniger Hast jedenfalls als in London oder Berlin; man lebt geschwinder, ohne daß dies Unrast bedingte. Es wird eben nicht nur keine Zeit verloren: das Leben ist so gut organisiert, daß man keine verlieren k a n n, und dies Bewußtsein gibt der angepaßten Seele die gleiche Ruhe, wie dem Inder das Gefühl, unendlich lange Zeiträume vor sich zu haben. — Das ist d i e Lösung des äußeren Lebensproblems, die einzige, die für Westländer in Frage kommt. Der Inder ist innerlich freier als wir, weil er auf die Außenwelt keine Aufmerksamkeit wendet; er ist frei auf Kosten seiner Macht über sie. Wir hatten, um diese Macht zu erlangen, unsere innere Freiheit vorläufig preisgegeben, und dies so sehr und in so steigendem Maße, daß sich mehr und mehr Stimmen erhoben, die da „zurück" riefen. Sie vergaßen, daß ein „Zurück" biologisch unmöglich ist und erst recht dem Verderben zuführen würde: haben wir uns einmal mit der Außenwelt eingelassen, dann heißt es, wir oder sie; unsere Mentalität, wie sie geworden, verschließt uns, außer in seltenen Ausnahmefällen, die Möglichkeit, auf indisch zu entsagen. Unser Weg zur Freiheit führt über die besiegte Natur. Und in der Tat: wo diese wirklich besiegt ist, stellt Freiheitsmöglichkeit sich automatisch ein. Dies beweist Newyork, beweist das ganze Amerikanerleben überall, wo es einen vollendeten Ausdruck gefunden hat. In Amerika wird, auf entgegengesetztem Weg, geradezu das Ideal des Inders erreicht. Das Leben hier erscheint im allgemeinen, verglichen mit dem europäischen, wesentlich vereinfacht, obgleich Komfort hier noch mehr gilt als dort und viel allgemeiner verbreitet ist: das Überflüssige wird nach Möglichkeit ausgeschaltet, das Notwendige auf die ökonomischste Art beschafft; in den Gasthäusern z. B. wird man kaum überhaupt bedient. Weshalb nur? — Ursprünglich beruht dies gewiß auf *force majeure*, der Notwendigkeit, mit wenig Menschenkräften auszukommen und von diesen, bei größtmöglicher Achtung ihrer Wünsche, den äußerst denkbaren Gewinn zu erzielen; aber jetzt besteht das Regime der Einfachheit auch dort, wo es vermieden werden könnte, und zwar deshalb, weil die meisten sich an dasselbe gewöhnt und eingesehen haben, daß sich auch ohne überflüssigen Aufwand, und zwar im ganzen besser, leben läßt. Vollkommene Organisation leistet ebensoviel wie ein Sklavenstaat. Während ein solcher aber seinen Herrn demoralisiert, übt die moderne

Lebensvereinfachung, die alle vernünftigen Wünsche befriedigt, aber ein Sichgehenlassen auf Kosten anderer ausschließt, eine ähnlich stählende Wirkung aus wie die Askese.

Das ist in der Tat d i e Lösung des äußeren Lebensproblems,
die einzige, die für uns Abendländer in Frage kommt. Ist
unsere Lösung nicht die beste schlechthin? .... Ich gedenke eines anderen Ausdrucks des gleichen Verhältnisses,
unserer Vorstellung von Menschenwürde gegenüber der
indisch-russischen der Belanglosigkeit des Individuums:
zweifelsohne ist es ersprießlicher, vor sich und anderen gleiche
Ehrfurcht zu empfinden, als beide gleich gering zu schätzen.
Metaphysisch bedeuten beide Auffassungen gleiches; aber
die unsere allein verleiht dem Sinn in der Erscheinung an-
gemessenen Ausdruck. Nicht nur im Leben der Staaten, in
jedem Leben erscheint das Recht zum Dasein darauf begründet, daß es gewahrt wird; nicht weil die Macht Recht
schaffe, sondern weil dieses im Entschluß zur Wahrung
seinen psychologischen Körper hat. Wer sich nicht achtet,
gibt sich damit preis — gleichviel ob jemand da ist, dies auszunutzen. Daher kommt es, daß bei Völkern ohne Würde-
bewußtsein eine fortschreitende Entwürdigung vor sich geht,
während solche, die sich selbst respektieren, ob ursprünglich
noch so roh, automatisch innerlich weiter kommen; daß die
gewalttätige westliche Menschheit, nicht die sanftere Ruß-
lands und Indiens, einen Zustand herbeigeführt hat, wo sich
im Ernst von allgemein anerkannten Menschenrechten reden
läßt.

Immer mehr beeindruckt mich diese Stadt. Was die äußere
Organisation des Lebens betrifft, steht Amerika, in seinen
großen Metropolen, ohne Zweifel an der Menschheit Spitze.

Ein hoher Grad von Komfort wird ohne sein Zutun jedem zuteil, dies aber hebt unwillkürlich das Niveau der Lebenshaltung. Hier kann der Arbeiter mit Selbstverständlichkeit Ansprüche an das Leben stellen, die ein europäischer Bürger extravagant fände. Nicht allein, daß er besser ißt, trinkt, wohnt, sich kleidet als dieser, daß er unter besseren hygienischen Bedingungen lebt — er findet es selbstverständlich, seine geistigen Bedürfnisse in einem Grad befriedigen zu können, die bei uns mancher Höhergestellte sich versagen muß. Wohlstand gilt in Amerika als das Normale. Dies bedeutet etwas absolut Positives.

Woher kommt es, daß es gerade hier, nur hier bisher, zu dieser Lösung des Lebensproblems gekommen ist, die für uns Abendländer die schlechthin beste ist? Vieles hat hierbei mitgewirkt, der natürliche Reichtum des Landes, der alles Streben reichlich lohnt, die größere Energie, über welche der Mensch in ihm verfügt, und anderes mehr; aber an erster Stelle doch wohl, so seltsam dies klinge, die Religion. Alle wichtigeren, sonst noch so verschiedenen Formen des amerikanischen Christentums stimmen nämlich in dem einen überein, daß die Gnade Gottes am materiellen Erfolge auf Erden einen leidlich genauen Prüfstein und Gradmesser habe. Der Gottwohlgefällige muß reich werden; andrerseits: wer nicht reich werden will, der wuchere nicht mit seinem Pfund, arbeite nicht ernsthaft zur Ehre Gottes mit; wer sich bescheidet, sei lau. Was solche Anschauung religiöse Naturen, wie es die Amerikaner angelsächsischer Abkunft meistens sind, im Erwerben anspannen muß, liegt auf der Hand, um so mehr, als der ideelle Ansporn an den Banken, die alle ursprünglich im Konfessionellen rückversichert waren und den zu gewähren-den Kredit an der Sektenangehörigkeit und dem religiösen Eifer ihrer Kunden abschätzten, einen sehr reellen Hinter-

grund hatte. Dem amerikanischen Christentum fehlt jede
Animosität gegen den Reichtum. Wenn der Calvinismus
schon von vornherein gegenüber dem Luthertum weltzuge-
kehrt erschien, so ist er es in Amerika noch mehr geworden.
Zuerst hieß es: man müsse zwar reich werden, doch nur zur
Ehre Gottes; seinen Reichtum genießen dürfe man nicht.
Hieraus erwuchs, da mit dem Besitz doch etwas geschehen
mußte, die so paradoxale kapitalistische Lebensanschauung,
nach welcher das persönliche Leben dem unpersönlichen
Kapitale dienen soll. Allmählich verklang die puritanische
Grundstimmung; mehr und mehr ward der Wille zur Macht,
der Wunsch, zu genießen, auch hier zum eingestandenen
Erwerbsmotiv. Aber der religiöse Ursprung der amerikanischen Stellung zum Besitz ist noch heute deutlich zu
spüren, noch heute wirkt die Idee, daß Gottseligkeit und
Wohlstand zusammenhängen: das äußert sich eben darin,
daß der Wohlstand als Normalzustand gilt, dieser wird hier,
wenn auch noch so unbewußt, genau im gleichen Verstande
hochgeschätzt, wie von anderen Sekten die Armut und die
Niedrigkeit. Es ist nicht wahr, daß Reichtum dem besseren
Amerikaner das höchste Gut bedeute, so sehr dies bei viel
zu vielen zutreffen mag: ihm bedeutet er den Exponenten
des Höchsten, was einen gewaltigen Unterschied bedingt.
Gleichviel, was er unter diesem Höchsten verstehen mag:
die Gnade Gottes, die selbstherrliche Persönlichkeit oder die
Energie und den Wagemut schlechthin — ihm gilt Wohlstand als Normalzustand des Begnadeten, und dies gibt dem
Streben nach irdischen Gütern einen spirituellen Hintergrund und einen Sinn, der ihm alles Odium nimmt. So wird
der Reiche vom Armen in Amerika nicht gehaßt, sondern be-
wundert; so findet es dort der Reichgewordene selbstverständlich, zum allgemeinen Besten Summen auszugeben, die

jedem Europäer, der sich ein gleiches leisten könnte, Entsetzen einflößen.

Es ist ja leicht, über eine Weltanschauung Worte des Spotts
zu finden, welche irdisch-materiellen Erfolg als Gradmesser
göttlicher Gnade beurteilt, schon allein deshalb, weil das
Dogmengefüge, das sie hält, kaum die leiseste Kritik verträgt;
Jesu leibliche Auferstehung zumal ist keine einwandfreie
Glaubensstütze. Aber weiser erscheint es, zu begreifen, daß
diese Neufassung des Problems vom gegenseitigen Verhältnis
des Materiellen und des Spirituellen eine kopernikanische
Tat bedeutet — eine Tat von so ungeheurer Bedeutung, daß
ihre möglichen Folgen noch gar nicht abzusehen sind. Die
Ideale sind nichts Festes, Vorgegebenes, ein für allemal Bestehendes: der Mensch setzt sie aus sich heraus in die Welt,
und je nachdem was und wie er idealisiert, erhält die Erscheinung einen neuen Sinn; ein gleiches Phänomen wird,
je nachdem man es versteht, zum Ausdruck des Niedersten
oder des Höchsten. Bisher galt Reichtum als antispirituell
oder als spirituell neutral, was in der Tat die nächstliegende
Auffassung ist. Er ist antispirituell insofern, als Streben nach
irdischen Gütern in der entgegengesetzten Richtung führt,
als das nach Verinnerlichung, und ihr Besitz ein Genußleben
erleichtert; spirituell neutral insofern, als er von Hause aus
ein Leben im Geist, wo nicht hindert, doch jedenfalls nicht
fördert. Die höheren Religionen haben sich im ganzen ab-
lehnend zum Wohlstand gestellt. Dies hat sein Gutes überall,
wo entweder Armut der Normalzustand war, wie im nördlichen Europa bis vor kurzem, wo also materielles Streben
von vornherein zum Mißerfolg verurteilt war, oder aber in
jenen heißen Zonen, wo Streben widernatürlich ist. Sobald
Streben in der Regel von Erfolg begleitet wird, sobald Reichtum als allgemein-erreichbares Ziel winkt, überall ferner, wo

Streben als solches zum Nationalcharakter gehört, wirkt eine
weltabgekehrte Lebensansicht schädlich. Denn da neunundneunzig von hundert Menschen Behagen der Vollendung
vorziehen, führt das Fortgelten asketischer Ideale notwendig
dahin, daß das intime Wollen zum vorausgesetzten Sollen
in dauernden Widerstand gerät, was seinerseits schlimme
Folgen nach sich zieht. Wer an den überkommenen Idealen
festhält, hat dauernd ein schlechtes Gewissen — wohl das
Unersprießlichste, was einem Menschen widerfahren kann;
wer an ihnen verzweifelt, verzweifelt damit am Idealen überhaupt, wird zum krassen Materialisten; und wer an ihnen
zwar zweifelt, aber nicht verzweifelt, dessen Wesen erhält
jenen Grundzug der Gebrochenheit, der wie wenig anderes
den modernen Kulturmenschen charakterisiert; allen miteinander aber fehlt es an der Idealität, die allein vor- und
aufwärts führt. Was nun tun, um dem Übel zu steuern? —
Zwei Wege und nicht mehr stehen offen. Der eine besteht
in der Abkehr vom Streben nach materiellen Gütern, der
andere in der Heiligung dieses Strebens. Der erste, der immer
wieder gepredigt und betreten wird, führt nicht zum Ziel
und kann nicht hinführen, weil Entsagen dem Europäer un-
natürlich ist; nicht einer unter Millionen weißer Menschen
wird die Armut wählen, wo ihm der Reichtum erreichbar
scheint. Also bleibt allein der andere Weg. Auf diesem
marschiert die westliche Menschheit unbewußt schon lang.
Aus jeder Reform ist das Christentum weltzugekehrter hervorgegangen. Wenn der Katholizismus das Leben in der
Welt zwar gelten ließ, aber das mönchische doch als das höhere
hinstellte, verneinte Luther das Mönchsideal und sprach das
Leben in Beruf und Ehe heilig. Immerhin predigte er nicht
Streben nach Erfolg in der Welt, sondern Sich-Bescheiden
in den Grenzen der gegebenen Lebensstellung; ihm galt

Leiden noch höher als Tun. Calvin ging weiter. Zunächst
erhob er das Tun über das Leiden, ja er machte jenes zur
Pflicht; dann aber weihte er — und das war das Entscheidende — die Effikazität zum Prüfstein der Auserwähltheit.
Damit ward dem Erfolge ein für allemal spirituelle Bedeutung
zuerkannt, womit der Bruch zwischen Wollen und Sollen im
Prinzip geheilt erschien. Faktisch gelang diese Heiligung zwar
nicht so bald, weil dem der starre Bibelglaube des alten Calvinismus entgegenstand, auch war das entscheidende Moment in den Vorstellungen der älteren Sekten noch schwach
herausgearbeitet. Diese Arbeit haben die späteren geleistet,
leisten gerade die jüngsten am erfolgreichsten. So naiv, so
roh die Vorstellungen der *Christian scientists*, der verschiedenen *New thought*-Sekten im einzelnen seien — diese religiösen Bildungen haben das ungeheure Verdienst, daß sie die
Verkörperung des spirituellen Ideals im temporellen Streben
definitiv vollziehen, und zwar in der simplistischen Form,
welche allein Massen beeinflussen kann. Wenn kurz und
bündig gelehrt wird: wer den Christus in sich entdeckt, der
wird auch reich, wird gesund, und zum Vollmenschen im
Sinn dieses Lebens, so mag das theoretisch nicht einwandfrei
sein — sicher beeinflußt es die Massen im guten; es lehrt sie
die Möglichkeit, ihr Streben nach Gütern dieser Welt mit
idealem Streben zu vereinen. Daher der ungeheure Erfolg
dieser Lehren und ihre im ganzen so günstige Wirkung.
Nietzsche hat prinzipiell gleiches erstrebt wie der New
thought, und seine Lehren sind philosophisch befriedigender;
gleiches erstreben die meisten neueren Weltanschauungen,
ob religiös oder areligiös. Aber die amerikanische hat den
unermeßlichen Vorzug für sich, daß sie die alten Glaubensvorstellungen bewahrt und ihnen nur einen neuen Sinn erteilt (dies gilt auch von der William James'; diese setzt, viel-

leicht ohne es zu wissen, die neuchristlichen Grundvorstellungen voraus). Nie wird es gelingen, das Christentum in
uns zu überwinden; dagegen wehrt sich ein übertausend-
jähriger Atavismus; alle neuen Ideen werden sich mehr oder
weniger offenkundig in allen Formen verkörpern müssen,
um weitreichende Wirkungskraft zu erlangen. Die Brücke
zwischen dem modernen Geist und den alten Vorstellungen
gefunden zu haben, bezeichnet die Großtat Johann Calvins;
jenen mehr und mehr in diesen zu verkörpern, ist das Streben
aller späteren Bildungen. Daß diese aber wirklich auf richtiger Bahn sind, ist heute schon klar. Es gibt nicht nur keine
freudigeren, unbefangeren Menschen als die durch diese
Vorstellungen geformten — es gibt keine idealeren; sie
vor allen sind berufen dazu, dem modernen Leben den
spirituellen Gehalt zu geben, der ihm im ganzen so
sehr fehlt.

Schon heute ist Amerika auf diesem Wege so weit voran-
geschritten, daß dort Wohlstand als Normalzustand gilt.
Hiermit erscheint, praktisch wie ideell, vom Standpunkt
dieser Welt ein unbedingter Fortschritt erzielt: stellt sich
die allgemeine Alternative, an der Fülle oder am Mangel
Genüge zu finden, dann ist die erstere vorzuziehen. Soviel
besser in der Tat Genügsamkeit sei, als Abhängigkeit von
bestimmten günstigen Umständen, zumal als Leiden an der
Unbefriedigtheit — im ganzen ist wohl gewiß, daß Bedürfnis-
losigkeit dem Erdensohn nicht frommt, daß diese als Anlage
keine Tugend ist und erzwungen selten Gutes wirkt. Denn
wer nichts wünscht, ist meist dürftig veranlagt; jedes Organ
strebt nach Betätigung, jeder Trieb nach Ausdrucksgelegen-
heit; und wer sich bescheidet, gibt Wachstumsmöglichkeiten
preis. Ja schlimmer noch: in engen Verhältnissen können sich
nicht allein die meisten Anlagen nicht allseitig entfalten,

jene hemmen gerade die Entwicklung der edelsten; ein freies, vollausgeschlagenes Menschentum ist immer nur auf dem Boden der Befriedigtheit gediehen. Weshalb? Weil die Bedürfnisse einer Natur, solange diese besteht, durch Grundsätze nicht verflüchtigt werden können, weil sie gestillt werden müssen, auf daß der Geist seine Freiheit erlange. Sind sie es nicht, so finden Stauungen statt, Verdrängungen, Selbstvergiftungen der Seele; was sich in Schönheit hätte vollenden können, verbildet sich nun zu scheußlicher Mißgestalt. So löst verdrängte Sinnlichkeit unausweichlich obszöne Bilder aus, verbissene Kränkung hämische Rachegedanken; so zieht Armut, schmerzlich als solche empfunden, unvermeidlich Neid, Mißgunst und Ressentiment heran. Dies denn heiligt den Materialismus unserer Ära: indem bewußtermaßen nur möglichst günstige Lebensverhältnisse für alle erstrebt werden, wird tatsächlich ein edleres Leben angebahnt. Je erfreulicher jene, desto weniger Nahrung findet das Häßliche, desto mehr das Edle. Es ist ein allgemeiner äußerer Zustand denkbar, in welchem Mißgunst, Mißtrauen und Ressentiment, als Absurda, lebensunfähig erscheinen werden. Insofern kann Armut allerdings als absolutes Übel gelten, und Streben nach Reichtum, gemäß der amerikanisch-christlichen Lehre, als gottwohlgefälliger denn Bescheidung beim Gegebenen. Der heutige unerfreuliche Zustand der weißen Menschheit rührt nicht daher, daß sie Bedürfnisse hat, noch weniger daher, daß sie dieselben nicht befriedigen könnte — keine hat in letzterer Hinsicht unter nur annähernd gleich günstigen Bedingungen erlebt —; sie rührt daher, daß deren Befriedigung ihr noch nicht selbstverständlich ist. Dieser unglückliche Übergangszustand wird bald überwunden sein. Dann aber wird sich erweisen, daß die Früchte, die nur der Weltverneiner bisher geerntet, auch dem Weltbejaher zuteil werden können; daß, so wenig Glück als Ziel menschlichen Strebens gelten kann, es doch das beste Mittel ist zu seiner Erreichung.

A ber freilich ist in Amerika die Kluft zwischen äußerem Vorgeschrittensein und innerer Vollendung noch weiter als in Europa. Beim Verpflanzen wurden die alten Wurzeln des Europäers verschnitten, und die neugebildeten sind noch nicht tief in die Erde eingedrungen; auch wurden der Hauptmasse nach unveredelte Gehölze verpflanzt, die auf dem fetteren Boden, ohne Schulung, an Rassigkeit noch eingebüßt haben: so darf es nicht weiter wundernehmen, daß der höheren Zivilisation ein niedrigeres Kulturniveau entspricht Auch in der alten Welt bedeutet Vollkommenheit der Einrichtungen in bezug auf den Menschen wenig genug. Die Objektivierung der idealen Forderungen in Institutionen hat bei allen Vorteilen den Nachteil mitbedingt, daß jene an subjektiver Wirkungskraft verloren haben. Wir sind oberflächlicher als die Inder, weil bei uns die geistigen Mächte an die Oberfläche gezogen worden sind, wo sie nun automatisch funktionieren, ohne die Seele notwendig in Mitleidenschaft zu ziehen, während sie bei jenen in deren Tiefe wirken und daher, wo überhaupt lebendig, innerlichst beeinflussen. Aber beim Europäer bleibt immerhin spürbar, daß das Äußerliche von innen hervorgesprossen ist. Man nehme einen noch so ausgesprochenen Zweckmenschen: ist er aus altem Stamm, so hat er den Humanismus unserer Klassiker, den Idealismus des Entdeckungszeitalters, die hohe Ethik des Mittelalters, zuletzt die antike Kultur zum lebendigen Hintergrund; dies aber gibt ihm eine geistige Atmosphäre und seinem Tun eine Bedeutsamkeit, welche besteht, auch

wo sie seinem Bewußtsein ganz entgeht. So spürt man durch
alle europäische Oberflächlichkeit hindurch die mögliche
Tiefe, in jedem maschinellen Betrieb seine mögliche Beseelt-
heit; man hat bei den äußeren Einrichtungen, die zunächst
auf nichts Innerliches hinweisen, das Gefühl, das man neuen
Organen gegenüber hat, mit denen man noch nicht umzugehen weiß: man fühlt, noch geht es nicht, aber es wird bald
gehen. Denn unsere Geschichte steht dafür Gewähr. Der
Louvre steht gut dafür, daß der Eiffelturm dereinst ein
lebendiges Symbol bezeichnen wird, die Kathedralen bürgen
dafür, daß Fabriken werden dem Geist dienen können.
Dieses trostreiche Gefühl überkommt einen in Amerika nicht.
Die allermeiste Tatsächlichkeit ist Tatsächlichkeit schlechthin, ohne lebendige Bedeutung und ohne Hintergrund.

Dieses Gefühl ist gewiß nur bedingt gerechtfertigt; zwischen amerikanischen und europäischen Zuständen besteht
kein Unterschied des Wesens, sondern nur des Grades. Die
so verschwenderisch ausgestatteten amerikanischen Uni-
versitäten sind ohne geistige Atmosphäre, die amerikanischen
Prachtbauten ohne Symbolik, die Amerikaner selber nur zu
oft bis zur Seelenlosigkeit flach, weil hier die auch bei uns
bestehende Diskrepanz zwischen Äußerem und Innerem noch
größer ist. Die Amerikaner sind innerlich roher und jünger
als wir, und äußerlich weiter: so treten die Nachteile dieses
schiefen Gleichgewichtszustandes bei ihnen deutlicher an
den Tag. Es wäre auch ganz in der Ordnung so und kein
Wort darüber zu verlieren, wenn nicht die Neue Welt, anstatt der alten nachzustreben, dieser voraneilte und mehr und
mehr zu ihrem Vorbild würde. Dieser Umstand weckt sor-
gende Gedanken.

Ich denke zurück an alles Positive und Negative, was ich
an den Vereinigten Staaten wahrgenommen, an die vielen

Vergleiche zwischen Orient und Okzident, die ich angestellt, an die allgemeinen richtunggebenden Ideen, die sich in meinem Bewußtsein, mehr und mehr, im Laufe meiner Wanderungen präzisiert haben. Es ist allerdings Zeit, daß die westliche Menschheit erkenne, daß sie auf dem Wege des „Fortschritts" das „Eine, was not tut", nicht finden wird; sie gewinnt nur vollkommenere Ausdrucksmittel dafür. Daß solche ihr zu eigen werden, ist freilich gut; nichts wäre törichter, als sie verleugnen zu wollen. Nachdem dieses aber geschehen, ist das Lebensproblem nicht etwa gelöst, sondern es stellt sich in unveränderter Gestalt. Das einzige absolute Ideal des individualisierten Lebens wird durch den Begriff der Vollendung bestimmt. Der Vollendung nun ist der noch so vorgeschrittene Moderne ferner als irgendein Wesen. Er steht ihr ferner nicht allein als der Chinese, als der Mensch der Antike und des Mittelalters, er steht ihr ferner als der Australneger und viel ferner als jede Pflanze und jedes Tier. Solange er dies nicht einsieht, sondern im Wahn befangen bleibt, dank seinem „Fortschreiten" wesentlich weiterzukommen, wird kein äußerer Gewinn ihm zu innerem Heil gereichen; sein Mensch wird fortverflachen und -verkümmern proportional dem Zuwachs seiner Mittel. Erkennt er es hingegen und wendet er um, dem einzig wahren Menschenziele zu, dann, aber allerdings nur dann, wird das bisherige Verhängnis ihm zum Segen umschlagen. Es ist nicht notwendig, daß materielle Macht, so böse sie an sich sei, der Seele schade, nicht wahr, daß Verstandeskraft zersetzen muß; jene kann zum Organ göttlicher Güte werden, diese zum Mittel geistlicher Wiedergeburt. Es ist ein Irrtum, daß die Bewegtheit unseres Lebens Vertiefung ausschließe, denn alles Leben ist bewegt, nicht richtig, daß unser Streben ins Unbegrenzte, da Vollendung doch an Grenzen gebunden sei, solche prinzipiell unmöglich mache, denn Grenzen des Strebens und des Strebenden sind zweierlei; jeder einzelne wird immer früh genug seine Grenze finden. Vom Standpunkte des Geistes ist es eins, ob einer einen festen oder einen flüssigen Körper trägt. Gelangen wir nun dahin, auf unsere Art vollkommen zu werden, unseren so wunderbar reichgestalteten Leib durchaus zum Ausdrucksmittel des Geistes zu machen, so werden auch wir am Ziele sein.

Nach Vollendung sollen wir streben, nach Vollendung allein. Nicht nach „Erneuerung", der Lieblingslosung moderner Weltverbesserer. Nach Erneuerung streben, heißt, das Heil von einer neuen Sondergestalt erwarten — einem neuen Mythos, einer neuen Lebensform, einem neuen Menschentypus, der aus dem alten hervorgehen soll. Wenn aber etwas gewiß ist, dann ist es dies, daß das Heil von dorther nicht mehr kommen wird. Das Ideal der Erneuerung bedeutet nichts anderes, als die äußerste Sublimierung des Fortschrittsideals; es konnte fördern, solange der Mensch das Wesen unmittelbar zu sehen noch nicht gelernt hatte. Damals bedeutete die Geburt einer neuen Form in der Tat die Offenbarung eines neuen Inhalts. Vom antiken Heidentum zum Christenglauben fand äußerlich zwar nur ein „Fortschritt" statt, aber dieses Fortschreiten bedingte gleichzeitig ein „Vollenden" insofern, als sich die Masse in dieser neuen inneren Form viel tiefer ihrer selbst bewußt wurde. Immerhin: schon damals bedeutete Bekehrung ungefähr das, wie in der Geometrie eine Hilfskonstruktion; Marc Aurel stand, so wie er war, nicht niedriger als der heilige Ambrosius, hätte durch Glaubenswechsel nicht gewonnen; schon damals gereichte solcher nur Nicht-Wissenden zum Heil. Heute aber wissen die meisten viel zu viel, um durch Formveränderung zu gewinnen, zu viel, um eine Form noch so weit

ernstzunehmen, daß diese ihre Gestaltungskraft voll ausüben
kann. Es erstehe morgen ein geistliches Genie, das die bestmögliche Religion verkündete — seine Tat wird nicht annähernd mehr das bedeuten, wie diejenige Luthers; seitdem
der Sinn an sich den Menschen bewußt zu werden beginnt,
wird es Zeit für sie, die Aufgabe umzustellen. Es gilt nicht
mehr, neue Formen in die Welt zu setzen, um sich vermittels
ihrer tiefer zu realisieren, sondern unmittelbar nach Wesenserkenntnis zu streben, das aber heißt: seinen tiefsten, innersten
Gehalt in beliebigem Rahmen zum Ausdruck zu bringen.
Strebt der Mensch nur nach Erfüllung, nach Vollendung,
dann ergibt sich das weitere von selbst. Dann kommt es mit
Unvermeidlichkeit, je nach den Umständen, zur „Erneuerung", zur „Bekehrung", zur „Wiedergeburt"; dann ersteht ganz von selbst, wenn die Zeit es verlangt, auch die
neue historische Gestalt. Mögen es der Zahl nach noch so
wenige sein, welche wissend über Name und Form hinaus
sind, unwissentlich sind wir's alle; ein Endziel kann Gestaltung an sich uns nie mehr sein.

Nach Vollendung sollen wir streben, nach Vollendung
allein. Als Abendländer sind wir spezifische Geschöpfe von
ausschließlicher Anlage, die ihr Sonderschicksal erfüllen müssen. Nie werden wir unseren physiologischen Grenzen entrinnen, nie wird uns frommen, uns selber untreu zu werden;
jeder Versuch, aus unseren historisch bedingten Schranken
auszubrechen, kann nur schaden. Wir sollen nicht zerschlagen wollen, was wir erschufen, aus theoretischen Erwägungen heraus keine gewaltsamen Veränderungen vor-
nehmen, sondern organisch fortwachsen dem Zustand entgegen, der unserem Sonderstreben als dessen Krönung winkt.
Aber wir sollen jetzt, da wir erkannt haben, daß unser em-
pirisches Ziel kein Selbstzweck ist und unsere Eigenart kein

absoluter Wert, unmittelbar in und aus dem Wesen leben
lernen. Dann erst, dann aber sicher, wird unser „Fortgeschrittensein" zum Ausdruck des „Einen, was nottut" werden,
damit zur vorgeschobenen Etappe auf dem Wege zum
Menschheitsziel. Dann wird sich erweisen, daß, so viel Unheil wir bisher über die Welt gebracht, dank unserem wahnwitzigen Streben, die ganze Schöpfung unserer Eigenart zu
unterwerfen, es doch wahr ist, daß wir berufen sind zu einer
hohen Mission. Dann wird sich nämlich, dank uns, die Einheit des Lebensganzen, sein unzerreißbarer wesentlicher Zusammenhang, wie nie zuvor im Reich des Erscheinenden ausprägen. Diese Ausprägung hat Indien nie überhaupt versucht. Chinas Leistung, sonst so bewunderungswürdig,
krankte daran, daß es als Menschen nur Chinesen gelten ließ.
Was aber des Westens frühere Universalitätsbestrebungen
betrifft, so scheiterten sie daran, daß er trotz richtiger allgemeiner Tendenz den Ansatz verfehlte, aus dem Allgemein-
und Sonderprobleme auf einmal zu lösen sind. Die der
Spätantike mündeten in Elektizismus und Synkretismus
ein, innerhalb des Christentums verdichteten sie sich zur
Wahnidee, daß e i n e Kirche das ganze Menschengeschlecht
umfangen könne; im 17. Jahrhundert gewannen sie in der
ungenauen Vorstellung Form, daß alle Denk- und Glaubensgestaltungen Erscheinungen eines einheitlichen, jedem gleichmäßig eingeborenen „natürlichen Lichtes" seien, und ver-
siegten im 18. in schaler Gleichmacherei. Wir nun besitzen
den Ansatz, aus dem allein alles Einzelne vom Ganzen her bestimmt werden kann: in der Objektivierung, welche die
geistigen Mächte durch uns erfuhren, ist die einzig haltbare
Verbindung geschaffen worden zwischen Ideen- und Erscheinungswelt. Unsere Erkenntnisse sind objektiv; die Beziehungen, die zwischen den verschiedenen Phänomenen

entdeckt wurden, bestehen unabhängig von allem Meinen; die Gesetze, welche wir feststellten, gelten an sich: also kann es gelingen, das Leben nicht mehr einer persönlichen Formel gemäß, sondern seinem Eigen-Sinn nach zu verstehen und zu gestalten. In uns hat die Menschheit die Bewußtseinsstufe erstiegen, welche Name und Form notwendig übersieht. Damit ist geistiger Ausschließlichkeit für immer der Boden entzogen, ein allgemeiner Zustand angebahnt, wo alles Einzelne, bei überzeugter Verfolgung seines Sonderziels, sich doch als Glied des Ganzen wissen wird. Schon heute ist es jedermann möglich, sich über Sinn und Bedeutung jeder Erscheinung im Zusammenhang Gewißheit zu verschaffen, folglich auch möglich virtuell, sich im Zusammenhang zu behaupten; schon heute braucht einer anderes nicht mehr abzulehnen, um unbefangen er selbst zu sein. Dies alles muß schließlich zu einer in der Geschichte unerhörten Verbreiterung der Lebensbasis führen, zugleich zu einer nie dagewesenen Vertiefung jeder einzelnen Lebenstendenz. Wenn es vormals hieß: Nationalgefühl oder Weltbürgertum, so wird bald eines das andere bedingen; die verschiedenen Kultur- und Glaubenstypen werden einander mehr und mehr als Ergänzungen achten lernen; das „Er oder Ich" früherer Stufen wird sich in immer vollerem Maße in bewußtes Zusammenarbeiten umsetzen. Und dies beinahe unabhängig von allem guten Willen, weil das Leben an sich ein zusammenhängendes Ganzes ist, und das Bewußtgewordensein eines wirklichen Verhältnisses mit Notwendigkeit dessen gesteigerte Darstellung nach sich zieht, dank immer inniger vermittelnden Objektivationen. Schon sind in Gestalt der Wissensinhalte, des Geldes, der wechselseitigen ökonomischen Abhängigkeit Grundlagen da, auf denen Verständigung im Prinzip unvermeidlich ist; bald wird gleiches von den Rechts-

begriffen gelten. Die Objektivationen wirken ihrerseits auf
das Subjektive zurück. Mehr und mehr führende Geister
verleugnen alle nationalkulturelle Ausschließlichkeit, täglich
machtvoller wird das Zusammenhangsgefühl aller arbeitenden Massen; eines gebenedeiten Tags wird sich die Menschheit durchaus solidarisch wissen, durch allen notwendigen
Kampf und Gegensatz hindurch. Diese bessere Welt herbeizuführen — nicht die ganze Schöpfung zu verwestlichen —
ist unsere Westländermission; unsere besondere Physiologie,
unsere Geschichte beruft uns wie niemand sonst dazu, in
Leben umzusetzen, waš Inder bisher am tiefsten erkannten.
Aber unsere Lebensformel bleibt doch eine unter anderen,
und wenn wir auch glauben dürfen, daß sie die vom Standpunkte der Geistesverwirklichung glücklichste ist, weil sie
einerseits vollkommene Durchdringung der Erscheinung
durch den Sinn fordert, andrerseits in der Idee die umfas-
sendste Gestaltung zuläßt, so dürfen wir doch niemals vergessen, daß kein Phänomen die anderen resümiert, kein Wert
alle erschöpft, eine Art der Vollendung die übrigen ausschließt, daß Totalität das Ziel aller Entwicklung ist und
dem Einzelnen nie mehr gelingen kann, als sich innerhalb
enger Grenzen zu vollenden.

Vernunftgemäßer Voraussicht nach müßte die Symphonie
des Geistes auf Erden fortan immer schöner erklingen. Immer reiner müßten die Einzelstimmen tönen, immer besser
untereinander harmonieren, auf immer vollere Grundtöne
abgestimmt. Die ursprünglich chaotische, zeitweilig barocke,
dann wieder überdifferenzierte Schöpfung müßte zuletzt in
vollendeter Klassik ausklingen, ˙jener monumentalen Einfachheit, die allen Reichtum in sich beschließt. Wandel ist
des Lebens Weg, immer neu ist es erschienen. Wird seine
Entwicklung fortan vom immer tiefer bewußten Geiste ge-

lenkt, so müßten vorläufige Formen immer mehr endgültigen Platz machen, müßte die Differenziation langsam umschlagen in Integration. Allein, Vernunfterwartungen werden nicht immer erfüllt. Die altgriechische Vorstellung,
nach der es Hauptabsicht der Götter sei, alles Edle auf Erden
auszurotten, wird dem Charakter der Wirklichkeit leider
besser gerecht, als die Vorsehungsidee. Ein dummer Zufall
mag die Entwicklung irgendwann abschneiden, Katastrophen, Seuchen, Barbaren mögen wieder und wieder den Geist
seiner besten Träger berauben, bis zum Erduntergang mag
es bei Ansätzen bleiben. Dieser Planet war von je eine
Stätte der Anfänge, nicht der Erfüllungen. Mit der Spätantike schien ein Zeitalter endgültiger Universalität herein-
zubrechen, und es erfolgte Barbarisierung; individualistische
Kultur blühte in Hellas, im Italien der Renaissance, blüht heute
wieder, und wie die früheren alle plötzlich abstarben, so mag
es auch diesmal kommen. Die Evolution des Geistes hat kein
zuverlässiges Mittel an dieser Welt, in der tausend ver-
schiedensinnige, einander feindliche Entwicklungsreihen sich
kreuzen. Sein eigentliches Ziel liegt überhaupt nicht in ihr.
Das Unendliche, das wir ins Endliche zu bannen trachten,
entrinnt uns ewig; die Vollendung, der alles Lebendige als
seiner höchsten Erfüllung nachstrebt, ist keine Erfüllung im
irdischen Verstand, denn Verfall folgt ihr und Tod, kein
Ideal ward jemals restlos verwirklicht — käme es aufs Erreichen an im Rahmen von Zeit und Raum, dann wäre aller
Idealismus sinnlos. Aber er ist es nicht. Sein Sinn liegt in
einer anderen, geistigen Welt, der wir wesentlicher als dieser
angehören, und alles Streben hienieden dient nur dazu, im
Geist zu wachsen: auf dem Wege zum Ziel, das ein zeitlich-
Imaginäres ist, wird unser Eigentliches wirklich. Wir sollen
das Himmelreich auf Erden begründen wollen; je näher wir

dem kommen im Überwinden materiellen Widerstands, desto mächtiger wird der Geist; auf einer vollkommen ge- machten Erde könnte er sich vielleicht vollkommen mani- festieren. Aber die Vollkommenheit der Erde ist nicht Selbst- zweck: dies gilt es zu begreifen, um der Wirklichkeit nicht unrecht zu tun. Freilich endet alles Leben mit dem Tod, ist alle Vollendung hinfällig, kurzfristig und die meiste vom zeitlichen Standpunkt zukunftslos. Aber es kommt nicht an auf die Zeit. In jeder vollkommenen Lebensverwirk- lichung aktualisiert sich das Ewige, wird das Wesentliche erreicht, zu dem zeitliche Entwicklung nur das Mittel war. Insofern kann man sagen, daß der Fortschritt in der Idee ein Wesentlicheres ist, als der reale Fortschritt, obgleich jener sich nur in diesem realisiert, und daß es nicht wesentlich darauf ankommt, ob kosmische Zufälle dem Geist volle Ver- wirklichung auf Erden gestatten. Wir dürfen Meister Eck- hart Glauben schenken, wenn er verheißt: „Gebricht dir's nicht am Wollen, sondern allein am Vermögen, wahrhaftig! vor Gott hast du alles getan."

Das Schiff, das mich heimträgt nach Europa, fährt gerade an der Freiheitsstatue vorbei. Wie vielen ist ihr An- blick die Verheißung eines neuen, besseren Lebens gewesen! wie vielen Millionen symbolisiert sie ihr Ideal! Ich denke zurück an die Gespräche mit Ausgewanderten, die ich gehabt: da war nicht einer, der nicht mit Stolz erfüllt gewesen wäre darob, ein freier Amerikaner zu sein... Ich kann im Zu- stande der Neuen Welt von heute nichts Ideales sehen; sie ist nicht wirklich freier als die alte. Weniger Freiheit als Willkür herrscht in ihr — die Willkür nicht Eines zwar, wie in asiatischen Despotien, sondern die jedes Einzelnen, was nicht besser ist. Das allgemeine Wahlrecht hat in verfeinerter Gestalt das Faustrecht wiedererweckt: durch Geigen auf Stimmungen und Trieben, durch suggestive Einwirkung, durch das mechanische Ergebnis schlauer Intrigen wird hier entschieden, wer regieren soll, welcher Entscheidungsmodus sich von dem der Raubritterzeit genau nur insoweit unterscheidet, wie Verführung von Vergewaltigung. Beamtenbestechung und -bestechlichkeit sind wenig seltenere Erscheinungen als in Rußland. Der „Wille des Volkes" äußert sich im ganzen als Regiment der Inkompetenz. Die Macht, die überlegenen Menschen nicht zuerkannt wird, ist toten Maschinen (trusts, caucus, Wahlbureaus) zuteil geworden und die Voraussetzung der Gleichheit aller, nicht nur vor Gott und dem Gesetz, sondern als Menschen untereinander, hat das geistige Niveau herabgedrückt in unerhörtem Grad. Die meisten der Vorzüge Amerikas vor Europa, auf die ich in meinen Betrachtungen hinwies, bestehen vorläufig nur in der Idee . . . Dennoch sehe auch ich in der Freiheitsstatue ein Symbol: sie bezeichnet die erste, noch so mißverständliche Verkörperung des politischen Ideals.

Jeder Mensch ist wesentlich frei; das heißt, sein allerinnerstes Wesen unterliegt schlechterdings nur seiner Bestimmung. Von den zwei Schächern, die neben ihm am Kreuz dem Tod entgegenschmachteten, konnte Jesus nur einem das Paradies versprechen, dem, dessen Wille ihm entgegenkam; für und über den anderen, welcher sein Herz vor ihm abschloß, vermochte er nichts. Bis zum tiefsten Subjekt reicht keine Macht von außen hinab. So hat man den erst wirklich überzeugt, der nicht bloß nachgab unter dem Druck der Suggestion, sondern selbständig erwählte, was man ihm vorhielt; so kann man ein Weib wohl vergewaltigen, aber unmöglich zu willentlicher Hingabe zwingen, und nur der, dem es sich freiwillig gab, besitzt es wirklich. Dieses innerste, schlechthin autonome Ich ist aber nicht von vornherein Mittelpunkt der bewußten Person: ursprünglich existiert es nur als Keim, es entwickelt sich allmählich, wächst langsam hinein in diese, und bis es mit ihrem Zentrum verschmolzen ist, kann man nicht sagen, daß der Mensch aus seiner Freiheit heraus lebe. Die junge Seele reagiert bloß triebhaft auf äußere Einwirkungen; ihr eigentliches Selbst schläft, und wo es erwacht, ermangelt es der Initiative. Mehr als ja oder nein zu sagen zu dem, was mit ihr geschieht, vermag es nicht, und da dieses Urteilen bei kaum vorhandener Intellektualität nur ausnahmsweise der Erkenntnis entspringt, so muß man sie leiten. Auf dieser Stufe bedeutet hellsichtig ausgeübte reine Gewalt, die auf das Meinen und Wollen keine Rücksicht nimmt, die beste Behandlung. Auf höherer wird jene füglich durch die Rückwirkung psychischer Bindungen — von Glaubenssätzen, Vorurteilen, Pflichtvorstellungen — ersetzt, die von außen oktroyiert, passiv, aber doch bewußtzustimmend hingenommen werden. Hier erlebt der Mensch sein Wesen mittelbar im Spiegelbild auslösender Objektivationen. Auf der höchsten, die der vollendeten Geburt des Selbst entspricht, kann der Mensch kein äußeres Motiv mehr als Letztes anerkennen, hier weiß er, daß, wozu man ihn auch zwänge, was immer er triebhaft täte, nichts durch ihn geschieht, solange sein freier Wille, in verstehendem Bewußtsein dessen, was er will, nicht die Initiative hat; hier lebt er unmittelbar, nicht mehr bloß mittelbar, aus seiner Freiheit heraus. Auf dieser Stufe erst ist er wirklich frei. Wer sie nun erstieg, der will auch andere nicht mehr zwingen, weder vergewaltigen noch auch suggestiv beeinflussen, da gleiches wesentlich von jedem gilt; sein Wunsch, auf andere zu wirken, geht nur mehr darauf, jedes Freiheit zur Vollendung zu

führen. — Dieser Entwicklungsgang des Einzelnen hat im
Sozialen sein Spiegelbild. Je entwickelter eine Nation, desto
widerwilliger erträgt sie rein äußere Bestimmung. So sehen
alle Regierungen sich gezwungen, immer mehr mit der Regierten Willen zu rechnen, arbeiten die weisesten bewußt
daraufhin, sie zu vollkommener Autonomie zu erziehen.

Im Fall der Völker wie der Einzelnen läuft dieser Prozeß
nicht in gerader Linie ab, sondern in Form einer bewegten,
manchmal zurückgreifenden, oft gebrochenen Kurve, durch
Stillstände hindurch, und da die Menschen im Werden nie
klar sind über das, was sie wollen, so begehen sie Irrtümer.
So hat die Emanzipierung des Geistes zuerst zur Verwerfung
aller ererbten Weisheit geführt, zu Immoralismus, Positivis-
mus, Nihilismus — Weltanschauungen, die um vieles törichter
sind, als die überkommenen aus den Zeiten größerer Bindung;
so hat die der Völker zunächst, indem sie willkürlich die Ordnungen zerbrach, die organisch aus kumulierter Erfahrung
emporgewachsen waren, mehr Unheil als Heil bewirkt. Hier
wie dort waltete ein gleiches Mißverständnis: man wähnte,
die alten Gebote und Ordnungen seien inhaltlich falsch,
während sie tatsächlich wahr und berechtigt waren, und das
zu Überwindende nur darin bestand, daß es sich um äußerlich
Aufgezwungenes handelte; der Entwickelte will freiwillig
tun können, wozu der Unentwickelte gezwungen werden
muß. Wenn jener keiner Vorurteile, keines Dogmenglaubens,
keiner Grundsätze noch Pflichtvorstellungen bedarf, und
faktisch ohne sie lebt, so liegt dies daran, daß Grundsätze,
Dogmen und Pflichten Objektivationen dessen sind, was
der Geist im tiefsten und letzten will, als solche natürlich
unzulänglich, weil nie erschöpfend, nie einwandfrei bestim-
mend und immer schematisch und starr — er, der Freie
aber unmittelbar-bewußt aus dem Selbst herauslebt, dessen

Wollen alles Sollens Seinsgrund ist. Nun bezeichnet freilich der vollkommen Freie ein Ideal, das im Laufe der Geschichte seltene Male verwirklicht ward. Wie die seelische Entwicklung nicht damit beginnt, daß die naturhafte Unmittelbarkeit wächst — der Naturwüchsige weiß nichts von seinem Subjekt —, sondern daß die Objektivationen, die der Geist aus sich herausstellt, immer genauer dem Streben des tiefsten Ichs entsprechen, so gelingt die Wiederauflösung dieser auch nur stufenweis. Allein das Ziel ist überall, aller Vermittlung entraten zu können, unmittelbar aus dem Grund heraus zu leben, sein Bewußtsein so vollkommen in ihm zu zentrieren, daß die persönlichen Wünsche dessen Wachstumsnormen widerspiegeln, daß man mit Paulus sagen kann: nicht ich lebe, sondern Gott lebt in mir. Dieses erreicht nur der Überwinder seiner Person, der so tief Verinnerlichte, daß er sein höchstes Glück nicht in befriedigter Selbstsucht, sondern im Opfer findet, im Geben ohne Wieder-Nehmen-Wollen, in gotthafter Spontaneität.

Der Drang nach Freiheit erwacht meist, wie gesagt, bevor die Erkenntnis reift, was jene bedeutet, worin sie sich äußert, und dies bedingt vorläufig Verrohung und Verflachung. Dieses Verhältnis illustriert die Neue Welt mit oft abschreckender Deutlichkeit. Die Amerikaner haben weniger als alle begriffen, daß, wenn die von außen aufgezwungenen Schranken fallen sollen, dies nicht zu dem Ende ist, daß Schranken überhaupt fehlen müssen, sondern daß sie freigewählten Platz machen sollen. Sie wollen noch nicht wahr haben, daß die ererbten, im besonderen noch so konventionellen Ordnungen unter den Menschen Wirklichkeiten ausdrücken, daß Unterschiede im Seelenalter, des Charakters, der Begabung, ja der angeborenen Stellung ein ebenso Reales sind, wie die zwischen chemischen Elementen, und daß kein Gott,

so lange er in der Sphäre der Natur verweilt, deren Gesetzen
entgegen schaffen kann; sie wollen frei sein, ohne dem Em-
pirisch-Wirklichen Rechnung zu tragen. Die Folge dessen
ist, daß das Leben, anstatt selbstherrlicher zu werden im
loseren Rahmen, seiner Autonomie fortschreitend verlustig
geht. In der modernsten Demokratie wird das Geschehen
in einem Grad von mechanischen Gesetzen bestimmt, wie
in keiner antiken Tyrannis: hier entschied immerhin ein
Lebendiges, gut oder schlecht, dort entscheidet der Zufall,
die Macht der Umstände, die Konjunktur; dort ist das Leben schlechterdings abhängig von anorganischen Gewalten,
wie der Chemiker, der ohne Kenntnis arbeitet, vom „Gutdünken" seiner Ingredienzien; entsteht ein Sprengstoff
unter seinen blinden Händen, so fliegt er auf. Aber diese
Erfahrung mußte gemacht werden. Nur überzahlte Erkenntnis wird der Menschheit zu dauerndem Besitz.

Irgendeinmal wird der Demokratismus überstanden sein.
Dann aber wird sich zum Erstaunen vieler zeigen, daß sich
die Menschheit in ihrem dunklen Drang auch dieses Mal des
rechten Wegs bewußt gewesen ist. Jene äußerliche Schran-
kenlosigkeit, die im heutigen Amerika Willkürherrschaft und
Barbarisierung bedingt, wird einer innerlich höchstgebildeten
Menschheit den entsprechendsten Lebensrahmen gewähren.
Die wird so weit wissend geworden sein, daß sie dem Seelischen nicht anders gegenüberstehen wird, als wir der Natur.
Die wird psychische Tatsachen ebenso selbstverständlich
gelten lassen, wie materielle, dem innerlich Höherstehenden
selbstverständlich, ohne Streit, auch die höhere äußere Stellung zuerkennen, des bewußt, daß es ebenso widersinnig ist,
über Menschenwert durch Stimmenmehrheit zu entscheiden,
wie über das Dasein des Seleniums. Die wird sich selbstverständlich selbst begrenzen überall, wo es der Grenzen be-

darf. So werden vorgegebene Schranken nicht mehr von-
nöten sein. Und dann wird ein Erstaunliches geschehen:
die Idee, die dem Demokratismus als Äußerstes zugrunde lag,
wird sich als nicht allein wahr im Prinzip, sondern als darstellbar in der Erscheinung erweisen. Was ist ihr letzter
Sinn? Kein anderer, als daß der Geist mächtiger ist als die
Natur; daß keine natürliche Grenze unüberwindlich ist,
daß ein Göttlich-Schöpferisches der Seele des Menschen
innewohnt. So ist es wirklich. Wenn dem aber so ist, wenn
die Menschheit einmal so weit gelangt, ganz aus dem Geist
herauszuleben, dann wird sie auch keine Naturordnung
mehr als unverrückbar anzuerkennen brauchen; dann wird
eben das sich bewahrheiten, was heute durch alle Tatsachen
widerlegt erscheint. Jene Unterschiede zwischen den Menschen, die ich dem zwischen chemischen Elementen verglich,
bezeichnen wirklich keine letzten Instanzen; Tradition, Begabung und Rasse sind nicht unübersteigbar: es ist möglich,
sie aus dem Geist heraus zu überwinden. Im einzelnen geschah dies von jeher. Keine Rasse war je verantwortlich für
das Genie — die ganz Großen waren immer Zufallsprodukte
vom Standpunkt der Natur, reine Kinder des Geistes, wie
denn auch keine Natur je einen Heiligen hervorgebracht
hat, als welcher eben aus ihrer Besiegtheit erwächst. Heute
aber geschieht gleiches schon im allgemeinen, im weiten
und breiten, und zwar mehr und in höherem Grade, als man
denkt, was mit beiträgt zur Wirrsal dieser Zeit; schon heute
ist der Zusammenhang zwischen Naturbestimmtheit und
innerem Beruf, der einst so fest war, im Prinzip gelockert.
Nur mit großer Unsicherheit ist im modernen Westen von
der Abkunft auf die Anlage zu schließen, immer möglicher
scheint es, von beliebiger Naturstufe her beliebig hoch
hinanzusteigen. Und das bedeutet nicht, daß wir entarten;

es bedeutet vielmehr, daß das Geistige über dem Natürlichen
immer mehr den Sieg davonträgt. Dieses Überwinden der
ursprünglichen Bestimmtheit vollzieht sich im ganz Großen,
und dementsprechend roh und summarisch in Amerika,
dem Schmelztiegel der Rassen und Traditionen. Der Erfolg
ist bisher kein allgemein günstiger, weil die meisten, die über
die Natur hinauswollen, noch so wenig Herrschaft erlangt
haben über sie, daß sie sich in der Emanzipation ihrer besten
Bildungsmöglichkeit entäußern. Das wird sich ändern. Je
geistiger wir werden, desto unabhängiger werden wir dastehen vom Überkommenen. Die Wunderwirkungen der
Yoga werden nicht nur einzelnen, sondern auch Gruppen
und Völkern zuteil. Wie die Inder, trotz geringeren Genies,
in der Selbsterkenntnis weiter gekommen sind als wir, indem
sie sich tiefer in ihr Wesen versenkten; wie der Gerechte am
Tor der Heiligung vor dem Sünder nicht den Vortritt hat;
wie es jedem widerfahren kann, daß er im Geiste wiederge-
boren wird, welches Ereignis sämtliche Bindungen, welche
die leibliche Geburt ins Leben setzte, zerreißt: so mag es
geschehen, daß eben dort, wo die Menschheit am tiefsten
im Materiellen gefangen scheint, ihre Vorhut zuerst über alle
Naturbestimmtheit hinausgelangt. Ja, sicher wird es so
kommen: das geistige Wesen erstarkt im Kampf, entfaltet
sich desto voller und freier, je mehr Widerstand es überwand.
So ist unser gegenwärtiger Materialismus recht eigentlich
Gewähr unserer künftigen Spiritualität. Deren Körper nun
ist im heutigen Amerika schon vorgebildet. Die Menschheit von morgen wird ohne Zweifel in einem äußeren Zustand leben, dem derjenige der Vereinigten Staaten am ähn-
lichsten sieht. Sie wird keinerlei starre Formen anerkennen,
jedem absolute Selbstbestimmung zugestehen. Sie wird,
indem sie sich erhebt über alle Natur und nur dem Geist-

entsprossenen Rechnung trägt, sogar das Gleichheitsideal realisieren. In den Vereinigten Staaten ist die äußere Form — wie dies immer geschieht, wo sie nicht weit zurückbleibt hinter ihm — dem Gehalt weit vorausgeeilt. Sie entspricht Amerikanern schlechter, als sie Chinesen entspräche, dem einzigen Volk, das dem Kulturideal je nahegekommen ist. Langsam, überaus langsam wächst die Seele in den Körper hinein. Es geht langsamer vor sich, als das Umgekehrte geschieht, weil, während der Körper muß, wenn die Seele will, diese seiner Bestimmung nicht unmittelbar unterliegt. Ist sie aber so weit, wie die äußere Gestalt antizipiert hatte, dann besitzt sie vollkommene Ausdrucksmittel. Dann befindet sie sich vollkommen ungehemmt. Dann wird das wahr werden, was der Demokratismus mit Unrecht vom heutigen Menschen wahr haben wollte. Dann wird erwiesen sein, daß der Geist wahrhaftig Herr ist der Natur...

Die Freiheitsstatue versinkt in grauer Ferne. Wieder einmal schwimme ich auf dem unendlichen Meer. Über ein kleines werde ich dort zurück sein, von wo ich ausging. In jenem Europa, das mir so jung schien, als ich es gegen den Hintergrund Asiens betrachtete, und so alt wiederum, da ich es verglich mit dem, was wird im zukunftsschwangeren Amerika.

IX.

HEIMGEKEHRT

RAYKÜLL

Wieder daheim: Es ergeht mir, wie nach schwerem Sturm auf See: solange der wütet, halte ich mich, wenn ich dann aber an Land steige, schwankt der Erdboden unter mir, und ich vermag nur mit Mühe im Gleichgewicht zu bleiben. So verwirrt mich die Außenwelt jetzt, wo sie sich nicht mehr um mich her bewegt. Ich muß trachten, die Bewußtseinsart des Reisenden möglichst schnell gegen die des Eingesessenen einzutauschen. Während meiner Wanderungen habe ich die Außenwelt als Reaktiv behandelt; zu Hause taugt sie nicht dazu. Wo ich mich hingebe, erhalte ich mich unverändert wieder, wo ich hinausschaue, blickt mir mein eigenes Spiegelbild entgegen; alles in Rayküll trägt den Stempel meines Geistes oder den meines Geschlechts. Das beklemmt mich. Mir ist, als sei ich gefangen. Ich bin es auch: hier werde ich ausharren müssen in bestimmter Daseinsform; hier verantworte ich in bestimmter Gestalt; hier darf ich nicht Proteus sein...

Mein natürlicher Mensch, mein Erbadam, steht freilich ganz anders zur Heimkehr: er fühlt sich durch die Wiederberührung des Bodens, dem er entstammt, auf dem er fußt und zu wirken gewohnt ist, anthäoshaft gesteigert. Ihm ist, als seien die Fortschritte, die Rayküll gemacht hat, seine Fortschritte, als sei in den Bäumen er selbst gewachsen, durch die Entwässerung unfruchtbarer Moore seine eigene Natur

verbessert worden. Dies sei ihm unbenommen — doch was
geht sein Glück mich an? — Ich denke zurück an die Motive,
die mich seinerzeit hinaustrieben in die weite Welt: damals
zog ich ja aus, dem natürlichen Menschen zu entrinnen.
Dieses Ziel habe ich erreicht, das fühle ich. So lebendig er
blieb, beherrschen wird er mich nie mehr, nie mehr hinüber-
greifen über seine Sphäre. Es besteht kaum mehr Gefahr
für mich, als Persönlichkeit auszukristallisieren, eine Sonder-
erscheinung, in mir oder außer mir, zu ernst zu nehmen. So
darf ich wohl fortan die Natur in mir unbefangener gewähren
lassen. Nur der Unfreie verschanzt sich gegen sie, oder
flüchtet vor ihr, der Freie braucht nichts auszuschließen,
nichts zu verdammen. Mir winkt wohl fortan, nach Über-
stehung der Übergangszeit, ein volleres persönliches Sonder-
leben, als ich es früher geführt. Nur die Übergangszeit ...
Vorläufig wird es mir nicht leicht fallen, zustimmend-
bewußt als bestimmtes Wesen zu leben; Proteus sträubt sich
dagegen. Aber muß er nicht auch stille halten lernen?
Wenn ich ihn in mir vor allem unterstützte, so war es aus
Furcht vor Auskristallisation: nun dieser vorgebeugt ist,
darf jener mir kein Ideal mehr verkörpern. Jetzt gilt es, in
dauernder Gestaltung gleiche Überlegenheit über solche zu
bekunden, wie vormals in wechselnder. Noch drücken mich
äußere Schranken zu leicht. Stände ich innerlich ganz frei
da, dann scheute ich Bindung und Bestimmtheit nicht mehr,
als ich ihrer bedürfte, dann empfände ich keinen so gebie-
terischen Drang nach äußerer Freiheit. Vieles von dem,
was bei mir Freiheit scheint, ist in Wahrheit nur eine Abart
der Gebundenheit. Ich bin noch allzu abhängig von meiner
Unabhängigkeit. Ich muß nach Wunsch in meinem Sonderdasein aufgehen, ganz eins werden können mit einer bestimmten Gestalt, meine Neigungen, Gefühle und Interessen

ganz beherrschen. Ich muß soweit kommen, nicht allein
ungebunden zu sein durch Name und Form, sondern mich
willkürlich binden lassen zu können.

Doch nun zur Hauptsache: bin ich von meiner weiten
Wanderung der Selbstverwirklichung näher heimgekehrt? —
Ich muß ihr näher sein. Jede einzelne der Lebensmöglichkeiten, die ich durchlebt, hat mir deutlicher zum Bewußtsein
gebracht, was wesentlich ist im metaphysischen Sinne, und
was nicht. Ich, als Wesen, bin der gleiche geblieben, ob ich
als Inder oder Chinese, als Christ oder Buddhist empfand;
ich weiß jetzt aus lebendiger Erfahrung, daß die wesentliche
Wahrheit jenseits der Sphäre bestimmter Gestaltung lebt.
Es ist eine Frage der Voraussetzungen, ob diese oder jene
Form entsteht, es hängt von den Zwecken ab, die man verfolgt, ob man diese oder jene höher wertet. Zur äußeren
Gestaltung des Lebens, zur objektiv-wissenschaftlichen Erkenntnis erweist eine Europäerseele sich am dienlichsten;
eine indische zur Realisierung in der psychischen Sphäre,
eine chinesische zur Konkretisierung der Idee, eine japanische
zum ästhetischen Naturverständnis, und so fort. Keine
Formel ist die höchste im metaphysischen Sinn, jede stellt
einen möglichen Ausdruck des Absoluten dar, jeder Sonderausdruck bedingt spezifische Grenzen. — Die verschiedenen
Seelen, die ich gewann, sind mir geblieben, als mögliche
Einstellungen meiner selbst; meine Natur ist entsprechend
reicher geworden. Dank der Erkenntnis der Wege der
Metempsychose ist mir mein Wesen, das beharrt durch alle
Seelenwanderung, als Negativ so deutlich geworden, daß mir
täglich scheint: noch heute muß das Positiv sich zeigen.
Noch hat es sich nicht gezeigt. Im Augenblick fühle ich mich
sogar nicht sicherer, sondern unsicherer als ehedem: zu vieles
in mir ist in Umwandlung und Umsetzung begriffen. Das

wird sich geben. Der Naturprozeß nimmt seinen Lauf. Er braucht viel Zeit. Die sei ihm gewährt. Ich aber will warten in stiller Zuversicht. .

:: . Dieser Tage habe ich im schönen, alten Saal, mit seiner prachtvollen Akustik, viel Bach gespielt. Weshalb bedeutet mir dessen Kunst so viel? Weil ihr Geist durchaus einer der Grundtöne ist. Es besteht ein intimer Zusammenhang zwischen der Tiefe der Gedanken und der der Töne. Wie ein tiefer Gedanke tausend oberflächliche innerlich bedingt, so lassen sich zu einem gegebenen Baß in höheren Lagen schier unendlich viel Melodien ersinnen, während jede gegebene Diskantmelodie auf nur einen Baß zurückweist. Die moderne Musik liegt ganz im Diskant, läßt nur mittelbar Grundtöne ahnen; diejenige Bachs ist ganz Grundton, und insofern aller anderen Fundament. So tief wie Bach ist kein Musiker jemals gewesen, wie kein anderer ist er dem Metaphysiker kongenial. Der Metaphysiker hat den Baß zu spielen in der Symphonie des erkennenden Geistes, die Grundtöne zu finden und anzuschlagen zur Musik der Welt. Und indem ich mich in Bach versenkte, seufzte ich: wenn ich so denken könnte, wie dieser Mann komponiert hat, wenn meine Erkenntnis so tiefen Grund zu spiegeln käme, wie seine Musik, dann wäre ich wohl am Ziel.

Ereignislos fließt nun mein Leben hin. Doch anstatt langsamer zu verlaufen, als damals, wo jede Stunde neue Eindrücke brachte, verläuft es unermeßlich viel geschwinder. In kinematographenartiger Hast löst eine Jahreszeit die andere ab; schien meine Reise mir Jahrzehnte zu währen, so möchte ich nun nach einem abgelaufenen Menschenalter wähnen, erst gestern sei ich heimgekehrt ... Wie wunderbar paßt sich die Seele den Umständen an! Im Großstadtge-

triebe, im Strudel der Ereignisse, im Wirrsal der Eindrücke
weitet ihr Zeitbewußtsein sich aus, um allem Raum zu gewähren; in der Einförmigkeit schrumpft es zusammen. Dem
Einsiedler in der Wüste droht dergestalt nicht mehr Langeweile, als dem Weltmann.

Und während ich so still dahinlebe, verblassen unaufhaltsam
die Erinnerungsbilder aus der weiten Welt. Schon kann ich
mich nur noch mit Mühe auf Indien, China und Japan zurück-
besinnen. Wieder kommt es ganz anders, als ich's voraussah:
ich erwartete, die vielen Lebensformen, die meinen Geist so
mächtig anregten, würden als solche in mir weiterwirken.
Statt dessen haben sie sich umgesetzt, und was nun in mir
lebt, ist etwas anderes, Einheitliches, für mich sehr Neues,
dessen Herkunft aus der Vielheit des Erfahrenen ich nur
reflektierend ableiten kann. Es ist unglaublich, wie ahnungslos der Mensch sich selbst gegenübersteht: das persönliche
Ich schaut dem bloß zu, was auf der Bühne des Bewußtseins
vor sich geht, hinter die Kulissen fehlt ihm der Zugang, es
weiß nicht, wer auftreten wird, woher die Spieler kommen,
was sie aufführen werden, und wenn es sich klarmacht, daß
das Schauspiel trotzdem seine eigene Schöpfung ist, so wird
ihm manchmal unheimlich zumut . : : Das Neue, für mich
Unerhörte, ist, daß ich gar kein Bedürfnis mehr nach Meta-
morphosen spüre. Nicht daß ich die Grenzen Hermann
Keyserlings anders als früher beurteilte, daß ich mich nun
innerlich eins fühle mit ihnen: sie beschränken mich kaum
mehr; ich weiß mich frei trotz und in ihnen. Ich überlese
die Zeilen wieder, die ich vor meiner Abreise niederschrieb:
nein, die Motive gelten heute nicht mehr. Und ich beginne
zu begreifen, warum dem so ist.

Man verurteilt in anderen am schärfsten, was man in sich
nicht liebt; der Heilige verdammt niemand, der Weise findet

keinen ganz töricht. So rührte mein Verleugnen-wollen aller
Gestaltung hauptsächlich daher, daß ich von keiner unabhängig war. Im höchsten Grad beeindruck- und beeinfluß-
bar, wahrte ich meine Freiheit mittelbar durch stete Verwandlung. Aber besser ist wohl, unmittelbar aus ihr heraus
zu leben. Freilich bedeutet Charakter (im üblichen Sinn)
Beschränkung, kann kein Entwickelter „Persönlichkeit" als
Ideal verehren; über Vorurteile, Grundsätze, Dogmen ist
er hinaus. Allein er mag, charakterlos, doch positiv sein, nicht
minder sicher und fest, als nur irgendein Starrer, bloß von
höherer Erkenntnisbasis aus. Der Yogi sagt *neti neti* — das
bin ich nicht — zu aller Natur, bis daß er eins ward mit
Parabrahman. Nachher verleugnet er nichts mehr, bejaht
er alles Positive in und außer sich, weil ihn jetzt keine Gestaltung mehr beschränkt, weil ihm nun jede ein folgsames
Ausdrucksmittel ist. In diesem Verstand hat auch in meinem
bewußten Leben ein Dimensionswechsel stattgefunden, so
fern ich dem Ziel immer sei. Schon viel weniger als vormals
bedarf ich der Reaktive, um mich leben zu spüren, immer
unabhängiger wird mein Fortkommen von auslösenden Erfahrungen; was früher nur antwortete in mir, gebietet jetzt.
Aber wenn ich nun zurückdenke an den langen durchmessenen
Weg und die Frage stelle, ob ich unnötige Umwege gemacht,
so muß ich diese mehr denn je verneinen. Es bleibt ewig
wahr, was die indische Weisheit lehrt, daß die Seele alle Erfahrungen durchmachen muß, bis daß sie reif wird zur Seligkeit des Wissens, denn einen anderen Weg als diesen gibt es
nicht; wer ohne scheinbare Umwege zum Ziel gelangt, erreicht es nur scheinbar. Warum? Weil dieses nicht in äußerlicher Einsicht besteht, sondern in innerer Verwandlung.
Jeder Daseinsstufe entspricht eine besondere Wahrheit, die
Lebensformel des Schmetterlings frommt nicht der Raupe;

sei jener noch so sehr der letzteren Ziel — gerade, um es zu erreichen, muß sie vorerst Raupe und Puppe sein. Ebenso steht es mit der Menschenseele. Diese entfaltet sich im Erkennen — jede höhere Erkenntnis aber setzt einen bestimmten neuen Zustand voraus. Bevor dieser erreicht ward, nützt kein abstraktes Wissen. Der ist kein Heiliger, der Furcht und Rache im Herzen, Jesu Weisung gemäß die linke Backe hinhält: die Natur muß dem Ideal gemäß geworden sein. Solches nun führt Erfahrung allein herbei. Jeder Teil der Seele muß persönlich eingesehen haben, was er eigentlich will, was er soll, worin seine Vollendung besteht, unerfahrene Wahrheiten erkennt er nicht an, und, um genug zu erleben, muß er sich vielem aussetzen. Deshalb bedarf eine Natur, je reicher sie ist, desto reicherer Erfahrung. Deshalb bedeutet dem Menschen der Umweg um die Welt in jedem Sinn den kürzest denkbaren Weg zu seinem Wesen.

Soviel war mir schon früher klar. Aber was mir erst jüngst offenbar ward und die eigentliche Ursache dessen ist, daß ich dem Proteustum entsagen kann und will, ist der Umstand, daß Wesenserkenntnis das Menschsein nicht aufhebt, sondern erfüllt. Wohl wußte ich, daß jede Gestaltung fähig ist, den Atman ganz zum Ausdruck zu bringen, allein ich meinte, dies gelte beim bewußt Durchgeistigten in dem Sinn, daß die Natur zur durchsichtigen Schale werde ohne Eigenbetonung. Heute sehe ich, daß dem nicht also ist; daß jene, im Gegenteil, zum lebendigen Körper wird des Geists, und dieser sich eben darin ganz verwirklicht, daß er sich ganz hineinversetzt in ihre Normen. Ist Wandelbarkeit mehr als Gebundenheit, so beginnt vollkommene Freiheit doch erst jenseits jener: im scheinbar beengenden Rahmen drückt sich aus, was im beweglichen unausdrückbar war. Ja, ein Leben ist mehr als viele, weil im voll-willig übernommenen Einen

allein vollkommenes Erleben möglich ist. Die christliche
Mystik hat insofern tiefer als die indische geblickt, als sie
zwischen dem, was Gott an sich ist, unterschied, und dem,
als was Er erscheint, wo Er sich im Menschen offenbart.
Sei Er an sich erhaben über allem, was Kreatur betrifft — als
Mensch erscheine Er vollkommen menschlich. Nichts
Menschliches gäbe es, das nicht in Ihm seine Erfüllung und
Heiligung fände. Deshalb sei Vergottung hienieden nur
denkbar in korrelativer Vermenschlichung. So ist es. Das
Gottsein, von dem ich früher soviel geträumt, ist kein Höchstes, es bezeichnet lediglich ein vergeistigtes Unmenschentum.
Ich beging, indem ich ihm nachstrebte, eben den Fehler,
den meine Theorie so oft gerügt: ich zog eine bestimmte Ge-
stalt als solche anderen vor. Heute weiß ich die Wahrheit.
Und indem ich entschlossen ja sage zu dem, was ich nun einmal bin, fühle ich mich nicht beengter, sondern freier.

Im Fluge verstreicht die Zeit. Je unmittelbarer ich im
Geiste lebe, desto mehr bewirkt sie, doch desto unwirklicher
wird sie mir. Der Psalmist muß wahrgesprochen haben, als
er von Jahveh kündete: tausend Jahre sind vor dir, wie der
Tag, der gestern vergangen ist, oder wie eine Nachtwache.

Draußen tobt der Weltkrieg. Immer mehr Völker fallen
übereinander her, immer furchtbarer wird ihr Ringen.
Und nicht genug, daß sie einander zu vernichten trachten —
durch den Mund ihrer geistigen Führer verleumden und
schmähen sie sich wechselseitig, unmäßig, wie die feindlichen
Helden Homers. Aller Einklang, alles Verständnis ist aufgehoben, der Menschheit Einheit scheint nicht mehr zu bestehen.
Für mich besteht sie fort. Ich sehe in dieser Katastrophe
nur eine Krisis, wie es gleichsinnige, wenn auch nicht gleich

weitgreifende, schon viele gab, die die Entwicklung nicht abschneidet, sondern beschleunigt fortsetzt. Wie aller Fortschritt durch Reaktionsperioden hindurchführt, während welcher sich die verdrängten niederen Triebe aufbäumen und zeitweilig siegen, so stand zu erwarten, daß die universellere Welt von morgen eingeleitet werden würde durch ein Vorspiel nie dagewesenen Nationalitätenhasses, und die künftige Solidarität der Völker durch Ausrottungskämpfe; ganz so ward die Friedensära, die mit Augustus anhub, durch grausamste Bürgerkriege eingeführt. Während solcher Krisen bietet die Menschheit ein widerwärtiges Schauspiel. Vormals hätte ich mich voll Ekel von ihm abgekehrt. Heute kann ich's nicht mehr: ich weiß mich innerlichst beteiligt. Nicht daß ich Partei wäre — mir ist die ganze lebendige Schöpfung ein einiges Ganzes; keins der einseitigen Gefühle teile ich, das die Kämpfenden beseelt. Aber ich kann mich nicht mehr ablösen von der Gesamtheit, nicht mehr, wie ehedem, sagen: *nescio vos.* Denn ich weiß, daß ich eins bin mit meiner ganzen Zeit und insofern mitverantworte für ihr Schicksal.

Je tiefer bewußt ich Wurzel faßte in meiner Freiheit, desto deutlicher ward mir, daß nichts dieser mehr widerstreitet als Vereinzelungsstreben, ja, daß die Erkenntnis wesentlicher Freiheit ihr Korrelat hat im Gefühl des Zusammenhangs mit aller Kreatur. Allerdings bin ich, als metaphysisches Wesen, mein eigener Schöpfer. Aber empirisch betrachtet, bin ich gar nichts durch mich selbst. Meinen Eltern verdanke ich meine Anlagen und meinen Ausgangsort im Leben, meinem Lande die frühesten Einflüsse; meiner Zeit die geistigen Inhalte, an denen ich teilhabe, die Impulse, die mich treiben; dem ganzen Erdkreis endlich die vielfältigen Erfahrungen, die mich zu dem gemacht haben, was ich heute bin. Ich selbst, als bewußte Person, kann überhaupt

nur dafür, daß ich bei vorhandener Arbeitsenergie unentwegt an mir gearbeitet habe — nicht einmal deren Besitz
ist mein Verdienst, und ihr Erfolg schon gar nicht: meine
Gedanken berufe nicht ich, sie kommen mir. So bin ich un-
abtrennbar vom Universum. Nehme ich mich selbst hin,
so bejahe ich auch jenes; ist es mir Aufgabe, mich selbst zu
vollenden, so umschließt diese die weitere, soviel ich nur
irgend vermag, mitzuschaffen an der Vervollkommnung
der Welt.

Was sie heute ist, kann ich ebensowenig verleugnen wie
meinen persönlichen Zustand. Dieser ist das Produkt alles
dessen, was je war; wäre der Weltprozeß anders verlaufen,
auch ich stände anders da. Umgekehrt aber wäre notwendig
auch die Welt vollkommener, wenn ich vollkommener wäre,
so daß ihr künftiger Charakter allseitig bedingt wird vom
Wollen und Vollbringen ihrer heutigen Elemente. Und zwar
aller ohne Ausnahme: jedes Einzelnen flüchtige Gebärde
wirkt durch Äonen nach. So kann und darf sich keiner vom
Ganzen ablösen.

Diese Wahrheit, nur wenigen bewußt in Friedenszeiten, beseelt der meisten Impulse im Verteidigungskrieg. Innerhalb
aller heute kämpfenden Nationen spürt der Einzelne den
Drang, sein Leben für ein Größeres hinzugeben, innerhalb
aller fühlt er, daß er mithalten soll, sich nicht abtrennen darf,
daß er das Fatum seines Volkes mittragen muß, sei es Verbrechen oder Glück oder Tod. Mein Bewußtsein lebt jenseits der Sphäre nationaler Bindungen, so kann ich nicht
Partei sein in diesem Streit. Doch das Geschehen berührt
mich drum nicht weniger tief: wie es Geschöpfe gibt, die
ihrer Natur nach bestimmte Sonderbestrebungen vertreten
müssen, so gibt es andere, die zur Verkörperung des Allgemeinen berufen sind. Und dieses Allgemeine ist keine Ab-

straktion: es ist durchaus lebendig, es ist konkreter als alles Besondere insofern, als dieses ihm nur zum vorübergehenden Mittel dient. Alle tiefsten, wesentlichen Lebensmächte sind überindividuell und übernational; s i e geben dem Sondergeschehen Sinn und Richtung. Des Metaphysikers Bewußtsein wurzelt unmittelbar in ihnen. Seine Teilnahme am Weltprozeß besteht darin, daß er diesen Mächten Ausdruck verleiht.

Und diese Teilnahme ist nicht minder wichtig als die des Kriegers. Was wäre aus Europa geworden, wenn die hadernden Einzelstimmen nicht wieder und wieder von Einer übertönt worden wären, die keinerlei Parteilichkeit gelten ließ, nur Liebe kannte? — Aus dieser Stimme aber sprach der Menschheit t i e f s t e r Wille. Je selbstbewußter sie wird, desto mehr wird dieser dominieren, desto mehr von innen her alles Sonderstreben beseelen. Ich ahne eine Zeit, wo Menschenkraft und -mut überhaupt nicht mehr vorläufig-beschränkten, sondern nur noch endgültig-allgemeinen Zielen nachstreben werden. Denn nicht dadurch wird die ideale Zukunft gekennzeichnet sein, daß farblose Duldsamkeit die Stelle des Heldentums einnimmt, sondern daß dieses, anstatt dem Irrtum, der Wahrheit dient; daß die irdischen Mächte durchaus vom erkennenden Geiste gelenkt werden. Nie werden sie als solche zu wirken aufhören. Es ist ein und derselbe Mut, den der Bandit und der Bekenner beweist, und Schwäche bleibt schwach, worauf immer sie beruhe. So lange es heißen kann: Heroismus oder Weitherzigkeit, wird die Menschheit nicht reif sein zur Universalität. Noch ist sie es nicht. Auf daß sie es baldigst werde, dürfen die wenigen, in denen ein tieferes Bewußtsein schon heute lebt, nie müde werden, ihr Wissen zu verkünden.

Ich gedenke des Bodhisatva, der das Gelübde tat, nicht ins Nirvâna einzugehen, solang noch e i n e Seele unerlöst in

erdgeborenen Banden schmachtete, und vergleiche sein Bild
mit dem des Weisen, der, gleichgültig zur Welt, nur nach
Gotteserkenntnis strebt: dieser ist noch nicht ganz hinaus
über Name und Form, denn nach Abstreifung aller Bande
bleibt ihm das des Erkenntnistriebs — er ist es, welcher Gott
schauen will. Jener, auch er vormals ein Weiser, hat diese
letzte Fessel abgetan. Sein Erkenntnisstreben, das ursprünglich die Person befriedigen sollte, hat deren Gefäß zuletzt
zersprengt. Nun lebt er überhaupt nicht mehr in sich, nun
bietet er dem göttlichen Licht ein vollkommen durchsich-
tiges Mittel. Weil jenes völlig ungebrochen durch ihn leuchtet, will er nur noch geben, strahlt er nur noch aus, kann er
nicht anders als spendend sich zur Schöpfung verhalten,
gleichwie die Sonne kein Atom unerwärmt lassen kann.

Der Bodhisatva sagt ja zur noch so argen Welt, denn er
weiß sich zusammenhängend mit ihr. Entselbstet, fühlt er
seinen Grund in Gott, seine Oberfläche jedoch mit allem
was ist, verwachsen. So muß er alle Wesen wie sich selbst
lieben, so kann er nicht ruhen, bis daß sie alle in allem die
Gottheit spiegeln. Der Bodhisatva, nicht der Weise verkörpert des Menschenaufstiegs Ziel.

ENDE

REGISTER

staltungskraft 51, 419, hat allem
Ressentiment vorgebeugt 54, 58,
flößt dem kleinen Mann tiefste
Weisheit ein 51, 64, worin dem
Christentum überlegen 53, 62,
63, warum undogmatisch 55,
nicht pessimistisch 58, lutherische
Züge 59, warum von Brahmanen
verachtet 44, 200, nicht das
Beste an Buddha 370, Degenera-
tionserscheinung 201, 356, als
indische Götterdämmerung 364,
Fortentwicklung 203, 586, (Mahāyāna) 43, 165, 203, 227,
588, 611, (Japanischer) Geschichte 610, 612, westlicher
Charakter 594, und Christentum
203, 611, 679, Spiritualität 610.
Buddhistisch, Bewußtseinslage
42, Karität 49, 60, 445, 589,
Gottesdienst 47, 54, 594, Mönch-
tum 57, 586, 594, 611, Priester
48, 594.

C

Calvin, fand die Brücke zwischen
überkommenen Vorstellungen
und modernem Geist 825, und
Mohammed 241.
Calvinismus als Religion der
weltlichen Effikazität 825, und
Luthertum 511, 823, monströse
Dogmatik 513, 785, Verwandtschaft mit Islam 241.
Charakter, Wesen 562, keine
äußerste Synthese 243, kein geistiges Ideal, sondern gute Naturbasis 562, wird durch Erkenntnis zersetzt 357, Schicksalsglaube
schafft 298, durch Protestantismus gezüchtet 511.
Charlatan, als Maske des Weisen
454.
China, wesentliche Größe 483, hat
als erstes und einziges Land das
soziale Ideal verwirklicht 469,
506, 568, und Rußland 485.
Chinese, allgemeine Bestimmung

566, Vitalität 451, Tiefe 485, soziale Bildung 434, extremer Praktiker 534, extremer Ausdrucks-
mensch 536, kein Denker 467,
534, 537, Intellektualist 532, 566,
Legalität 505, Selbstbeherrschung
449, Verwandtschaft mit Europäer 532, Äußerlichkeit 478, Un-
adeligkeit 505, Philistrosität 451,
531, Schwäche des Subjektiven
536, moralische Bildung 454,
501, Gemüt 520, Humor 461,
Ordnungsliebe 505, Toleranz 504,
540, Vorsicht 453, Kombinationsvermögen 438, 519, Gleichmütigkeit 449, Wutanfälle 450, als
Unmensch 434, menschlich-
ster Mensch 571, kultiviertester
Mensch 568, als substantiellster
Asiate 615.
Chinesisch, Kultur, Ausschließlichkeit 526, nur nach geologi-
schem Zeitmaßstab zu bemessen
436, als leichtverständlichste von
allen 572, Vorbildlichkeit 476,
506, 488, Substantialität 48‹,
-ideal 542, Kunst 333, 485, 615,
Mystik 452, 458, Religiosität
447, 540, Schrift 438ff., 461,
Weisheit, Eigenart 441, 458,
stellt das Passive voran 458,
kennt nichts oberhalb der Natur
458, Weltanschauung 458,
459, 468, 473, 486, 488, 491,
541, Weltgefühl 486, 660.
Christen, alle Okzidentalen sind
physiologisch 187, 510, 584, eine
bestimmte Qualität der Liebe
macht den 589.
Christentum wäre ohne Paulus
und Augustinus nie zur Weltreligion geworden 367, Vorzüge
vor Buddhismus 62, 606, 613,
614, 679ff., 683, physiologisch
begründet 584, hat die Masse
nicht innerlich ergriffen 52,
wird im Westen nie aussterben
188, 825, Ideale auf eine aus-

E

Effikazität, einer Idee, worauf sie beruht 786, als Prüfstein der Auserwähltheit des Christen 62, des Westländers 193, 820 ff.

Egoismus, Sinn seiner Schädlichkeit 376, 425, Überwindung tötet zugleich Altruismus 338, führt in einer Kampfeswelt am schnellsten zum idealen Ziel 779, als Weg zur Entselbstung 779, als notwendige Basis individualistischer Kultur 797, Unberührtheitsideal als Apotheose des 654.

Ehe der Zukunft 525, als Gattungsangelegenheit 521, kein erotisches Bildungsmittel 207.

Ehrfurcht, Grundlage aller Tugend 473.

Ehrgeiz, von Indern verurteilt 353.

Einbildungen, den Indern wesenhafter als Tatsachen 119, warum diesen nicht gleichwertig 782.

Einfälle, s. Anschauungen.

Einfalt, warum der Spiritualisierung günstig 147.

Einheit, inwiefern das Metaphysisch-Wirkliche eine 111, 310.

Einmaligkeit, Prinzip des Lebens 254, 686, 835.

Einsamkeit macht Vereinzelungsgefühl unmöglich 694, nicht jedem förderlich 817.

Exzentrizität, Naturbasis erfinderischer Originalität 734.

Emotionalität, günstig zur religiösen Realisierung 390.

Engländer, vollendetste Europäer 71, 477, konzentrierteste Phantasie 68, woher seine Ansteckungskraft 71, Rechtsbewußtsein 773, geistiger Höchstleistung selten fähig 414, Sinn für Zeremonial 637, dem Chinesen verwandt 477, als Yogis 327, Vorurteilsfülle 549, religiöse Primitivität 785.

Enthaltsamkeit, sexuelle, warum von allen Religionen empfohlen 277.

Entwicklung, alle einseitig 426, mögliche Abkürzung 733, kann nicht im Geist antizipiert werden 852, des Lebens dem Verlauf einer Symphonie entsprechend 710, 834, -theorie, Wahrheitsgehalt der indischen 386, 733, Verfehltheit von Spencers 736.

Erdenleben, absoluter Vorzug des 155.

Erfahrungen, unbedingt als Nahrung erforderlich 78, als schöpferische Mächte 852, verschiedene Formen der 3.

Erfindungsgabe und Gedächtnis, als entgegengesetzte Pole des Geschehens 570.

Erfolg als Ideal 688, 724, 809.

Erfüllung, nicht Neuerung das Ideal 830.

Erhabenheit 18, 739.

Erkenntnis, Wege zur 318, beruht überall auf Perzeption 315, 346, setzt sich notwendig in Taten um 144, als Wichtigstes 282, und Leben, antinomisches Verhältnis 352, 357, Leben wichtiger als 368, -e als selbständige Wesenheiten 352, beschränkte des Westens historisch wirksamer als die tiefere des Ostens 347, 789, metaphysische, ihre Bedingungen 164, 345, ihr Wesen 262, -trieb als Form der Selbstsucht 858, -Kritik spricht für die Wahrscheinlichkeit der Behauptungen des Okkultismus 132, -instrument, der Mensch muß hinauswachsen über sein angestammtes 312.

Erlebnis, äußerstes des Buddhisten 47, der meisten von äußerer Anregung abhängig 259, als einziger Weg zur Verwandlung 373.

Erleuchtung, Wesen 262, äußerste 853, wie Buddha und Christus
die ihre gewannen 776.
Erlösung durch Erkenntnis 145,
278, 282, 285, 298, 335, 391,
395, 587, 792, durch Glauben
587.
Eroberersinn des Westens, metaphysischer Sinn 749.
Erotik 524.
Erotisches, als Angelpunkt der
Seele 207, 211, Hypertrophie des
645.
Erscheinung, alle materiell 131,
als solche unübertragbar 326,
jede kann den Sinn vollkommen
zum Ausdruck bringen 602.
Erziehung, religiöse in Indien
265, durch Frauen 206, zur Frei-
heit 838, als Suggestion 140.
Esprit, mögliche Tiefe 27.
Ethik, Quintessenz aller 394.
Etikette, als Verkehrserleichte-
rung 471, als Bedingung der
Freiheit 622, Freudenhäuser als
Schule der 652.
Europa, Ende seiner historischen
Laufbahn 754.
Exaktheit, Mangel der Inder an
344, Europäer Fanatiker der 782.
Exoterisches und Esoterisches,
indische Auffassung 301.

F

Fakirn, als Rückbildungen dem
Tiere zu 299, nicht exzentrisch
734.
Fatalismus, mohammedanischer
und russischer verglichen 240.
Faust, Goethes 320.
Form, eine gleiche verkörpert
einem gleichen Volk nie zweimal
den tiefsten Sinn 686, verschiedene Auffassung in Orient und
Okzident 22, schafft Inhalt 472 ff.,
637, jeder gegebenen ihre sämtlichen möglichen Fortbildungen
immanent 245, 533, 672, in

Amerika dem Gehalte vorausgeeilt 802, 844, herrscht allgemein
nur dort, wo der Sinn schon erstorben 436, muß ein-, nicht ausschließen 461, 528, Erscheinungs-
der Gottheit vom Menschen her
bedingt 277, typische der individuellen Ausprägung am günstigsten 472, Chinas Suprematie
in der 462, im Okzident flüssig
geworden 724, Überschätzung
der 482.
Formensinn, englischer 637, chinesischer 437, japanischer 597.
Fortdauer nach dem Tode, mögliche 29, 150, 283, 697.
Fortschritt, rein biologischer
Vorgang 147, 733, inwiefern
mit Spiritualisierung zusammenhängend und vereinbar 147, 151,
152, 725, als Serie intimer Tragödien 558, als Sieg der Materie
über den Geist 442, verläuft in
Zickzacklinie 653, 839, okkulter
146, Schnelligkeit des westlichen,
wodurch bedingt 733, nur in
einer Kampfeswelt möglich 778,
als Raubzug 767, führt den
künstlichen Menschen zu 814,
was innerer bedeutet 695, führt
zu Lebensvereinfachung 818, ide-
eller ein Wesentlicheres als realer
836, und Kultur, verschiedenen
Dimensionen angehörig 568, Kul-
tur-, bedeutsamster Gradmesser
649, 838, Realgrund seines modernen Begriffs 736, den Griechen
unbekannt 808, weist über das
Erdenleben hinaus 835, als Ras-
senpartikularität des weißen Menschen 722, unvermeidliche Übelstände 802, 840, inwiefern in der
Idee berechtigt 808, 839.
Franziskanertum 613.
Französin, des 18. Jahrhunderts
27, hochgeborene, als bester le-
bender Frauentypus 640.
Französisch, Sprache 439, Ero-

gibt, ihn auszudrücken 262, -er, Entstehung 448, -ersehen, als Krankheitssymptom 161.

Gelalle, oft wirksamer als ein artikulierter Ausdruck 370.

Gemeinschaftsbewußtsein, Fehlen als Glück Amerikas 798.

Gemüt, englisches das intensivste 519, europäisches arm im Vergleich zum indischen 266, spirituell wertlos 281.

Gemütlickheit, Nachteile 224.

Genesis, Wahrscheinlichkeit ihrer Darstellung 709, 712.

Genie, Wesen 316, Überschätzung im Westen 346, als Konjunkturprodukt 477, und Talent, antagonistisches Verhältnis 394.

Gentleman als höchster Adelstypus 618.

Genußfähigkeit befördert Höherentwickelung 733.

Geologie als Erzieherin 710.

Gericht, Jüngstes, Vorzug des Glaubens daran 170, 298.

Germane, Verhältnis zu Inder und Semit 249, erotische Unkultur 207, weshalb er zum ersten Kulturträger werden konnte 773.

Geschäftsmann, Idealität des 435, 456, Edelmann als unvornehmer 619.

Geschichte, Eigenart 228, registriert nur einen Teil des Geschehens 213, warum nirgends weit zurückgreifend 533, Bedeutsamkeit im Sinn der G. umschließt nicht alle Werte 769, Führung wird nicht dauernd bei Europa bleiben 757, Wege spotten aller Vernunftkonstruktion 164, und Zufall 769, Indern fehlt der Sinn für 119, 212, und Mahāyāna 677.

Geschichtsfälschung, als Weg aller religiösen Fortentwickelung 509.

Geschlechtsgegensatz, kein kosmisches Absolutum 196, metaphysische Bedeutung 28, 197.

Geschlechtsverkehr, als Sakrament 102, 647, japanische Auffassung 641.

Geschmack, Wesen 624, inwieweit seine Urteile objektiv sein können 17.

Gesetze, als Kristallisationen 383, 574.

Gestaltungen, wodurch bedingt 7, 386, 387, 617, metaphysisch nie ernst zu nehmen 22, 27, 115, 187, 223, 276, 300, 301, 302, 387, 483, 789, relativer Wert 14, 617, 804, jede kann das Äußerste zum Ausdruck bringen 602, alle der Zeitdauer nach begrenzt 771, 835, warum die westlichen kraftvoller als die östlichen 789.

Gewalt, jede schlägt dem Recht ins Gesicht 770, Okzidentalen als -menschen 774.

Gewohnheit, jede schlecht 224, 392, 518.

Glauben, als a priori, muß enttäuschungsunfähig sein 173, warum Religionsstifter ihn von vornherein fordern 167, Sinn des religiösen 184, 264, 281, 342, und Wissen voneinander unabhängig 265, 282, 284, 343, als Weg zum Wissen 283, 342, ohne kein Selbstbewußtsein 173, Vorzug blinden 390, schwach in unserer Welt 173, warum er abnimmt 284, einziges Mittel ihn wieder zu erwecken 285, 839, Erlösung durch 157, 285, 587, 593, Gestaltungskraft im Orient 221, und Sein, im höchsten Menschen zu eins verschmolzen 194, islamitischer als militärische Disziplin 237.

Glaubensmenschen, warum originalitätsfeindlich 348.

Glaubensobjekt, Unerwiesenheit religiös günstig 184.

Welt zugrunde 468, 489, als Grundtöne 361, 548, unserer Zeit liegen dem Tiere zu 230, 811.

Idealismus, keiner je vergeblich 777, der Muslim 249, der Chinesen 554, bedarf des Ansporns materieller Gefahr 553, unfruchtbarer als Materialismus 752, im Westen größer als im Osten 723.

Idealität des Geschäftsmannes 435, jede Stufe hat ihre besondere 49, 59, 852.

Ideen, als selbständige Kräfte 283, als Erscheinungen materiell 315, indische lange nicht so potent wie europäische 347, praktische Wirkungskraft unabhängig vom geistigen Wert 164, 738, 786, Möglichkeit hinter dieselben zu kommen 318, Platos 318, als schöpferische Mächte 790.

Jesuiten als Yogis 141.

Illusionismus, westlicher und indischer 35.

Imperium 232.

Inkompetenz, Herrschaft der in Demokratien 498, 837.

Inder, als Menschen nicht so weit wie als Erkenner 340, 357, 456, 464, originalitätsfeindlich 345, charakterlos 298, innere Freiheit 289, Glaubenskraft 221, Verlogenheit 782, ignorieren die Naturgesetze 340.

Indisch, Bewußtseinslage 7, 96, 119, 248, 356, Kultur, ihre Vorbildlichkeit 313—318, Geist, in keinem System erschöpft 114, 302, Heldensinn 212, Kunst 104, 105, 198, 333, Liebesleben 205, 278, Menschheit, vielgestaltiger als europäische 96, 215, Persönlichkeit 403, Philosophie, Grundcharakter 309, kein Produkt des Denkens 305, 344, empiristisch 307, 312, in keinem System restlos enthalten 309,

Tanz 121, Weisheit, Grundcharakter 304, 403, Eigenart 338ff., Ursache ihrer Tiefe 312, weswegen unproduktiv 347, 352, läßt aktive Interpretation zu 355, Weltanschauung, pragmatisch 311, Vorbildlichkeit 312, Ausschließlichkeit 337, Schlüssel zum Problem der 100.

Individualisierung, Möglichkeiten 734, bedingt Potenzierung 751.

Individualisiertheit der amerikanischen Flora gegenüber der tropischen 750, Mangel der Tropenflora an 84, nicht notwendig zum Wesentlichen 567.

Individualismus, Zeichen von Oberflächlichkeit 735, Nachteile 735, erzeugt Weltbürgertum 603, Vorzüge des westlichen 729, 789, 794.

Individuum, als Organ des Selbst 9, 394, und Gattung, stehen in polarem Verhältnis 17, 522, ein Unableitbares 253, ein zu Überwindendes 5, Unbedeutsamkeit 62, 73, vom Orient nie ernst genommen 445, Vorzüge seiner Wertschätzung 777, 788, 794.

Initiative, macht Gott und Teufel machtlos 193.

Inszenierung, indische 204.

Inspiration, kann festgehalten werden 317.

Institutionen, gute lassen auf den Menschen keine Schlüsse zu 344, 729, nehmen ab an Bedeutung proportional dem Menschenwert 499, die besten in Amerika 753, 794, als schöpferische Mächte 730.

Intellekt, als Dominante der Seele beim Vorgeschrittenen 275, 390, 686, als unpersönliche Macht 698.

Intellektualismus, Bestimmung 566, chinesischer 532.

Intellektualität, Nachteile 275, 285, 392, 681.

Johnson, Dr. Samuel 549.

Irrationalität aller indischen Gestaltung 105, 114.

Irrenanstalten 88.

Irrtum, als Ausdruck der Wahrheit 113, 300, als Weg zur Wahrheit 778.

Islam, verwischt Rassenunterschiede 204, 236, 238, Gestaltungskraft 236, macht überlegen 240, als Religion des einfachen Soldaten 239, als Religion der absolutesten Hingabe 237, und Calvinismus, Verwandtschaft 235, 241, okzidentalischer Charakter 247.

Juden, als auserwähltes Volk 166, Christen und Muslims als Brüder 247.

Jiujitsu, als Grundsymbol des Japanertums 671.

Jugend, der westlichen Menschheit 751 ff., ewige als Postulat der westlichen Entwicklungsmöglichkeit 756.

K

Kaisertum, chinesisches 492, 550, englisches 637, japanisches 666, russisches 667.

Kalokagathia, Nachteile 414.

Kampf, ewiger, als notwendige Folge der westlichen Lebensformel 759, verwandelt die Seele 775, ohne ihn keine Erkenntnis 775, -eswelt, Vorzüge 778.

Kant, der von ihm abgesteckte Bauplan der Seele kein äußerster 132, 312.

Kapitalismus, Religiöse Grundlagen 820.

Karma-Lehre 295, 805.

Kaste 123, 216, 222.

Kasteiung, Wert 162, Yogi Feind der 162.

Katholizismus, Wesen 270, 341, Ausschließlichkeit 526, als Bewußtseinsform 528, tiefer als Urchristentum 591, spiritueller Entwicklung günstiger als Protestantismus 273, 302, der psychischen Bildung günstig 512, als System geistlicher Hygiene 271, der Kunst förderlich 109.

Katholischer, und protestantischer Geist, Unterschied 271, 341, 475, 512, Charakter des Hinduismus 270, 341.

Keuschheitsideal, Sinn des religiösen 278, 543, als Exponent brutaler Sinnlichkeit 644, europäisches und japanisches 653.

Kindererziehung, indische 265, japanische 582.

Kirche, bringt eine Religion immer besser zum Ausdruck als bloße Texte 47, katholische und indische Auffassung 594, buddhistische 610, 679, dem Chinesen ein Kulturbureau 447, als technische Anstalt 551.

Klassische Bildung, Wert 530.

Klassizismus, chinesischer 526.

Kleider, metaphysische Bedeutung 20.

Körper, je reicher, desto besseres Ausdrucksmittel des Geistes 614, Phantasie des 13, 67, 105, 384, und Geist, s. Geist, Westländer müssen den ihren erneuern 756, Evangelium des 756.

Komödien, Shakespeares 398.

Kompensation in der Natur 168, 356, 380, 415, 426.

Kompromisse, nur an der Oberfläche möglich 144.

Konfession, religiös gleichgültig 276, 540, sich ausschließende gleich orthodox 268, 300 ff., -beeinflussung als Sünde 265, und Volkscharakter 202.

Konfuzianismus, Wesen 439, 464, Leben, keine Theorie 465,

56*

534, 555, Weltanschauung der Norm 545, Weltanschauung der Zukunft 509, 547, 562, 568, scharfsinnige Verknüpfung des Innerlichen und Äußerlichen 473, 486, macht reaktionär 468, 508, als Bauernweisheit 556, 583, lutherische Züge 510, 541, schafft potenzierteste Durchschnittsmenschen 546, Grundfehler seiner Kosmologie 468, 508, und Christentum 539, und japanische Rücksichtskultur 583.

Konkretisierung, chinesisches Ideal der 536, 569.

Konvention, als Natur 482, 616.

Konzentration als Basis aller Vervollkommnung 138, 320, 328, als Triebkraft des Geistes 314, ersetzt Talent 316, befreit höhere Seelenkräfte 323, als Urgrund der chinesischen Weisheit 529, der Vernunft als Urgrund westlicher Kunst 330.

Korrelation, aller Elemente einer Welt 14, von innerer Freiheit und Zusammenhangsgefühl 855.

Krankheit, als positiver Zustand 158, Vorzüge 413.

Krieg, verändert die Bewußtseinsform 601 ff., Notwendigkeit als Wachstumskrise 771, Vermeidbarkeit 763.

Krieger, unter Chinesen verachtet 552, als Vorstufe des Weisen 775, -stämme, ergeben die höchsten Kulturvölker 763.

Kritik, jede bringt Segen auf die Dauer 781.

Kult, als Magie 447, 541.

Kultur, in anderer Dimension belegen als Fortgeschrittensein 323, 568, 727 ff., 827, schließt Ursprünglichkeit nicht aus 573, japanische — Einstellungs-, chinesische Ausdruckskultur 672, nicht durch Verbreiterung, nur Vertiefung erreichbar 323, der Sinne

645, Vorbildlichkeit der indischen 322, der chinesischen 489, 506, neue erwächst nur auf neuem ·Boden 757, -fortschritt, wesentlicher Beweis 649, 840, -gestaltungen als „Natur" 383, -system, jedes am Durchschnittscharakter eines Volkes orientiert 358, -stufe, eine erreichte kann durch Abwärtssteigen nicht überstiegen werden 324, 392.

Künstler, als Weiber 196, psychisch unvereinheitlicht 109, selten menschlich vollwertig 357, Zwitterstellung 460, des Orients als Yogis 333, 578.

Kunst, nur höchste hat die Bedeutung, welche von Ästheten aller zugesprochen wird 16, 571, Einfluß der Natur auf ihre Entwicklung 577, Gesetzmäßigkeit dieser 245, Geheimnis spiritueller 333, des Westens vernunftgeboren 330, 595, orientalische und okzidentalische verglichen 330, rein dekorative bedeutungslos 257, weniger interessant als Natur 16, 573, indische als Phantasie des Fleisches 105, ostasiatische als Fortbildung des Eigenwillens der Natur 578, chinesische 333, 485, 614, japanische 603, 660, -denkmäler, Bedeutung für die Geschichte 246, -geschichte, wodurch kritische möglich 246, -stile, inwiefern objektiv zu beurteilen 17.

L

Landwirtschaft, chinesische 487, europäische 779, amerikanische 801, chinesische auf moralischer Basis begründe 800.

Langatmigkeit, der chinesischen Kulturentwicklung 436, 508, 533·

Langeweile während der Blind-

501, 561, Instinkt, inwiefern vorhanden 89, Rebellion der Modernen gegen das 466.

Moralist, typischerweise amoralisch 356.

Moralität, als Einsichtsfrage 88, 282, 323, 391, 467, 557, und Zweckmäßigkeit, Verhältnis 89, 560, 729, als gebildete Natur 467, 557, als Tiefstes des Chinesen 465, als Selbstverwirklichung 489, als Basis der Naturordnung 465, 488, als Basis des Staats 494, 527.

Mormonen 783.

Mortifikation, Sinn der 158.

Müller, Johannes 187.

Musik, Programm- 399, indische 399, und Rhythmik 627, und Kristallbildung 711, warum sich das äußerste in ihrer Sprache allein sagen läßt 331, und Metaphysik 850.

Mut, als Tierisches 552, moralischer 505, nur auf moralischer Grundlage produktiv 773, führt am schnellsten zum idealen Ziel 778.

Mystik, warum christliche der indischen nicht ebenbürtig 685, inwiefern tiefer 854, katholischer Charakter aller 110, dem Polytheismus nie feind 110, -er, Wesen 111, persische 90, 267, und Skeptiker berühren sich 349, Weg vom Theisten zum 806.

Mythos, indischer, nur als Vegetation zu verstehen 34, Bildungsgesetze 118, wahrer als Geschichte 118, als gegenständlichster Wahrheitsausdruck 192, 709, als letztes Wort 712.

N

Nächstenliebe, inwiefern wertvoll 65, Vorzug der christlichen 739, praktische macht eng 48, macht oberflächlich 210.

Napoleon 432, 503.

Nation, es gibt keine indische 114, 215, -algefühl, vereinbar mit Weltbürgertum 833, -alismus 466.

Natur, Ursache des Erhebenden großer 18, interessanter als Kunst 16, 571, und Geist, metaphysisches Verhältnis 382, 574, dem Chinesen äußerste Instanz 458, 555, Vorbildlichkeit 458, existiert kaum für den Inder 416, 486, Konservativismus 436, Urkraft der amerikanischen 756, und Kunstentwickelung 577, der Dinge führt ebendahin, was die Weisheit antizipiert hatte 763, 779, ein zu Überwindendes 458, 842.

Naturalismus 35, 674.

Naturbestimmtheit, Unentrinnbarkeit 19, 389, kann überwunden werden 283, 334, 843, -gefühl, japanisches 623, 659, 674, ostasiatisches gegenüber dem europäischen 573, 625, 764, -gemäßheit als Ideal förderlich 459, bis zu welchem Punkte 705, -gesetze, durch Konzentration der Vernunft gefunden 330, als Spielregeln 398, definieren die Natur als solche 376, Kenntnis der als Herrschaftsmittel 782, Chinese kennt keine 494, -götter 103, 716, -haftigkeit, noch so verfeinerter Chinesen 557, -kräfte, Mißbrauch führt am schnellsten zur weisen Benutzung 763, -stufe, die neue der Vorhut der Menschheit 392, 831, 857.

Neuentstehung, inwiefern es gibt 192, 712.

Neuerungsstreben, macht oberflächlich 147, 732, -feindlichkeit der Inder 344, der Chinesen 436.

New thought, Verdienste und Vorzüge 186, einzige mystische Bewegung dieser Zeit, die im

Romanische Form 461.
Rücksicht, Nachteile 189, 338,
benachteiligt die Aufrichtigkeit
480, -skultur, japanische 583,
629.
Ruinen, woher ihre Wirkung 81.
Russe, als bester Psycholog 456,
Ähnlichkeit mit Inder 266, 485,
Religiosität 266, Naturgefühl 486,
Organisationsunfähigkeit 816,
mangelndes Abstraktionsvermö-
gen 80, weiter Hintergrund 484,
Willkürhaftigkeit 774.

S

Sanftmut, als Ideal tut nur Ge-
waltmenschen gut 353, keine
günstige Naturbasis 774.
Schadenfreude als Urinstinkt
446.
Schauen 78.
Schauspieler 5, 388, 597.
Schein, Hypostasierung im Orient
22, die Welt als 35.
Schematismus, des Menschen-
geistes 74.
Scherz, metaphysisch dem Ernste
gleichwertig 398.
Schicksal, griechische Idee 835,
inwiefern existent 806, wodurch
bedingt 386, als Konvention 616.
Schlangen 87.
Schmerz, vom Willen beeinfluß-
bar 444, als Weg zu Gott 147.
Schönheit in der Natur und als
Ideal 761, metaphysische Bedeutung 17, 71, 148, 176, 426,
als vollendeter Ausdruck rassialer
Formtendenzen 17, 148, Bedeutung ihrer lebensteigernden
Wirkung 176, nie individuell bedeutsam 17, was dem Urmenschen so erscheint 101.
Scholastik, typische Begleiter-
scheinung der Spiritualität 309.
Schuld, blutbefleckter Staatsmann doch ohne 339, jedem ein

bestimmtes Maß zugemessen 696,
empirische und metaphysische
772.
Seele, als Natur 10, als Umwelt 28,
376, 695, protoplasmatischer Charakter 381, hat nicht die Macht,
alle sonstige Wirklichkeit zu verwandeln 340, Verkrüppelung in
der modernen Welt 813, als
Selbstherrscherin 827, -losig-
keit als Vorzug 689, 810, -wan-
derung 153, 360, 852, nicht
Tatbestand, sondern Interpretation 169, Platos Glaube an 171,
Glück Europas, nicht an sie geglaubt zu haben 170.
Sehnsucht als Triebkraft 38.
Sein, wichtiger als Leistung 152,
291, und Tun, ursprüngliche
Unabhängigkeit 456, 502, Wechselwirkung 55, und Glauben 173.
Sekten, verschiedene Bedeutung
in Orient und Okzident 787, japanische 593, 682.
Selbstbeherrschung 564, 763,
-beschränkung, Notwendigkeit
24, 762, -herrschertum, Vorzüge 666, -losigkeit, spezifische
des Geistesmenschen 25, des
höchsten Menschen 858, -regu-
lierung der Natur 558, 772,
-überschätzung, Vorzüge 699,
des Menschen 693, 705, -ver-
wirklichung, verschiedene
Wege zur 6, 175, 749, gelingt
am besten im Rahmen vertrauter
Vorstellungen 187, Übernahme
eines Fremden als kürzester Weg
zur 687, Umweg um die Welt
als kürzester Weg zur 8, 849.
Sexualproblem, japanische Lösung 640 ff., indische Lösung 647.
Shakespeare 109, 398.
Shinto 655, 675.
Sichtbare, Welt, ihre Sonderart
633, existiert für die Inder nicht
416, Form als unmittelbarer
Wesensausdruck 332.

U

Übel, seine Rolle im Weltgeschehen 336, jedes bedeutet irgend jemand ein Gutes 805, nur durch Änderung der Bewußtseinslage zu überwinden 336, 374, 398, Pflicht ihm zu widerstehen 777, Fluch des Nichtwiderstehens 768, Überwindung durch Gutes 335, 644.

Überlegenheit als Kardinaltugend des Herrschers 498, mohammedanischer Frauen 240, chinesischer Staatsmänner 464, des Mohammedaners 237, der Großmogul 234.

Übermensch 380, kann als solcher minderwertig sein 162, als solcher unerkennbar 380, schwach in dieser Welt 168, 380, verfehltes Ideal 229, Idealität des Westens an ihm orientiert 547, Nietzsches 36, 230, 326.

Übernationales, der Kaiser Roms und Indiens und der Päpste 235.

Überschätzung, Wert der 667.

Übertreibung, Sinn indischer 107, 372.

Übervölkerung, begünstigt moralische Durchbildung 455, 479.

Ungleichheit der Menschen 499, 758.

Uninteressiertheit besser als Wohltätigkeit 48.

Universalität, Idee der hat abgewirtschaftet 179, höchstmögliche Verwirklichung 832.

Unmögliches, Wert des Strebens nach 547, 835.

Unsterbliches, des Menschen als Frucht des irdischen Ich 25, 835.

Unsterblichkeit 25, 45, 150, 153, 156, 425, 697, 792.

Uranfang, unerklärlich 708.

Urmenschen, als Götterkinder 716.

Ursprünglichkeit, als Ideal überbildeter Städter 230, und Bildung 573, als Urzustand und als Ziel 840.

V

Vegetieren, Wesen 42, 421, als allgemein tropische Lebensform 33, 40, 42, 84.

Verallgemeinerungstrieb, als Zeichen der Primitivität 555, 597, 832.

Verantwortungsgefühl, wird durch Monotheismus hochgezüchtet 242, psychologische Ursache des westlichen 170, chinesisches 492, 550.

Verarmung, fortschreitende der Sprachen 441, der Welt dank uns 767 ff., der Seele dank Puritanismus 210, 362, dank Amerikanisierung 810.

Verbrechen, als Weg zu Gott 335, 778.

Verdienst, und Gnade 366, nichts außer der Arbeit des Menschen eigentliches 855.

Verehrung eines Höheren, metaphysische Bedeutung 176.

Vereinfachung, künstlerische 331, des Lebens in Amerika 819.

Vererbung 28, 219, 221, kann überwunden werden 852.

Vergänglichkeit, kein Übel 127, 836, buddhistische Stellung zur 91.

Verkleidung, kann offenbarend wirken 21.

Vermittelungen, Sinn in der Religion 176.

Verneinung des Lebens, in Indien und Europa 39.

Vernichtung als Weg der Erneuerung 432, 771.

Vernunft, und Naturgeschehen 760, dem metaphysisch Wirklichen nicht gewachsen 116, der Verinnerlichte steht über ihr 333.

884

884 Register

Verschiedensein, als Ansporn
684, 789.
Verständnis als Vorbedingung
des Erlebens 284, 390, 684, als
Perzeption 134, als Entscheiden-
des 356, -losigkeit, als positive
Macht 225.
Verwandelbarkeit, Wichtigkeit
der 6, 67, 756.
Verwirklichung des Geistes von
zufälligen Umständen abhängig
300, 713.
Vielseitigkeit, Herrschern ver-
derblich 233.
Virginitätsideal, das Ende des
649, 653.
Vitalität, physische als Folge
psychischer Bildung 451, größere
des Europäers im Verhältnis zum
Asiaten 613.
Völker, der Erde ergänzen sich
629, Solidarität 833.
Volkscharakter und Religion
202, 249.
Vollendung, in sich evident 71,
als höchste und einzigste Aufgabe 76, 151, 209, 335, 362, 368,
396, 545, 828ff., als Exponent
der Spiritualität 148, 389, nur
innerhalb von Grenzen möglich
831, typische den meisten förderlicher als individuelle 217, 472,
621, 639, 736, 829, jede bestimmte nur vorläufig ein Höchstes 386, in Erkenntnis und
Leben schließen sich aus 351,
jede an bestimmte Bedingungen
geknüpft 477, 548, notwendig
einseitig 24, 351, 426, 534, 591,
636, 864, eine Art entsteht auf
Kosten anderer 209, und Fortschritt 147, 151, 724, 728, 827ff.,
des Europäers führt über die besiegte Natur hinweg 749, und
Seligkeit 537, konzentrische ein
Höheres als exzentrische 581,
keine Erfüllung im irdischen
Sinne 835, und Totalität 811.

Vollkommenheit, keinem Ein-
zelwesen erreichbar 385, 426,
835, des Erdenlebens nicht Selbstzweck 835.
Vorbildlich, es gibt keine vor-
bildlichen Naturen 395.
Vorsehung, hat im Westen abgedankt 192, 806, warum Männer der Tat an eine glauben 348,
Verfehltheit der Idee 228, 835,
Wahrheitsgehalt 590.
Vorstellungen, in doppeltem
Verstande sinnvoll 97, können
unmittelbar gesehen werden 131,
317, 318, 382, Wichtigkeit innerhalb des Christenglaubens 55,
789.
Vorurteile, nichts Oberfläch-
licheres als jede andere Gestaltung 483, 616, den meisten notwendig 125, wirklichkeitsschaf-
fend 125, müssen ganz überwunden werden 392, 781, die
verschiedenen Tierarten als Vorurteile 617.
Vorwelt, Tiere der 69, 85, 751,
756.
Vorzüge, ein Positiveres als Gebrechen 652, es gibt keine un-
kompensierten, s. Kompensation.

W

Wachstum, Schnelligkeit tropischen 33, 40, Nachteile allzu ge-
schwinden 732.
Wahlsystem, das Groteske des
demokratischen 837.
Wahrheit, Wesen 148, 276, 311,
346, nach indischen Begriffen
nur zu lernen, nicht zu entdecken 345, alle symbolisch 263,
jenseits von Irrtum und 311, der
kürzeste Weg zur 763, durch
Kampf zur 775.
Wallfahrten, Bedeutung 259.
Weib und Mann, metaphysisches
Verhältnis 28, 196 -lichkeit,

DER LEUCHTER

WELTANSCHAUUNG UND
LEBENSGESTALTUNG

GEBUNDEN 30 MARK

OTTO REICHL VERLAG · DARMSTADT

MAX FRISCHEISEN~KOEHLER

GEISTIGE WERTE

VERMÄCHTNIS DER PHILOSOPHIE

Die führenden Geister des 19. Jahrhunderts von Kant bis zu Dilthey sind hier durch eine glückliche Aus~ wahl der schönsten, zugänglichsten oder prägnantesten Kundgebungen ihres vielvermögenden Geistes ungezwun~ gen und unstilisiert in eine Bildfläche hineingestellt; und der Eindruck des Bildes ist stark genug, um den Leser, dem es erlaubt ist, Kleines mit Größtem zu vergleichen, ein wenig an die Schule von Athen zu erinnern. In der Tat, der Her~ ausgeber hat, wie man von ihm im voraus erwarten durfte, nicht nur Teile zu einem Ganzen zusammengestückt, son~ dern durch Auswahl und Anordnung der Teile die Idee eines Ganzen so weit entstehen lassen, als es ohne schöpferische Umschmelzung der Teile, die nur der Künstler verantwor~ ten kann, auf diesem Gebiete möglich ist. Es sind nicht einzelne sogenannte schöne Stellen, die hier in geschickter Verkettung geboten werden, sondern lauter ganze Stücke, die denn auch, um verstanden und demgemäß gewürdigt zu werden, eine gewisse Konzentration, ja wiederholte Be~ mühung voraussetzen. Gewiß nicht zum Schaden der Sache und des Lesers; denn die Philosophie verdirbt beim „Genuß", und erst der zum Mitdenken genötigte Leser er~ hält überhaupt ein erstes Bild vom wahren Wesen der Philo~ sophie. Wie alles Ernste und Große in dieser Welt, so kom~ men auch die Ergebnisse des tiefsten Nachsinnens nur dem Nachsinnenden zugute.   Professor Dr. Heinrich Scholz

GEBUNDEN 18 MARK

OTTO REICHL VERLAG · DARMSTADT

FRIEDRICH NIEBERGALL

LEBENSINHALT

VERMÄCHTNIS DES GLAUBENS

Die Frage nach einem Lebensinhalt hat schon lange vor dem Weltkriege eine große Rolle gespielt, nachdem die Kultur im gewöhnlichen Sinne die Menschen ebenso leer gelassen hatte wie allerlei naturalistische Weltanschauungen. In letzter Zeit ist aus der Frage eine heiße Sehnsucht, eine dringende Forderung geworden. Das durch den Heidelberger Universitätsprofessor Friedrich Niebergall herausgegebene Buch will ein Führer sein aus dem Dunkel ins Helle, ein Helfer für alle Suchenden und ein Berater für alle Denkenden. In den Mittelpunkt stellt es einen höchsten Wert des Lebens in der geistigen Welt. Es zeigt, wie verschiedene Straßen von menschlichen Nöten her dazu hinführen, wie sich der Besitz jenes Wertes im Leben auswirkt und erhalten läßt. Die Weltanschauung wird dargelegt, die einen solchen Lebensinhalt erzeugt, und die Fragen nach Gott und Welt werden eingehend behandelt. Das geschieht im Geiste des deutschen Idealismus, wie er uns von Immanuel Kant bis Rudolf Eucken, von Martin Luther und unseren Klassikern, in der neuesten Zeit von Otto Pfleiderer, Adolf Harnack, Ernst Troeltsch, Georg Wobbermin, Arthur Bonus, Johannes Müller, Friedrich Naumann, Gottfried Traub und anderen dargeboten worden ist, ein Vermächtnis deutschen Glaubens, dessen Reichtum zu keiner günstigeren Zeit offenbart werden konnte.

GEBUNDEN 18 MARK

OTTO REICHL VERLAG · DARMSTADT

ALEX. v. GLEICHEN‹RUSSWURM

DAS
WAHRE GESICHT

WELTGESCHICHTE
DES SOZIALISTISCHEN GEDANKENS

Die Geschichte des sozialistischen Gedankens ist die
Geschichte der Menschheit. Menschheitsgeschichte
hat es aber bisher noch nicht gegeben. Fürsten und Feld‹
herrn, Schlachten und Staatsakte waren mit allerlei Auf‹
machung steif wichtig in den Vordergrund gerückt, während
der geistige Inhalt der Geschichte, die seelischen Aus‹
wirkungen der Ereignisse, der Werte schaffende Mensch
nicht zur Geltung gelangten. Dazu die aus nationalen,
kirchlichen und geschäftlichen Rücksichten aufgetischte
Unwahrheit! So bedeutet der Zusammenbruch der zivi‹
lisierten Welt auch den Bankrott der Geschichtschreibung.
Alexander von Gleichen‹Rußwurm enthüllt in diesem
Buche das wahre Gesicht. Die Weltgeschichte des soziali‹
stischen Gedankens ist ihm unter der Hand zum Weltgericht
geworden. Er gehört aber zu den wenigen Menschen, die
alles, was sie berühren, vergolden, veredeln. Er sieht
inmitten der Finsternis unserer Tage ein Licht leuchten,
und deshalb lösen seine Worte, so ernst und bitter sie auch
sein müssen, Vertrauen und Ehrfurcht, Mut und Freude aus.
Hier ist schöpferische Geschichte, die schon wieder neue
Wirklichkeiten schuf, indem sie niedergeschrieben ward.

GEBUNDEN 18 MARK

OTTO REICHL VERLAG · DARMSTADT

RUDOLF VON DELIUS

PHILOSOPHIE DER LIEBE

Es ist bei uns wenig Sitte, über die Liebe nachzudenken. Die „sexuelle Frage" wird fast ausschließlich von Medizinern, besonders von Nervenärzten behandelt. Diese Behandlung ist gewiß oft recht lehrreich, sicherlich aber auch sehr einseitig. Wichtiger und schwerer ist es, das Gesunde, die Natur selber ganz zu verstehen. Dieses Buch vertritt den rein menschlichen, lediglich psychologischen Gesichtspunkt. Die Erörterung der erotischen Probleme erfordert heute vor allem Klarheit, Wissen, Verstehen. Dazu müssen alle Hilfsmittel herangezogen werden: die Naturwissenschaft, die Völkerkunde, die Kulturgeschichte, die Psychologie, die Ethik. Keine Suggestion und kein Schema darf einengen: frei und selbständig soll heute jeder diese Dinge übersehen und sich sein eigenes Urteil bilden. Dann wird er in den Stand gesetzt sein, im Einklang mit dem eigenen Empfinden sich auch das eigene Lebensglück zu schaffen. Das Endziel des Buches ist also ein ganz praktisches: gesteigertes Menschentum, sinnlich-geistiges Volldasein. Die Freimütigkeit des Verfassers, seine knappe, klare Sprache werden tiefen Eindruck machen und dem Buche große Verbreitung bringen.

GEBUNDEN 15 MARK

OTTO REICHL VERLAG · DARMSTADT

RUDOLF VON DELIUS

RELIGION UND WISSENSCHAFT

Nichts ist heute so wichtig wie Klarheit! Klarheit über die wesentlichen, grundlegenden Fragen! Die Menschheit will sich nicht länger täuschen lassen. Jeder einzelne fordert das Recht für sich, selber zu prüfen und zu entwickeln. Was ist es mit der Religion? fragen heute Tausende. Steckt irgend etwas dahinter, oder ist es reiner Betrug? Und wo findet sich ein Ersatz dafür? Auf alle diese drängenden Fragen der Volksmasse will die vorliegende Schrift antworten: ehrlich, konsequent, ohne jeden Kompromiß. Zunächst wird der Begriff der Religion scharf untersucht; die Versuche, die Worte umzudeuten, werden zurückgewiesen; dann folgt eine Übersicht der Hauptreligionen; Jesus, Paulus, Buddha, Kungfutse ziehen vorüber; und schließlich wird der neue, heute entstehende Geistestypus: „der wissenschaftliche Mensch" geschildert, denn heute darf die Wissenschaft nicht mehr trockene Kenntnissammlung bleiben, sie muß sich zur lebendigen Weltanschauung erheben, die uns befreit und beglückt.

3 MARK

OTTO REICHL VERLAG · DARMSTADT

RUDOLF VON DELIUS

WELTWENDE

DIE ETHISCHE WENDE / DIE SEXUELLE WENDE / DIE RELIGIÖSE WENDE / DIE SOZIALE WENDE / DIE POLITISCHE WENDE

Das Hauptbedürfnis unserer Zeit ist Vergeistigung der Revolution. Die Gegensätze verebben allzusehr in Lohnfragen und materiellen Forderungen: das Innerlich-Geistige, Treibende der ganzen Bewegung muß hell herausgestellt werden. Das versucht diese Schrift. Die Wendepunkte der Menschheit müssen scharf begriffen werden. Alt und Neu trennen sich in zwei Lager. Deutliche Erkenntnis des Wesentlichen tut jedem not, damit er sich aus eigenem Gewissen entscheiden kann. So behandelt diese Schrift nacheinander: die ethische Wende, die sexuelle Wende, die religiöse Wende, die soziale Wende, die politische Wende. Es wird immer ein Punkt scharf herausgestellt, der dem Verfasser der wichtigste erscheint. Der Leser wird aufgerüttelt, angeregt, zum eigenen Denken gezwungen. Wenn den Deutschen jetzt die Vertiefung und Vergeistigung der Revolution gelingt, so werden sie allen anderen Völkern voranschreiten. Denn nur der Geist kann führen, niemals materielle Gier.

3 MARK

OTTO REICHL VERLAG · DARMSTADT

LEONIE VON UNGERN-KEYSERLING

DER SINN DES SOZIALISMUS

Der Sozialismus ist nicht nur eine Macht, die das wirt-schaftliche und politische Leben der Zukunft be-stimmen wird; er greift unmittelbar in das geistige Leben ein. Sein Sinn ist ein geistiges Moment, das dem Sinne der bisher herrschenden Weltanschauung polar entgegengesetzt ist. Die folgende Schrift ist ein Versuch zu zeigen, inwieweit die Grundgedanken des Sozialismus sich mit Bildung und Kultur vereinigen lassen. Dabei wird zum ersten Male der ewige Kern des sozialistischen Gedankens, der seine Werbe-kraft letztlich ausmacht, herausgeschält, gleichzeitig aber ge-zeigt, inwiefern er den Fortbestand unserer Kultur unmittel-bar bedroht und bedrohen muß. Alle Kultur setzt die Aner-kennung von Werten oberhalb des Menschen voraus. Für den Sozialismus ist der Mensch an sich, qualitätslos, die letzte In-stanz. Dennoch bleibt ihm die unvergängliche Bedeutung, ein neues Motiv ins Menschenleben hineingetragen zu haben.

3 MARK

OTTO REICHL VERLAG · DARMSTADT

ERNST TROELTSCH

DEUTSCHE BILDUNG

Die höchste Weisheit ist, sein Schicksal zu lie=
ben und zugleich es schaffend zu bewältigen.
Diese Worte des Verfassers kennzeichnen am
besten den Inhalt seiner Schrift. Er hat nicht den
Wunsch, ein allgemein gültiges Bildungsideal für
ein großes Millionenvolk zu entwerfen, es ist ihm
viel wichtiger, die Einsicht zu fördern, daß Ver=
einfachung und Konzentration die Fragen der
geistigen Rettung und Lebendighaltung sind, und
daß wir zurückkehren müssen zu dem Geist,
der unser eigener Geist ist. Es ist von größter
Bedeutung nicht nur für die Entwicklung in
Preußen, sondern für die Zukunft des geistigen
Lebens in Deutschland überhaupt, daß eine Per=
sönlichkeit wie Ernst Troeltsch in die Leitung des
Preußischen Kultusministeriums eingetreten ist.

3 MARK

OTTO REICHL VERLAG·DARMSTADT

ARTUR BUCHENAU

DIE DEUTSCHE SCHULE DER ZUKUNFT

IDEEN ZU EINER EINHEITLICHEN ORGANISATION DES DEUTSCHEN SCHULWESENS

ZWEITE VERMEHRTE UND VERBESSERTE AUFLAGE

Eine prächtige kleine Schrift! Ausgehend von Kantischen Ideen und Fichteschen und Pestalozzischen Forderungen bleibt der Verfasser doch immer auf dem Boden der Tatsachen und entwickelt seine Anschauungen mit einer Folgerichtigkeit, die man in ähnlichen Abhandlungen selten findet. Das Büchlein ist eines der besten Werbemittel für den Gedanken der Einheitsschule, das man zu Zehntausenden verbreiten sollte. **Volksbildung.**

Diese gedankenvolle Schrift stellt der deutschen Schule die Aufgabe der Bildung zum nationalen Selbst! **Frauenbildung.**

Buchenaus Schrift ist das demokratische Schulprogramm auf sozialpädagogischer Grundlage.

3 MARK

OTTO REICHL VERLAG · DARMSTADT

RUDOLF EUCKEN

DIE GEISTIGEN FORDERUNGEN DER GEGENWART

Die Grundforderungen Euckens sind bekannt und im Begriff, Allgemeingut weiterer Kreise zu werden. Bedeutsam erscheint mir aber, daß drei Gedanken Euckens immer stärker in seinen jüngsten Darlegungen hervortreten, die berufen sind, seine Grundlehren vertiefend fortzubilden. Statt des alten Dualismus von Natur und Geist wird mehr und mehr die ungleich tiefere Spannung im Geistesleben selber betont, die Teleologie in weitem Umfange in das Seelische eingeführt; es wird stärker „die Forderung einer schärferen Scheidung der Stufen und Werte" erhoben. Damit im Zusammenhang steht die erhöhte Bedeutung der Persönlichkeit, des seltenen Menschen, des organischen Aufbaus auch im Geistesleben. In der Persönlichkeit will Eucken „die Stätte der Uroffenbarung geistigen Lebens" ehren. „Das Aufsuchen, Anerkennen, Aneignen der geistigen Forderung, welche die weltgeschichtliche Lage an die Gegenwart bringt, ist die dringendste aller Forderungen." Die Aktivität der Persönlichkeit gewinnt gegenüber dem kosmischen Alleben des Geistes erhöhten Wert. Hieraus wiederum ergibt sich als drittes die stärkere Hervorkehrung des Kraft- und Spannungscharakters. Werthöhe, Persönlichkeitstiefe, Wirklichkeitskräfte treten mehr und mehr in den Vordergrund. Es ist bewundernswert, wie diese tief lebendige Philosophie wächst und wirkt.   Theologische Literaturzeitung

Erfreulich ist die Kritik an der auch von pädagogischer Seite aufgestellten Forderung, der einzelne habe sich lediglich als ein Glied des Ganzen zu betrachten und empfange seinen Wert nur durch die Leistung für dieses; ihre Erfüllung würde „uns um Jahrtausende auf den Stand der Antike zurückwerfen". Immer gilt es im Menschen den Menschen zu achten und die Antriebe zur Bildung einer besonderen Art innerhalb des Ganzen nicht zu schwächen, sondern zu stärken. Aufs tiefste muß dieser Grundsatz in die Gestaltung aller Lebensgebiete, am meisten wohl in der Politik und der Erziehung eingreifen. Endlich fordert die Schrift „eine gründliche Revision unseres gesamten Kulturbesitzes" vom Standpunkte eines dem bloßen Augenblick überlegenen, ein neues Leben, ein Geistesleben in der Zeit entwickelnden und durch dieses den gegenwärtigen Bestand des Lebens vertiefenden, urdeutschen Idealismus. Das ist ja überhaupt das Große und Gesunde an Eucken, daß dieser strahlende Idealismus nicht im mindesten die Abgründe und Gefahren der menschlichen Natur und der Lage der Zeiten übersieht oder überspringt, vielmehr aus einer tapferen innigen Durchdringung der ganzen Lage die seelische Freiheit zu retten, ja um so strahlender zu entwickeln unternimmt.   Deutsches Philologenblatt

3 MARK

OTTO REICHL VERLAG · DARMSTADT

RUDOLF STAM·MLER

DIE LETZTEN GRÜNDE EINER WISSENSCHAFTLICH GELEITETEN POLITIK

MANDEVILLES BIENENFABEL

Mandevilles Bienenfabel erregte bei ihrem Erscheinen vor etwa 200 Jahren großes Aufsehen. Sie will bekanntlich zeigen, auf welchem Wege ein Staat zu Reichtum und Macht gelangen kann. Die dabei zugrunde liegende englische Rechtsphilosophie hat mehrfach auch in Deutschland Wurzel geschlagen. Ihre kritische Betrachtung führt zu den prinzipiellen Erörterungen dessen, was wir soziale Frage nennen. Der Verfasser zeigt dieses in der vorliegenden Schrift in einer Weise, die für die weitesten Kreise bestimmt ist. Er wirft die Frage nach dem Maßstab auf, an dem man überhaupt erst feststellen kann, ob eine politische Bestrebung grundsätzlich berechtigt ist oder nicht, und zieht aus der abschließenden Beantwortung dieser Frage die notwendigen Folgerungen für eine wissenschaftlich geleitete Politik.

3 MARK

OTTO REICHL VERLAG·DARMSTADT

HERMAN HEFELE

DER KATHOLIZISMUS
IN DEUTSCHLAND

DER VORREFORMATORISCHE KATHOLIZISMUS IN DEUTSCH-
LAND / DER DEUTSCHE KATHOLIZISMUS UND DIE REFORMA-
TION / DER BAROCKE KATHOLIZISMUS IN DEUTSCHLAND.
AUFKLÄRUNG UND AUFLÖSUNG / ROMANTIK UND LIBERA-
LISMUS / DER DEUTSCHE KATHOLIZISMUS ALS PARTEI / DER
KATHOLIZISMUS UND DIE NEUESTE DEUTSCHE KULTURENT-
WICKLUNG / DIE GUELFISCHE AUFGABE DES DEUT-
SCHEN KATHOLIZISMUS / DIE LATEINISCHE AUFGABE
DES DEUTSCHEN KATHOLIZISMUS / DIE KONSER-
VATIVE AUFGABE DES DEUTSCHEN
KATHOLIZISMUS

Der Verfasser, ein Neffe des ehemaligen Rottenburger Bischofs gleichen
Namens, hat diese Schrift insbesondere auch für das Verständnis der
Nichtkatholiken geschrieben. Sie ist ein Versuch, den Katholizismus außerhalb der engen Grenzen des Konfessionell-Religiösen und Theologischen
als ein reines Phänomen der Kultur zu betrachten. Als eine Objektivierung des religiösen Willens ist er im Fluß der europäischen Entwicklung
das entscheidende Prinzip der Tradition, der Mittelpunkt und Sinn aller
Elemente geworden. In seiner engen Wesensverschmelzung mit dem römischen Geist ist er zugleich für die Gesamtheit nationalen Kulturstrebens
ein Prinzip der Scheidung und der Klärung. Beide Funktionen, die konservative wie die lateinische, bestimmen vor allem die Eigenart des deutschen
Zweiges der katholischen Welt, hier freilich mehr als anderswo gehemmt, unterbunden und abgeschnürt. Die Geschichte des deutschen
Katholizismus ist die Geschichte des ewigen Kampfes zwischen deutschem
und lateinischem Wesen; auf allen Gebieten des Kulturlebens erkennen
wir seine Spuren. Die Studie gibt einen scharf umrissenen Längs-
schnitt dieser Geschichte und entwickelt aus der gewonnenen Wesenserkenntnis der katholischen Idee heraus die guelfische, die lateinische
und die konservative Aufgabe, die dem deutschen Katholizismus aus
der Doppelstellung seines katholischen und deutschen Wesens erwächst.

3 MARK

OTTO REICHL VERLAG · DARMSTADT

WALTER GOETZ

DAS WESEN DER
DEUTSCHEN KULTUR

Die Schrift des Leipziger Historikers, des Nachfolgers Karl Lamprechts, will vor allem der Anschauung entgegentreten, als ob es irgendwo eine rein bodenständige Kultur gäbe. Alle höhere Kultur ist durch Austausch der Völker untereinander entstanden, und so beruht auch die deutsche Kultur auf fortwährendem Herübernehmen fremden Gutes. Dieses Fremde dem eigenen Wesen einzufügen ist die Aufgabe jedes schöpferischen Volkstums. Von solchem Standpunkt aus verteidigt der Verfasser die Rezeption der Renaissance im 16. Jahrhundert und bekämpft er die von einzelnen verlangte Wiederanknüpfung an den gotischen Menschen des 15. Jahrhunderts. Einen der wesentlichen Züge der deutschen Kultur sieht der Verfasser in ihrem Universalismus, der immer wieder vom Nationalen ins allgemein Menschliche hinausstrebt. Die deutsche Kultur im übrigen auf enge Formeln zu bringen und ihr rein nationale, sich selbst genügende Ziele zu stellen, lehnt der Verfasser als dem Geiste unserer Kultur widersprechend ab.

3 MARK

OTTO REICHL VERLAG · DARMSTADT

HANS DRIESCH

DAS PROBLEM
DER FREIHEIT

In dieser kleinen Schrift wird der Versuch ge= wagt, dem großen Kreise der gebildeten Leser in allgemeinverständlicher Form und doch ohne Aufgabe denkmäßiger Strenge ein philosophi= sches Problem vorzulegen, das zu den schwierig= sten von allen gehört, ein Problem, das beinahe in alle Teile der Philosophie hineinführt. Es handelt sich aber um eine Frage, die jeden denken= den Menschen nahe angehen muß, zumal in einer Zeit, welche jeden zwingt, über Welt und Mensch und vielleicht noch über mehr nachzudenken. Wer diese Schrift langsam und gründlich liest, wird sie auch verstehen, mag er zustimmen oder nicht. An= regung zum Selbstdenken zu bieten ist ihr wesent= liches Ziel, nicht fertige Resultate zu geben. Der Ver= fasser zeigt, daß wir wohl zum relativen Freiheits= begriff kommen, aber nicht zum strengen, abso= luten. „Eine Wissensentscheidung in Sachen des Freiheitsproblems ist grundsätzlich unmöglich."

3 MARK

OTTO REICHL VERLAG · DARMSTADT

KARL VORLÄNDER

KANT
ALS DEUTSCHER

Immanuel Kant gilt bei uns und anderen als Typus eines deutschen Denkers und ist merkwürdigerweise doch noch nie von dieser Seite aus eingehender gewürdigt worden. Vorländer, einer unserer besten Kantkenner, unternimmt dies in seiner allgemeinverständlich geschriebenen Schrift. Er zeigt, wie Kant selbst als Mensch und Denker, in Leben und Lehre, die Grundzüge deutschen Wesens widerspiegelt. Er gibt an der Hand einer ganzen Reihe weiterer Kreisen bisher noch unbekannten Stellen eine überraschend große Anzahl interessanter Urteile des Philosophen über deutsches Volkstum mit seinen Vorzügen und Schwächen wieder. Er schildert Kants Verhältnis zum Staate seiner Zeit, seine politischen Anschauungen überhaupt und seine unmittelbare Nachwirkung auf Preußens Erhebung und zeigt endlich, daß in Kants Anschauungen Deutschlands Aufgaben für die Gegenwart und die nächste Zukunft beschlossen liegen.

3 MARK

OTTO REICHL VERLAG·DARMSTADT

GERHARD VON MUTIUS

DER
SCHWERPUNKT
DER KULTUR

Der Verfasser hat als hoher Beamter des Auslanddienstes reichlich Gelegenheit, einen tieferen Einblick in mannigfache Kultur- und Weltverhältnisse zu gewinnen. Diese Schrift stellt die praktische Nutzbarmachung der in seinem früheren Buche „Die drei Reiche" gebotenen Gedanken dar. Dieses Buch ist mit einem Ehrenpreis des Nietzsche-Archivs ausgezeichnet worden. Die europäisch-amerikanische Kultur hatte sich in einer so einseitigen Richtung entwickelt, daß der Zusammenbruch unvermeidlich war. Angesichts der großen Krisis, die diese Kultur im Weltkrieg und seinen Folgeerscheinungen durchmacht, wird hier darauf hingewiesen, daß diese Krisis im Wesen unserer Kultur begründet sei, und daß nicht sozialpolitisches oder völkerrechtliches Flickwerk, sondern nur die Aufstellung eines umfassenden Kulturprinzips eine Rettung versprechen könne. Dieses Kulturprinzip hätte im Gegensatz zu dem bis jetzt vorwiegenden, welches nur auf die Beherrschung der äußeren Welt, den objektiven Erfolg, gerichtet war, darin zu bestehen, daß der lebende und handelnde Mensch selber, und nicht nur seine Produkte, als das eigentliche Ziel unserer Kulturbemühung in dem Sinne des Humboldtschen Gedankens zu verstehen seien, daß es mehr noch auf das Tun als auf die Tat ankomme.

3 MARK

OTTO REICHL VERLAG·DARMSTADT

GRAF HERMANN KEYSERLING

PHILOSOPHIE ALS KUNST

INHALT:

An der Hand dieser Teilprobleme läßt Graf Keyserling das Grundmotiv seines ganzen Schaffens erklingen: die Selbstverwirklichung, den Weg
zur Vollendung. Hier zeigt sich die eigene Entwicklung des Verfassers am deutlichsten, wie er aus der
Ahnung ins volle Licht der Erkenntnis hineinge-
wachsen ist. Er beginnt mit der Darlegung, daß
Philosophie keine Wissenschaft, sondern eine
Kunst ist und endet, indem er zur rechten Zeit mit
vollendeter Klarheit und Offenheit zum Ausdruck
bringt, was uns not tut und was er selbst will.

GEBUNDEN 60 M ∕ IN HALBLEDER 120 M

OTTO REICHL VERLAG·DARMSTADT

GRAF HERMANN KEYSERLING

WAS UNS NOT TUT
WAS ICH WILL

Graf Keyserling ist der erste und vorläufig noch der einzige westliche Vertreter eines Weisentums, das einst in Griechenland blühte und heute nur mehr in Indien und China zu finden ist. Er ist der Philosoph, welcher die ganze Fülle des Lebens nicht allein geistig auf‹ nimmt und ausdrückt, sondern im Geiste wieder‹ gebiert, wodurch das Leben bei ihm zu einem Weihedienst des Geistes wird. Nach ihm ist Philosophie nicht Wissenschaft, sondern Leben in Form des Wissens. Zu diesem erhöhten Be‹ wußtseinsgrad, zu dieser Vertiefung der Bewußt‹ heit weist seine ganze Philosophie den Weg. In dieser Schrift zeigt Keyserling, wie Weis‹ heit, nicht Wissen allein, uns retten kann. Er zeichnet in scharfen Umrissen worauf es heute ankommt und gibt zugleich die Anregung da‹ für, wie solches für das allgemeine Leben am besten fruchtbar gemacht werden könnte.

3 MARK

OTTO REICHL VERLAG·DARMSTADT

DER WEG
ZUR VOLLENDUNG

DES GRAFEN HERMANN KEYSERLING
PHILOSOPHISCHES SCHAFFEN

KRITISCHE URTEILE MIT EINER
BIOGRAPHISCHEN EINLEITUNG
UND EINEM BILDNIS

Daß Keyserling in der vordersten Reihe der deutschen Denker steht, hat er durch mehrere tief durchdachte Werke bewiesen. Er vereinigt in eigenartiger Weise Natur- wissen und Mystik, eine Erscheinung, die wir auch bei anderen bedeutenden Denkern der Gegenwart bemerken können, vor allem bei dem Amerikaner James und dem Franzosen Bergson. Keyserling beherrscht die Erfahrungs- wissenschaften in erstaunlichem Maße und spricht über ihre Fragen und Ergebnisse mit dem ganzen Rüstzeug eines zünftigen Gelehrten; aber zugleich redet er in den Tönen eines Mystikers von der Klarheit, die er über den jenseits aller Erfahrung liegenden Zusammenhang der Dinge ge- wonnen hat, von dem „Geblendetsein durch das jüngst erschaute Licht..." Die Deutschen können auf das Werk Keyserlings stolz sein. Hamburgischer Correspondent

Keyserling gehört zu den wenigen selbständigen Philo- sophen, die Deutschland heutzutage besitzt, da er eben nicht Professorenphilosophie schreibt und dennoch völlig wissenschaftlich bleibt. Trotzdem er überall streng auf den Ergebnissen der Forschung fußt und mit einer un- geheuren Belesenheit in der einschlägigen Literatur fast aller Kultursprachen ans Werk geht, steht er doch auf ganz originellem Standpunkt und sucht in großen Synthesen das Bild der Welt zu erfassen und nach seiner Anschauung anderen begreiflich zu machen. Dr. Thassilo von Scheffer

3 MARK

OTTO REICHL VERLAG · DARMSTADT

SCHULE
DER WEISHEIT

GESELLSCHAFT FÜR FREIE
PHILOSOPHIE IN DARMSTADT

EHRENVORSITZ: GROSSHERZOG
ERNST LUDWIG VON HESSEN

WISSENSCHAFTLICHE LEITUNG:
GRAF HERMANN KEYSERLING

GESCHÄFTLICHE LEITUNG:
GRAF KUNO HARDENBERG

VERÖFFENTLICHUNGEN
OTTO REICHL VERLAG

DARMSTADT

AUSFÜHRLICHER PROSPEKT DURCH DEN

OTTO REICHL VERLAG · DARMSTADT

REICHL